TE

LISTENING ACTIVITIES

¿Y TÚ?

Spanish 1

Prepared by Anthony J. DeNapoli
Jarvis Bonin Birckbichler

HOLT, RINEHART AND WINSTON
AUSTIN NEW YORK SAN DIEGO CHICAGO TORONTO MONTREAL

TO THE TEACHER

This Teacher's Edition of the Listening Activities is divided into three sections: (1) the Abbreviated Tapescripts, (2) the Answer Key, and (3) the Pupil's Edition of the Listening Activities.

Abbreviated Tapescripts. The Abbreviated Tapescripts contain the scripts necessary to complete each exercise in the Pupil's Edition of the Listening Activities. An answer key is included whenever possible, to allow completion of the activity without the need to turn pages back and forth. Complete scripts are found in the Tape Manual.

Answer Key. The Answer Key contains reduced pages of the Pupil's Edition with the answers enlarged for ease of reading and grading.

Pupil's Edition of the Listening Activities. This workbook provides students with additional practice in listening skills and pronunciation. The activities expand on the materials covered in the **Introducción, Exploración, Perspectivas,** and **Pronunciación** sections in **¿Y tú?** The closing section of each chapter features a popular Hispanic song or poem. Both the musical score and the words are provided, as well as cultural background information and additional verses for selected songs. Students may enjoy listening to and learning these songs while they gain a broader experience of spoken Spanish and Hispanic culture.

USE WITH THE TAPE PROGRAM

The Listening Activities are designed for use with the Tape Program. All activities are on tape, and the script for each activity is numbered in the order it occurs on the tapes. Thus the abbreviated script numbered *LA 34,* for example, refers to Listening Activity 34. When reading the script from the Abbreviated Tapescripts or the Tape Manual, the activity can readily be matched with the tape, where the script number is announced by the narrator before the activity begins. The six Listening Activities cassettes may be found in the set titled *Listening Activities and Testing Program Cassettes.*

Table of Contents

Requests for permission to make copies of any part of the work should be mailed to: Permissions, Holt, Rinehart and Winston, Inc., 1627 Woodland Avenue, Austin, Texas 78741.

Printed in the United States of America

ISBN 0-03-022739-9

89012 085 54321

Abbreviated Tapescripts, Listening Activities

Capítulo 1

LA 1, page 1 A. Preferencias

MODELO Me gusta el volibol pero no me gusta el béisbol. (**a**)

1. Me gusta la televisión pero no me gusta la radio. (**b**)
2. No me gusta esquiar pero me gusta el tenis. (**b**)
3. No me gusta bailar pero me gusta la música. (**a**)
4. Me gusta la escuela pero no me gustan los exámenes. (**a**)
5. Me gusta escuchar discos pero no me gusta cantar. (**b**)

LA 2, page 2 B. ¿Es lógico?

MODELO ¿Te gusta nadar? Sí, me gusta cantar. (**no**)

1. ¿Te gusta la escuela? Sí, me gusta estudiar. (**si**)
2. ¿Te gusta la música? Sí, me gusta escuchar la radio. (**sí**)
3. ¿Te gusta esquiar? Sí, me gustan los animales. (**no**)
4. ¿Te gusta el tenis? Sí, me gusta bailar. (**no**)
5. ¿Te gusta ver televisión? Sí, me gustan las telenovelas. (**sí**)
6. ¿Te gusta trabajar? Sí, me gustan las fiestas. (**no**)
7. ¿Te gustan los deportes? Sí, me gusta el fútbol. (**sí**)

LA 3, page 3 C. Me gusta

MODELO Me gustan los libros. (**los**)

1. Me gusta el dinero. (**el**)
2. Me gustan los deportes. (**los**)
3. Me gusta la escuela. (**la**)
4. Me gusta la música. (**la**)
5. Me gusta el béisbol. (**el**)
6. Me gustan los discos. (**los**)
7. Me gusta el tenis. (**el**)
8. Me gustan las fiestas. (**las**)

LA 4, page 3 D. ¿Sí o no?

MODELO Es de Argentina. (**no**)

1. Somos de México. (**sí**)
2. Son de Venezuela. (**no**)
3. Soy de Tijuana. (**sí**)
4. Eres de San Juan. (**no**)
5. Es de Panamá. (**no**)

LA 5, page 3 E. Orígenes

1. ¿Eres de San Juan? (**a**)
2. ¿Lupe es de Florida? (**a**)
3. ¿Julio y Alicia son de México? (**b**)
4. ¿Ellos son de Chile? (**a**)
5. ¿Ustedes son de Nevada? (**b**)

LA 6, page 3 F. Pasatiempos

MODELO El volibol es divertido. (**a**)

1. Los juegos electrónicos no son interesantes. (**b**)
2. Los deportes son divertidos. (**a**)
3. Los exámenes no son fáciles. (**b**)
4. El baloncesto es aburrido. (**b**)
5. La música moderna es emocionante. (**a**)
6. Los profesores son simpáticos. (**a**)

LA 7, page 4 G. ¿Cuánto cuesta?

MODELO un libro de español, diecisiete dólares (**$17**)

1. una guitarra, setenta y cuatro dólares (**$74**)
2. un juego electrónico, veintidós dólares (**$22**)
3. un radio, cuarenta y tres dólares (**$43**)
4. un disco de música clásica, ocho dólares (**$8**)
5. un televisor, noventa y cinco dólares (**$95**)
6. un libro, quince dólares (**$15**)

LA 8, page 4 H. ¿Cuántos años?

MODELO Juan, diecisiete (**17**)

1. Marta, dieciséis (**16**)
2. Ricardo, veinte (**20**)
3. María, diecinueve (**19**)
4. Carlos, dieciocho (**18**)
5. José, quince (**15**)

LA 9, page 5 I. ¡Hola!

Querida Angela: ¡Hola! Me llamo Beatriz Vargas y <u>soy</u> de Buenos Aires. Me gusta mucho la <u>música</u>. Me gustan los <u>conciertos</u>, y también me gusta <u>escuchar</u> la radio. Me <u>gustan</u> los deportes: el <u>fútbol</u>, el <u>béisbol</u> y el tenis. ¿Te gustan los <u>deportes</u> también? <u>Hasta</u> pronto. Beatriz

LA 10, page 5 J. Datos personales

EJEMPLO . . . y me gustan los profesores.
¿Te gustan los profesores

Me gusta cantar y bailar. Los conciertos son muy emocionantes. También me gusta nadar y hacer gimnasia. Estudio bastante y me gustan los profesores. En general, soy una persona contenta y simpática.

LA 11, page 6 K. El club

Me llamo Elena Reyes y soy de Quito. No me gustan nada los deportes. Son aburridos. Me gusta mucho la música, sobre todo la música clásica. Estudio guitarra. No es difícil y me gusta practicar. No me gusta ver televisión, pero me gustan mucho las fiestas.

LA 12, page 7 Pronunciación

Dictado
¡Hola! Yo soy Miguel. Me gustan los deportes. El béisbol es formidable. El volibol es emocionante, pero me gusta el fútbol americano sobre todo. Es muy interesante.

Capítulo 2

LA 13, page 9 A. Este fin de semana

1. Me gusta dar un paseo. (**b**)
2. Me gusta ir al cine. (**c**)
3. Me gusta ir a la playa. (**e**)
4. Me gusta hacer gimnasia. (**d**)
5. Me gusta jugar boliche. (**a**)

LA 14, page 9 B. Actividades y lugares

MODELO El señor Pérez va a trabajar mañana. (**actividad**)

1. La señora Pérez va a trabajar en la computadora. (**actividad**)
2. El señor Pérez va a andar en bicicleta. (**actividad**)
3. Mariana va a la escuela. (**lugar**)
4. Jaime va a descansar. (**actividad**)
5. Raúl y Miguel van al cine. (**lugar**)
6. Esteban va a escuchar música. (**actividad**)

LA 15, page 10 C. Una visita a los abuelos

Hoy vamos a San Juan. Vamos al museo y a las tiendas del Viejo San Juan. Mañana vamos a la playa y más tarde al restaurante. A lo mejor vamos al cine también.

LA 16, page 10 D. ¿Qué quiere hacer?

MODELO ¿Quieres estudiar ahora? (**one**)

1. ¿Quieres arreglar el cuarto ahora? (**one**)
2. ¿Qué quiere cocinar? (**one**)
3. ¿Quieren lavar los platos? (**more than one**)
4. ¿Quieres ayudar en casa? (**one**)
5. ¿Qué quieren hacer esta noche? (**more than one**)
6. ¿Quiere ir al banco? (**one**)

LA 17, page 11 E. Soñar despierto

MODELO Ana quiere cocinar esta tarde. (**no**)

1. Rafael quiere jugar béisbol. (**sí**)
2. Martín y Paco quieren trabajar en el jardín. (**no, . . . ir a nadar**)
3. Beto quiere andar en bicicleta. (**sí**)
4. Susana y yo queremos lavar los platos. (**no, . . . ir a la piscina**)

LA 18, page 12 F. ¿Preguntas?

MODELO Las fiestas son divertidas, ¿no? (**question**)

1. Es aburrido trabajar en el jardín, ¿verdad? (**question**)
2. Sí. Es más divertido ir al cine. (**statement**)
3. Y los partidos de béisbol son formidables también. (**statement**)
4. ¿Es buen jugador Fernando Valenzuela? (**question**)
5. Es el mejor, ¿no? (**question**)
6. ¿Cuándo quieres ir a un partido de béisbol? (**question**)
7. Pues, ¡vamos mañana! (**statement**)

LA 19, page 12 G. El fin de semana

INÉS ¿Qué vas a hacer mañana?
LUZ Voy a dar un paseo con Bárbara. ¿Quieres ir?
INÉS Sí, me gusta mucho ir al parque. Marisol va también, ¿verdad?
LUZ Sí, hay un concierto en el parque y voy a sacar fotos.
INÉS Hasta luego.
LUZ Hasta mañana.

LA 20, page 13 H. ¡Hola!

1. no 2. no 3. sí 4. sí 5. no
Soy de México. No me gusta mucho estudiar. Me gusta jugar tenis y boliche, pero no me gusta jugar fútbol. Me gusta viajar y quiero ir a Nueva York algún día. También me gusta sacar fotos. Voy a andar en bicicleta ahora. Hasta luego.

LA 21, page 13 I. Conversación

¿Al cine? ¿Esta noche? No, voy a hacer la tarea para la clase de historia. Mañana hay examen. ¿Mañana? Sí, ¿a qué parque quieres ir? No, no me gusta jugar volibol. ¿Por qué no jugamos fútbol? Bueno, hasta mañana.

LA 22, page 13 Pronunciación

Dictado
Hoy Enrique quiere hablar con Hugo por teléfono sobre el equipo, pero también va a hacer la tarea de historia. Más tarde Enrique va a descansar en la hamaca.

Capitulo 3

LA 23, page 15 A. ¡Qué pena!

1. Su amiga Elena va al banco. (**b**)
2. Después va a la tienda. (**c**)
3. Entonces va a visitar a Miguel en el hospital. (**e**)
4. Miguel está enfermo en el Hospital San Luis. (**a**)
5. Elena va a comprar una tarjeta para Miguel. (**d**)

LA 24, page 15 B. Exclamaciones

MODELO Viajo a París mañana. (**a**)

1. Estoy enfermo. (**a**)
2. Voy a viajar a México. (**b**)
3. No hay un examen hoy. (**b**)
4. Vamos a andar en bicicleta en España. (**b**)
5. Pepe está en el hospital. (**b**)

LA 25, page 16 C. El cuarto de Juan

MODELO Hay una guitarra en el cuarto. (**no**)

1. Hay un perro en el cuarto de Juan. (**no**)
2. Hay un televisor en el cuarto. (**sí**)
3. Hay una máquina de escribir. (**sí**)
4. Hay una bicicleta en el cuarto. (**sí**)
5. Hay una grabadora. (**sí**)
6. Hay una cámara en el cuarto de Juan. (**no**)
7. Hay un tocadiscos en el cuarto. (**no**)
8. Hay unos libros en el cuarto. (**no**)

LA 26, page 16 D. Reacciones

MODELO Juan estudia mucho para el examen de español. (**b**)

1. Roberto tiene tres exámenes mañana. (**a**)
2. Queremos ir al cine, pero tenemos que hacer la tarea. (**b**)
3. Luisa no va a la fiesta porque está enferma. (**b**)
4. Luisa y Andrea van a ir en bote con sus amigos. (**b**)
5. Jaime va a viajar a México. (**a**)
6. Los señores Villa quieren descansar después del trabajo. (**a**)

LA 27, page 17 E. ¿Qué tienen?

MODELO Ramón tiene dolor de cabeza pero no tiene fiebre. (**dolor de cabeza**)

1. Patricia no tiene dolor de cabeza pero tiene fiebre. (**fiebre**)
2. Raúl tiene catarro pero no tiene tos. (**catarro**)
3. Los dos hermanos tienen gripe pero no tienen dolor de cabeza. (**gripe**)
4. Ana tiene tos pero no tiene gripe. (**tos**)
5. El señor Torres tiene catarro pero no tiene fiebre. (**catarro**)
6. Las chicas tienen fiebre y dolor de cabeza pero no tienen tos. (**fiebre, dolor de cabeza**)
7. La señora Arce tiene dolor de estómago pero no tiene dolor de cabeza. (**dolor de estómago**)

LA 28, page 17 F. Obligaciones y preferencias

MODELO Quiero jugar tenis. (**happy**)

1. Tengo que lavar los platos. (**sad**)
2. Tengo ganas de ir al cine. (**happy**)
3. Tengo que arreglar el cuarto. (**sad**)
4. Tengo ganas de ir al parque. (**happy**)
5. Quiero ir de compras. (**happy**)
6. Tengo ganas de jugar béisbol. (**happy**)
7. Tengo que ayudar en casa. (**sad**)

LA 29, page 18 G. ¿Qué tiempo hace?

1. En Málaga hace frío. (**no**)
2. En Pamplona está nevando. (**sí**)
3. En Barcelona hace buen tiempo. (**no**)
4. En Madrid hace sol. (**no**)
5. En Salamanca hace viento. (**sí**)
6. En Santiago de Compostela está lloviendo. (**sí**)
7. En Sevilla hace calor. (**sí**)
8. En Bilbao hace mal tiempo. (**sí**)

LA 30, page 19 H. De vacaciones

JOSÉ Mamá, ¿qué tiempo va a hacer mañana?
MAMÁ Va a hacer viento y va a hacer frío también.
JOSÉ ¡No puede ser! Mañana hay un concierto en la plaza y mañana tengo que ir al hospital para visitar a Tomás.
MAMÁ ¿Cómo está él? ¿Qué tiene?
JOSÉ No sé, pero todavía tiene fiebre y dolor de cabeza. Qué lástima, ¿no? Voy a comprar una tarjeta para él.
MAMÁ ¿Y está de vacaciones todavia? ¡Qué pena!

LA 31, page 19 I. Las noticias

1. Mañana, el fotógrafo va a sacar fotos del equipo. (**d**)
2. Si no está lloviendo, el concierto es esta noche en la plaza. (**e**)
3. El examen de matemáticas es mañana. ¡Qué pena! ¿verdad? (**b**)
4. Estas son las noticias del día. Hoy no hay clase de matemáticas porque el profesor Sánchez está enfermo. (**a**)
5. El equipo de fútbol no va a practicar hoy porque hace mal tiempo y va a llover más tarde. (**c**)

LA 32, page 20 J. El tiempo

MODELO Marcos quiere trabajar en el jardín. Está lloviendo y hace mucho frío. (**a**)

1. Mañana va a hacer buen tiempo. (**a**)
2. Hoy está nevando mucho en Colorado. Va a hacer muy buen tiempo este fin de semana. (**b**)
3. Hoy hace sol y mucho calor. Pero mañana va a llover y va a hacer frío. (**b**)

Capítulo 4

LA 33, page 20 Pronunciación

Dictado
Mis amigos son pesados. Linda tiene dolor de cabeza. Edmundo está cansado. Reinaldo está preocupado. Matilde está desilusionada.

LA 34, page 23 A. Me gusta más

MODELO Es bonita la billetera, pero me gusta más el reloj. (**a**)

1. Quiero comprar una blusa, no una camisa. (**a**)
2. A mí me gustaría una pulsera, pero me gusta más una anillo. (**b**)
3. No quiero una camiseta; me gusta más el suéter. (**b**)
4. Me gusta la calculadora, pero me gusta más la cinta. (**b**)
5. Es interesante el rompecabezas, pero me gusta más el cartel. (**a**)

LA 35, page 24 B. La nueva casa

MODELO El diccionario es de María. (**sí**)

1. La calculadora es de Esteban. (**sí**)
2. Los bolígrafos son de María. (**no**)
3. Las llaves son de Inés. (**sí**)
4. El cuaderno es de Pablo. (**no**)
5. El lápiz es de Esteban. (**no**)
6. Los anteojos son de Inés. (**sí**)
7. El osito de peluche es de Pablo. (**sí**)
8. Las historietas cómicas son de Esteban. (**sí**)

LA 36, page 25 C. ¿De quién es?

MODELO El cuaderno es de la señora Ortega. (**a**)

1. SONIA Las revistas son de la señora Velasco. (**b**)
2. JESSE La máquina de escribir es del señor Ibarra. (**a**)
3. SONIA Los álbumes son de los estudiantes, ¿verdad? (**a**)
4. JESSE La guitarra es de los señores Sánchez. (**a**)
5. SONIA Y las historietas son del profesor Antúnez. (**b**)
6. JESSE La billetera es del amigo de Carlos. (**a**)
7. SONIA Y las mochilas azules son de las chicas. (**b**)

LA 37, pages 25–26 D. Posesiones

MODELO
CINTIA Mauro prefiere los carros viejos.
SRA. SEMPRONIO Sí, su carro es muy viejo. (**b**)

1. SRA. SEMPRONIO Yo prefiero las cosas nuevas.
CINTIA Sí, su carro es muy nuevo. (**b**)
2. SRA. SEMPRONIO Los carros nuevos corren mejor.
CINTIA Mi Mustang es viejo pero corre muy bien. (**b**)
3. CINTIA A Mauro le gusta el color rojo.
SRA. SEMPRONIO Sí, su carro es rojo. (**b**)
4. CINTIA A mi me gusta el color amarillo.
SRA. SEMPRONIO Sí, tu carro es amarillo. (**b**)
5. SRA. SEMPRONIO Es muy importante tener el carro limpio.
CINTIA Sus carros están muy limpios. (**a**)
6. CINTIA Mis dos carros son viejos.
SRA. SEMPRONIO Tus dos carros son viejos pero están limpios y corren bien. (**a**)

LA 38, page 26 E. ¿Quién es?

MODELO Silvia es tu tía, ¿verdad? (**a**)

1. Gloria es tú mamá, ¿verdad? (**a**)
2. Y Juan es tu tío, ¿verdad? (**b**)
3. Isabel es la madre de tu papá, ¿verdad? (**a**)
4. Marta es tu prima, ¿verdad? (**b**)
5. Antonio es tu primo, ¿verdad? (**b**)

LA 39, page 27 F. La chismosa

1. Mis hermanos cocinan las sábados. (**d**)
2. Mi abuela siempre compra libros nuevos. (**b**)
3. Rodrigo y yo escuchamos música, pero no bailamos. (**h**)
4. Mi abuela cocina los domingos. ( )
5. Mis primos lavan los platos los fines de semana. (**f**)
6. Siempre bailo con Federico en las fiestas. (**g**)
7. Mis hermanas esquían en Bariloche muchas veces. (**a**)
8. Mi mamá lava los platos. ( )
9. Mi abuelo viaja a Buenos Aires con frecuencia. (**c**)
10. Mi mamá nada en la piscina. (**i**)
11. Mi prima y yo tocamos el piano. (**e**)
12. Mis primas tocan la guitarra. ( )

LA 40, page 28 G. ¿Con qué frecuencia?

MODELO Ellos nunca bailan en las fiestas. (**never**)

1. Marta y Rosa siempre dan un paseo en las playas. (**always**)
2. A veces Paco saca fotos de las iglesias y los parques. (**sometimes**)
3. Mi primo viaja a la Florida con frecuencia. (**often**)
4. Siempre visitamos los museos cuando estamos en Roma. (**always**)
5. Antonio va al cine pocas veces. (**rarely**)
6. Muchas veces Clara va de compras. (**often**)
7. Nunca tengo bastante tiempo cuando estoy de vacaciones. (**never**)

LA 41, page 28 H. ¿Cuánto dinero?

1. De Venezuela tengo ciento cincuenta y cuatro bolívares. (**154**)
2. De Perú tengo trescientos cuarenta y ocho soles. (**348**)
3. De Ecuador tengo setecientos veinte sucres. (**720**)
4. De Panamá tengo cuatrocientos noventa balboas. (**490**)
5. De Colombia tengo ochocientos setenta y cinco pesos. (**875**)
6. De Honduras tengo dos mil trescientos lempiras. (**2.300**)
7. De Guatemala tengo novecientos tres quetzales. (**903**)
8. De Argentina tengo seiscientos cincuenta y siete australes. (**657**)

LA 42, page 29 I. La carrera

MODELO Juanita es la novena. (**9a**)

1. Ángela es la tercera. (**3a**)
2. Felipe es el cuarto. (**4o**)
3. Roberto es el sexto. (**6o**)
4. Tony es el séptimo. (**7o**)
5. Gloria es la primera. (**1a**)
6. Rebeca es la octava. (**8a**)
7. José es el segundo. (**2o**)
8. Tran es la quinta. (**5a**)

LA 43, page 29 J. La fiesta

ENRIQUE ¡Hola, Ana! ¿Qué tal?

ANA ¡Hola, Enrique! ¿Cómo estás? Estoy emocionada porque hoy es mi cumpleaños y voy a hacer una fiesta en mi casa esta noche.

ENRIQUE ¡Fantástico! ¿Van muchos a la fiesta?

ANA ¡Sí! Muchos de nuestros amigos van, y también mis tíos y mis primos de Texas. ¿Quiéres ir?

ENRIQUE Encantado. Me gustaría mucho. ¿Cuál es tu dirección?

ANA Es la calle Pino novecientos uno. Mi teléfono es veinticuatro—treinta y ocho—cuarenta y nueve. !Va a ser muy divertido!

LA 44, page 30 K. Actividades

1.c 2.f 3.f 4.f 5.f

Mi familia es muy activa. Mis padres trabajan todos los días. También descansan y juegan tenis o volibol. Mi hermana siempre va al cine, pero limpia su cuarto pocas veces. Yo ayudo en casa a veces, pero nunca cocino. Mis abuelos son muy divertidos. Les gustan mucho los deportes. Siempre llevan a todos sus amigos a comer, y bailan todas las noches.

LA 45, page 30 Pronunciación

Dictado

Mis padres quieren comprar muchos regalos para mi cumpleaños. Van a gastar dinero en una camisa, una calculadora, un osito de peluche, un perfume y un rompecabezas.

Capítulo 5

LA 46, page 33 A. Horario de clases

MODELO Mi primera clase es de física. (**1**)

1. La segunda clase es la de geografía. (**e.2**)
2. Después de geografía tengo historia; es muy interesante. (**f.3**)
3. La cuarta clase es divertidísima. Es mi clase de educación física. (**a.4**)
4. La quinta clase, después del recreo, es de programación de computadoras. (**c.5**)
5. Mi sexta clase es de contabilidad; es muy aburrida. (**b.6**)
6. En la tarde, voy a mi última clase de arte a un instituto. (**d.7**)

LA 47, page 34 B. Una excursión

MODELO A las ocho y media de la mañana vamos a ir al Museo de Arte. (**8:30/de la mañana**)

1. A la una y media de la tarde vamos a ir a las tiendas, si todos quieren. (**1:30/de la tarde**)
2. A las cinco menos cuarto de la tarde vamos a ir a la piscina para descansar. (**4:45/de la tarde**)
3. A las diez y cuarto de la mañana vamos a ir a un restaurante famoso y muy bueno. (**10:15/de la mañana**)
4. A las doce de la noche tenemos que ir al hotel. (**12:00/de la noche**)
5. Hay una película buenísima a las nueve menos cinco de la noche. (**8:55/de la noche**)
6. Mañana a las seis y diez de la mañana tenemos que ir a la terminal de autobuses. (**6:10/de la mañana**)

LA 48, page 34 C. Excursión

1. Los veranos siempre visito a mis tíos.
2. Ellos tienen una casa bonita.
3. En el aeropuerto mi tío siempre busca mis maletas.
4. Cuando llegamos a su casa, llamo a mis padres por teléfono.
5. Ayudo a mis primos a trabajar en el jardín.
6. Ellos son muy responsables; siempre cuidan a los perros de su mamá.

LA 49, page 35 D. La carta

MODELO Mi hermana y yo aprendemos inglés.(**b**)

1. Me gusta leer muchos libros. (**a**)
2. Mi hermana Juanita trabaja mucho en la computadora.(**a**)
3. Mi papá ve televisión por la noche. (**b**)
4. Nosotros comemos a las tres y media. (**b**)

LA 50, page 36 E. ¿Qué día?

MODELO Tengo que lavar el carro el lunes. (**Mon.**)

Answers: See page 36 of Listening Activities TE.
Voy al concierto el viernes por la noche. El miércoles por la noche tengo examen, y vamos a visitar a mi abuela el domingo. Debo comprar una mochila nueva el martes. Mi cumpleaños es el jueves y voy a tener una fiesta. El lunes por la tarde voy de compras con mi mamá.

LA 51, page 36 F. Horarios

1.f 2.c 3.f 4.c 5.f

MODELO Hola, Simón, ¿vas al colegio mañana? ¿El sábado? ¡Por supuesto, no! Voy a pasar todo el día en la piscina. (**c**)

BERNARDINA ¿Pues, vas al colegio hoy?
SIMÓN ¿Hoy? Sí, es viernes y siempre tengo un examen de química los viernes.
BERNARDINA Pobrecito. ¿A qué hora es el examen?
SIMÓN A las diez y veinte en el laboratorio.
BERNARDINA Y por la tarde, ¿quieres ir al cine?
SIMÓN No es posible. Tengo un examen de geografía a las tres. ¡Que lástima!
BERNARDINA Pero hoy es viernes. No vas a estudiar esta noche, ¿verdad?
SIMÓN ¡Absolutamente no! Nunca estudio los viernes.
BERNARDINA Pues, hay una película muy buena. ¿Quieres ir?
SIMÓN Sí. ¿A qué hora vamos?
BERNARDINA A las ocho y cuarto. Hasta luego.

LA 52, page 37 G. En el colegio

(1. a 2. b 3. a 4. c 5. c)

GERARDO Yo tengo mucho que hacer esta semana. Primero, necesito buscar al señor Montes para hablar sobre la clase de historia. No aprendo mucho porque no entiendo mis notas. ¿Y tú, Silvia?
SILVIA Yo tengo que ver a la profesora de francés. Aprendo mucho todos los días. Voy a tener un examen el martes. Ah, Claudia, ¿qué tal?
CLAUDIA No estoy contenta. Son las diez y cuarto y tengo la clase de geografía a las diez. No comprendo nada en esta clase. Adiós, amigos.
GERARDO Adiós, Claudia. Pues, Silvia, ¿vamos también?

LA 53, page 37 Pronunciación

Dictado
José, el hijo de Juan, está enojado hoy porque su reloj está mal y llega tarde a las clases de álgebra, biología y geografía. El mismo día, su amigo Gregorio, llega tarde a la clase de geometría.

Capítulo 6

LA 54, page 39 A. Sí, señor...

MODELO las papas (**potatoes**)

1. los tomates (**tomatoes**)
2. el pescado (**fish**)
3. las uvas (**grapes**)
4. el pollo (**chicken**)
5. las fresas (**strawberries**)
6. las manzanas (**apples**)

LA 55, page 39 B. Al supermercado

MODELO Necesitamos leche. (**milk**)

2. Tienes que comprar jamón. (**ham**)
3. Necesitamos zanahorias. (**carrots**)
4. Papá quiere plátanos. (**bananas**)
5. A mí me gustan los pasteles. (**pastry**)
6. Tú quieres helado, ¿no? (**ice cream**)
7. Debes traer arroz. (**rice**)
8. Tienes que comprar mantequilla. (**butter**)
9. La abuela necesita pan. (**bread**)

LA 56, page 40 C. Entrevista

1. ¿Comes en la escuela todos las días? (**b**)
2. ¿Cuándo traes tu almuerzo? (**a**)
3. ¿Tu mamá insiste en preparar verduras para tu almuerzo? (**a**)
4. ¿Traes dulces en tu almuerzo? (**a**)
5. Por la tarde, ¿comes con tu familia en casa o sales para comer? (**b**)

LA 57, page 40 D. Una fiesta

MODELO Insisten en comer a las diez. (**d**)

1. Abre los regalos antes de comer. (**c**)
2. Hacen una ensalada de frutas. (**d**)
3. Traigo mis discos favoritos. (**a**)
4. Recibe dinero de sus padres. (**c**)
5. Vive en la plaza San Martín. (**c**)
6. Pongo los refrescos en la mesa. (**a**)
7. Escribimos las tarjetas. (**b**)
8. Pides cintas de música moderna a un amigo. (**e**)
9. Ponemos las invitaciones en el correo. (**b**)

LA 58, page 41 E. Lo que siente Mario

1. Hace mucho sol hoy. Tengo calor. (**no**)
2. A veces cuando miro televisión, tengo miedo. (**sí**)
3. Cuando no como bastante, tengo hambre. (**no**)
4. Después de jugar béisbol, siempre tengo sed. (**sí**)
5. Mi madre tiene razón, ¡pero yo tengo prisa! (**sí**)

LA 59, page 41 F. Descripciones

MODELO

1. Humberto tiene mucho frío.
2. Por la mañana los dos hermanos tienen mucha prisa. ¡Quieren esquiar! (**f**)
3. Después de correr Mariana tiene sed. Debe tomar algo. (**d**)
4. Roberto no tiene sed, pero tiene hambre después de esquiar. (**b**)
5. Mariana no tiene ganas de esquiar. Prefiere correr. (**a**)
6. Los padres de Roberto y Humberto ya no tienen frío. (**c**)
7. Mi amigo tiene miedo de esquiar. No esquía muy bien. (**e**)

LA 60, page 42 G. Entrevista

MODELO ¿. . . hacer una buena ensalada? (**sabe**)

1. ¿. . . a los meseros del café? (**conoce**)
2. ¿. . . preparar arroz con pollo? (**sabe**)
3. ¿. . . hacer una tortilla de huevos? (**sabe**)
4. ¿. . . el menú de este café? (**conoce**)
5. ¿. . . los precios de las comidas? (**sabe**)
6. ¿. . . al cocinero que trabaja aquí? (**conoce**)

LA 61, page 42 H. ¿Adónde vamos?

MODELO ¿Conoces los restaurantes de Madrid? (**b**)

1. ¿Conoces un restaurante con buena comida? (**b**)
2. ¿Sabes la dirección del restaurante? (**a**)
3. ¿Saben cocinar bien los cocineros? (**a**)
4. ¿Conoces a los meseros? (**a**)
5. ¿Saben ustedes si los precios son altos? (**b**)
6. ¿Sabes que debemos dar una propina? (**a**)
7. ¿Conoce Lourdes la comida valenciana? (**b**)

LA 62, page 43 I. Semejanzas y diferencias

1. A mí me gustan las espinacas y los tomates. (**María**)
2. A mí me encanta el queso y el chocolate. (**María**)
3. A mí me gusta la tarta de manzana. (**both**)
4. A mí me parecen malos los huevos y el queso. (**Marta**)
5. A mí me parece muy sano comer verduras. (**María**)
6. A nosotros nos encantan los postres. (**both**)

LA 63, page 43 J. ¿A quién le gusta?

MODELO A la abuela le gusta cocinar. (**a ella**)

1. A Juan y a mí nos gusta mucho el helado de chocolate. (**a nosotros**)
2. A Silvia no le gusta el jugo de zanahoria. (**a ella**)
3. A los chicos les gustan los pasteles. (**a ellos**)
4. A mis amigas les gustan los refrescos muy fríos. (**a ellas**)
5. El desayuno que mamá prepara le gusta mucho a papá. (**a él**)
6. A mis hermanos y a mí no nos gustan las papas fritas. (**a nosotros**)

LA 64, page 44 K. En el restaurante

1.b 2.a 3.c 4.b 5.a

MIMI Mira Lisa, nuestro mesero es Adolfo.
LISA ¡Ah, sí! el chico de tu clase de álgebra.
MESERO ¡Hola! ¿cómo están?
MIMI Muy bien, pero tengo mucha hambre.
MESERO ¿Qué quieren tomar? ¿Lisa?
LISA Yo quiero un café con leche.
MIMI Y yo, un jugo de tomate.
MESERO Y para comer, ¿qué quieren? ¿Mimí?
MIMI Yo quiero carne asada y una orden de frijoles negros.
LISA Yo sólo quiero una ensalada de tomate y queso con manzana.

LA 65, page 44 L. Planes para la cena

1. sí 2. no 3. no 4. sí 5. sí

MAMÁ Beto, necesito algunas cosas del supermercado para la cena.
BETO Está bien mamá. ¿Qué traigo?
MAMÁ Insisto en escribir una lista.
BETO Aquí tienes papel y lápiz.
MAMÁ Gracias. Tienes que comprar un kilo de tomates y otro de papas.
BETO ¿Necesitamos chocolate o helado?
MAMÁ No me gusta que compres muchos dulces. Mejor vas a traer naranjas o manzanas.
BETO ¿Y de tomar? ¿Traigo unos refrescos? También tengo sed.
MAMÁ Si traes naranjas, esta noche hago un jugo.
BETO ¡Qué bueno! Me gusta mucho el jugo de naranja.

LA 66, page 44 Pronunciación

Dictado

¿Te gusta el té en el desayuno? El menú del café tiene jamón, arroz, bistec y postre. A mi mamá no le gusta la ensalada pero sí quiere comer pastel.

Capitulo 7

LA 67, Page 47 A. Una noche de televisión

MODELO A Juan le gustan mucho los programas deportivos. (**sí**)

1. A los señores González les gustan los documentales. (**sí**)
2. Para Ramiro es muy importante ver el pronóstico del tiempo porque mañana va a andar en bicicleta. (**no**)
3. A Mari y a Margarita les gustan los concursos; ¡son muy emocionantes! (**no**)
4. Al señor Salcedo le gusta ver películas policíacas. (**sí**)
5. La señora Francisca trabaja para el periódico y ver las noticias es muy importante para ella. (**sí**)
6. A nosotros nos gusta ver la telenovela "María de Todos". (**no**)

LA 68, page 48 B. El fin de semana

MODELO ¿Cuándo empieza el partido de fútbol (**a**)

1. Rosa, ¿quieres cantar en la iglesia el domingo? (**b**)
2. Vengo a la iglesia con ustedes mañana, ¿verdad? (**a**)
3. ¿Piensas que Mariano y Carmen quieren venir también? (**a**)
4. ¿Prefieren ustedes ir al parque el sábado? (**a**)
5. ¿Mariano y Rogelio entienden las canciones en francés? (**b**)
6. ¿Cuándo comienza el programa de música? (**b**)

LA 69, page 48 C. Una cita con una estrella

MODELO ¿Dónde compras la ropa, Enrique? (**sí**)

1. ¿Conoces a Barbara Streisand? (**no**)
2. Ves a muchos actores? (**sí**)
3. ¿Cuándo ves televisión? (**sí**)
4. ¿Dónde haces la película "Los pájaros de la playa"? (**sí**)
5. ¿Lees el periódico todos los días? (**sí**)
6. ¿Escuchas la música rock? (**no**)

LA 70, page 49 D. Una encuesta por teléfono

MODELO ¿Ves el programa de historia a las diez?
Sí, **lo veo** a las diez.

1. ¿Ves la comedia "Chucho"? (**la**)
2. ¿Invitas a tus amigos a ver la televisión? (**los**)
3. ¿Conoces el nuevo programa "Reportajes"? (**lo**)
4. ¿Entiendes los documentales de ciencia? (**los**)
5. ¿Quieres comprar la nueva televisión con juegos electrónicos? (**lo**)
6. Ves películas con frecuencia? (**las**)
7. ¿Tus amigos y tú conocen el concurso "La Fortuna"? (**lo**)

LA 71, page 49 E. ¿Dónde están?

MODELO Estos edificios son las oficinas de turismo. (**a**)

1. Ese mercado tiene comida. (**b**)
2. Aquélla es la avenida Chapultepec. (**c**)
3. Ese museo es muy famoso. (**b**)
4. Esta estación de autobús es muy vieja. (**a**)
5. Éste es el parque de las rosas. (**a**)
6. Esos edificios son bancos. (**b**)
7. Aquella biblioteca allá es la biblioteca nacional. (**c**)
8. Ésta es la Universidad Nacional. (**a**)

LA 72, page 50 F. Chismes

MODELO Susana dice que la novia de Miguel está en el hospital. (**no**)

1. Susana oye que no hay clases mañana. (**sí**)
2. Susana y María dicen que un amigo de Jorge está enfermo. (**no**)
3. Susana oye que sus vecinos no tienen dinero para comer. (**sí**)
4. Susana oye que el concierto de rock cuesta sólo dos dólares. (**sí**)
5. Susana dice que Alicia va a recibir mucho dinero de su tío. (**no**)
6. Susana y Alberto dicen que Alicia va a salir con el novio de Isabel. (**sí**)

LA 73, page 51 G. Entre amigos

1.f 2.c 3.f 4.c 5.c

PABLO ¿Antonio? ¡Hola! Oye, ¿quieres ver una película de cienciaficción en mi casa?
ANTONIO ¿Qué dices? ¡No te oigo bien! Ah, sí. ¿Cuándo? ¿Esta noche?
PABLO Sí, comienza a las nueve y media. Es sobre un marciano.
ANTONIO !No me digas! Me encanta ver esas películas en televisión. Vengo rápidamente.
PABLO ¡Fantástico!

LA 74, page 51 H. Un día con el televisor

1. Me gusta este programa porque siempre hay personas famosas que cantan y bailan. (**f**)
2. ¡Ay, no! Va a nevar mañana también. (**d**)
3. ¡Qué divertido es este programa! Siempre estoy alegre después de verlo. (**a**)
4. ¡Qué bueno! ¡Nuestro equipo de fútbol gana otra vez! (**e**)
5. ¡Qué aburrido! Este programa es para niñitos. (**c**)
6. Es mi programa favorito. Las personas que ganan mucho en este programa tienen que ser muy inteligentes. (**b**)

LA 75, page 52 I. Después del colegio.

1.b 2.a 3.a 4.b 5.a

DANIEL	¡Hola, Víctor! ¿Cómo estás?
VÍCTOR	Muy bien, gracias. ¿Y tú?
DANIEL	Muy bien, también. Esta noche voy a ir al estadio a ver un partido de béisbol. ¿Te gustaría venir a verlo?
VÍCTOR	Sí, quiero verlo. Pero ¿dónde está el estadio?
DANIEL	Está en el centro. En aquella avenida que ves allí. Es imposible perderlo.
VÍCTOR	¿A qué hora empieza? Porque primero me gustaría oír las noticias de la radio.
DANIEL	Tienes tiempo. El partido comienza a las ocho en punto.
VÍCTOR	Está bien. ¿Y tus hermanas? ¿Van a venir ellas también al estadio?
DANIEL	No, dicen que prefieren ver un documental que hay en la televisión que comienza a las ocho.
VÍCTOR	¿Un documental? ¡Qué aburrido! A mí no me gustan esas cosas.
DANIEL	Bueno, pero este partido va a ser muy divertido.
VÍCTOR	Está bien, vamos a verlo.
DANIEL	Hasta luego, Víctor.
VÍCTOR	Hasta luego, Daniel.

LA 76, page 52 Pronunciación

Dictado
Mañana jueves, Víctor va a visitar a su abuelita. Ella no está bien y como está aburrida, siempre ve televisión. Por la tarde, Víctor va a ir a la biblioteca con su amigo Vicente. Después, los dos van a ir en bicicleta al estadio a ver un partido de volibol.

Capitulo 8

LA 77, page 55 A. Medios de transporte

MODELO Juan va a México en avión. (**no**)

1. La familia López prefiere ir en autobús. (**no**)
2. Nosotros hacemos un viaje en barco. (**sí**)
3. Ellos quieren ir a España en tren. (**sí**)
4. Yo prefiero hacer un viaje en barco. (**no**)
5. Mañana él va en autobús. (**sí**)

LA 78, page 56 B. Las fechas

MODELO El <u>seis de diciembre</u> viajo a Caracas.

1. Voy a ir a Hong Kong el <u>31 de febrero</u>.
2. A Río de Janeiro voy el <u>16 de marzo</u>.
3. El <u>19 de abril</u> voy a Barcelona.
4. El <u>24 de mayo</u> viajo a San Juan.
5. El <u>7 de julio</u> llego a Buenos Aires para vacaciones.
6. El <u>primero de octubre</u> voy a Paris.
7. Viajo a Roma el <u>22 de noviembre</u>.
8. Voy a llegar a Acapulco el <u>25 de enero</u>.

LA 79, page 56 C. ¿En qué estación del año?

MODELO En enero vamos a las montañas para esquiar. (**invierno**)

1. Vamos a viajar a México en noviembre. (**otoño**)
2. En mayo mis hermanos van a ir al extranjero. (**primavera**)
3. Me encanta nadar en el lago en julio. (**verano**)
4. La Navidad la pasamos siempre en casa. (**invierno**)

LA 80, page 57 D. Las lenguas del mundo

MODELO Es el idioma que hablan en Portugal. (**portugués**)

1. Lo hablan los chinos. (**e. chino**)
2. Es el idioma que hablan en Francia. (**a. francés**)
3. ste es el idioma de la Unión Soviética. (**b. ruso**)
4. Es el idioma que hablan en Inglaterra. (**c. inglés**)
5. Los alemanes hablan este idioma. (**d. alemán**)
6. Es el idioma de los japoneses. (**f. japonés**)

LA 81, page 57 E. ¿Conoces la ciudad?

MODELO La catedral está en la Avenida Florida. (**sí**)

1. El restaurante está frente a la catedral. (**no**)
2. El cine está entre el supermercado y el estadio. (**no**)
3. La cafetería está frente a la universidad. (**sí**)
4. El aeropuerto queda detrás del teatro. (**no**)
5. El banco está cerca de la escuela. (**sí**)
6. El hotel queda a la derecha del museo. (**sí**)
7. El teatro queda delante de la tienda. (**no**)
8. El estadio queda lejos de la tienda. (**sí**)

LA 82, page 58 F. En la clase

MODELO La ventana está detrás de... (**nosotros**)

1. Yo estoy al lado de... (**ti**)
2. Tú estás a la izquierda de... (**mí**)
3. El profesor está enfrente de... (**nosotros**)
4. La puerta está detrás de... (**ella**)
5. Ana está a la izquierda de... (**él**)
6. Profesor, todos nosotros estamos enfrente de... (**usted**)

LA 83, page 58 G. En el avión

MODELO ¿Tu padre te permite acampar solo? (**me**)

1. ¿Dices que el profesor nos va a ayudar? (**nos**)
2. ¿Me comprendes? (**te**)
3. ¿Cuándo nos va a llamar nuestra madre? (**nos**)
4. ¿Te debe mucho dinero Joaquín? (**me**)
5. Esteban nos va a comprar la cena esta noche, ¿verdad? (**nos**)
6. ¿Por qué no me hablas en inglés? (**te**)

LA 84, page 59 H. La fiesta de Elena

MODELO ¿Tu padre te permite tener muchas fiestas? (**me**)

1. ¿Quieres enseñarme tu casa? (**te**)
2. Enrique nos va a tocar la guitarra esta noche, ¿no? (**nos**)
3. ¿Quién te prepara toda la comida para las fiestas? (**me**)
4. ¿Con quién te gusta bailar más? (**me**)
5. ¿Piensas que Roberto va a invitarnos a su fiesta? (**nos**)
6. ¿Quién nos va a poner los discos esta noche? (**nos**)

LA 85, page 59 I. Recuerdos de España.

1.f 2.f 3.v 4.v 5.v 6.v
Hola. Todo es fabuloso aquí. Vivimos en una casa grande en el campo muy cerca de las montañas. El 15 de agosto vamos en barco a Málaga. Pienso que en el otoño vamos a visitar la ciudad de Sevilla. Allí hay una catedral fabulosa. Voy a comprar algunos recuerdos para ustedes. Saludos a todos.

LA 86, page 60 J. ¡Estás aquí!

MODELO Sigue por el Paseo de las Flores, dobla a la derecha en la calle Velázquez y pasa el museo. (**a**)

1. Sigue derecho por el Paseo de las Flores, dobla a la izquierda en la calle Carlos Quinto y luego dobla a la izquierda en la primera calle. (**b**)
2. Sigue derecho por el Paseo de las Flores. En la Plaza de Quevedo dobla a la derecha y está a tu izquierda. (**a**)
3. Sigue derecho por el Paseo de las Flores, dobla a la izquierda en la calle Carlos Quinto. Luego dobla a la derecha en la primera calle y pasa el parque. (**c**)

LA 87, page 61 K. Nuevos vecinos
For answers, see page 61 of Listening Activities TE

MODELO MARTA: Me gusta jugar tenis en julio.

JORGE ¿Qué van a hacer en septiembre tú y tu hermano?
MARTA Yo quiero estudiar portugués porque tengo amigos de Brasil. ¿Y Alfredo? El quiere estudiar árabe.
JORGE Y en Navidad, ¿dónde piensan ir o qué piensan hacer?
MARTA En diciembre yo pienso hacer un viaje a México para ver las ruinas de Teotihuacán. Alfredo quiere pasar el día 25 en casa. No le gusta ir al extranjero en Navidad. Prefiere leer todos sus libros favoritos en vez de viajar conmigo.
JORGE ¡Es una lástima! Y para las vacaciones de julio ¿qué prefieren hacer?
MARTA A Alfredo le encanta esquiar en el lago y practicar todos los deportes acuáticos. Yo prefiero tomar el sol y jugar tenis. No me gusta el agua porque no sé nadar muy bien.
JORGE Yo estoy en el equipo de natación. Si quieres, te enseño. Abren la piscina ahora en mayo.
MARTA Pues, gracias. Podemos ir entonces la semana próxima.

LA 88, page 61 Pronunciación

Dictado
Mi mejor amiga se llama Laura. Ella vive en la calle Mayor, cerca de la catedral, no lejos de mi casa. Después de la escuela voy allí para leer la lección y tomar unos tacos de pollo con cebolla que prepara su madre.

Capítulo 9

LA 89, page 63 A. Pasatiempos

MODELO

1. Durante el invierno patino mucho. Es muy divertido.
2. Por la mañana siempre corro dos millas antes de ir a la escuela. (**d**)
3. Las estampillas son muy interesantes. Las tengo de diferentes países. (**e**)
4. Para tener músculos formidables, levanto pesas todos los días. (**a**)
5. Me encanta dibujar. Siempre lo hago en mi tiempo libre. (**b**)
6. Me encanta tocar la guitarra y cantar canciones de amor. (**c**)

LA 90, page 63–64 B. Muchas cosas nuevas

MODELO ¿Qué juegan los muchachos? (**b**)

1. ¿A qué hora almuerzan los norteamericanos? (**a**)
2. ¿Cómo encuentran ustedes la comida mexicana? (**b**)
3. ¿Cuántas horas duermen los niños pequeños? (**b**)
4. ¿Cuándo vuelven los estudiantes de vacaciones? (**b**)
5. ¿Cuánto cuesta una estampilla? (**b**)
6. ¿Puedo tomar clases de yoga? (**b**)
7. ¿Juegan ustedes fútbol americano en el verano? (**b**)
8. ¿Me muestras tus fotos de Washington? (**a**)

LA 91, page 64 C. ¿A quién?

MODELO Papá va a comprarles un juego electrónico. (**more than one**)

1. Señores de Alba, voy a decirles cómo llegar a la tienda de regalo. (**more than one**)
2. Vamos a comprarle una colección de monedas. (**one**)
3. Estos libros para María van a costarle veinte dólares. (**one**)

4. Acabo de comprarte algo interesante. (**one**)
5. ¿Tu crees que el ajedrez puede interesarles? (**more than one**)
6. Nos van a dar un perro. (**more than one**)

LA 92, page 65 D. ¡Cuántos regalos!

MODELO Quiero comprarle una camisa. (**a**)

1. Voy a mostrales el regalo. (**b**)
2. Podemos explicarle las instrucciones del juego. (**b**)
3. Vamos a darle un libro. (**a**)
4. Me gustaría comprarle un anillo. (**b**)
5. Prefiero no darles dulces. (**a**)
6. Pienso comprarle un juego. (**a**)
7. Queremos darle una calculadora. (**a**)

LA 93, page 65 E. Acciones

MODELO Marta va a llamar por teléfono. (**sí**)

1. Juan acaba de comer. (**sí**)
2. Vamos a ver la nueva película. (**sí**)
3. Los estudiantes de la clase de biología acaban de recibir buenas notas en el último examen. (**no**)
4. Acabo de escribir a mi familia para decirles de mis vacaciones. (**sí**)
5. Ella acaba de levantar pesas. (**no**)

LA 94, page 66 F. ¿Cuándo?

MODELO Van a ir a Japón en verano. (**futuro**)

1. Acaba de jugar ajedrez. (**pasado inmediato**)
2. ¿Te encuentro en el estadio a las doce? (**futuro**)
3. Vamos a levantar pesas. (**futuro**)
4. Elisa y papá juegan tenis ahora. (**presente**)
5. Acabamos de hacer gimnasia. (**pasado inmediato**)
6. Acabo de correr dos millas. (**pasado inmediato**)

LA 95, page 66 G. Sí, sí mama.

MODELO !No seas malo con tu hermano! (**sí**)

1. Ayuda a tu hermana en la casa. (**sí**)
2. No veas mucha televisión. (**sí**)
3. Salgo a las 8:30 mañana. (**no**)
4. Los llamo mañana a las cuatro. (**no**)
5. Vuelve pronto a casa por la tarde. (**sí**)
6. No salgas con tus amigos por la noche. (**sí**)
7. Regreso el miércoles a las cinco. (**no**)
8. Haz bien tus tareas. (**sí**)

LA 96, page 67 H. En mis ratos libres

Soy coleccionista y colecciono de todo. Insectos, estampillas de otros países y monedas. Durante el verano me gusta mucho dar una caminata por el bosque con los muchachos exploradores. Muchas veces hacemos una fogata y dormimos al aire libre.

LA 97, page 67 I. Una amiga nueva

MODELO (sí)

1. sí 2. sí 3. no 4. sí 5. no
¡Hola Alma! Acabo de volver de la escuela y voy a jugar ajedrez con un amigo. Tú sabes que me encanta. Ahora soy miembro de un club de cocina. Me interesa la comida sana para cuidar mi salud. Para estar en forma tomo yogurt, pero no me gusta. También soy coleccionista. Colecciono estampillas y acabo de ganar un premio. Me gustaría mostrate el anuario pero estás muy lejos. Hasta pronto.

LA 98, page 68 J. El cuarto de Tita

1. Tita es una chica atlética. Le gusta jugar tenis. (**sí**)
2. Le gusta mucho jugar damas. (**no**)
3. A Tita no le gusta patinar. (**no**)
4. Tita piensa que levantar pesas es un deporte sólo para los hombres. (**no**)
5. Tita es buena fotógrafa. (**sí**)
6. En sus ratos libres esta chica prefiere hacer ejercicio y escuchar música. (**sí**)

Tapescript LA 99, page 68 Pronunciación

Dictado
Roberto y Raúl van a comprar un regalo para Marta porque es su cumpleaños. Es un rompecabezas. El padre de Marta le va a comprar un reloj y su madre la va a llevar al restaurante "El Recuerdo". Yo quiero ir a verla, pero tengo catarro y dolor de garganta. Estoy aburrido.

Capitulo 10

LA 100, page 71 A. Siempre a la moda

MODELO Me encantan los pantalones franceses. (**sí**)

1. Creo que voy a comprar una corbata. (**sí**)
2. Prefiero estos zapatos. (**sí**)
3. Necesito unas botas para la nieve. (**no**)
4. Nosotras usamos faldas azules. (**sí**)
5. Voy a comprarme un sombrero grande. (**no**)
6. Me gusta esta blusa porque es de algodón. (**sí**)
7. Este vestido es muy bonito, lo voy a comprar. (**no**)
8. Voy a comprar un traje de baño. (**sí**)

LA 101, page 72 B. Colores favoritos

1. A Chela le gusta mucho su vestido blanco. Lo usa muchas veces. (**white**)
2. Qué raro es Paco, ¿no? Casi toda la ropa que usa es gris—sus camisas, sus pantalones, sus calcetines... (**gray**)
3. A mis padres les gusta la ropa negra para las fiestas los fines de semanas. (**black**)
4. Nosotros vamos a usar nuestros uniformes azul y amarillo para asistir al concurso. (**Gregorio y Maru; blue, yellow**)
5. Maru, ¿por qué siempre usas la blusa café cuando vas a visitar a tu abuela en el campo? (**brown**)
6. Gregorio, debes usar la corbata roja para la fiesta. (**red**)

LA 102, page 72 C. ¿Cuál es la pregunta?

MODELO Los niños piden arroz con pollo. (**a**)

1. Servimos la cena a las seis de la tarde. (**b**)
2. Sí, mis tíos vienen también. (**a**)
3. Siempre sirven la cena temprano. (**a**)
4. Sí, seguimos la moda con nuestras comidas. (**b**)
5. Tú siempre pides carne y ensalada para cenar. (**a**)
6. Ustedes repiten la orden cuando hay jamón. (**a**)

LA 103, page 73 D. El hombre mecánico

1. Tiene una nariz muy grande. (**no**)
2. Tiene dos cabezas. (**sí**)
3. Tiene cuatro brazos. (**no**)
4. Tiene cuarenta dedos en los pies. (**no**)
5. Tiene sólo dos piernas. (**sí**)
6. Tiene quince dedos en las manos. (**no**)
7. Tiene seis ojos. (**sí**)
8. Tiene mucho pelo en la cabeza. (**no**)

LA 104, page 73 E. ¿Quién lo hace?

1. Siempre me peino antes de ir a la escuela. (**Julio**)
2. Ana se lava la cara con agua fría. (**otra persona**)
3. Nos gusta bañarnos con agua caliente. (**Julio y Martina**)
4. A ellas les encanta desayunar temprano. (**otras personas**)
5. ¡Mi amiga Isabel se lava los dientes con sal! (**otra persona**)
6. Siempre nos levantamos temprano. (**Julio y Martina**)
7. Nuestros padres se besan para decirse adiós. (**otras personas**)
8. Me visto después de desayunar. (**Julio**)

LA 105, page 74 F. Una mañana en el campo

a.1 b.2 c.9 d.3 e.4 f.5 g.8 h.10 i.6 j.7
Las mañanas son pesadísimas. Yo me despierto a las cinco y media, pero José siempre tiene sueño a esa hora. Muchas veces él no se despierta hasta las siete. Entonces nos vestimos para ayudar con las tareas del campo. Es un trabajo bastante pesado, y tenemos que ponernos guantes y botas. Después de cuidar los animales, ayudamos a abuelita con las plantas. Entonces podemos quitarnos las botas y los guantes. Nos lavamos la cara y las manos y, ¡por fin podemos desayunar! ¿Cómo? ¿Bañarnos? Ah, sí, ¡después del desayuno nos bañamos y nos acostamos otra vez!

LA 106, page 75 G. ¿Hoy o ayer?

MODELO Compré unos lentes de sol. (**ayer**)

1. Lleva una falda azul. (**hoy**)
2. Me puse un abrigo rojo. (**ayer**)
3. Mis padres le compraron unas botas. (**ayer**)
4. Los jeans te quedan bien. (**hoy**)
5. Ella compró ropa barata. (**ayer**)
6. Él se prueba la chaqueta ahora. (**hoy**)

LA 107, page 75 H. De compras

SRA. SÁNCHEZ	Los <u>pantalones</u> están en <u>venta</u> esta semana. ¿verdad?
VENDEDORA	Sí, señora, ¿qué <u>talla</u> necesita usted?
SRA. SÁNCHEZ	Una 32 en color <u>azul</u>. Son para mi hijo Luisito.
VENDEDORA	El <u>color</u> azul está de <u>moda</u>. ¿Desea algo más?
SRA. SÁNCHEZ	Sí, una <u>chaqueta roja</u> y dos <u>camisas blancas</u>. Son para mi hija María Eugenia.
VENDEDORA	Lo <u>siento</u>, señora, pero no tenemos camisas ahora. Tiene que <u>regresar</u> a la tienda el lunes.
SRA. SÁNCHEZ	Bueno, no importa. <u>Vengo</u> el lunes por la tarde a <u>buscarlas</u>.
VENDEDORA	Muy bien.
SRA. SÁNCHEZ	Gracias y adiós.

LA 108, page 76 I. La rutina

1.a 2.b 3.a 4.b 5.b 6.b
Todos los días repito las mismas cosas. Me despierto a las siete en punto. Me levanto 10 minutos después. Voy rápido al cuarto de baño para lavarme la cara. A las siete y cuarto entro en la cocina donde está mi hermano, y entonces desayunamos leche y fruta. Después regreso a mi habitación para vestirme. Nunca sé qué ponerme. Finalmente me pongo unos jeans y una camisa. No estoy a la moda. Me pongo unos calcetines y unos zapatos y después de peinarme corro con mi hermano para no perder el autobús de la escuela.

LA 109, page 76 Pronunciación

Dictado
El camarero que sirve la cena es un chico francés. Las chuletas en este restaurante tienen un precio muy alto; por eso pedimos habichuelas. Después, vamos al cine que está cerca de la estación y comemos dulces de chocolate.

Capítulo 11

LA 110, page 79 A. Profesiones

MODELO Quiero ser actor porque me interesan mucho los deportes. (**no**)

1. Me gustaría ser abogado porque me interesan las ciencias. (**no**)
2. Quiero ser enfermero porque me encanta estudiar medicina. (**sí**)
3. Me gustaría ser programadora de computadoras porque me gustan las matemáticas. (**sí**)
4. Me interesa mucho la música. Por eso quiero ser ingeniero. (**no**)
5. Quiero ser actriz porque me gusta mucho el teatro. (**sí**)
6. Voy a ser periodista porque me encanta escribir. (**sí**)

LA 111, page 79 B. Yo.

MODELO rubio (**soy**)

1. mexicano (**soy**)
2. en mi colegio ahora (**estoy**)
3. alto (**soy**)
4. joven y simpático (**soy**)
5. fanático del fútbol (**soy**)
6. muy ocupado siempre (**estoy**)
7. contento con mis amigos (**estoy**)

LA 112, page 80 C. ¿Ser o estar?

MODELO Lola... una mujer inteligente (**es**)

1. La mujer de negocios... en el banco. (**está**)
2. Paco... un niño muy difícil. (**es**)
3. Ana y María... abogadas. (**son**)
4. La reina... la hermana de Víctor. (**es**)
5. Héctor, tú... cansado después de trabajar. (**estás**)
6. Yo... en el laboratorio. (**estoy**)
7. El policía y yo... norteamericanos. (**somos**)

LA 113, page 80 D. ¿Hoy o ayer?

MODELO Mi papá escribió varios programas para la computadora de mi escuela. (**pasado**)

1. Vivo cerca del hospital. (**ahora**)
2. Mis hermanas aprendieron español en dos meses. (**pasado**)
3. Comimos en el nuevo restaurante francés. (**pasado**)
4. Asisto a mi clase de historia. (**ahora**)
5. Recibí una carta de mi maestro de español en Illinois. (**pasado**)
6. Mis padres salieron del trabajo a las seis ayer. (**pasado**)

LA 114, page 81 E. ¿Quién lo hizo?

MODELO Insistieron en ir al extranjero. (**mis amigos**)

1. Ayer aprendí a escribir a máquina. (**yo**)
2. Mi mamá asistió al concierto de música clásica. (**ella**)
3. Le prometió llevarla al zoológico. (**él, ella**)
4. Ayer por la mañana, escribimos una carta a mis abuelos. (**Pepe y yo**)
5. ¿Viviste siempre en Nueva York? (**tú**)
6. Decidieron seguir un curso de ingeniería. (**mis amigos**)

LA 115, page 81 F. En Acapulco

MODELO Consiguió una guitarra mexicana. (**Carla**)

1. Se divirtieron mucho en la playa. (**ellos**)
2. Los restaurantes sirvieron una comida deliciosa. (**ellos**)
3. Decidimos comer sólo comida mexicana. (**Julio y yo**)
4. Pediste camarones para la cena, ¿no? (**tú**)
5. Me sentí muy contento después de hablar con ella. (**yo**)
6. Durmió hasta las diez de la mañana. (**Carla**)

LA 116, page 82 G. ¿Es lógico?

MODELO Juanita se acostó temprano. (**a**)

1. Me siento mal. (**a**)
2. Ella está cansada. (**b**)
3. A mis hermanos les gustan las películas de horror. (**a**)
4. Hoy va a llover. (**b**)
5. Ayer comí en un buen restaurante. (**a**)

LA 117, page 82 H. Del hospital a la casa

MODELO Descanse por la tarde. (**sí**)

1. No coma dulces. (**sí**)
2. Voy a llamarle mañana. (**no**)
3. Duerma ocho horas todos los días. (**sí**)
4. Está mucho mejor. (**no**)
5. No juegue deportes como fútbol. (**sí**)
6. No trabaje demasiado. (**sí**)
7. Tiene el corazón sano y fuerte. (**no**)

LA 118, page 83 I. Una entrevista

SR. RAMOS A usted le interesa el puesto de periodista que tenemos, ¿verdad?

PABLO Sí señor. Seguí varios cursos en la universidad y trabajé en el periódico en Los Ángeles.

SR. RAMOS ¡Ah! Veo que asistió a la Universidad de California en Los Ángeles, pero ¿cuándo se graduó?

PABLO Terminé mis estudios el año pasado.

SR. RAMOS ¿Habla usted otro idioma?

PABLO Sí, estudié español y francés y viví en Barcelona por un año.

SR. RAMOS ¿Usted sabe que hay muchas responsabilidades en este puesto y que va a tener que trabajar por lo menos dos fines de semana al mes?

PABLO Bueno, está bien porque es una profesión que me fascina.

SR. RAMOS Muy bien, señor Rodríguez, puede empezar mañana mismo.

PABLO ¡Formidable!

LA 119, page 84 J. La abogada

a.4 b.1 c.5 d.3 e.2
Lea los papeles que tiene usted y después escriba su opinión. Mañana haga copias y vuelva aquí a las cinco y media. Al final del día siguiente traiga los papeles al abogado López. ¡Hasta mañana!

LA 120, page 84 K. ¿Quién te escribió?

1. no 2. no 3. no 4. sí 5. sí 6. sí 7. no 8. no

JAVIER ¿Qué haces, Pilar?

PILAR Leo una carta que recibí. ¿No ves?

JAVIER ¿Quién te escribió?

PILAR Marta.

JAVIER Ya sé. La chica que es hija del periodista famoso.

PILAR No, ésa es Sarita. Marta está conmigo en mi clase de programación de computadoras.

JAVIER ¿Es la rubia que está siempre a la salida de la escuela?

PILAR No, Marta es morena y alta.

JAVIER Probablemente no la conozco.

PILAR Sí, ella es colombiana. Tú hablaste con ella en la fiesta de Juan.

JAVIER ¿Es una chica delgada y muy simpática que es de Bogotá?

PILAR Sí, la misma. Aunque ahora está un poco gorda pues trabaja en una fábrica de chocolates y los come todo el día.

JAVIER ¡Qué suerte tiene Marta! A mí me gustaría tener un puesto así.

LA 121, page 84 Pronunciación

Dictado
No vuelvo a esquiar nunca más. Después de un fin de semana muy divertido, ahora estoy en el hospital. Me duele la cabeza, el brazo izquierdo y la nariz. ¡Qué mala suerte! Sólo puedo comer sopa, ensalada y manzanas y jugar al ajedrez o hacer rompecabezas.

Capítulo 12

LA 122, page 87 A. ¡Qué aventura!

MODELO Me gustaría mucho bajar un río en canoa. (**sí**)

1. Quiero viajar y visitar muchas ciudades. Por eso, me interesa mucho pilotear un avión. (**sí**)
2. Me gustaría hacer un viaje al espacio porque creo que es muy emocionante. (**sí**)
3. Me gustan las cosas difíciles. Por eso, me fascina escalar montañas. (**no**)
4. Me encanta el mar y los deportes acuáticos. Quiero pasear en velero. (**sí**)
5. Me gustan las cosas peligrosas. Creo que me gustaría saltar en paracaídas. (**no**)
6. Me fascinan los animales y la naturaleza. Tengo ganas de explorar la selva amazónica. (**sí**)

LA 123, page 88 B. ¿Cuál es?

MODELO Fui a Madrid el año pasado. (**ir**)

1. Mis familiares en España fuero muy buenos conmigo. (**ser**)
2. Mi prima fue con Luisa para participar en una carrera de automóviles. (**ir**)
3. Tú fuiste actriz en Colombia, ¿verdad? (**ser**)
4. El viaje a Medellín fue formidable. (**ser**)
5. Mis padres fueron a Perú para explorar la selva. (**ir**)
6. ¿Cómo fue el safari? (**ser**)
7. Fuimos a las montañas todos los fines de semana. (**ir**)
8. Enrique fue a Sella para bajar el río en canoa. (**ir**)

LA 124, page 88 C. Dime quién.

MODELO Fueron siempre muy felices. (**mis padres**)

1. Vimos unos veleros formidables. (**yo y mi hermana**)
2. Di la vuelta al mundo en avión. (**yo**)
3. No vio a sus padres durante todo el verano. (**mi novio**)
4. Le dieron unas monedas muy antiguas a Carmen para su colección. (**mis padres**)
5. ¿Fuiste al río con tu hermanito? (**tú**)
6. Dimos muchos paseos por la playa. (**yo y mi hermana**)

LA 125, page 88 D. Más planes

MODELO Viajar en avión es más caro que viajar en tren. (**b**)

1. Escalar montañas es más peligroso que pasear en velero. (**a**)
2. Un viaje a pie es más largo que un viaje en bicicleta. (**a**)
3. El hotel Iquitos es menos caro que el hotel Plaza. (**c**)
4. Dar la vuelta al mundo es más caro que explorar el mundo submarino. (**b**)
5. Pilotear un avión es menos peligroso que explorar la selva amazónica. (**a**)
6. Un viaje a España es más largo que un viaje a Colorado. (**c**)

LA 126, page 89 E. Mi familia

MODELO El gato de Juán es más gordo que el gato de Elena. (**Juan's cat: fat**)

1. Lola es más alta que Carmen. (**Lola: tall**)
2. Anita es menos seria que Ester. (**Anita: smiling**)
3. El carro de mi padre es más grande que el carro de mi madre. (**father's car: larger**)
4. Yo soy menos estudioso que David. (**David: studious**)
5. Javier es más atlético que Miguel. (**Javier: athletic**)

LA 127, page 90 F. En Manzanillo

MODELO Venimos a descansar en la playa. (**Marta y yo**)

1. No hicieron nada anoche porque estaban cansados. (**ellos**)
2. ¿Por qué no quisiste comer a las nueve? (**tú**)
3. Estuvimos mucho tiempo en el centro. (**Marta y yo**)
4. Vine para pasar un rato cerca del mar. (**yo**)
5. ¿Qué hiciste ayer? (**tú**)
6. Vino al hotel a las cinco y media. (**Pablo**)

LA 128, page 91 G. ¡Qué expedición!

MODELO ¿Estuvo usted en el Amazonas? (**b**)

1. ¿Pusieron todo el equipo en las tiendas? (**a**)
2. ¿Pudieron sacar buenas fotos? (**a**)
3. ¿Supo usted del accidente del señor Ochoa? (**b**)
4. ¿Tuvo usted miedo en la selva? (**b**)
5. ¿Pudo dormir bien de noche? (**a**)
6. ¿Tuvieron buen tiempo todo el viaje? (**a**)

LA 129, page 91 H. ¡Qué negativo!

MODELO ¿Quién escaló la montaña? (**c**)

1. ¿Qué hiciste allí? (**a**)
2. ¿Cuándo exploraste el río? (**b**)
3. ¿Qué coleccionaste? (**a**)
4. ¿Quién bajó el río en canoa? (**c**)
5. ¿Cuándo jugaste tenis? (**b**)
6. ¿Quién te enseño a levantar una tienda? (**c**)

LA 130, page 92 I. Tengo muchas cosas que hacer

MODELO Quiero visitar a mis amigos también. (**also**)

1. Tengo que comprar algo típico para mi hermano. (**something**)
2. Necesito hablar con alguien para preparar mi viaje a la playa. (**someone**)
3. Siempre quiero comer en los restaurantes típicos. (**always**)
4. Voy a ir a Buenos Aires también. (**also**)
5. ¿Espera usted a alguien o podemos visitar la catedral ahora? (**someone**)

LA 131, page 92 J. Mi diario

Ayer <u>fue</u> un día <u>fabuloso</u> para mí. <u>Hizo</u> buen tiempo todo el día y <u>decidimos</u> pasear <u>en velero</u> casi toda la mañana. Por la tarde, tomamos el <u>sol</u> y <u>volvimos</u> temprano al campamento. Por la noche mis amigos y yo <u>fuimos</u> al cine. <u>Vimos</u> una película sobre una carrera de <u>automóviles</u>. Las <u>carreras</u> son muy <u>peligrosas</u> y la película en general <u>fue</u> muy emocionante.

LA 132, page 92 K. Un libro raro

1. no 2. no 3. sí 4. no 5. sí

1. Ay, mamá. Leí un libro muy raro anoche.
2. Unos exploradores tuvieron que dar la vuelta al mundo y visitaron unas selvas muy peligrosas.
3. Para llegar, tuvieron que saltar en paracaídas. Ellos decidieron quedarse allí y acampar.
4. Entonces tuvieron que hacer una expedición en canoa para poder llegar a la selva.
5. Nunca en mi vida leí un libro tan raro. Pero me gustó porque me encantan las aventuras.

LA 133, page 93 L. Un sueño muy raro

MODELO Eduardo nunca tiene sueños raros. (**falso**)

EDUARDO Tuve un sueño muy raro anoche.
NINA ¿Qué soñaste?
EDUARDO Fue una aventura maravillosa. Una nave espacial me llevó a un planeta verde y azul.
NINA Y, ¿cómo te sentiste allí?
EDUARDO Me dio mucho miedo. Vi un planeta en donde hay lluvia todos los días. También vi plantas y animales muy raros y grandes.
NINA Y, ¿qué hiciste entonces?
EDUARDO Por un momento no hice nada. Lloré y me sentí desesperado. Pero después decidí hacer algo para salir del planeta. De repente vi un río y un pequeño velero. Con muchas dificultades pude subir al velero y empecé a navegar.
NINA ¿Pero no viste a nadie?
EDUARDO Eso fue lo mas curioso del sueño. Tuve muchas aventuras y dificultades hasta que por fin descubrí la nave espacial otra vez. Pero nunca vi a nadie.
NINA Y, ¿qué pasó después?
EDUARDO Pues, finalmente volví a la Tierra donde mi mamá me dio un desayuno delicioso.
NINA ¡Ay, Eduardo! Por lo menos fuiste a un lugar interesante. Y, ¿por qué a mí no me invitas nunca a ninguna parte?

LA 134, page 93 Pronunciación

Dictado

Vivo en Montevideo y para mí siempre fue un sueño volar a Europa. Como ya tengo dieciocho años, mis padres me dieron un viaje para mi cumpleaños. Mi mejor amigo Rafael vive en Bilbao, por eso pienso ir a visitar su tierra.

Nombre y apellido ____________________ **Capítulo 1**

Clase __________ Fecha __________

INTRODUCCIÓN

A LA 1 **Preferencias.** Luisa and her new friend Marcos are getting to know each other. Listen to each sentence, and underline the letter of the activity or thing each of them prefers.

MODELO Me gusta el volibol pero no me gusta el béisbol.

MODELO a.  b. 

1. a.  b. 

2. a.  b. 

3. a.  b. 

4. a.  b. 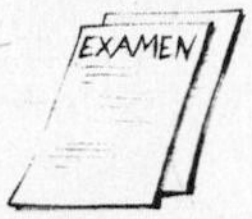

5. a.  b. 

Nombre y apellido ____________________

B LA 2 **¿Es lógico?** Felipe is interviewing Marta by telephone. Marta doesn't always understand Felipe's questions, but she tries to answer each one anyway. If her response makes sense, underline **sí**; if it does not, underline **no**.

MODELO ¿Te gusta nadar? Sí, me gusta cantar.
sí no

1. sí no
2. sí no
3. sí no
4. sí no
5. sí no
6. sí no
7. sí no

EXPLORACIÓN 1

The definite article and nouns

C LA 3 **Me gusta.** Sara is talking to her guidance counselor about things she likes. Listen to each of her statements, and place an X in the box that matches the definite article you hear.

MODELO Me gustan los libros.

	el	la	los	las
MODELO			X	
1.	X			
2.			X	
3.		X		
4.		X		
5.	X			
6.			X	
7.	X			
8.				X

Nombre y apellido ____________________

EXPLORACIÓN 2

The verb ser

D LA 4 **¿Sí o no?** Raúl is telling where he and his friends are from. If Raúl includes himself in the statement, place an X in the **sí** box. If he does not, place an X in the **no** box.

MODELO Es de Argentina.

	sí	no
MODELO		X
1.	X	
2.		X
3.	X	
4.		X
5.		X

E LA 5 **Orígenes.** Your cousin Gerardo, newly arrived from Panama, asks where you and your friends are from. As you listen to each question, underline the better answer.

1. a. Sí, soy de San Juan. b. Sí, es de San Juan.
2. a. No, no es de Florida. b. No, no eres de Florida.
3. a. Sí, somos de México. b. Sí, son de México.
4. a. No, no son de Chile. b. No, no eres de Chile.
5. a. Sí, soy de Nevada. b. Sí, somos de Nevada.

EXPLORACIÓN 3

Agreement of nouns and adjectives

F LA 6 **Pasatiempos.** Teresa is talking with her high school principal. In order to keep the conversation going, she responds to comments he makes. Listen to the principal's statements, then underline the statement Teresa would make.

MODELO El volibol es divertido.
a. Sí, es divertido. b. Sí, son divertidos.

1. a. No, no es interesante. b. No, no son interesantes.
2. a. Sí, son divertidos. b. Sí, es divertido.
3. a. No, no es fácil. b. No, no son fáciles.
4. a. No, no son aburridos. b. No, no es aburrido.
5. a. Sí, es emocionante. b. Sí, son emocionantes.
6. a. Sí, son simpáticos. b. Sí, es simpático.

Nombre y apellido ____________________

EXPLORACIÓN 4

Hay, ¿Cuántos hay?, and numbers from 16 to 100

G LA 7 **¿Cuánto cuesta?** You are asking about prices in a department store in Puerto Rico. Write the price you hear in the blank below that item. Be careful: the items are not in order.

MODELO un libro de español, diecisiete dólares 

$17

1. $43 2. $15 3. $95

4. $22 5. $74 6. $8

H LA 8 **¿Cuántos años?** Luisa is at a party at Felipe's house. As she meets new people, she tries to guess their ages. As you hear each person's age, write it down beside his or her name.

MODELO Juan, diecisiete
Juan 17

1. Marta 16
2. Ricardo 20
3. María 19
4. Carlos 18
5. José 15

Nombre y apellido ____________________

PERSPECTIVAS

I LA 9
¡Hola! Ángela is excited about the first letter from her new friend Beatriz in Buenos Aires. She reads it to another friend over the telephone. Listen to the letter, and then fill in the blanks with the words you hear.

> Querida Ángela,
>
> ¡Hola! Me llamo Beatriz Vargas y **soy** (1) de Buenos Aires.
> Me gusta mucho la **música** (2). Me gustan los **conciertos** (3),
> y también me gusta **escuchar** (4) la radio. Me **gustan** (5)
> los deportes: el **fútbol** (6), el **béisbol** (7) y el tenis.
> ¿**Te** (8) gustan los **deportes** (9) también?
> **Hasta** (10) pronto.
>
> Beatriz

J LA 10
Datos personales. The students in the speech class have all been required to answer questions put to them by their classmates. Listen to Carmen's answers, and then write three questions you would have asked her to get the information she gave.

EJEMPLO ... y me gustan los profesores.
¿Te gustan los profesores?

Answers may vary from those given.

1. **¿Te gusta cantar?**
2. **¿Te gustan los conciertos?**
3. **¿Te gusta bailar?**

Nombre y apellido ____________________

K LA 11
El club. Elena Reyes, an exchange student from Ecuador, is talking to the Spanish club about some of her likes and dislikes. If she enjoys the item or activity, place an X in the **sí** box. If she does not, place an X in the **no** box.

	sí	no
1.		X
2.	X	
3.	X	
4.		X
5.	X	

Nombre y apellido ____________________

PRONUNCIACIÓN

LA 12
As you know, words that look similar in English and Spanish may sound quite different in the two languages. One of the main reasons is the difference in vowel sounds. Spanish vowels are more "tense" and clipped sounding. Listen to the vowel sounds in the following words.

a animal
e excelente
i difícil
o volibol
u tú

Note also that the stress may or may not fall on the same syllables in English and Spanish. Listen carefully and repeat each word after the speaker.

el animal	el béisbol
el volibol	el examen
el concierto	el fútbol
la catedral	la educación

A number of adjectives are similar in Spanish and English. Hearing what these words sound like is an easy way to build your listening vocabulary. Listen to the words, and repeat each one after the speaker.

importante	interesante	excelente
clásico	popular	responsable
inteligente	famoso	difícil

Now repeat the following sentences.

1. En mi escuela, el béisbol es popular.
2. Las clases son interesantes.
3. Los exámenes son importantes.
4. La profesora de inglés es inteligente.

Dictado. You will hear a paragraph in Spanish twice. The first time, listen carefully; the second time, write the words as you hear them pronounced.

____
____
____
____
____

Nombre y apellido ____________________

CANCIÓN

This party song is believed to have originated in Spain. It is now enjoyed throughout the Hispanic world. It is sung first with the regular lyrics, then five more times, each time replacing all vowels with one of the five Spanish vowels: **a**, **e**, **i**, **o**, and **u**. At the end it is sung one last time with the original lyrics.

2.
La mar astaba sarana.
Sarana astaba la mar. *(Repite)*

3.
Le mer estebe serene.
Serene estebe le mer. *(Repite)*

4.
Li mir istibi sirini.
Sirini istibi li mir. *(Repite)*

5.
Lo mor ostobo sorono.
Sorono ostobo lo mor. *(Repite)*

6.
Lu mur ustubu surunu.
Surunu ustubu lu mur. *(Repite)*

Arr. © HRW 1989

La mar estaba serena

Nombre y apellido ______________________ **Capítulo 2**

Clase __________ Fecha __________

INTRODUCCIÓN

LA 13

A **Este fin de semana.** Jaime and his friends are making plans for the weekend. Look at the pictures, and listen to what each one likes to do. Then write the number of the sentence you hear under the picture it matches.

a. 5

b. 1

c. 2

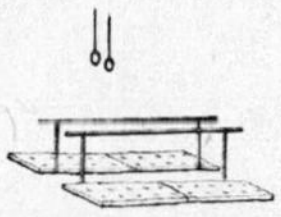

d. 4

e. 3

EXPLORACIÓN 1

The verb ir

LA 14

B **Actividades y lugares.** The Pérez family likes to do many things and go many places. If the family members say what they are going to do, place an X in the box labeled **actividad**. If they say where they are going, place an X in the box labeled **lugar**.

MODELO El señor Pérez va a trabajar mañana.

	actividad	lugar
MODELO	X	
1.	X	
2.	X	
3.		X
4.	X	
5.		X
6.	X	

Nombre y apellido ______________________

EXPLORACIÓN 2

The contraction al

LA 15

C **Una visita a los abuelos.** Alicia is in Puerto Rico visiting her grandparents. Listen as she talks to a friend about what she and her grandparents plan to do today and tomorrow. Then listen again and fill in the blanks in her conversation.

Hoy vamos a (1) San Juan. Vamos al (2) museo y a las (3) tiendas del Viejo San Juan. Mañana vamos a la (4) playa y más tarde al (5) restaurante. A lo mejor vamos al (6) cine también.

EXPLORACIÓN 3

The verb querer

LA 16

D **¿Qué quiere hacer?** Listen to the following questions about things that have to be done in the Reyes household. Place an X in the appropriate box to indicate whether they are being asked of one person or more than one person.

MODELO ¿Quieres estudiar ahora?

	one person	more than one person
MODELO	X	
1.	X	
2.	X	
3.		X
4.	X	
5.		X
6.	X	

E LA 17
Soñar despierto. The people below are daydreaming about activities they would like to be doing. If the statement you hear matches their daydreams, place an X in the **sí** blank. If it does not, place an X in the **no** blank, and then complete the sentence in Spanish about their thoughts.

MODELO
Ana

Ana quiere cocinar esta tarde.
____ sí
__X__ No, Ana quiere dar un paseo.

Rafael
1. __X__ sí
____ No, Rafael quiere
______________________________.

Martín y Paco
2. ____ sí
__X__ No, Martín y Paco quieren
ir a nadar / ir a la piscina.

Beto
3. __X__ sí
____ No, Beto quiere
______________________________.

Susana y yo
4. ____ sí
__X__ No, Susana y yo queremos
ir a la piscina / ir a nadar.

EXPLORACIÓN 4

Making questions with ¿verdad? and ¿no? and by inversion

F LA 18
¿Preguntas? Andrés and Mario are talking about summer activities. If the speaker asks a question, place an X in the question box. If he makes a statement, place an X in the statement box.

MODELO Las fiestas son divertidas, ¿no?

	question	statement
MODELO	X	
1.	X	
2.		X
3.		X
4.	X	
5.	X	
6.	X	
7.		X

PERSPECTIVAS

G LA 19
El fin de semana. Inés is talking with Luz as they leave school on Friday afternoon. Listen to their conversation, and fill in the blanks with the words you hear.

INÉS ¿Qué vas (1) a hacer mañana (2)?
LUZ Voy a dar un paseo (3) con Bárbara. ¿Quieres (4) ir?
INÉS Sí, me gusta mucho ir al parque (5). Marisol va (6) también, ¿verdad (7)?
LUZ Sí. Hay un concierto (8) en el parque y voy (9) a sacar fotos (10).
INÉS Hasta luego.
LUZ Hasta mañana (11).

H LA 20
¡Hola! Listen as Roberto describes himself to you. If the statements below describe him, check **sí**. If they do not, check **no**.

1. ____ sí __X__ no Roberto is from New York.
2. ____ sí __X__ no He loves to study.
3. __X__ sí ____ no He likes tennis and bowling.
4. __X__ sí ____ no He'd like to visit the United States someday.
5. ____ sí __X__ no Now he is going to go take pictures.

I LA 21
Conversación. Juanito is eavesdropping on a telephone conversation between his older brother Pepe and Pepe's friend Miguel. Of course, Juanito can only hear Pepe's side of the conversation. After listening to Pepe, write three questions in Spanish that Miguel might have asked Pepe.

Answers may vary from those given.

1. ¿Quieres ir al cine esta noche?
2. ¿Vamos al parque mañana?
3. ¿Quieres jugar volibol?

PRONUNCIACIÓN

LA 22
The letter **h** is not pronounced in Spanish. It is comparable to the English *h* in *honor*.

Write the following words. Put a slash through the **h** of each word as you hear it pronounced, and then repeat it.

hasta ________ hay ________
hola ________ hablar ________
historia ________ hacer ________

The letter group **qu** is pronounced / k / in Spanish. Repeat the following words.

aquí quieres
¿qué? esquiar
¿quién? Joaquín

Repeat the following dialogue among some friends who are trying to get out of studying for a test.

ENRIQUE Hola, Hugo. Hola, Humberto.
HUGO Hola, Enrique. ¿Qué tal?
ENRIQUE Bien. Oye, ¿quién quiere estudiar historia?
HUGO ¿Por qué? ¿Hay examen?
HUMBERTO Sí, el examen sobre Honduras.
HUGO Pero no quiero estudiar. Vamos al cine Quevedo.
ENRIQUE Buena idea. ¡A lo mejor hay una película sobre la historia de Honduras!

Nombre y apellido ______________________ *Capítulo* **3**

Clase __________ Fecha ______________

INTRODUCCIÓN

LA 23

A **¡Qué pena!** Poor Miguel is ill. Look at the story told by the pictures, then listen to the sentences and write the number of the sentence under the picture it matches.

a. 4

b. 1

c. 2

d. 5

e. 3

LA 24

B **Exclamaciones.** Listen to the following statements, then underline the more appropriate exclamation.

MODELO Viajo a París mañana.
a. ¿De veras? b. ¡Qué pena!

1. a. ¡Qué pena! — b. ¡Cuánto me alegro!
2. a. ¡Qué tontería! — b. ¡Qué bueno!
3. a. ¡Qué pesado! — b. ¡Cuánto me alegro!
4. a. ¡Cuánto lo siento! — b. ¡Fantástico!
5. a. ¡Qué importa! — b. ¡Qué lástima!

Nombre y apellido ______________________

EXPLORACIÓN 1

The indefinite article

LA 25

C **El cuarto de Juan.** Below is a drawing of Juan's room. If the items he mentions are in the room, place an X in the **sí** box. If they are not, place an X in the **no** box.

MODELO Hay una guitarra en el cuarto.

	sí	no
MODELO		X
1.		X
2.	X	
3.	X	
4.	X	
5.	X	
6.		X
7.		X
8.	X	

EXPLORACIÓN 2

estar with adjectives

LA 26

D **Reacciones.** Listen to the following situations. Underline the more logical feeling.

MODELO Juan estudia mucho para el examen de español.
a. Está encantado. b. Está preocupado.

1. a. Está nervioso. — b. Está contento.
2. a. Estamos emocionados. — b. Estamos desilusionados.
3. a. Está sorprendida. — b. Está deprimida.
4. a. Están aburridas. — b. Están encantadas.
5. a. Está emocionado. — b. Está enfermo.
6. a. Están cansados. — b. Están enojados.

Nombre y apellido ______________________

EXPLORACIÓN 3

tener and expressions with tener

LA 27

E **¿Qué tienen?** While waiting in the doctor's office, Miguel overhears nurses discussing various patients' symptoms. Place an X in the appropriate box below to match the symptoms each patient has.

MODELO Ramón tiene dolor de cabeza, pero no tiene fiebre.

	catarro	fiebre	gripe	dolor de cabeza	dolor de estómago	tos
MODELO				X		
1. Patricia		X				
2. Raúl	X					
3. Los dos hermanos			X			
4. Ana						X
5. Sr. Torres	X					
6. Las chicas		X		X		
7. Sra. Arce					X	

LA 28

F **Obligaciones y preferencias.** If Julia is talking about some of the things she wants to do or feels like doing, underline the happy face. If she is talking about something she has to do, underline the sad face.

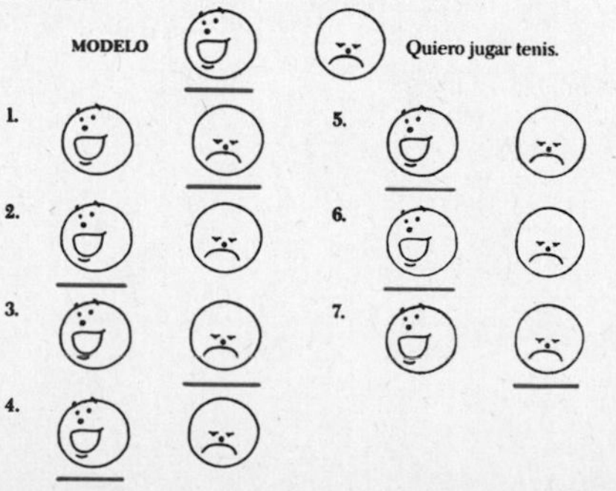

Nombre y apellido ______________________

EXPLORACIÓN 4

Weather expressions

LA 29

G **¿Qué tiempo hace?** At a youth hostel near Madrid, you are listening to a weather report. Look at the map below. If the report you hear for the city is correct, place an X in the **sí** box. If it is not correct, place an X in the **no** box.

	sí	no
1.		X
2.	X	
3.		X
4.		X
5.	X	
6.	X	
7.	X	
8.	X	

Nombre y apellido ______________________________

PERSPECTIVAS

H LA 30
De vacaciones. José is on vacation and discussing his plans for the next day with his mother. Listen to what they say, and then complete their conversation.

JOSÉ — Mamá, ¿qué **tiempo** (1) va a **hacer** (2) mañana?

MAMÁ — Va a **hacer viento** (3) y va a hacer **frío** (4) también.

JOSÉ — ¡No **puede** (5) ser! Hay un **concierto** (6) en la plaza **mañana** (7) y tengo que **ir** (8) al hospital para **visitar** (9) a Tomás.

MAMÁ — ¿Cómo **está** (10) él? ¿Qué **tiene** (11)?

JOSÉ — No sé, pero todavía tiene **fiebre** (12) y **dolor de cabeza** (13). Qué lástima, ¿no? Voy a comprar una **tarjeta** (14) para él.

MAMÁ — ¿Y está de **vacaciones** (15) todavía? ¡**Qué pena** (16)!

I LA 31
Las noticias. Simón is reading announcements over the school PA system. Look at the pictures, and listen to the announcements. Then write the number of the announcement under the picture it matches.

a. **4**

b. **3**

c. **5**

d. **1**

e. **2**

Nombre y apellido ______________________________

J LA 32
El tiempo. Read these situations, and determine how the people in each situation feel when they hear the weather report. Listen to each report, then underline the letter of the more appropriate reaction.

MODELO Marcos quiere trabajar en el jardín.
Está lloviendo y hace mucho frío.
a. Está enojado. b. Está encantado.

1. Tomás y sus amigos tienen ganas de ir al parque mañana para hacer un picnic y jugar volibol.

   a. Están contentos. b. Están desilusionados.

2. Este fin de semana Ana va a ir a Colorado para esquiar.

   a. Está preocupada. b. Está emocionada.

3. Esteban y Enrique quieren ir a la playa mañana para nadar.

   a. Están aburridos. b. Están deprimidos.

PRONUNCIACIÓN

LA 33
At the beginning of a phrase and after the letters **l** and **n**, the letter **d** sounds somewhat like the English *d* in *dog* except that your tongue should touch the back of your upper front teeth.

¿Dónde?	Linda	dos
día	Edmundo	diez
dolor	Reinaldo	Matilde

In all other cases, the **d** is similar to the English sound *th* as in *then* or *that*. Your tongue should touch the bottom of your upper front teeth.

cansado	desilusionado	adentro
divertido	emocionado	¿De dónde?
pesado	preocupado	edad

Now repeat the following sentences.

1. ¿Dónde está el jugador?
2. ¿Quién, David? Tiene dolor de espalda.
3. Está preocupado y desilusionado.
4. Otros dos jugadores, Edmundo y Reinaldo, están cansados también.
5. ¿Adónde van los jugadores para descansar?

Nombre y apellido ______________________ *Capítulo*

Clase __________ Fecha __________ **4**

INTRODUCCIÓN

A LA 34
Me gusta más... Diana and Pilar are talking about the things they would like to buy in *El Corte Inglés*, a popular department store in Madrid. Listen to their conversation, then write **a** or **b** in the blank depending upon the item each one prefers to buy.

MODELO __a__ Es bonita la billetera, pero me gusta más el reloj.

a.  b. 

__a__ 1. a.  b. 

__b__ 2. a. 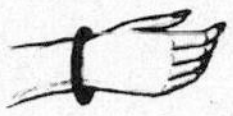 b. 

__b__ 3. a.  b. 

Nombre y apellido ______________________

__b__ 4. a.  b. 

__a__ 5. a.  b. 

EXPLORACIÓN 1

Phrases with de

B LA 35
La nueva casa. Antonio has moved to a new house and is unpacking some of his brothers' and sisters' things. Look at the various items. If Antonio's statements accurately describe what belongs to whom, place an X in the blank before **sí**. If they do not, place an X before **no**.

MODELO El diccionario es de María.
__X__ sí ____ no

PABLO

INÉS

MARÍA

ESTEBAN

1. __X__ sí ____ no
2. ____ sí __X__ no
3. __X__ sí ____ no
4. ____ sí __X__ no
5. ____ sí __X__ no
6. __X__ sí ____ no
7. __X__ sí ____ no
8. __X__ sí ____ no

Nombre y apellido ______________________

C LA 36
¿De quién es? Sonia and Jesse are assembling articles for a pep club garage sale. As they do their record keeping, place the letter of the phrase that indicates who donated the items in the blank.

MODELO __a__ el cuaderno
a. Es de la señora Ortega. b. Es del señor Ortega.

__b__ 1. las revistas
a. Son del señor Velasco. b. Son de la señora Velasco.

__a__ 2. la máquina de escribir
a. Es del señor Ibarra. b. Es de los señores Ibarra.

__a__ 3. los álbumes
a. Son de los estudiantes. b. Son de las estudiantes.

__a__ 4. la guitarra
a. Es de los señores Sánchez. b. Es del señor Sánchez.

__b__ 5. las historietas
a. Son de la profesora Antúnez. b. Son del profesor Antúnez.

__a__ 6. la billetera
a. Es del amigo de Carlos. b. Es de los amigos de Carlos.

__b__ 7. las mochilas azules
a. Son de los chicos. b. Son de las chicas.

EXPLORACIÓN 2

Possessive adjectives

D LA 37
Posesiones. Mrs. Sempronio and her student, Cintia, are talking about each other's cars. They also mention a car that belongs to Mauro, who is not with them during this conversation. Listen to each exchange, and indicate whose car is being referred to by placing the letter of the correct phrase in the blank.

MODELO CINTIA Mauro prefiere las cosas viejas.
SRA. SEMPRONIO Sí, su carro es muy viejo.
__b__ a. el carro de Cintia b. el carro de Mauro

__b__ 1. a. el carro de Mauro b. el carro de la señora Sempronio

Nombre y apellido ______________________

__b__ 2. a. el carro de la señora Sempronio b. el carro de Cintia
__b__ 3. a. el carro de Cintia b. el carro de Mauro
__b__ 4. a. el carro de Mauro b. el carro de Cintia
__a__ 5. a. los carros de la señora Sempronio y de Mauro b. los carros de la señora Sempronio y de Cintia
__b__ 6. a. los carros de Mauro b. los carros de Cintia

E LA 38
¿Quién es? Lupita is looking at José Ángel's family tree. Study the family tree, then decide whether the statements Lupita makes about José Ángel's family are accurate. Place the letter of the response José Ángel would make in the blank.

MODELO LUPITA Silvia es tu tía, ¿verdad?
__a__ JOSÉ ÁNGEL a. Sí, es la hermana de mi papá.
b. No, es la tía de mi papá.

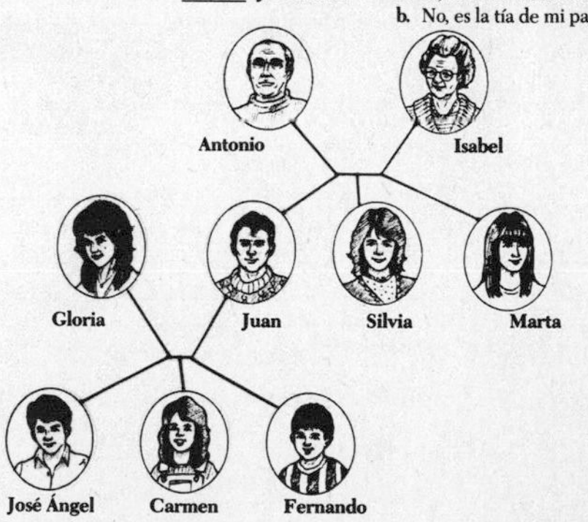

__a__ 1. a. Sí, es mi mamá.
b. No, es la prima de mi tía Marta.

__b__ 2. a. Sí, es el hermano de Antonio.
b. No, es mi padre.

__a__ 3. a. Sí, es mi abuela.
b. No, es la tía de mi papá.

Nombre y apellido ______________________________

b 4. a. Sí, es la hermana de mi prima Silvia.

b. No, es mi tía. Es la hermana de mi tía Silvia.

b 5. a. Sí, tiene tres niños.

b. No, es mi abuelo. Es el padre de mi papá.

EXPLORACIÓN 3

Using -ar verbs

F LA 39
La chismosa. Sara Ramos is telling her friends everything her family does on the weekends in Santiago, Chile. Listen to what she says, and write the number of the statement underneath the matching picture. Some statements will not match any picture.

7 a.

2 b.

9 c.

1 d.

11 e.

5 f.

6 g.

3 h.

10 i.

Nombre y apellido ______________________________

G LA 40
¿Con qué frecuencia? Some friends are discussing how often they do certain vacation activities. Listen to each statement, then place an X in the appropriate column.

MODELO Ellos nunca bailan en las fiestas.

	often	rarely	never	always	sometimes
MODELO			X		
1.				X	
2.					X
3.	X				
4.				X	
5.		X			
6.	X				
7.			X		

EXPLORACIÓN 4

Numbers above 100; the ordinals

H LA 41
¿Cuánto dinero? Mr. Colón has just returned from an extensive trip throughout Central and South America with a number of coins and bills for his nephew's collection. Listen as he tells how much money he brought, and write the numbers in the blanks provided.

1. De Venezuela tengo 154 bolívares.
2. De Perú tengo 348 soles.
3. De Ecuador tengo 720 sucres.
4. De Panamá tengo 490 balboas.
5. De Colombia tengo 875 pesos.
6. De Honduras tengo 2.300 lempiras.
7. De Guatemala tengo 903 quetzales.
8. De Argentina tengo 657 australes.

Nombre y apellido ______________________________

I LA 42
La carrera. The gym class has just run a race, and the instructor is announcing the order in which students finished. Write the correct order of arrival beside each person's name.

MODELO Juanita 9ª

1. Ángela 3ª
2. Felipe 4º
3. Roberto 6º
4. Tony 7º
5. Gloria 1ª
6. Rebeca 8ª
7. José 2º
8. Tran 5ª

PERSPECTIVAS

J LA 43
La fiesta. Ana is excited because today is her birthday. Listen to this conversation between Ana and her friend Enrique, and write the missing words or numbers in the blanks.

ENRIQUE ¡Hola, Ana! ¿Qué tal?

ANA ¡Hola, Enrique! ¿Cómo estás? Estoy emocionada (1) porque hoy es mi cumpleaños, y voy a hacer (2) una fiesta en mi casa esta noche (3).

ENRIQUE ¡Fantástico! ¿Van muchos a la fiesta?

ANA ¡Sí! Muchos de nuestros (4) amigos van, y también mis tíos y mis primos (5) de Texas. ¿Quieres ir?

ENRIQUE Encantado. Me gustaría (6) mucho. ¿Cuál es tu dirección?

ANA Es la Calle Pino 901 (7). Mi teléfono es 24-38-49 (8). ¡Va a ser muy divertido!

Nombre y apellido ______________________________

K LA 44
Actividades. Rafael's family is very industrious. Listen as he describes their various activities, then write c for **cierto** or f for **falso** in the blank.

c 1. La familia de Rafael es muy activa.

f 2. Sus padres no practican deportes.

f 3. Rafael cocina en casa.

f 4. La hermana de Rafael siempre limpia su cuarto.

f 5. Los abuelos de Rafael nunca bailan y nunca van a comer con sus amigos.

PRONUNCIACIÓN

LA 45
In Spanish, the /p/ sound is made without the puff of air that is usually released when you say an English word containing a *p*. As you say these words, hold the palm of your hand in front of your mouth, trying not to let any air escape.

Pilar perfume papel pronto pulsera popular

Something similar occurs with the /k/ sound. In English a puff of air usually accompanies the sound; in Spanish it does not. As you repeat these words, notice that the /k/ sound is represented in the letter groups **ca, cu,** and **co** as well as **qu.**

qué quince cumpleaños caro disco quiosco

To make a Spanish /t/ sound, place the tip of your tongue against your upper front teeth. Once again, no air should escape. Listen and repeat these words.

tú tacaño tarea también tengo osito

Nombre y apellido ____________________

Now repeat this paragraph, phrase by phrase.

Carlos Campos Torres, / el papá de Paquita Campos Tejero, / es profesor de portugués en Paraguay. / Quiere comprar un carro / para el cumpleaños de Paquita, / pero Paquita es una persona / muy particular. / No quiere otro regalo / que una calculadora pequeña / y un cartel de California.

Dictado. You will hear a paragraph in Spanish twice. The first time, listen carefully; the second time, write the words as you hear them pronounced.

____

____

____

____

____

Trabalenguas. Now practice saying the following tongue twister.

Paco Peco, chico rico, insultaba como un loco, a su tío Federico, y éste dijo: ¡Poco a poco, Paco Peco, poco pica!

Nombre y apellido ____________________

CANCIÓN

This is the traditional song for birthdays and saint's days throughout Mexico and the southwestern United States. It used to be a serenade sung under the loved one's window in the small hours of the morning. In contemporary Mexico, a more typical custom is to play the song early in the morning, while the birthday person is still asleep. When the song concludes, everyone barges into the bedroom with gifts, exchanging hugs and good wishes.

Las mañanitas

Arr. Zeke Castro
Arr. © HRW 1989

Nombre y apellido ____________________ *Capítulo* **5**

Clase ____________ Fecha ____________

INTRODUCCIÓN

A LA 46
Horario de clases. Rosa has seven classes every day. Listen as she gives her best friend her schedule, and then place the numbers 1 through 7 next to the subjects in the order she describes.

MODELO  Mi primera clase es de física. 1

 a. 4

 b. 6

 c. 5

 d. 7

 e. 2

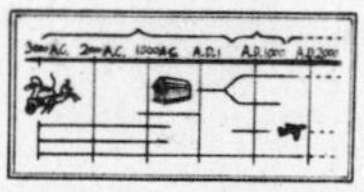

f. 3

Nombre y apellido ____________________

EXPLORACIÓN 1

Expressions of time

B LA 47
Una excursión. Alicia and Inés are the guides for a group excursion to Nuevo Laredo. Help keep track of when the group's activities will take place by writing the times mentioned and underlining the correct expressions for morning, afternoon, or evening.

MODELO A las ocho y media de la mañana vamos a ir al Museo de Arte.
al Museo de Arte 8:30
de la mañana de la tarde de la noche

1. a las tiendas 1:30
de la mañana de la tarde de la noche
2. a la piscina 4:45
de la mañana de la tarde de la noche
3. al restaurante 10:15
de la mañana de la noche
4. al hotel 12:00
de la noche del día
5. a la película 8:55
de la mañana de la tarde de la noche
6. a la terminal de autobuses 6:10
de la mañana de la tarde de la noche

EXPLORACIÓN 2

The personal a

C LA 48
Excursión. Rogelio is telling a friend about his yearly visits to his aunt and uncle. Listen to his statements and complete each one, using the personal a if Rogelio does.

1. Los veranos siempre visito a mis tíos.
2. Ellos tienen una casa bonita.
3. En el aeropuerto, mi tío siempre busca mis maletas.
4. Cuando llegamos a su casa, llamo a mis padres por teléfono.
5. Ayudo a mis primos a trabajar en el jardín.
6. Ellos son muy responsables; siempre cuidan a los perros de su mamá.

Nombre y apellido ______________________________

EXPLORACIÓN 3

Regular -er verbs and ver

D LA 49
La carta. Marcos has received a note from his Colombian friend Miguel who writes about himself and his family. Listen to excerpts from the note, then place in the blank the letter of the drawing that depicts what Miguel and his family do.

MODELO __b__

a.

b.

Mi hermana y yo aprendemos inglés.

__b__ 1.
a.

b.

__a__ 2.
a.

b.

__b__ 3.
a.

b.

__b__ 4.
a.

b.

Nombre y apellido ______________________________

EXPLORACIÓN 4

Days of the week

E LA 50
¿Qué día? Listen as Juanita plans her week, and place an X under the corresponding day of the week for each activity she expects to do.

MODELO Tengo que lavar el carro el lunes.

	Mon.	Tues.	Wed.	Thurs.	Fri.	Sat.	Sun.
lavar el carro	X						
ir al concierto					X		
tener examen			X				
visitar a la abuela							X
comprar una mochila		X					
tener una fiesta				X			
ir de compras	X						

PERSPECTIVAS

F LA 51
Horarios. Simón has a lot to do today, as his friend Bernardina discovers. Listen to their conversation, then write in the blank before each statement c for **cierto** or f for **falso.**

MODELO BERNARDINA Hola, Simón, ¿vas al colegio mañana?
SIMÓN ¿El sábado? ¡Por supuesto, no! Voy a pasar todo el día en la piscina.
__c__ Simón va a pasar el sábado en la piscina.

1. __f__ El jueves Simón tiene examen de química.
2. __c__ El examen en el laboratorio es a las diez y veinte.
3. __f__ Simón puede ir al cine por la tarde.
4. __c__ Simón no va a estudiar los viernes por la noche.
5. __f__ Bernardina y Simón van a ver una película muy buena a las tres de la tarde.

Nombre y apellido ______________________________

G LA 52
En el colegio. Listen while three students at the *Colegio San Sebastián*, Gerardo, Silvia, and Claudia, discuss some of their classes. After hearing the conversation, underline the name of the person who most likely made each of the statements below.

1. Tengo mucho que hacer esta semana.
   <u>a. Gerardo</u> b. Silvia c. Claudia
2. Aprendo mucho en la clase de francés.
   a. Gerardo <u>b. Silvia</u> c. Claudia
3. No entiendo mis notas en las clase de historia.
   <u>a. Gerardo</u> b. Silvia c. Claudia
4. Tengo la clase de geografía a las diez.
   a. Gerardo b. Silvia <u>c. Claudia</u>
5. No comprendo nada en la clase de geografía.
   a. Gerardo b. Silvia <u>c. Claudia</u>

PRONUNCIACIÓN

LA 53
In Spanish the sound of the letter **j** is similar to the English *h* in *help.* The sound is exaggerated and pronounced from the back of the mouth.

José	hijo	viejo
reloj	jugar	juego
ejemplo	tarjeta	enojado

The letter **g**, when followed by an **e** or **i**, is pronounced like the **j**.

biología	Gerardo	gimnasia
álgebra	geografía	geometría

The **g** followed by any other vowel or by a consonant is similar to the *g* in *go* or *great*, only slightly softer.

gordo	gracias	Gregorio
regalo	gusto	mecanografía
luego	amigo	algo
gastar	ganar	gato

Now repeat the following sentences.

1. Gerardo es el hijo de José.
2. Va a jugar tenis con Juan.
3. Juan tiene ganas de hacer gimnasia después.
4. Hoy Juan tiene un regalo para Gerardo.
5. Es un reloj.

Nombre y apellido ______________________________

Dictado. You will hear a paragraph in Spanish twice. The first time, listen carefully; the second time, write the words as you hear them pronounced.

____
____
____
____

Trabalenguas. Now practice saying the following tongue twisters.

La gente de Juan José generalmente juega a las barajas con ganas gitanas.
El jefe del general goza al jugar con la gente, girando la jícara del aguador, jamás ganando, jamás gimiendo.

POEMA

Lope de Vega (Lope Félix de Vega y Carpio, 1562–1635) was one of Spain's most prolific writers. He created works in virtually every literary genre, and especially distinguished himself in drama during the golden age of Spanish theater. As a poet, Lope de Vega is characterized by the simplicity of his language and the directness of his emotions. In *Romancero*, a collection of ballads, one can easily see his love of sincere and impassioned expression. These verses represent a fragment of one of his better-known **romances.**

[Romance]

A mis soledades voy,
De mis soledades vengo,
Porque para andar conmigo
Me bastan mis pensamientos.

¡No sé qué tiene la aldea
Donde vivo y donde muero,
Que con venir de mí mismo
No puedo venir más lejos!

Ni estoy bien ni mal conmigo,
Mas dice mi entendimiento
Que un hombre que todo es alma
Está cautivo en su cuerpo.

Entiendo lo que me basta,
Y solamente no entiendo
Cómo se sufre a sí mismo
Un ignorante soberbio.

De cuantas cosas me cansan,
Fácilmente me defiendo;
Pero no puedo guardarme
De los peligros de un necio.

Nombre y apellido ______________________ *Capítulo*

Clase ______________ Fecha ______________ **6**

INTRODUCCIÓN

A LA 54
Sí, señor. . . Juan works after school in a neighborhood grocery store and has been asked to check stock. As he calls out the name of each item, place an X in the appropriate column.

MODELO las papas

MODELO							X
1.				X			
2.	X						
3.					X		
4.		X					
5.						X	
6.			X				

B LA 55
Al supermercado. In his usual absent-minded way, Roberto has forgotten the grocery list, so he calls his sister to find out what he should buy. Listen to what she says, then write the number of the sentence next to the correct food item.

MODELO  Necesitamos leche. 1

Nombre y apellido ______________________

EXPLORACIÓN 1

-ir verbs and irregular -er and -ir verbs

C LA 56
Entrevista. Gabriela works for the school newspaper and is trying to get a general picture of her classmates' eating habits. She is now interviewing José. Listen to her questions, then place the letter of his more logical response in the blank.

b 1. a. Siempre desayuno en casa.
b. No, pero como en la escuela con frecuencia.

a 2. a. Traigo mi almuerzo los lunes y los miércoles.
b. Traemos leche los lunes y los miércoles.

a 3. a. Sí, ella siempre pone papas o tomates en mi almuerzo.
b. Sí, ella siempre pone fresas o manzanas en mi almuerzo.

a 4. a. Sí, traigo algunos dulces.
b. Sí, siempre traen pan y carne.

b 5. a. No salgo los sábados.
b. Yo siempre como con mi familia en casa.

D LA 57
Una fiesta. Paco and his friends are planning a surprise birthday party for Alicia. Listen to what Paco says, and decide whether he is talking:

a. about himself;
b. about himself and his girlfriend;
c. about Alicia;
d. about Alicia's parents; or
e. to his girlfriend.

In the blank beside each number, write the letter that corresponds to the statement telling about or to whom Paco is speaking.

MODELO d Insisten en comer a las diez.

1. c 6. a
2. d 7. b
3. a 8. e
4. c 9. b
5. c

Nombre y apellido ______________________

EXPLORACIÓN 2

Expressions with tener

E LA 58
Lo que siente Mario. Look at the pictures and listen to Mario's description of how each pictured item makes him feel. If his description is accurate, place an X before the word **sí**. If it is not, place an X before the word **no**.

1. ____ sí X no 2. X sí ____ no 3. ____ sí X no

4. X sí ____ no 5. X sí ____ no

F LA 59
Descripciones. Roberto and Humberto's parents took them and their sister Mariana skiing. First listen to their remarks, then look at the pictures and write the number of the sentence you hear under the picture it matches.

MODELO  Humberto tiene mucho frío.

1

a. 5 b. 4 c. 6

Nombre y apellido ______________________

d. 3 e. 7 f. 2

EXPLORACIÓN 3

The verbs saber and conocer

G LA 60
Entrevista. You overhear Linda applying for a job at the *Manila*, a cafe on the *Gran Vía* in Madrid. On the basis of the question fragments you hear from her prospective employer, decide whether he would have used **saber** or **conocer**.

MODELO ¿. . . hacer una buena ensalada?
sabe conoce

1. sabe ~~conoce~~ 4. sabe ~~conoce~~
2. ~~sabe~~ conoce 5. ~~sabe~~ conoce
3. ~~sabe~~ conoce 6. sabe ~~conoce~~

H LA 61
¿Adónde vamos? Selecting the right restaurant while traveling requires careful consideration. Listen to the following discussion, and place the letter of the better response to each question in the blank.

MODELO b ¿Conoces los restaurantes de Madrid?
a. Sí, conoces los restaurantes de Madrid.
b. Sí, conozco los restaurantes de Madrid.

b 1. a. Sí, conocen un restaurante bueno.
b. Sí, conozco un restaurante bueno.

a 2. a. Sí, sé la dirección del restaurante.
b. Sí, sabes la dirección del restaurante.

a 3. a. Sí, saben cocinar bien.
b. Sí, sabe cocinar bien.

a 4. a. No, no conozco a los meseros.
b. No, no conoces a los meseros.

b 5. a. No, ustedes no saben si los precios son altos.
b. No, no sabemos si los precios son altos.

a 6. a. Sí, sé que debemos dar una propina.
b. Sí, saben que debemos dar una propina.

b 7. a. Sí, conocemos la comida valenciana.
b. Sí, conoce la comida valenciana.

Nombre y apellido ______________________________

EXPLORACIÓN 4

Verbs that take a prepositional pronoun

I LA 62

Semejanzas y diferencias. María and Marta are opposites. María is a vegetarian who also likes dairy products, while Marta is a meat-eater who disapproves of dairy products. Both of them like sweets. Listen to the statements, then place an X in the appropriate column to indicate who might have made each one: María, Marta, or both of them.

	María	Marta	both
1.	X		
2.	X		
3.			X
4.		X	
5.	X		
6.			X

J LA 63

¿A quién le gusta? Everyone has different food preferences. Listen to the sentences, then place an X in the appropriate column to indicate the prepositional phrase that could be used to tell who likes each item.

MODELO A la abuela le gusta cocinar.

	a él	a ella	a nosotros	a ellos	a ellas
MODELO		X			
1.			X		
2.		X			
3.				X	
4.					X
5.	X				
6.			X		

Nombre y apellido ______________________________

PERSPECTIVAS

K LA 64

En el restaurante. Listen as Mimí and Lisa order at a local restaurant, and answer the questions by placing the letter of the most appropriate answer in the blank.

b 1. Las chicas
a. no conocen al mesero. b. conocen al mesero. c. no se conocen bien.

a 2. Mimí tiene
a. hambre. b. sed. c. no tiene ni hambre ni sed.

c 3. Lisa quiere tomar
a. jugo de naranja. b. jugo de tomate. c. café con leche.

b 4. Mimí ordena
a. pollo y queso con manzana. b. carne asada y frijoles negros.
c. ella no quiere comer nada.

a 5. Lisa solamente quiere comer
a. ensalada de tomate y queso con manzana. b. papas fritas.
c. pollo y ensalada de zanahoria.

L LA 65

Planes para la cena. Beto's mother is asking him to do a little shopping. Listen to their conversation, and then decide whether the statements below are correct. If they are, place an X in the blank next to sí; if they are not, place an X in the blank next to no.

X sí ___ no 1. La mamá de Beto necesita comida para preparar la cena.
___ sí X no 2. Beto insiste en escribir una lista.
___ sí X no 3. Beto dice que hay que comprar tomates y papas.
X sí ___ no 4. A su mamá no le gusta comprar muchos dulces.
X sí ___ no 5. A Beto le gusta el jugo de naranja.

PRONUNCIACIÓN

LA 66

In Spanish, when a word ends in a vowel, n, or s, the next to the last syllable is stressed. If a word ends in any other consonant, the last syllable is stressed.

desayuno	postre	ensalada	escriben	recibimos
hacer	arroz	bistec	verdad	pastel

Words that do not follow this rule have a written accent mark to show which syllable is stressed.

número álgebra además menú café jamón

Nombre y apellido ______________________________

The accent on some words serves only to distinguish them from other words with the same spelling. Such words have different meanings, but the same pronunciation.

si	sí	te	té	tu	tú	mi	mí
if	*yes*	*you*	*tea*	*your*	*you*	*my*	*me*

Now repeat these sentences.

1. Cuando mi papá tiene sueño, toma café.
2. A mi mamá le gusta más el té.
3. Yo no tomo ni té ni café.
4. Para mí, las dos bebidas son malísimas.
5. Mi solución es sana y fácil — hago ejercicios y como un plátano.

Dictado. You will hear a paragraph in Spanish twice. The first time, listen carefully; the second time, write the words as you hear them pronounced.

____

____

____

____

____

Trabalenguas. Now, try to repeat the following tongue twisters.

Ya no cantan los pájaros, ya no estan en los árboles, lunes, martes y miércoles, jueves, viernes y sábados.

Caña, cada año caña, baña a ese niño, baña la caña, porque la maña del niño que no se baña año con año, daña cada año la caña.

Nombre y apellido ______________________________

CANCIÓN

This old **canción de cuna** *(lullaby)* is fun to sing and good for practicing the trilled rr sound. It is one of the best-known lullabies in Spanish-speaking countries. The lyrics change from country to country, but the melody remains the same.

A la ru ru nene

Arr. Zeke Castro
Arr. © HRW 1989

2.
La Virgen lavaba,
San José tendía,
El niño lloraba,
Joaquín lo mecía.

3.
Duérmete mi niño(a)
Y duérmete ya,
Porque viene el coco
Y te llevará.

4.
Toma la chupeta
Y duérmete ya,
Que tu mamacita
Quiere trabajar.

A la ru ru nene,
A la ru ru ya.

Nombre y apellido ____________ *Capítulo* **7**

Clase ________ Fecha ________

INTRODUCCIÓN

LA 67

A **Una noche de televisión.** Many people have decided to stay home and watch TV tonight because of a snowstorm. Listen to these sentences telling what different people are watching. If the picture you see matches the sentence you hear, place an X in the blank next to **sí**; if it does not, place an X in the blank next to **no**.

MODELO

A Juan le gustan mucho los programas deportivos.
__X__ sí ____ no

1. __X__ sí ____ no

2. ____ sí __X__ no

3. ____ sí __X__ no

4. __X__ sí ____ no

5. __X__ sí ____ no

6. ____ sí __X__ no

Nombre y apellido ____________

EXPLORACIÓN 1

Using stem-changing verbs e→ie

LA 68

B **El fin de semana.** There are so many activities taking place this weekend that a group of friends cannot decide what to do. Listen to the questions, and write the letter of the appropriate response in each blank.

MODELO __a__ ¿Cuándo empieza el partido de fútbol?
a. Creo que empieza a las seis y media.
b. Creo que empiezo a las seis y media.

__b__ 1. a. No, siempre pierdes la voz cuando cantas.
b. No, siempre pierdo la voz cuando canto.

__a__ 2. a. Sí, vienes con nosotros.
b. Sí, vienen con nosotros.

__a__ 3. a. Sí, pienso que quieren venir también.
b. Sí, piensan que quieren venir también.

__a__ 4. a. No, preferimos ir al cine.
b. No, prefieren ir al cine.

__b__ 5. a. Sí, entiendo muy bien las canciones en francés.
b. Sí, entienden muy bien las canciones en francés.

__b__ 6. a. Comenzamos a las diez.
b. Comienza a las diez.

EXPLORACIÓN 2

Direct object pronouns lo, la, los, las

LA 69

C **Una cita con una estrella.** Teresa won a date with Enrique Estrella, her favorite movie star. She was full of questions for him, but unfortunately Enrique was not always paying close attention to what she said. Listen to the questions that Teresa asks him, and indicate whether his answers are appropriate. If they are, place an X in the blank next to **sí**; if they are not, place an X in the blank next to **no**.

MODELO ¿Dónde compras la ropa, Enrique?
La compro en las tiendas en Beverly Hills.
__X__ sí ____ no

1. ____ sí __X__ no No, no los conozco.
2. __X__ sí ____ no Sí, los veo en las fiestas en Hollywood.
3. __X__ sí ____ no La veo los fines de semana.

Nombre y apellido ____________

4. __X__ sí ____ no La hago en Venezuela.
5. __X__ sí ____ no No, lo leo sólo los domingos.
6. ____ sí __X__ no Sí, los escucho mucho.

LA 70

D **Una encuesta por teléfono.** Rubén is being interviewed by telephone about his television preferences. Listen to each question, and write the correct direct object pronoun in the spaces provided.

MODELO ¿Ves el programa de historia a las diez?
Sí, lo veo a las diez.

1. Sí, __la__ veo todas las semanas.
2. Sí, __los__ invito siempre.
3. No, no __lo__ conozco.
4. Sí, __los__ entiendo muy bien.
5. Sí, __lo__ quiero comprar.
6. Sí, __las__ veo con frecuencia.
7. No, no __lo__ conocemos.

EXPLORACIÓN 3

Using demonstrative adjectives

LA 71

E **¿Dónde están?** Using your hotel as a starting point, your guide explains where everything is located. For each of his statements, choose the letter which best describes the relative distance of each place from the hotel, and write it in the blank.

MODELO __a__ Estos edificios son las oficinas de turismo.
a. near b. short distance away c. far away

__b__ 1. el mercado
a. near b. short distance away c. far away

__c__ 2. la avenida Chapultepec
a. near b. short distance away c. far away

__b__ 3. el museo
a. near b. short distance away c. far away

__a__ 4. la estación de autobús
a. near b. short distance away c. far away

Nombre y apellido ____________

__a__ 5. el parque
a. near b. short distance away c. far away

__b__ 6. los bancos
a. near b. short distance away c. far away

__c__ 7. la biblioteca nacional
a. near b. short distance away c. far away

__a__ 8. la universidad
a. near b. short distance away c. far away

EXPLORACIÓN 4

Using the verbs oír and decir

LA 72

F **Chismes.** Susana loves to gossip. While listening to the following statements, look at the pictures of Susana and her friends. If the statement matches the picture, place an X in the blank before **sí**; if it does not, place an X in the blank before **no**.

MODELO

Susana dice que la novia de Miguel está en el hospital.
____ sí __X__ no

1. __X__ sí ____ no

2. ____ sí __X__ no

3. __X__ sí ____ no

4. __X__ sí ____ no

Nombre y apellido ______________________________

Susana
Alicia

Alberto
Isabel
Susana

5. ______ sí **X** no   6. **X** sí ______ no

G LA 73
Entre amigos. Listen to the following telephone conversation between Pablo and Antonio, then indicate whether the following statements are true by writing **c** for **cierto** or **f** for **falso** in the blanks before the statements.

1. **f** Pablo invita a Antonio a ver una película policíaca en su casa.
2. **c** Antonio dice que no oye bien a Pablo.
3. **f** Pablo dice que la película comienza a las ocho y media.
4. **c** A Antonio le gustan las películas de ciencia-ficción.
5. **c** Antonio va rápidamente a la casa de Pablo a ver la película.

PERSPECTIVAS

H LA 74
Un día con el televisor. Jaime and José Gómez have the flu and are staying home from school today. When they are not sleeping, they are watching TV and talking. Listen to their conversation, and identify the types of programs they are watching by what you hear. Put the letter of the program beside the number of each statement that you hear.

1. **f**   a. una comedia
2. **d**   b. un concurso
3. **a**   c. un dibujo animado
4. **e**   d. el pronóstico del tiempo
5. **c**   e. el reportaje deportivo
6. **b**   f. las variedades

Nombre y apellido ______________________________

I LA 75
Después del colegio. Listen to Daniel inviting Víctor, a classmate, to a game. Then answer the questions by writing the letter of the appropriate response in each blank.

b 1. ¿Qué van a ver?
a. una película de béisbol
b. un partido de béisbol

a 2. ¿A qué hora comienza el partido?
a. a las ocho de la noche
b. a las ocho de la mañana

a 3. ¿Qué quiere hacer Víctor antes de ir al estadio?
a. escuchar la radio
b. ver las noticias en la televisión

b 4. ¿Por qué no van a venir las hermanas de Daniel?
a. Prefieren ver las noticias.
b. Prefieren ver un documental.

a 5. ¿Qué tipo de programas prefiere Víctor?
a. los deportes
b. los documentales

PRONUNCIACIÓN

LA 76
The letters **b** and **v** are pronounced alike by most Spanish speakers. At the beginning of a phrase and after the letters **m** or **n**, they sound like the letter *b* in the English word *bat*.

At the beginning of a phrase	After m or n
Voy mañana.	¡Caramba!
Víctor es de Chile.	en bicicleta
Bien, gracias.	con Vicente

Between vowels and all other letters, **b** and **v** have a softer sound.

aburrido	muchas veces	la biblioteca	abuelita	Está bien.
la bolsa	el volibol	televisión	otra vez	a veces

Nombre y apellido ______________________________

Now listen and repeat the following sentences.

1. Alberto va a la biblioteca.
2. Busca unos libros de volibol.
3. Habla con su amigo Víctor.
4. "Deben bajar la voz por favor," dice el bibliotecario.

Dictado. You will hear a paragraph in Spanish twice. The first time, listen carefully; the second time, write the words as you hear them pronounced.

____
____
____
____
____

Trabalenguas. Now practice saying the following tongue twister.

La boca en la vaca y la vaca en la boca, que boca loca de vaca, y que boca de vaca en la boca.

Nombre y apellido ______________________________

CANCIÓN

La bamba is the best-known **son jarocho** in the world. A **son** is a *tune* and **jarocho(a)** is a word used in Mexico to refer to someone or something from the coastal state of Veracruz. There are many lyrics to **La bamba.** Here are some of the best-known, including some that resemble the rock and roll arrangement made famous in the United States in the 1950's by Ritchie Valens (b. Ricardo Valenzuela) and again in the 1980's by the movie about his life.

La bamba

Arr. Zeke Castro
Arr. © HRW 1989

♩=108
Vivace
Pa-ra bai-lar la bam-ba, pa-ra bai-lar la bam-ba Se ne-ce-si-ta u-na po-ca de
gra-cia. U-na po-ca de gra-cia y o-tra co-si-ta y a-rri-ba y a-
rri-ba. Y a-rri-ba y a-rri-ba, Y a-rri-ba i-ré, Yo no soy ma-ri-
ne-ro, yo no soy ma-ri-ne-ro, Por ti se-ré, por ti se-ré, por ti se-ré.
Bam-ba bam-ba, bam-ba bam-ba, bam-ba bam-ba, bam-ba bam-ba.

2.
En mi casa me dicen, en mi casa me dicen
El inocente, porque tengo muchachas,
Porque tengo muchachas de quince a veinte,
Y arriba y arriba . . .

3.
Ay te pido te pido, ay te pido te pido
De corazón que se acable la bamba,
Que se acabe la bamba de compasión,
Y arriba y arriba . . .

Nombre y apellido ______________________ *Capítulo* **8**

Clase __________ Fecha ______________

INTRODUCCIÓN

LA 77
A **Medios de transporte.** Listen to the following statements about people going on vacation. If the pictures agree with the means of transportation mentioned, place an X in the blank next to **sí**. If they do not, place an X in the blank next to **no**.

MODELO Juan va a México en avión.
____ sí __X__ no

1. ____ sí __X__ no

2. __X__ sí ____ no

3. __X__ sí ____ no

4. ____ sí __X__ no

5. __X__ sí ____ no

Nombre y apellido ______________________

EXPLORACIÓN 1

Seasons, months, and dates

LA 78
B **Las fechas.** A flight attendant is talking to a Spanish class about career and travel opportunities with the airlines. Listen as he lists a number of his upcoming destinations and departure dates. Then, next to the city mentioned, write the dates he is leaving on his flights.

MODELO El seis de diciembre viajo a Caracas.
el 6 de diciembre

1. Hong Kong el __31__ de __febrero__
2. Río de Janeiro el __16__ de __marzo__
3. Barcelona el __19__ de __abril__
4. San Juan el __24__ de __mayo__
5. Buenos Aires el __7__ de __julio__
6. París el __primero__ de __octubre__
7. Roma el __22__ de __noviembre__
8. Acapulco el __25__ de __enero__

LA 79
C **¿En qué estación del año?** Ana has invited her pen pal Marta from Santiago to spend a year with her in New York. Marta is a bit confused at first because she is used to the opposite seasons in Chile. Listen as Ana tells what she and her family do at various times of the year, then place an X in the column that indicates the appropriate season in the United States.

MODELO En enero vamos a las montañas para esquiar.

	primavera	verano	otoño	invierno
MODELO				X
1.			X	
2.	X			
3.		X		
4.				X

Nombre y apellido ______________________

EXPLORACIÓN 2

Uses of the definite article

LA 80
D **Las lenguas del mundo.** What languages are spoken in these countries? As you listen to each statement, write the name of the language that is described.

MODELO Es el idioma que hablan en Portugal.
portugués

1. __e__ a. francés
2. __a__ b. ruso
3. __b__ c. inglés
4. __c__ d. alemán
5. __d__ e. chino
6. __f__ f. japonés

EXPLORACIÓN 3

Using prepositions and prepositional pronouns

LA 81
E **¿Conoces la ciudad?** Look at the map. You are standing at the spot marked X facing north (facing town). Decide whether the statements you hear are correct. If they are, place an X in the blank next to **sí**; if they are not, place an X in the blank next to **no**.

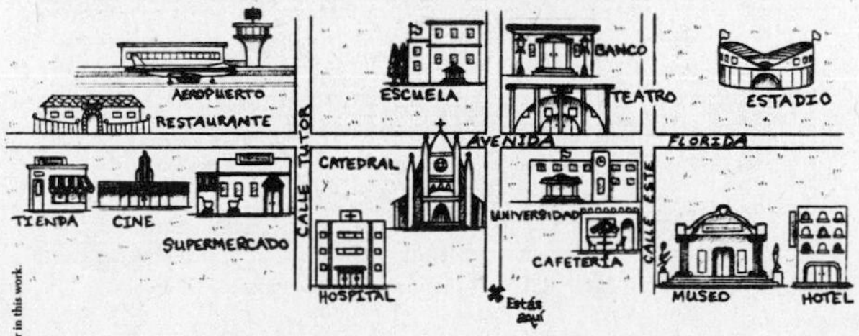

MODELO La catedral está en la Avenida Florida.
__X__ sí ____ no

1. ____ sí __X__ no
2. ____ sí __X__ no
3. __X__ sí ____ no
4. ____ sí __X__ no
5. __X__ sí ____ no
6. __X__ sí ____ no
7. ____ sí __X__ no
8. __X__ sí ____ no

Nombre y apellido ______________________

LA 82
F **En la clase.** Look at the classroom scene below, then listen to the incomplete sentences. Indicate the location of you, your classmates, and your teacher in relation to each other and the room by placing an X in the chart in the appropriate column.

MODELO La ventana está detrás de . . .

	mí	ti	usted	él / ella	nosotros	ustedes
MODELO					X	
1.		X				
2.	X					
3.					X	
4.				X		
5.				X		
6.			X			

EXPLORACIÓN 4

Object pronouns me, te, nos

LA 83
G **En el avión.** The Spanish Club is taking a trip to Mexico. Let's eavesdrop on some of the conversations on the plane. As you listen to each question, indicate which object pronoun (**me, te** or **nos**) will be used to answer the question by placing an X in the appropriate column.

Nombre y apellido ______________________________

MODELO ¿Tu padre te permite acampar solo?

	me	te	nos
MODELO	X		
1.			X
2.		X	
3.			X
4.	X		
5.			X
6.		X	

H LA 84
La fiesta de Elena. Elena, who is famous for her parties, is talking with Sara at a party. How does Elena answer the questions that Sara asks? Write either **me**, **te** or **nos** in the blanks, according to the context.

MODELO ¿Tu padre te permite tener muchas fiestas?
Sí, me permite tener una por mes.

1. ¡Cómo no! __Te__ enseño toda la casa.
2. Sí, __nos__ va a tocar tres canciones nuevas.
3. Mi madre y mi hermana __me__ preparan toda la comida.
4. __Me__ gusta bailar con Roberto.
5. No sé si va a invitar __nos__ o no.
6. Mi hermano __nos__ va a poner los discos.

I LA 85
Recuerdos de España. Silvia is on an exchange program in Spain. After her first month, she sends her parents a cassette tape. Listen to what she says, and indicate whether the following statements are true or false. Place a v (**verdadero**) in the blank if it is true and an f (**falso**) in the blank if it is false.

1. __f__ Silvia vive en Málaga.
2. __f__ El 15 de agosto, ella va a Madrid.
3. __v__ Silvia va a Málaga en barco.
4. __v__ Hay una catedral fabulosa en Sevilla.
5. __v__ Silvia quiere comprar unos recuerdos.
6. __v__ Ella piensa viajar en el otoño.

Nombre y apellido ______________________________

PERSPECTIVAS

J LA 86
¡Estás aquí! The local tourist bureau of the Mexican village you are visiting provides you with both a tape and a map. Listen to parts of the tape, study the map below, then show that you are ready to begin touring on your own by placing the letter of the correct destination in the blank.

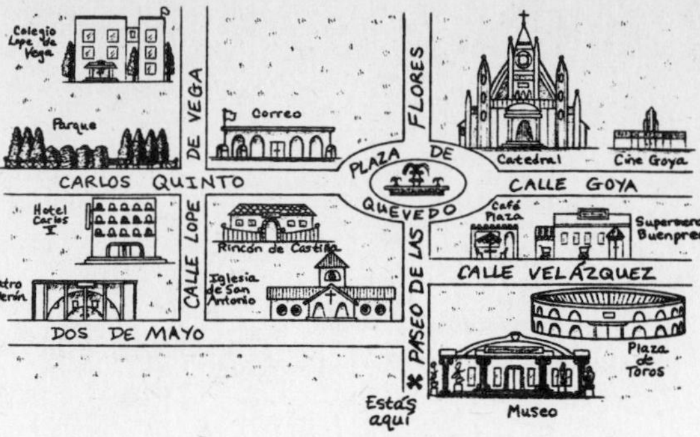

MODELO __a__ Sigue por el Paseo de las Flores, dobla a la derecha en la calle Velázquez y pasa el museo.
a. Plaza de Toros
b. Hotel Carlos V
c. Café Plaza

__b__ 1. a. Cine Goya
b. Hotel Carlos V
c. Museo

__a__ 2. a. Catedral
b. Supermercado Buenprecio
c. Café Plaza

__c__ 3. a. Correo
b. Hotel Carlos V
c. Colegio Lope de Vega

Nombre y apellido ______________________________

K LA 87
Nuevos vecinos. Jorge is anxious to get to know his new neighbors Marta and her brother Alfredo. Listen as Jorge asks Marta a number of questions, and then indicate in the chart below who does what during what seasons of the year.

MODELO MARTA Me gusta jugar tenis en julio.

	primavera	verano	otoño	invierno
MODELO tenis		Marta		
esquiar		Alfredo		
estudiar árabe			Alfredo	
viajar				Marta
leer				Alfredo
nadar	Jorge			

PRONUNCIACIÓN

LA 88
The letter **ll** sounds much like the letter *y* in the English word *yes*.

ella llamo mantequilla llave pollo tortilla

The letter **l** is similar to the clearly pronounced / l / sound in the English word *learn*. The / l / sound in Spanish is always pronounced crisply and distinctly, with the tip of the tongue touching the upper gum ridge.

el libro naturaleza dulces Portugal plátano español

Now read this short paragraph aloud.

Me llamo Guillermo López Villa. / Soy familiar de Juan Carlos Casals López. / Él vive en Barcelona / y yo vivo en Sevilla. / Juan Carlos y yo somos muy diferentes. / A él le gustan los deportes / como la lucha libre, / pero a mí me gusta leer / literatura española. / Además, a mí me encanta / la tortilla española con papas, / pero él prefiere la tortilla mexicana con pollo.

Dictado. You will hear a paragraph in Spanish twice. The first time, listen carefully; the second time, write the words as you hear them pronounced.

____
____
____
____

Nombre y apellido ______________________________

Trabalenguas. Now practice saying the following tongue twisters.

Pablito clavó un clavito, ¿qué clavito clavó Pablito?

Lozanos en la nublada neblina de la loma lontana.

CANCIÓN

Pamplona is the capital of Navarra in Spain. The **pamplonenses** celebrate their city's patron saint, San Fermín, on July 7 with a great annual fair that includes the famous **encierro de Pamplona.** For the **encierro** *(enclosure)*, the authorities block several streets, and a number of bulls are let loose. Those who are daring run ahead of the bulls and try to escape them, while the crowd looks on. It is at this fair that the young people of Pamplona sing **Uno de enero.**

Uno de enero

Arr. Zeke Castro
Arr. © HRW 1989

INTRODUCCIÓN

LA 89

A **Pasatiempos.** Several students are discussing what they like to do during their free time. Write the number of the sentence you hear below the picture it describes.

MODELO Durante el invierno patino mucho. Es muy divertido. __1__

a. __4__

b. __5__

c. __6__

d. __2__

e. __3__

EXPLORACIÓN 1

Using stem-changing verbs o→ue and u→ue

LA 90

B **Muchas cosas nuevas.** A new exchange student is asking about life in the United States. Listen to each question, and place the letter of the appropriate response in the blank.

MODELO __b__ ¿Qué juegan los muchachos?
a. Juega béisbol y tenis.
b. Juegan béisbol y tenis.

__a__ 1. a. Almuerzan a las doce.
b. Almuerzo a las doce.

__b__ 2. a. La encuentran muy buena.
b. La encontramos muy buena.

__b__ 3. a. Duermo diez horas por la noche.
b. Duermen diez horas por la noche.

__b__ 4. a. Volvemos en septiembre.
b. Vuelven en septiembre.

__b__ 5. a. No cuestan mucho.
b. No cuesta mucho.

__b__ 6. a. Sí, podemos tomar clases de yoga.
b. Sí, puedes tomar clases de yoga.

__b__ 7. a. No, juega béisbol en el verano.
b. No, jugamos béisbol en el verano.

__a__ 8. a. Sí, te muestro las fotos.
b. Sí, te mostramos las fotos.

EXPLORACIÓN 2

Indirect object pronouns le and les

LA 91

C **¿A quién?** Christmas often requires extensive shopping for a number of people. Indicate whether each of the following sentences refers to one or more than one person by placing an X in the appropriate column.

MODELO Papá va a comprarles un juego electrónico.

	one	more than one
MODELO		X
1.		X
2.	X	
3.	X	
4.	X	
5.		X
6.		X

LA 92

D **¡Cuántos regalos!** People are talking about gifts they plan to give. To whom are they referring? Place an X in the blank of the more appropriate answer.

MODELO Quiero comprarle una camisa.
a. __X__ a Gregorio b. ____ a ellos

1. a. ____ a Elena b. __X__ a ustedes
2. a. ____ a ellos b. __X__ a Juan
3. a. __X__ a mi papá b. ____ a ellas
4. a. ____ a ellos b. __X__ a mi novia
5. a. __X__ a José y Ana b. ____ a él
6. a. __X__ a ella b. ____ a ustedes
7. a. __X__ a usted b. ____ a Julio y Silvia

EXPLORACIÓN 3

ir a and acabar de

LA 93

E **Acciones.** If the sentence you hear matches the picture you see, place an X in the blank next to sí; if it does not, place an X next to no.

MODELO Marta va a llamar por teléfono.
__X__ sí ____ no

1. __X__ sí ____ no

2. __X__ sí ____ no

3. ____ sí __X__ no

4. __X__ sí ____ no

5. ____ sí __X__ no

LA 94

F **¿Cuándo?** Listen to the following statements about various recreational activities. Place an X in the column that indicates when the activity happens (or happened).

MODELO Van a ir a Japón en verano.

	presente	futuro	pasado inmediato
MODELO		X	
1.			X
2.		X	
3.		X	
4.	X		
5.			X
6.			X

EXPLORACIÓN 4

The familiar commands

LA 95

G **Sí, sí, Mamá.** Ricardo's mother is going away for a few days. Before she leaves, she gives him last-minute instructions and information. If what she tells him is a command, place an X next to sí; if it is only information and not a command, place an X next to no.

MODELO ¡No seas malo con tu hermano!
__X__ sí ____ no

1. __X__ sí ____ no
2. __X__ sí ____ no
3. ____ sí __X__ no
4. ____ sí __X__ no
5. __X__ sí ____ no
6. __X__ sí ____ no
7. ____ sí __X__ no
8. __X__ sí ____ no

Nombre y apellido ______________________

PERSPECTIVAS

LA 96

H **En mis ratos libres.** Gilberto is telling what he likes to do in his free time. Listen to what he says, and fill in the missing words.

Soy **coleccionista** (1) y colecciono de todo. Insectos, **estampillas** (2) de otros **países** (3) y **monedas** (4). Durante el verano me gusta mucho dar una **caminata** (5) por el **bosque** (6) con los muchachos **exploradores** (7). Muchas **veces** (8) hacemos una **fogata** (9) y dormimos al **aire** (10) libre.

LA 97

I **Una amiga nueva.** Listen to the cassette that Marta has recorded to send to her new friend in Lima. Then, answer the statements below. Place an X in the blank next to **sí** for each correct statement, and next to **no** for each incorrect one.

MODELO Marta has just returned from school.
_X_ sí ___ no

1. _X_ sí ___ no Marta likes to play chess.
2. _X_ sí ___ no She won a prize for her stamp collection.
3. ___ sí _X_ no Marta likes to eat yogurt.
4. _X_ sí ___ no Marta is in the cooking club.
5. ___ sí _X_ no She is showing her yearbook to her friend in Lima.

Nombre y apellido ______________________

LA 98

J **El cuarto de Tita.** Look at Tita's room carefully. Then listen to the following statements. Place an X in the blank next to **sí** or **no** depending on how probable or improbable each statement is.

1. _X_ sí ___ no
2. ___ sí _X_ no
3. ___ sí _X_ no
4. ___ sí _X_ no
5. _X_ sí ___ no
6. _X_ sí ___ no

PRONUNCIACIÓN

LA 99

The single letter **r** is usually pronounced as a flap sound, in which the tip of the tongue makes brief contact with the roof of the mouth. The pronunciation of this sound is similar to the pronunciation of the English double *d* or *t*, as in *ladder* or *litter.*

caro dinero toro señora centro escribe

The double **r** in Spanish is pronounced as a trilled or rolled sound, in which the tongue rests against the roof of the mouth and makes several rapid flaps as air flows forcefully through the mouth. This trilled **r** is also pronounced in words that begin with a single **r**.

arreglar	revistas	repitan
arroz	razón	ropa
perro	radio	robo

Nombre y apellido ______________________

Listen, and repeat the following sentences.

1. Me gusta la radio porque es interesante.
2. Los programas son raramente aburridos.
3. Me gusta escuchar siempre los conciertos de música rock.
4. Mis padres no nos permiten escuchar la radio durante el almuerzo.

Dictado. You will hear a paragraph in Spanish twice. The first time, listen carefully; the second time, write the words as you hear them pronounced.

____

____

____

____

Trabalenguas. Now practice saying the following tongue twisters.

Tres tristes tigres trigo tragaban en un trigal tras una prieta piedra. Tras una prieta piedra tres tristes tigres trigo tragaban en un trigal.

Guerra tenía una parra y Parra tenía una perra. La perra de Parra rompió la parra de Guerra. Vino Guerra con un palo y dió palos a la perra. Dijo Parra, señor Guerra, ¿por qué palos a mi perra? Dijo Guerra, señor Parra, porque la perra de Parra rompió la parra de Guerra.

Nombre y apellido ______________________

CANCIÓN

La cucaracha *(the cockroach)* was sung in the Mexican Revolution of 1910. In the same way that *Yankee Doodle* pokes fun at the American Revolutionary Army, **La cucaracha** makes fun of the rival revolutionary armies of Pancho Villa (**los villistas**) and Venustiano Carranza (**los carrancistas**), and of Pancho Villa's train, nicknamed **La cucaracha.**

La cucaracha

Arr. Zeke Castro
Arr. © HRW 1989

2.
Una cosa me da risa,
Pancho Villa sin camisa.
Ya se van los carrancistas,
Porque vienen los villistas.

Coro:
La cucaracha, la cucaracha;
Ya no puede caminar,
Porque no tiene, porque le falta
Una pata para andar.

3.
Las mujeres de mi tierra
No saben ni dar un beso.
En cambio las mexicanas
Hasta estiran el pescuezo.

Coro

4.
Para sarapes Saltillo,
Chihuahua para soldados,
Para mujeres Jalisco,
Para amar toditos lados.

Nombre y apellido ______________ *Capítulo*

Clase ________ Fecha ________ **10**

INTRODUCCIÓN

LA 100

A **Siempre a la moda.** Roberto and Carla like to shop and keep up with the latest fashions. Listen to their conversation. If what they want to buy matches the picture, place an X in the blank next to **sí**. If it does not, place an X in the blank next to **no**.

MODELO  Me encantan los pantalones franceses.
__X__ sí ____ no

1. __X__ sí ____ no

2. __X__ sí ____ no

3. ____ sí __X__ no

4. __X__ sí ____ no

5. ____ sí __X__ no

6. __X__ sí ____ no

7. ____ sí __X__ no

8. __X__ sí ____ no

Nombre y apellido ______________

LA 101

B **Colores favoritos.** Gregorio and Maru are talking to each other about colors they and others like to wear. Listen to what they say, and place an X in the chart to indicate the color people like.

	Gregorio	Maru	los padres de Maru	Gregorio y Maru	Paco	Chela
red	X					
white						X
black			X			
yellow				X		
gray					X	
brown		X				
blue				X		

EXPLORACIÓN 1

Stem-changing verbs e → i

LA 102

C **¿Cuál es la pregunta?** Olivia is calling Tomás to ask about an upcoming dinner at his house. Listen to Tomás's side of the conversation, then decide which of these questions Olivia asked and place an X next to **a** or **b**.

MODELO Los niños piden arroz con pollo.
__X__ a. ¿Qué piden?
____ b. ¿Qué pide?

1. ____ a. ¿A qué hora sirve la cena?
__X__ b. ¿A qué hora sirven la cena?
2. __X__ a. ¿Vienen tus tíos?
____ b. ¿Viene tu tía?
3. __X__ a. ¿Qué sirven temprano?
____ b. ¿Qué sirve temprano?
4. ____ a. ¿Sigues la moda con tus comidas vegetarianas?
__X__ b. ¿Siguen la moda con sus comidas vegetarianas?
5. __X__ a. ¿Qué pido?
____ b. ¿Qué pides?
6. __X__ a. ¿Qué repetimos?
____ b. ¿Qué repite?

Nombre y apellido ______________

EXPLORACIÓN 2

Parts of the body and uses of the definite article

LA 103

D **El hombre mecánico.** Arturo has just built a robot, which his younger brother Juanín is describing to his friends. Look at the picture of the robot and decide whether what Juanín says is true. If it is, place an X in the blank next to **sí**. If it is not, place an X in the blank next to **no**.

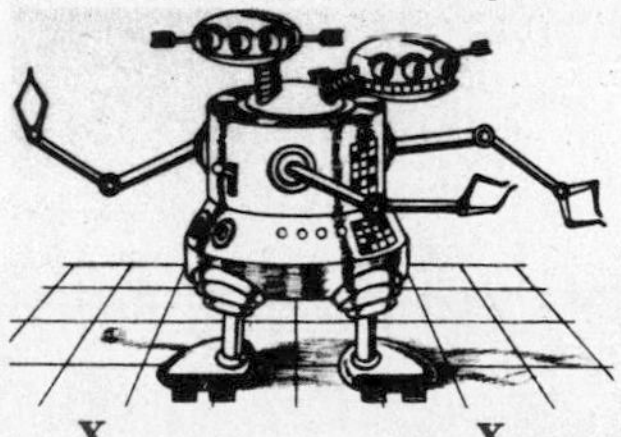

1. ____ sí __X__ no
2. __X__ sí ____ no
3. ____ sí __X__ no
4. ____ sí __X__ no
5. __X__ sí ____ no
6. ____ sí __X__ no
7. __X__ sí ____ no
8. ____ sí __X__ no

EXPLORACIÓN 3

Reflexive verbs

LA 104

E **¿Quién lo hace?** Listen as Julio describes his family's morning habits. Decide whether he is referring to himself, to himself and his twin sister Martina, or to someone else, and place an X in the corresponding box on the chart.

	Julio	Julio y Martina	otra(s) persona(s)
1.	X		
2.			X
3.		X	
4.			X
5.			X
6.		X	
7.			X
8.	X		

Nombre y apellido ______________

LA 105

F **Una mañana en el campo.** Martín and José are spending the summer with their grandparents in the country, and once a week Martín calls his mother to tell her about their activities. Listen as he describes a typical busy morning, then number the pictures in the order that Martín and José go about their routine.

MARTÍN
a. __1__

JOSÉ
b. __2__

c. __9__

d. __3__

e. __4__

f. __5__

g. __8__

h. __10__

i. __6__

j. __7__

Nombre y apellido ______________________

EXPLORACIÓN 4

The preterite of -ar verbs

G LA 106
¿Hoy o ayer? Listen to statements about clothing. If the verb is in the preterite, place an X in the blank next to ayer. If it is in the present, place an X in the blank next to **hoy**.

MODELO Compré unos lentes de sol.
_____ hoy __X__ ayer

1. __X__ hoy _____ ayer
2. _____ hoy __X__ ayer
3. _____ hoy __X__ ayer
4. __X__ hoy _____ ayer
5. _____ hoy __X__ ayer
6. __X__ hoy _____ ayer

PERSPECTIVAS

H LA 107
De compras. Mrs. Sánchez is in a department store in Puebla to buy some clothes for her children. Listen to her conversation with the salesperson and fill in the blanks.

SEÑORA SÁNCHEZ Los __pantalones__ (1) están en __venta__ (2) esta semana. ¿Verdad?

VENDEDORA Sí, señora, ¿qué __talla__ (3) necesita usted?

SEÑORA SÁNCHEZ Una 32 en color __azul__ (4). Son para mi hijo Luisito.

VENDEDORA El __color__ (5) azul está de __moda__ (6). ¿Desea algo más?

SEÑORA SÁNCHEZ Sí, una __chaqueta__ (7) __roja__ (8) y dos __camisas__ (9) __blancas__ (10). Son para mi hija María Eugenia.

Nombre y apellido ______________________

VENDEDORA Lo __siento__ (11) señora, pero no tenemos camisas blancas ahora. Tiene que __regresar__ (12) a la tienda el lunes.

SEÑORA SÁNCHEZ Bueno, no importa. __Vengo__ (13) el lunes por la tarde a __buscarlas__ (14).

VENDEDORA Muy bien.

SEÑORA SÁNCHEZ Gracias y adiós.

I LA 108
La rutina. Listen to Ana's morning routine before she goes to school. Then, write the letter of the correct statement from the paired sentences below.

__a__ 1. a. Me despierto a las 7 en punto.
b. Te despierto a las 7 en punto.

__b__ 2. a. Me levanto a las 10.
b. Me levanto 10 minutos después.

__a__ 3. a. Desayuno leche y fruta con mi hermano.
b. Nunca desayuno con mi hermano.

__b__ 4. a. Nunca me pongo jeans para ir a la escuela.
b. Me pongo siempre unos jeans y una camisa.

__b__ 5. a. Me peino en el autobús.
b. Antes de tomar el autobús me peino.

__b__ 6. a. Corremos para bajar de peso.
b. Corremos para no perder el autobús.

PRONUNCIACIÓN

LA 109
In Spanish spoken in the United States and Latin America, the letter **c** before an **e** or **i** produces an / s / sound much like that in English: **centro, cien.**

cena	centro	precio	cerca
cine	ciudad	francés	hacer
estación	cien	cinta	baloncesto

The letter **c** before **a, o,** or **u** has a hard sound like an English *k*. Unlike the / k / sound in English, however, the Spanish sound has no accompanying puff of air.

acostarse	camarero	campo	corbata
cuarto	cuaderno	sacar	camisa

Nombre y apellido ______________________

In Spanish, **ch** is treated as one letter. It sounds much like the *ch* in the English *chore* or *chime*, but the Spanish sound is somewhat crisper and more tense.

chico	chuleta	boliche	chaqueta
chocolate	lucha	muchacha	mochila

Listen and repeat the following paragraph:

Carlos y Conchita quieren comer comida francesa. Van a un restaurante caro en el centro. El camarero es francés, pero los chicos que cocinan son americanos. Carlos pide chuletas de cerdo y pastel de chocolate. Después de comer van al cine en la Calle Cinco.

Dictado. You will hear a paragraph in Spanish twice. The first time, listen carefully; the second time, write the words as you hear them pronounced.

____
____
____
____
____

Trabalenguas. Now practice saying the following tongue twisters.

Ni techo tu choza, ni techo la mía, yo techo la choza, de María Chuchena.

Al Arzobispo de Constantinopla, lo quieren desconstantinopolizar. Aquel que lo desconstantinopolice, será buen desconstantinopolizador.

Nombre y apellido ______________________

CANCIÓN

This very old, mournful, romantic song from Mexico is well-known throughout the Hispanic world. **La llorona** *(the weeping woman)* represents the eternal female. The song has many stanzas, and wherever it is sung, there is always someone who knows a stanza or two that nobody else has heard before. These lyrics are among the best-known.

La llorona

Arr. Zeke Castro
Arr. © HRW 1989

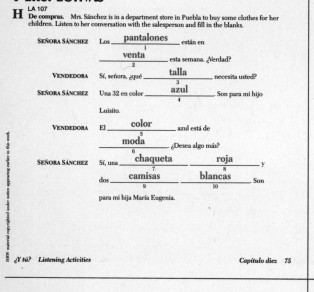

2.
Ay de mí, llorona, llorona,
Llorona, por qué llorar *(Repite)*
Hay muertos que no hacen ruido, llorona,
Y es más grande su penar. *(Repite)*

3.
Ay de mí, llorona, llorona,
Llorona de azul celeste. *(Repite)*
Y aunque la vida me cueste, llorona,
No dejaré de quererte. *(Repite)*

4.
Bajabas del templo un día, llorona,
Cuando al pasar yo te vi. *(Repite)*
Hermoso huipil llevabas, llorona,
Que la Virgen te creí. *(Repite)*

Nombre y apellido ______________________________ **Capítulo 11**

Clase ____________ Fecha ______________

INTRODUCCIÓN

LA 110

A **Profesiones.** Some students are discussing their reasons for choosing certain careers. If what they say is logical, place an X next to the **sí** blank. If it is not, place an X in the blank next to **no.**

MODELO Quiero ser actor porque me interesan mucho los deportes.
____ sí __X__ no

1. ____ sí __X__ no
2. __X__ sí ____ no
3. __X__ sí ____ no
4. ____ sí __X__ no
5. __X__ sí ____ no
6. __X__ sí ____ no

EXPLORACIÓN 1

ser and estar

LA 111

B **Yo.** Tony lives in Los Angeles and wants to describe himself to a pen pal in Spain. Listen to what he wants to say, and place an X in the blank next to the verb that he would use in his letter.

MODELO rubio
__X__ soy ____ estoy

1. __X__ soy ____ estoy
2. ____ soy __X__ estoy
3. __X__ soy ____ estoy
4. __X__ soy ____ estoy
5. __X__ soy ____ estoy
6. ____ soy __X__ estoy
7. ____ soy __X__ estoy

Nombre y apellido ______________________________

LA 112

C **¿Ser or estar?** The lead actress for a drama production is interpreting the director's brief notes about characters and props in the second act. Listen as she reads her notes, and place an X in the blank next to the form of **ser** or **estar** she would use to make a complete sentence.

MODELO Lola / una mujer inteligente
__X__ es ____ está

1. ____ es __X__ está
2. __X__ es ____ está
3. __X__ son ____ están
4. __X__ es ____ está
5. ____ eres __X__ estás
6. ____ soy __X__ estoy
7. __X__ somos ____ estamos

EXPLORACIÓN 2

The preterite of regular -er and -ir verbs

LA 113

D **¿Hoy o ayer?** Listen as Géronimo tells about his family's year in Lima, Peru. If what he is talking about happened in the past, place an X in the blank next to **pasado.** If he is talking about something that is taking place now, place an X in the blank next to **ahora.**

MODELO Mi papá escribió varios programas para la computadora de mi escuela.
____ ahora __X__ pasado

1. __X__ ahora ____ pasado
2. ____ ahora __X__ pasado
3. ____ ahora __X__ pasado
4. __X__ ahora ____ pasado
5. ____ ahora __X__ pasado
6. ____ ahora __X__ pasado

Nombre y apellido ______________________________

LA 114

E **¿Quién lo hizo?** You and some of your friends are talking about things you have done. Listen to what everyone is saying, and place an X in the chart to indicate to whom each sentence refers.

MODELO Insistieron en ir al extranjero.

	yo	tú	él / ella	Pepe y yo	mis amigos
MODELO					X
1.	X				
2.			X		
3.			X		
4.				X	
5.		X			
6.					X

EXPLORACIÓN 3

The preterite of -ir stem-changing verbs

LA 115

F **En Acapulco.** Some friends are talking about a school trip they took to Acapulco. Listen to what they say, and place an X in the box to indicate to whom each sentence refers.

MODELO Consiguió una guitarra mexicana.

	yo	tú	Carla	Julio y yo	ellos
MODELO			X		
1.					X
2.					X
3.				X	
4.		X			
5.	X				
6.			X		

Nombre y apellido ______________________________

LA 116

G **¿Es lógico?** Listen to each sentence, then choose the sentence that more logically follows it by placing an X in the blank.

MODELO Juanita se acostó temprano.
__X__ a. Durmió bien.
____ b. Dormí bien.

1. __X__ a. Ayer tampoco me sentí bien.
____ b. Ayer tampoco se sintieron bien.
2. ____ a. Dormí sólo cuatro horas.
__X__ b. Durmió sólo cuatro horas.
3. __X__ a. Se divirtieron mucho ayer en el cine.
____ b. Se divirtió mucho ayer en el cine.
4. ____ a. Preferí ir al Museo de Arte Moderno.
__X__ b. Prefiero ir al Museo de Arte Moderno.
5. __X__ a. Pedí arroz con pollo.
____ b. Pido arroz con pollo.

EXPLORACIÓN 4

Formal commands

LA 117

H **Del hospital a la casa.** Before releasing him from the hospital, Mr. Rivera's doctor tells him what he wants him to do or not to do. If what the doctor says is a formal command, place an X in the blank next to **sí.** If it is not, place an X in the blank next to **no.**

MODELO Descanse por la tarde.
__X__ sí ____ no

1. __X__ sí ____ no
2. ____ sí __X__ no
3. __X__ sí ____ no
4. ____ sí __X__ no
5. __X__ sí ____ no
6. __X__ sí ____ no
7. ____ sí __X__ no

Nombre y apellido ______________________________

PERSPECTIVAS

LA 118

I Una entrevista. Pablo Rodríguez is applying for a job as a reporter at a local newspaper. Listen to the conversation that takes place between Mr. Ramos, the editor-in-chief, and Pablo, and fill in the blanks with the missing words.

SR. RAMOS A usted le **interesa** (1) el **puesto** (2) de **periodista** (3) que tenemos, ¿verdad?

PABLO Sí, señor. **Seguí** (4) varios **cursos** (5) en la universidad y trabajé en el periódico en Los Ángeles.

SR. RAMOS ¡Ah! Veo, que **asistió** (6) a la Universidad de California en Los Ángeles, pero ¿cuándo se **graduó** (7)?

PABLO **Terminé** (8) mis estudios el año pasado.

SR. RAMOS ¿Habla usted otro **idioma** (9)?

PABLO Sí, **estudié** (10) español y francés y **viví** (11) en Barcelona por un año.

SR. RAMOS ¿Usted sabe que hay muchas **responsabilidades** (12) en este puesto y que va a tener que trabajar por lo menos dos fines de semana al mes?

PABLO Bueno, está bien porque es una **profesión** (13) que me **fascina** (14).

SR. RAMOS Muy bien, señor Rodríguez, puede empezar mañana mismo.

PABLO ¡Formidable!

Nombre y apellido ______________________________

LA 119

J La abogada. Ms. Colón is talking with a client. Listen to what she says, then number her instructions in order.

4 a. Come back here at 5:30.
1 b. Read the papers.
5 c. Bring the papers to the lawyer.
3 d. Make copies.
2 e. Write your opinion.

LA 120

K ¿Quién te escribió? The Salas twins are in their living room. Pilar is reading a letter, and Javier is asking her questions. Read the following sentences and decide whether they are true or false. If they are true, place an X in the blank next to **sí**. If they are false, place an X in the blank next to **no**.

sí	no	
____	X	1. Pilar y Javier están en el cine.
____	X	2. Javier le escribió a Pilar.
____	X	3. Pilar es hija de un periodista famoso.
X	____	4. Marta y Pilar están en la misma clase.
X	____	5. Javier no conoce muy bien a Marta.
X	____	6. A Javier le gustan los chocolates.
____	X	7. Desde niña Marta siempre fue gorda.
____	X	8. Pilar come chocolates todo el día.

PRONUNCIACIÓN

LA 121

The letter s in Spanish is pronounced like the *s* in the English word *sit*.

secretario seguro salsa
solo doméstico sombrero

In Spanish spoken in the United States and Latin America, the letter z sounds nothing like the English *z*. It is pronounced like the English *s* sound.

azul mezcla brazo
zapato zona cabeza

Nombre y apellido ______________________________

Listen, and repeat the following paragraph.

Para la entrevista, / Susana usó un vestido azul / y unos zapatos grises. / Después de vestirse, / salió para la plaza / para almorzar. / Luego, / pasó la zona central / y entró en el consultorio / de la señora Salas. / Se sintió bastante nerviosa. / Habló unos minutos / con la señora. / Salió sin saber / si consiguió el puesto.

Dictado. You will hear a paragraph in Spanish twice. The first time, listen carefully; the second time, write the words as you hear them pronounced.

____
____
____
____
____

Trabalenguas. Now practice saying the following tongue twisters.

Yo solo sé que no celé a Zoila sola. Y si se dice que así se sabe, así se hace y así se asa la caza en la casa y se sala sola.

Seiscientas sierras asierran seis series de cigarillos y seiscientas seis sierras sí asierran seiscientas seis series de cigarillos.

CANCIÓN

The southernmost state in Mexico is Chiapas, on the border with Guatemala. It is a land famous for its geographical beauty, its waltzes, and its folklore. The song is traditionally danced by **chiapanecas** *(women of Chiapas)* in long, beautifully embroidered dresses. It calls for everyone to clap hands in the chorus, as indicated in this score by the symbol ×.

Las chiapanecas

Arr. Zeke Castro
Arr. © HRW 1989

Nombre y apellido ______________________ **Capítulo**

Clase ____________ Fecha ____________ **12**

INTRODUCCIÓN

LA 122

A **¡Qué aventura!** Friends are talking about the adventure of a lifetime. If what they say describes the picture you see, place an X in the blank next to **sí**. If they do not, place an X in the blank next to **no**.

MODELO 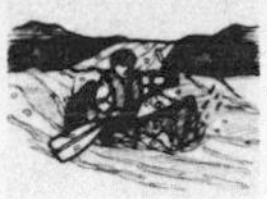 Me gustaría mucho bajar un río en canoa.
__X__ sí ______ no

1. __X__ sí ______ no 2. __X__ sí ______ no

3. ______ sí __X__ no 4. __X__ sí ______ no

5. ______ sí __X__ no 6. __X__ sí ______ no

Nombre y apellido ______________________

EXPLORACIÓN 1

Irregular preterites: ir, ser, dar, and ver

LA 123

B ¿**Cuál es?** Guadalupe spent last year in Spain and Africa while Yolanda lived and worked in South America. Listen as they tell each other about the fabulous time they had, and place an X in the blank next to **ir** or **ser**, depending on the verb form you hear.

MODELO Fui a Madrid el año pasado.
__X__ ir ______ ser

1. ______ ir __X__ ser
2. __X__ ir ______ ser
3. ______ ir __X__ ser
4. ______ ir __X__ ser
5. __X__ ir ______ ser
6. ______ ir __X__ ser
7. __X__ ir ______ ser
8. __X__ ir ______ ser

LA 124

C **Dime quién.** You and Magda are having a conversation about people you know. Listen to the statements, and place an X in the chart to indicate whom Magda is talking about.

MODELO Fueron siempre muy felices.

	yo	tú	mis padres	yo y mi hermana	mi novio
MODELO			X		
1.				X	
2.	X				
3.					X
4.			X		
5.		X			
6.				X	

EXPLORACIÓN 2

Comparative adjectives and adverbs with **que**

LA 125

D **Más planes.** Pepe is the cautious type, but he still yearns for adventure. He is looking for the shortest, least expensive, and least dangerous way to have an adventure. Listen as a travel agent offers him advice, and place an X in the blank by the alternative Pepe is most likely to choose.

MODELO Viajar en avión es más caro que viajar en tren.
______ a. avión
__X__ b. tren
______ c. bote

Nombre y apellido ______________________

1. __X__ a. pasear en velero
   ______ b. escalar montañas
   ______ c. explorar la selva amazónica
2. __X__ a. bicicleta
   ______ b. a pie
   ______ c. tren
3. ______ a. Paraíso
   ______ b. Plaza
   __X__ c. Iquitos
4. ______ a. dar la vuelta al mundo
   __X__ b. explorar el mundo submarino
   ______ c. bajar un río en canoa
5. __X__ a. pilotear un avión
   ______ b. saltar en paracaídas
   ______ c. explorar la selva amazónica
6. ______ a. España
   ______ b. la China
   __X__ c. Colorado

LA 126

E **Mi familia.** Luis is talking to his friend Antonio about his family and home. Listen to his statements and look at the pictures below. Label the pictures according to Luis' description.

MODELO El gato de Juan es más gordo que el gato de Elena.

el gato __de Elena__ el gato __de Juan__

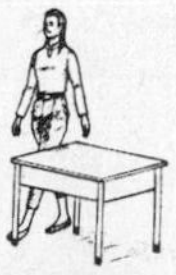 

1. __Lola__ __Carmen__

2. __Anita__ __Ester__

Nombre y apellido ______________________

3. el carro de __mi madre__ el carro de __mi padre__

4. __David__ __yo__

5. __Javier__ __Miguel__

EXPLORACIÓN 3

Preterites: i-stem and u-stem

LA 127

F **En Manzanillo.** Some friends are talking about their stay at **Las Hadas**, a popular Mexican resort. Listen to what they say, and place an X in the appropriate box.

MODELO Venimos a descansar en la playa.

	yo	tú	Pablo	Marta y yo	ellos
MODELO				X	
1.					X
2.		X			
3.				X	
4.	X				
5.		X			
6.			X		

Nombre y apellido ______________________________

LA 128

G **¡Qué expedición!** Reporters are questioning a group of explorers about their recent jungle expedition. Listen to each question, and place an X in the blank next to the appropriate answer.

MODELO ¿Estuvo usted en el Amazonas?
______ a. Sí, estuvo allí.
__X__ b. Sí, estuve allí.

1. __X__ a. No, no pusimos todo el equipo allí.
______ b. No, no puso todo el equipo allí.
2. __X__ a. Sí, pudimos sacar unas fotos fabulosas.
______ b. Sí, pudiste sacar unas fotos fabulosas.
3. ______ a. Sí, supo la noticia después del accidente.
__X__ b. Sí, supe la noticia después del accidente.
4. ______ a. Sólo tuvo miedo de noche.
__X__ b. Sólo tuve miedo de noche.
5. __X__ a. No, no pude dormir mucho.
______ b. No, no pudiste dormir mucho.
6. __X__ a. Sí, tuvimos buen tiempo.
______ b. Sí, tuve buen tiempo.

EXPLORACIÓN 4

Negative and affirmative words

LA 129

H **¡Qué negativo!** Miguel is very negative when questioned about his experiences at camp and gives a one-word answer. Listen to what he says, and place an X in the blank next to the appropriate response.

MODELO ¿Quién escaló la montaña?
a. ______ nada b. ______ nunca c. __X__ nadie

1. a. __X__ nada b. ______ nunca c. ______ nadie
2. a. ______ nada b. __X__ nunca c. ______ nadie
3. a. __X__ nada b. ______ nunca c. ______ nadie
4. a. ______ nada b. ______ nunca c. __X__ nadie
5. a. ______ nada b. __X__ nunca c. ______ nadie
6. a. ______ nada b. ______ nunca c. __X__ nadie

Nombre y apellido ______________________________

LA 130

I **Tengo muchas cosas que hacer.** Mrs. López has just arrived in Lima and is making plans with her guide. Listen to what she says, and place an X in the appropriate column.

MODELO Quiero visitar a mis amigos también.

	someone	something	always	also
MODELO				X
1.		X		
2.	X			
3.			X	
4.				X
5.	X			

PERSPECTIVAS

LA 131

J **Mi diario.** Carmen is thinking about a camping trip. Listen to what she says as she reads her diary to herself, and fill in the blanks with the missing words.

Ayer __fue__ (1) un día __fabuloso__ (2) para mí. __Hizo__ (3) buen tiempo todo el día y __decidimos__ (4) pasear __en velero__ (5) casi toda la mañana. Por la tarde, tomamos el __sol__ (6) y __volvimos__ (7) temprano al campamento. Por la noche mis amigos y yo __fuimos__ (8) al cine. __Vimos__ (9) una película sobre una carrera de __automóviles__ (10). Las __carreras__ (11) son muy __peligrosas__ (12) y la película en general __fue__ (13) muy emocionante.

LA 132

K **Un libro raro.** José is talking about a book he just read. Listen to what he says, and decide whether the statements are true or false. If they are true, place an X in the blank next to **sí**. If they are false, place an X in the blank next to **no**.

______ sí __X__ no 1. José read a book about outer space last night.
______ sí __X__ no 2. The explorers had to visit the major cities of the world.
__X__ sí ______ no 3. The explorers had to jump by parachute.
______ sí __X__ no 4. Some Indians went with them in the canoe.
__X__ sí ______ no 5. José liked the book.

Nombre y apellido ______________________________

LA 133

L **Un sueño muy raro.** Eduardo and Nina are on the phone talking about a dream he had last night. Listen carefully to their conversation, and then decide if the following sentences are true or false. If they are true, place an X in the blank next to **verdadero.** If they are not, place an X in the blank next to **falso.**

MODELO ______ verdadero __X__ falso Eduardo nunca tiene sueños raros.

__X__ verdadero ______ falso 1. Eduardo viajó por el espacio en su sueño.
______ verdadero __X__ falso 2. Llegó a un planeta donde conoció a muchas personas.
______ verdadero __X__ falso 3. Accidentalmente el planeta lo transportó en el espacio.
__X__ verdadero ______ falso 4. La vegetación del planeta es muy densa.
__X__ verdadero ______ falso 5. Eduardo tuvo aventuras fantásticas él solo.
______ verdadero __X__ falso 6. Eduardo y Nina siempre van juntos a todas partes.

PRONUNCIACIÓN

LA 134

When a weak vowel (**i, u**) without an accent occurs next to a strong vowel (**a, e, o**), a diphthong is produced, and the two vowels are pronounced as one sound. Listen and repeat these words:

bueno	aire	sueño	tienda
tierra	autobús	guante	huevo

When two strong vowels occur together, they are pronounced as two distinct sounds.

Rafael	recreo	teatro	Bilbao
peor	estéreo	noroeste	cumpleaños

Now repeat these sentences:

Rafael tiene miedo porque tiene fiebre. Toma el autobús para la ciudad de Montevideo. Quiere ver al médico. Pero Rafael tiene muy mala suerte. El autobús choca con una ambulancia. Decide ir en avión y sale para el aeropuerto.

Dictado. You will hear a paragraph in Spanish twice. The first time, listen carefully; the second time, write the words as you hear them pronounced.

____
____
____
____
____

Nombre y apellido ______________________________

Trabalenguas. Now practice saying the following tongue twister.

Bueno es el aire suave cuando sueño da; pero el fuerte viento despiertos nos mantiene ya.

POEMA

Rubén Darío (1867–1916) was born in Nicaragua, but during his lifetime he lived in many Spanish-speaking countries. In every one of these countries, his writing signaled the beginning of a spiritual and intellectual revolution. His poetry is cosmopolitan, incorporating elements from different cultures. Especially evident in his poetry is the influence of French language and culture. This poem exemplifies Darío's love of profoundly human themes. In it, he describes the sense of loss that comes with advancing age as he reminisces about past loves. The verses that follow have been excerpted from *Cantos de vida y esperanza*, fist published in 1905.

Canción de otoño en primavera

Juventud, divino tesoro,
¡ya te vas para no volver!
Cuando quiero llorar no lloro . . .
y a veces lloro sin querer . . .

Plural ha sido la celeste
historia de mi corazón.
Era una dulce niña, en este
mundo de duelo y aflicción.

Miraba como el alba pura;
sonreía como una flor.
Era su cabellera obscura
hecha de noche y de dolor.

Yo era tímido como un niño.
Ella, naturalmente, fue,
para mi amor hecho de armiño,
Herodías y Salomé . . .

Juventud, divino tesoro,
¡ya te vas para no volver! . . .
Cuando quiero llorar, no lloro,
y a veces lloro sin querer . . .

Nombre y apellido ______________________ **Capítulo 1**

Clase ____________ Fecha ______________

INTRODUCCIÓN

A

LA 1

Preferencias. Luisa and her new friend Marcos are getting to know each other. Listen to each sentence, and underline the letter of the activity or thing each of them prefers.

MODELO Me gusta el volibol pero no me gusta el béisbol.

MODELO <u>**a.**</u>

b.

1. **a.**

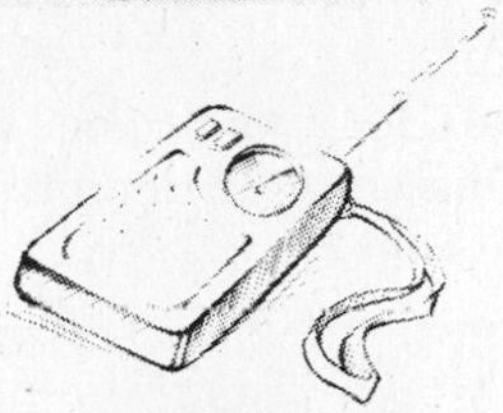

b.

2. **a.**

b.

3. **a.**

b.

4. **a.**

b.

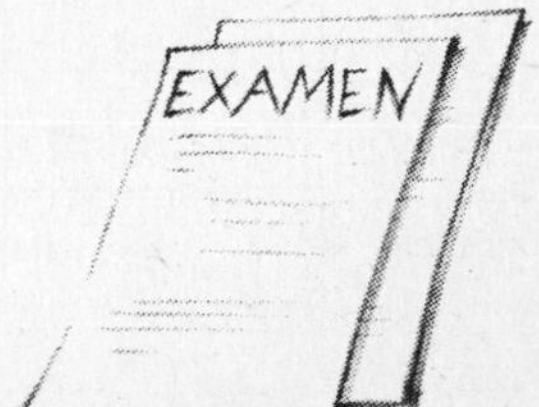

5. **a.**

b.

Nombre y apellido ______________________________

B LA 2
¿Es lógico? Felipe is interviewing Marta by telephone. Marta doesn't always understand Felipe's questions, but she tries to answer each one anyway. If her response makes sense, underline **sí**; if it does not, underline **no**.

MODELO ¿Te gusta nadar? Si, me gusta cantar.
sí <u>no</u>

1. sí no
2. sí no
3. sí no
4. sí no
5. sí no
6. sí no
7. sí no

EXPLORACIÓN 1

The definite article and nouns

C LA 3
Me gusta. Sara is talking to her guidance counselor about things she likes. Listen to each of her statements, and place an X in the box that matches the definite article you hear.

MODELO Me gustan los libros.

	el	la	los	las
MODELO			X	
1.				
2.				
3.				
4.				
5.				
6.				
7.				
8.				

Nombre y apellido ______________________________

EXPLORACIÓN 2

The verb ser

D LA 4

¿Sí o no? Raúl is telling where he and his friends are from. If Raúl includes himself in the statement, place an X in the **sí** box. If he does not, place an X in the **no** box.

MODELO Es de Argentina.

	sí	no
MODELO		X
1.		
2.		
3.		
4.		
5.		

E LA 5

Orígenes. Your cousin Gerardo, newly arrived from Panama, asks where you and your friends are from. As you listen to each question, underline the better answer.

1. **a.** Sí, soy de San Juan. **b.** Sí, es de San Juan.
2. **a.** No, no es de Florida. **b.** No, no eres de Florida.
3. **a.** Sí, somos de México. **b.** Sí, son de México.
4. **a.** No, no son de Chile. **b.** No, no eres de Chile.
5. **a.** Sí, soy de Nevada. **b.** Sí, somos de Nevada.

EXPLORACIÓN 3

Agreement of nouns and adjectives

F LA 6

Pasatiempos. Teresa is talking with her high school principal. In order to keep the conversation going, she responds to comments he makes. Listen to the principal's statements, then underline the statement Teresa would make.

MODELO El volibol es divertido.
<u>a. Sí, es divertido.</u> **b.** Sí, son divertidos.

1. **a.** No, no es interesante. **b.** No, no son interesantes.
2. **a.** Sí, son divertidos. **b.** Sí, es divertido.
3. **a.** No, no es fácil. **b.** No, no son fáciles.
4. **a.** No, no son aburridos. **b.** No, no es aburrido.
5. **a.** Sí, es emocionante. **b.** Sí, son emocionantes.
6. **a.** Sí, son simpáticos. **b.** Sí, es simpático.

Nombre y apellido ______________________________

EXPLORACIÓN 4

Hay, ¿Cuántos hay?, and numbers from 16 to 100

G

LA 7

¿Cuánto cuesta? You are asking about prices in a department store in Puerto Rico. Write the price you hear in the blank below that item. Be careful: the items are not in order.

MODELO un libro de español, diecisiete dólares

$17

1. ________ 2. ________ 3. ________

4. ________ 5. ________ 6. ________

H

LA 8

¿Cuántos años? Luisa is at a party at Felipe's house. As she meets new people, she tries to guess their ages. As you hear each person's age, write it down beside his or her name.

MODELO Juan, diecisiete
Juan 17

1. Marta ________
2. Ricardo ________
3. María ________
4. Carlos ________
5. José ________

Nombre y apellido ______________________________

PERSPECTIVAS

I LA 9
¡Hola! Ángela is excited about the first letter from her new friend Beatriz in Buenos Aires. She reads it to another friend over the telephone. Listen to the letter, and then fill in the blanks with the words you hear.

Querida Ángela,

¡Hola! Me llamo Beatriz Vargas y ________ (1) de Buenos Aires.

Me gusta mucho la ________ (2). Me gustan los ________ (3),

y también me gusta ________ (4) la radio. Me ________ (5)

los deportes: el ________ (6), el ________ (7) y el tenis.

¿________ (8) gustan los ________ (9) también?

________ (10) pronto.

Beatriz

J LA 10
Datos personales. The students in the speech class have all been required to answer questions put to them by their classmates. Listen to Carmen's answers, and then write three questions you would have asked her to get the information she gave.

EJEMPLO . . . y me gustan los profesores.
¿Te gustan los profesores?

1. ______________________________

2. ______________________________

3. ______________________________

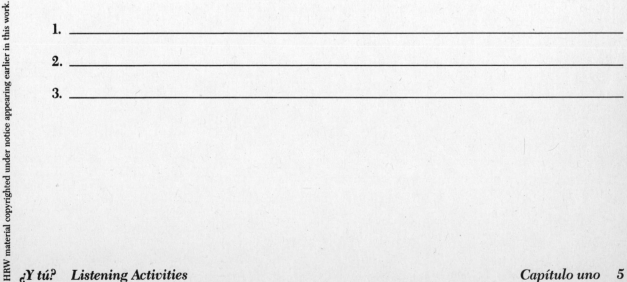

Nombre y apellido ______________________________

K

LA 11

El club. Elena Reyes, an exchange student from Ecuador, is talking to the Spanish club about some of her likes and dislikes. If she enjoys the item or activity, place an X in the **sí** box. If she does not, place an X in the **no** box.

	sí	no
1.		
2.		
3.		
4.		
5.		

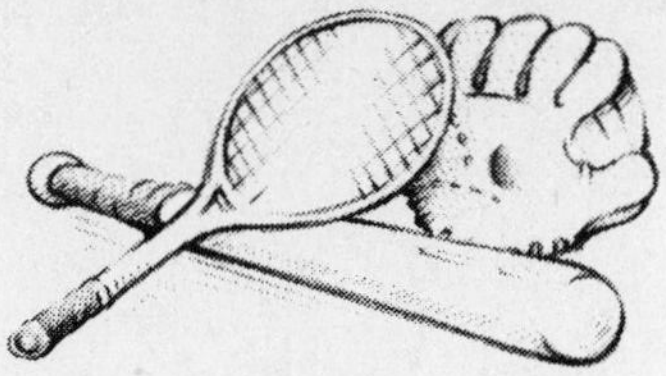

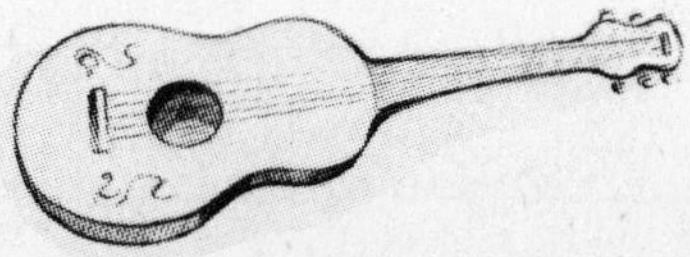

Nombre y apellido ______________________________

PRONUNCIACIÓN

LA 12

As you know, words that look similar in English and Spanish may sound quite different in the two languages. One of the main reasons is the difference in vowel sounds. Spanish vowels are more "tense" and clipped sounding. Listen to the vowel sounds in the following words.

a	animal
e	excelente
i	difícil
o	volibol
u	tú

Note also that the stress may or may not fall on the same syllables in English and Spanish. Listen carefully and repeat each word after the speaker.

el animal	el béisbol
el volibol	el examen
el concierto	el fútbol
la catedral	la educación

A number of adjectives are similar in Spanish and English. Hearing what these words sound like is an easy way to build your listening vocabulary. Listen to the words, and repeat each one after the speaker.

importante	interesante	excelente
clásico	popular	responsable
inteligente	famoso	difícil

Now repeat the following sentences.

1. En mi escuela, el béisbol es popular.
2. Las clases son interesantes.
3. Los exámenes son importantes.
4. La profesora de inglés es inteligente.

Dictado. You will hear a paragraph in Spanish twice. The first time, listen carefully; the second time, write the words as you hear them pronounced.

____

____

____

____

____

Nombre y apellido ______________________________

CANCIÓN

This party song is believed to have originated in Spain. It is now enjoyed throughout the Hispanic world. It is sung first with the regular lyrics, then five more times, each time replacing all vowels with one of the five Spanish vowels: **a, e, i, o,** and **u.** At the end it is sung one last time with the original lyrics.

2.
La mar astaba sarana,
Sarana astaba la mar. *(Repite)*

3.
Le mer estebe serene,
Serene estebe le mer. *(Repite)*

4.
Li mir istibi sirini,
Sirini istibi li mir. *(Repite)*

5.
Lo mor ostobo sorono,
Sorono ostobo lo mor. *(Repite)*

6.
Lu mur ustubu surunu,
Surunu ustubu lu mur. *(Repite)*

Arr. © HRW 1989

La mar estaba serena

Nombre y apellido ______________________ *Capítulo* **2**

Clase ______________ Fecha ______________

INTRODUCCIÓN

A LA 13

Este fin de semana. Jaime and his friends are making plans for the weekend. Look at the pictures, and listen to what each one likes to do. Then write the number of the sentence you hear under the picture it matches.

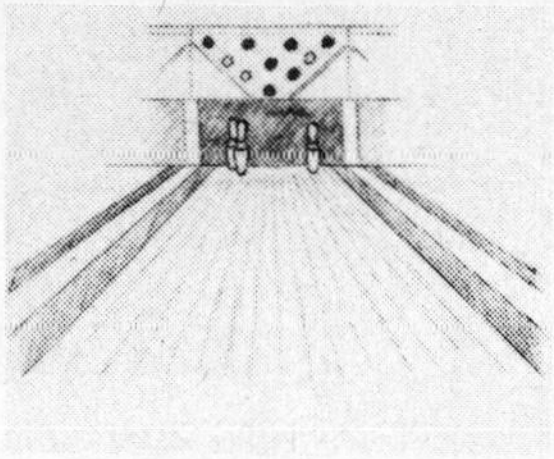

a. ________

b. ________

c. ________

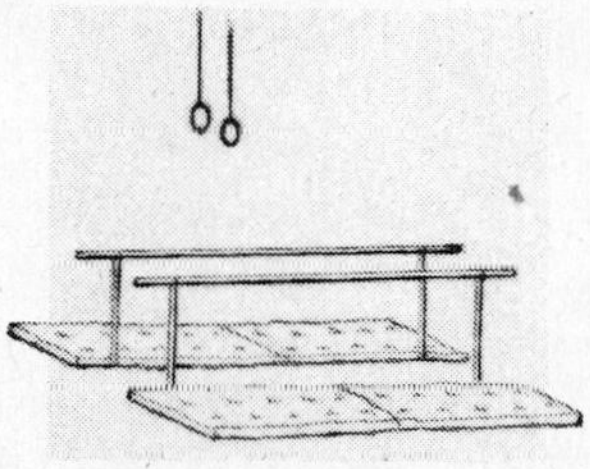

d. ________

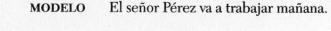

e. ________

EXPLORACIÓN 1

The verb ir

B LA 14

Actividades y lugares. The Pérez family likes to do many things and go many places. If the family members say what they are going to do, place an X in the box labeled **actividad**. If they say where they are going, place an X in the box labeled **lugar**.

MODELO El señor Pérez va a trabajar mañana.

	actividad	lugar
MODELO	X	
1.		
2.		
3.		
4.		
5.		
6.		

Nombre y apellido ______________________________

EXPLORACIÓN 2

The contraction al

C LA 15

Una visita a los abuelos. Alicia is in Puerto Rico visiting her grandparents. Listen as she talks to a friend about what she and her grandparents plan to do today and tomorrow. Then listen again and fill in the blanks in her conversation.

Hoy vamos ________ (1) San Juan. Vamos ________ (2) museo y ________ (3) tiendas del Viejo San Juan. Mañana vamos ________ (4) playa y más tarde ________ (5) restaurante. A lo mejor vamos ______ (6) cine también.

EXPLORACIÓN 3

*The verb **querer***

D LA 16

¿Qué quiere hacer? Listen to the following questions about things that have to be done in the Reyes household. Place an X in the appropriate box to indicate whether they are being asked of one person or more than one person.

MODELO ¿Quieres estudiar ahora?

	one person	more than one person
MODELO	X	
1.		
2.		
3.		
4.		
5.		
6.		

Nombre y apellido ______________________________

E LA 17

Soñar despierto. The people below are daydreaming about activities they would like to be doing. If the statement you hear matches their daydreams, place an X in the **sí** blank. If it does not, place an X in the **no** blank, and then complete the sentence in Spanish about their thoughts.

MODELO
Ana

Ana quiere cocinar esta tarde.

____ sí

__X__ No, Ana quiere dar un paseo.

Rafael

1. ____ sí

____ No, Rafael quiere

______________________________.

Martín y Paco

2. ____ sí

____ No, Martín y Paco quieren

______________________________.

Beto

3. ____ sí

____ No, Beto quiere

______________________________.

Susana y yo

4. ____ sí

____ No, Susana y yo queremos

______________________________.

Nombre y apellido ______________________________

EXPLORACIÓN 4

Making questions with ¿verdad? and ¿no? and by inversion

F LA 18

¿Preguntas? Andrés and Mario are talking about summer activities. If the speaker asks a question, place an X in the question box. If he makes a statement, place an X in the statement box.

MODELO Las fiestas son divertidas, ¿no?

	question	statement
MODELO	X	
1.		
2.		
3.		
4.		
5.		
6.		
7.		

PERSPECTIVAS

G LA 19

El fin de semana. Inés is talking with Luz as they leave school on Friday afternoon. Listen to their conversation, and fill in the blanks with the words you hear.

INÉS ¿Qué ________ (1) a hacer ________ (2)?

LUZ Voy a ________ (3) con Bárbara. ¿________ (4) ir?

INÉS Sí, me gusta mucho ir ________ (5). Marisol ________ (6) también, ¿________ (7)?

LUZ Sí. Hay un ________ (8) en el parque y ________ (9) a ________ (10).

INÉS Hasta luego.

LUZ Hasta ________ (11).

Nombre y apellido ________________________________

H LA 20
¡Hola! Listen as Roberto describes himself to you. If the statements below describe him, check **sí**. If they do not, check **no**.

1.	______ sí	______ no	Roberto is from New York.
2.	______ sí	______ no	He loves to study.
3.	______ sí	______ no	He likes tennis and bowling.
4.	______ sí	______ no	He'd like to visit the United States someday.
5.	______ sí	______ no	Now he is going to go take pictures.

I LA 21
Conversación. Juanito is eavesdropping on a telephone conversation between his older brother Pepe and Pepe's friend Miguel. Of course, Juanito can only hear Pepe's side of the conversation. After listening to Pepe, write three questions in Spanish that Miguel might have asked Pepe.

1. ________________________________
2. ________________________________
3. ________________________________

PRONUNCIACIÓN

LA 22
The letter **h** is not pronounced in Spanish. It is comparable to the English *h* in *honor*.

Write the following words. Put a slash through the **h** of each word as you hear it pronounced, and then repeat it.

hasta ______	hay ______
hola ______	hablar ______
historia ______	hacer ______

The letter group **qu** is pronounced / k / in Spanish. Repeat the following words.

aquí	quieres
¿qué?	esquiar
¿quién?	Joaquín

Repeat the following dialogue among some friends who are trying to get out of studying for a test.

ENRIQUE Hola, Hugo. Hola, Humberto.
HUGO Hola, Enrique. ¿Qué tal?
ENRIQUE Bien. Oye, ¿quién quiere estudiar historia?
HUGO ¿Por qué? ¿Hay examen?
HUMBERTO Sí, el examen sobre Honduras.
HUGO Pero no quiero estudiar. Vamos al cine Quevedo.
ENRIQUE Buena idea. ¡A lo mejor hay una película sobre la historia de Honduras!

Nombre y apellido ______________________________

Dictado. You will hear a paragraph in Spanish twice. The first time, listen carefully; the second time, write the words as you hear them pronounced.

____

____

____

____

CANCIÓN

Andalucía, a region of Spain famous for its Arab influence and its gypsies, is also noted for Flamenco music and dancing. To Andalusians, the slang word **gatatumba** means *sham* or *put-on,* such as a counterfeit pain or emotion. In this song the word **gatatumba** is used only for its rhythymic value. The song is repeated several times, with each stanza sung at a faster tempo than the last.

Gatatumba

Arr. Zeke Castro
Arr. © HRW 1989

Nombre y apellido ______________________ *Capítulo* **3**

Clase ______________ Fecha ______________________

INTRODUCCIÓN

A LA 23
¡Qué pena! Poor Miguel is ill. Look at the story told by the pictures, then listen to the sentences and write the number of the sentence under the picture it matches.

a. ________

b. ________

c. ________

d. ________

e. ________

B LA 24
Exclamaciones. Listen to the following statements, then underline the more appropriate exclamation.

MODELO Viajo a París mañana.
a. ¿De veras? b. ¡Qué pena!

1. a. ¡Qué pena! b. ¡Cuánto me alegro!
2. a. ¡Qué tontería! b. ¡Qué bueno!
3. a. ¡Qué pesado! b. ¡Cuánto me alegro!
4. a. ¡Cuánto lo siento! b. ¡Fantástico!
5. a. ¡Qué importa! b. ¡Qué lástima!

Nombre y apellido ______________________________

EXPLORACIÓN 1

The indefinite article

C LA 25

El cuarto de Juan. Below is a drawing of Juan's room. If the items he mentions are in the room, place an X in the **sí** box. If they are not, place an X in the **no** box.

MODELO Hay una guitarra en el cuarto.

	sí	no
MODELO		X
1.		
2.		
3.		
4.		
5.		
6.		
7.		
8.		

EXPLORACIÓN 2

***estar** with adjectives*

D LA 26

Reacciones. Listen to the following situations. Underline the more logical feeling.

MODELO Juan estudia mucho para el examen de español.
a. Está encantado. <u>b. Está preocupado.</u>

1. a. Está nervioso. b. Está contento.
2. a. Estamos emocionados. b. Estamos desilusionados.
3. a. Está sorprendida. b. Está deprimida.
4. a. Están aburridas. b. Están encantadas.
5. a. Está emocionado. b. Está enfermo.
6. a. Están cansados. b. Están enojados.

Nombre y apellido ______________________________

EXPLORACIÓN 3

tener and expressions with tener

E LA 27
¿Qué tienen? While waiting in the doctor's office, Miguel overhears nurses discussing various patients' symptoms. Place an X in the appropriate box below to match the symptoms each patient has.

MODELO Ramón tiene dolor de cabeza, pero no tiene fiebre.

	catarro	fiebre	gripe	dolor de cabeza	dolor de estómago	tos
MODELO				X		
1. Patricia						
2. Raúl						
3. Los dos hermanos						
4. Ana						
5. Sr. Torres						
6. Las chicas						
7. Sra. Arce						

F LA 28
Obligaciones y preferencias. If Julia is talking about some of the things she wants to do or feels like doing, underline the happy face. If she is talking about something she has to do, underline the sad face.

MODELO 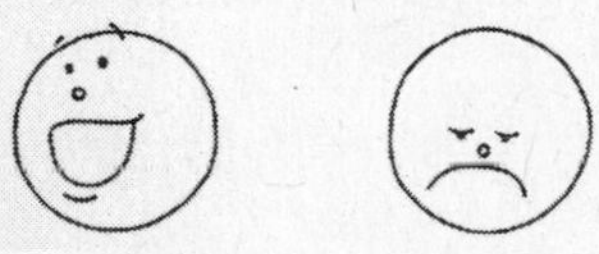 Quiero jugar tenis.

1. 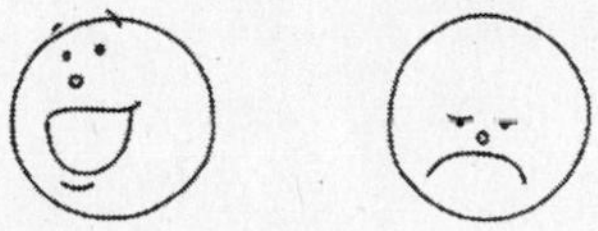

2. 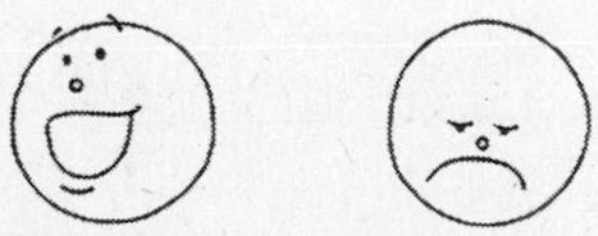

3. 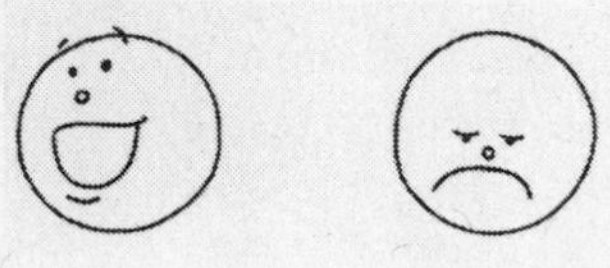

4. 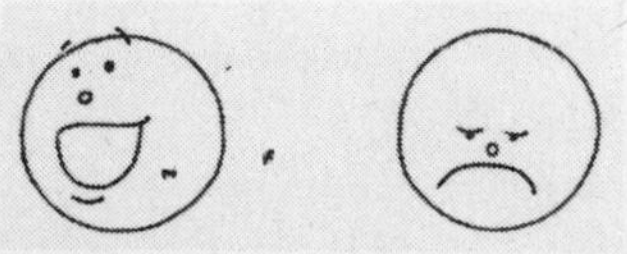

5. 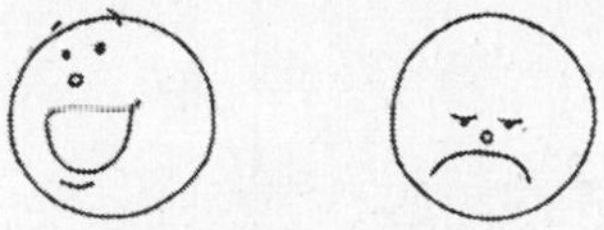

6. 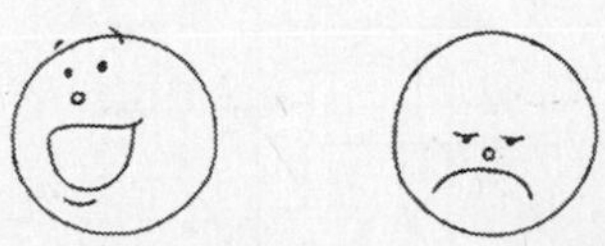

7. 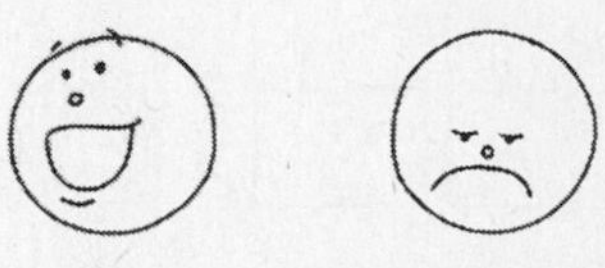

Nombre y apellido ______________________________

EXPLORACIÓN 4

Weather expressions

LA 29

G **¿Qué tiempo hace?** At a youth hostel near Madrid, you are listening to a weather report. Look at the map below. If the report you hear for the city is correct, place an X in the **sí** box. If it is not correct, place an X in the **no** box.

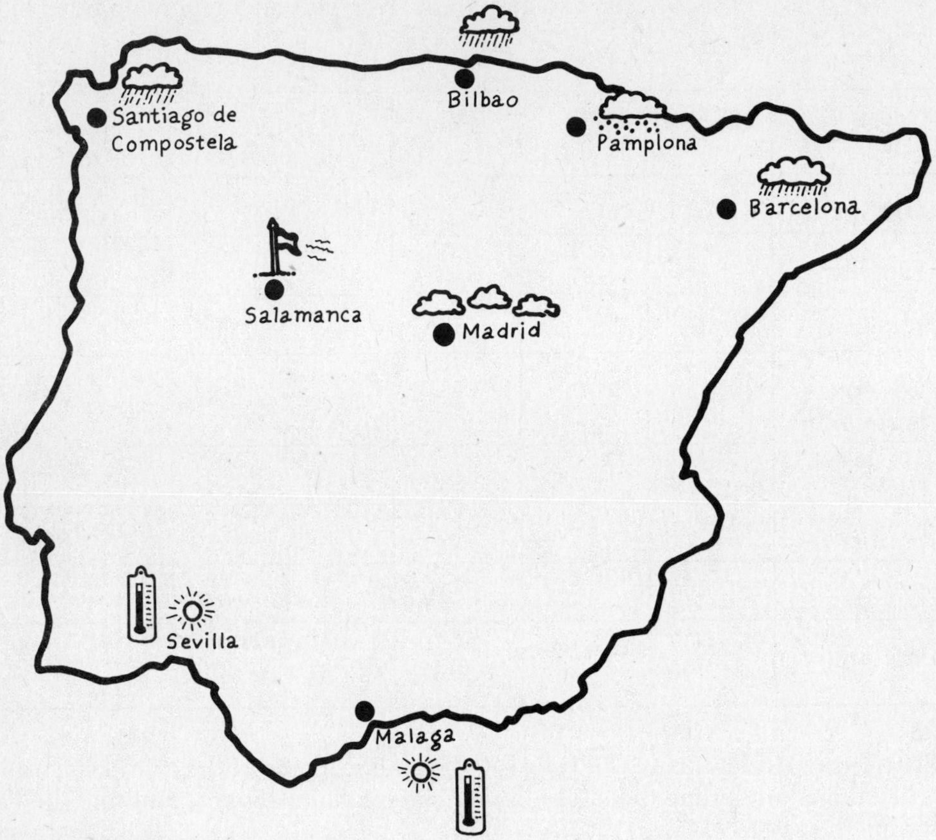

	sí	no
1.		
2.		
3.		
4.		
5.		
6.		
7.		
8.		

Nombre y apellido ______________________________

PERSPECTIVAS

H LA 30

De vacaciones. José is on vacation and discussing his plans for the next day with his mother. Listen to what they say, and then complete their conversation.

JOSÉ Mamá, ¿qué ______ (1) va a ______ (2) mañana?

MAMÁ Va a ______ (3) y va a hacer ______ (4) también.

JOSÉ ¡No ______ (5) ser! Hay un ______ (6) en la plaza ______ (7) y tengo que ______ (8) al hospital para ______ (9) a Tomás.

MAMÁ ¿Cómo ______ (10) él? ¿Qué ______ (11)?

JOSÉ No sé, pero todavía tiene ______ (12) y ______ (13). Qué lástima, ¿no? Voy a comprar una ______ (14) para él.

MAMÁ ¿Y está de ______ (15) todavía?

¡______ (16)!

I LA 31

Las noticias. Simón is reading announcements over the school PA system. Look at the pictures, and listen to the announcements. Then write the number of the announcement under the picture it matches.

a. ______

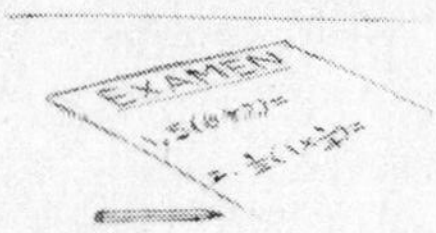

b. ______

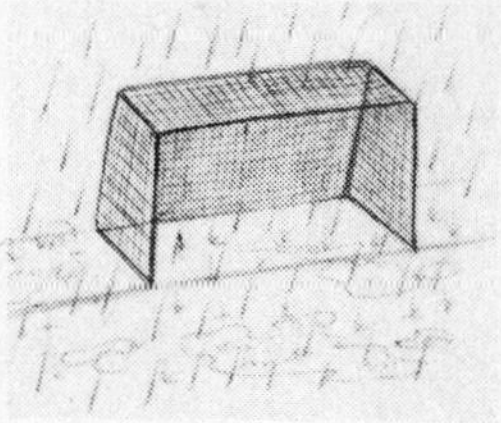

c. ______

d. ______

e. ______

Nombre y apellido ______________________________

J LA 32
El tiempo. Read these situations, and determine how the people in each situation feel when they hear the weather report. Listen to each report, then underline the letter of the more appropriate reaction.

MODELO Marcos quiere trabajar en el jardín.
Está lloviendo y hace mucho frío.
a. Está enojado. **b.** Está encantado.

1. Tomás y sus amigos tienen ganas de ir al parque mañana para hacer un picnic y jugar volibol.

   a. Están contentos. **b.** Están desilusionados.

2. Este fin de semana Ana va a ir a Colorado para esquiar.

   a. Está preocupada. **b.** Está emocionada.

3. Esteban y Enrique quieren ir a la playa mañana para nadar.

   a. Están aburridos. **b.** Están deprimidos.

PRONUNCIACIÓN

LA 33
At the beginning of a phrase and after the letters **l** and **n**, the letter **d** sounds somewhat like the English *d* in *dog* except that your tongue should touch the back of your upper front teeth.

¿Dónde?	Linda	dos
día	Edmundo	diez
dolor	Reinaldo	Matilde

In all other cases, the **d** is similar to the English sound *th* as in *then* or *that*. Your tongue should touch the bottom of your upper front teeth.

cansado	desilusionado	adentro
divertido	emocionado	¿De dónde?
pesado	preocupado	edad

Now repeat the following sentences.

1. ¿Dónde está el jugador?
2. ¿Quién, David? Tiene dolor de espalda.
3. Está preocupado y desilusionado.
4. Otros dos jugadores, Edmundo y Reinaldo, están cansados también.
5. ¿Adónde van los jugadores para descansar?

Nombre y apellido ____________________

Dictado. You will hear some sentences in Spanish twice. The first time, listen carefully; the second time, write the words as you hear them pronounced.

____

____

____

____

Trabalenguas. Now practice saying the following tongue twister.

Cada dado da dos dedos
dice el hado y cada lado
de dos dados o dos dedos
da un dos en cada uno de los lados

Nombre y apellido ______________________________

CANCIÓN

A polka from the countryside of Mexico, this song is an example of the prevalence in Mexican folk music of birds as metaphors for the characters in love songs. A **pajarillo barranqueño** is a *little bird* that lives in the **barrancas,** or *ravines.* The contrast between the merry tune and the poignant lyrics is characteristic of much Latin American folk music.

Pajarillo barranqueño

Arr. Zeke Castro
Arr. © HRW 1989

2.
¿Qué pajarillo es aquél
Que canta en aquella higuera?
Anda, dile que no cante,
Que espere a que yo me muera.

3.
Ya con esta me despido,
Con el alma entristecida
Y cantando los dolores
Y las penas de mi vida.

Nombre y apellido ______________________________ **Capítulo 4**

Clase ______________ Fecha ______________________

INTRODUCCIÓN

A LA 34

Me gusta más. . . Diana and Pilar are talking about the things they would like to buy in *El Corte Inglés*, a popular department store in Madrid. Listen to their conversation, then write **a** or **b** in the blank depending upon the item each one prefers to buy.

MODELO ___a___ Es bonita la billetera, pero me gusta más el reloj.

a.

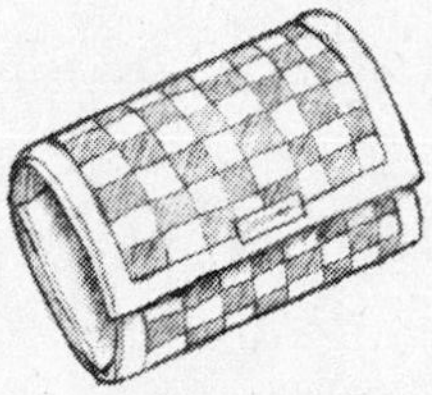
b.

_______ 1. a.

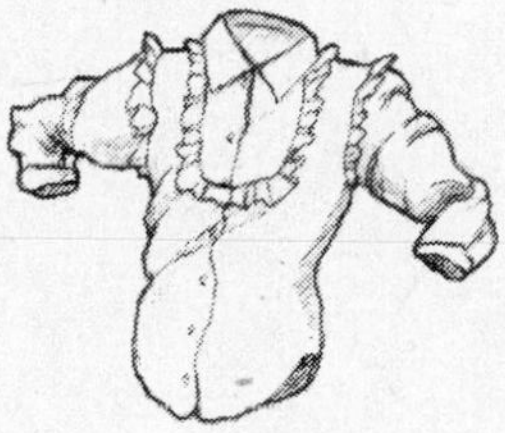

b.

_______ 2. a.

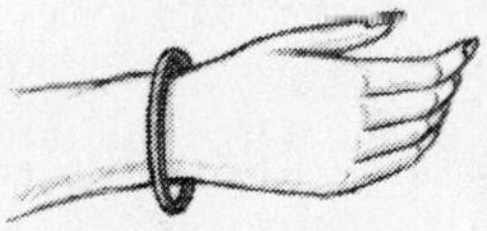

b.

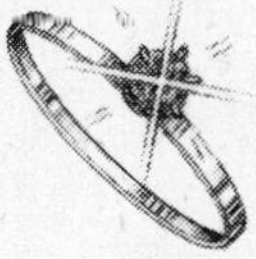

_______ 3. a.

b.

Nombre y apellido ______________________________

______ 4. a.  b. 

______ 5. a.  b. 

EXPLORACIÓN 1

Phrases with de

B LA 35
La nueva casa. Antonio has moved to a new house and is unpacking some of his brothers' and sisters' things. Look at the various items. If Antonio's statements accurately describe what belongs to whom, place an X in the blank before **sí**. If they do not, place an X before **no**.

MODELO El diccionario es de María.
__X__ sí ______ no

PABLO

INÉS

MARÍA

ESTEBAN

1. ______ sí ______ no
2. ______ sí ______ no
3. ______ sí ______ no
4. ______ sí ______ no
5. ______ sí ______ no
6. ______ sí ______ no
7. ______ sí ______ no
8. ______ sí ______ no

C

LA 36

¿De quién es? Sonia and Jesse are assembling articles for a pep club garage sale. As they do their record keeping, place the letter of the phrase that indicates who donated the items in the blank.

MODELO ___a___ el cuaderno
a. Es de la señora Ortega. **b.** Es del señor Ortega.

_______ **1.** las revistas
a. Son del señor Velasco. **b.** Son de la señora Velasco.

_______ **2.** la máquina de escribir
a. Es del señor Ibarra. **b.** Es de los señores Ibarra.

_______ **3.** los álbumes
a. Son de los estudiantes. **b.** Son de las estudiantes.

_______ **4.** la guitarra
a. Es de los señores Sánchez. **b.** Es del señor Sánchez.

_______ **5.** las historietas
a. Son de la profesora Antúnez. **b.** Son del profesor Antúnez.

_______ **6.** la billetera
a. Es del amigo de Carlos. **b.** Es de los amigos de Carlos.

_______ **7.** las mochilas azules
a. Son de los chicos. **b.** Son de las chicas.

EXPLORACIÓN 2

Possessive adjectives

D

LA 37

Posesiones. Mrs. Sempronio and her student, Cintia, are talking about each other's cars. They also mention a car that belongs to Mauro, who is not with them during this conversation. Listen to each exchange, and indicate whose car is being referred to by placing the letter of the correct phrase in the blank.

MODELO
CINTIA Mauro prefiere las cosas viejas.
SRA. SEMPRONIO Sí, su carro es muy viejo.

___b___ **a.** el carro de Cintia **b.** el carro de Mauro

_______ **1. a.** el carro de Mauro **b.** el carro de la señora Sempronio

Nombre y apellido ______________________________

______ **2.** **a.** el carro de la señora Sempronio **b.** el carro de Cintia

______ **3.** **a.** el carro de Cintia **b.** el carro de Mauro

______ **4.** **a.** el carro de Mauro **b.** el carro de Cintia

______ **5.** **a.** los carros de la señora Sempronio y de Mauro **b.** los carros de la señora Sempronio y de Cintia

______ **6.** **a.** los carros de Mauro **b.** los carros de Cintia

E

LA 38

¿Quién es? Lupita is looking at José Ángel's family tree. Study the family tree, then decide whether the statements Lupita makes about José Ángel's family are accurate. Place the letter of the response José Ángel would make in the blank.

MODELO

LUPITA Silvia es tu tía, ¿verdad?

__a__ **JOSÉ ÁNGEL** **a.** Sí, es la hermana de mi papá.
b. No, es la tía de mi papá.

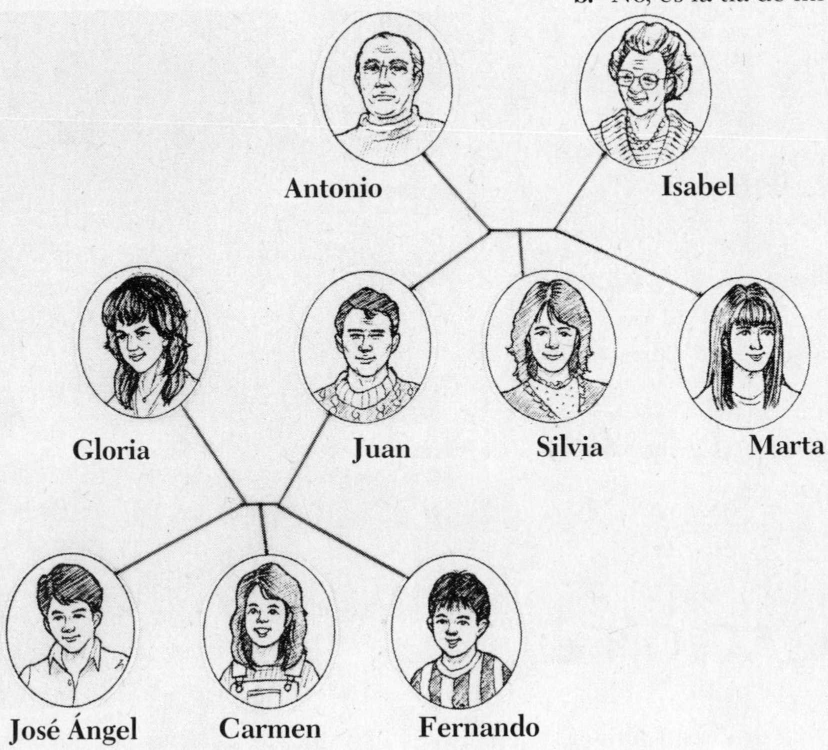

______ **1.** **a.** Sí, es mi mamá.

b. No, es la prima de mi tía Marta.

______ **2.** **a.** Sí, es el hermano de Antonio.

b. No, es mi padre.

______ **3.** **a.** Sí, es mi abuela.

b. No, es la tía de mi papá.

Nombre y apellido ______________________________

______ **4. a.** Sí, es la hermana de mi prima Silvia.

b. No, es mi tía. Es la hermana de mi tía Silvia.

______ **5. a.** Sí, tiene tres niños.

b. No, es mi abuelo. Es el padre de mi papá.

EXPLORACIÓN 3

Using -ar verbs

F LA 39

La chismosa. Sara Ramos is telling her friends everything her family does on the weekends in Santiago, Chile. Listen to what she says, and write the number of the statement underneath the matching picture. Some statements will not match any picture.

______ **a.**

______ **b.**

______ **c.**

______ **d.**

______ **e.**

______ **f.**

______ **g.**

______ **h.**

______ **i.**

Nombre y apellido ______________________________

G

LA 40

¿Con qué frecuencia? Some friends are discussing how often they do certain vacation activities. Listen to each statement, then place an X in the appropriate column.

MODELO Ellos nunca bailan en las fiestas.

	often	rarely	never	always	sometimes
MODELO			X		
1.					
2.					
3.					
4.					
5.					
6.					
7.					

EXPLORACIÓN 4

Numbers above 100; the ordinals

H

LA 41

¿Cuánto dinero? Mr. Colón has just returned from an extensive trip throughout Central and South America with a number of coins and bills for his nephew's collection. Listen as he tells how much money he brought, and write the numbers in the blanks provided.

1. De Venezuela tengo ____________ bolívares.
2. De Perú tengo ____________ soles.
3. De Ecuador tengo ____________ sucres.
4. De Panamá tengo ____________ balboas.
5. De Colombia tengo ____________ pesos.
6. De Honduras tengo ____________ lempiras.
7. De Guatemala tengo ____________ quetzales.
8. De Argentina tengo ____________ australes.

Nombre y apellido ______________________________

I LA 42
La carrera. The gym class has just run a race, and the instructor is announcing the order in which students finished. Write the correct order of arrival beside each person's name.

MODELO Juanita 9ª

1. Ángela ____________
2. Felipe ____________
3. Roberto ____________
4. Tony ____________
5. Gloria ____________
6. Rebeca ____________
7. José ____________
8. Tran ____________

PERSPECTIVAS

J LA 43
La fiesta. Ana is excited because today is her birthday. Listen to this conversation between Ana and her friend Enrique, and write the missing words or numbers in the blanks.

ENRIQUE ¡Hola, Ana! ¿Qué tal?

ANA ¡Hola, Enrique! ¿Cómo estás? Estoy ____________ (1) porque hoy es mi cumpleaños, y voy a ____________ (2) una fiesta en mi casa ____________ (3).

ENRIQUE ¡Fantástico! ¿Van muchos a la fiesta?

ANA ¡Sí! Muchos de ____________ (4) amigos van, y también mis tíos y mis ____________ (5) de Texas. ¿Quiéres ir?

ENRIQUE Encantado. ____________ (6) mucho. ¿Cuál es tu dirección?

ANA Es la Calle Pino ____________ (7). Mi teléfono es ____________ (8). ¡Va a ser muy divertido!

Nombre y apellido ____

K LA 44
Actividades. Rafael's family is very industrious. Listen as he describes their various activities, then write **c** for **cierto** or **f** for **falso** in the blank.

______ **1.** La familia de Rafael es muy activa.

______ **2.** Sus padres no practican deportes.

______ **3.** Rafael cocina en casa.

______ **4.** La hermana de Rafael siempre limpia su cuarto.

______ **5.** Los abuelos de Rafael nunca bailan y nunca van a comer con sus amigos.

PRONUNCIACIÓN

LA 45
In Spanish, the /p/ sound is made without the puff of air that is usually released when you say an English word containing a *p*. As you say these words, hold the palm of your hand in front of your mouth, trying not to let any air escape.

Pilar perfume papel pronto pulsera popular

Something similar occurs with the /k/ sound. In English a puff of air usually accompanies the sound; in Spanish it does not. As you repeat these words, notice that the /k/ sound is represented in the letter groups **ca**, **cu**, and **co** as well as **qu**.

qué quince cumpleaños caro disco quiosco

To make a Spanish /t/ sound, place the tip of your tongue against your upper front teeth. Once again, no air should escape. Listen and repeat these words.

tú tacaño tarea también tengo osito

Nombre y apellido ____________________

Now repeat this paragraph, phrase by phrase.

Carlos Campos Torres, / el papá de Paquita Campos Tejero, / es profesor de portugués en Paraguay. / Quiere comprar un carro / para el cumpleaños de Paquita, / pero Paquita es una persona / muy particular. / No quiere otro regalo / que una calculadora pequeña / y un cartel de California.

Dictado. You will hear a paragraph in Spanish twice. The first time, listen carefully; the second time, write the words as you hear them pronounced.

____

____

____

____

____

Trabalenguas. Now practice saying the following tongue twister.

Paco Peco, chico rico, insultaba como un loco, a su tío Federico, y éste dijo: ¡Poco a poco, Paco Peco, poco pica!

Nombre y apellido ____________________

CANCIÓN

This is the traditional song for birthdays and saint's days throughout Mexico and the southwestern United States. It used to be a serenade sung under the loved one's window in the small hours of the morning. In contemporary Mexico, a more typical custom is to play the song early in the morning, while the birthday person is still asleep. When the song concludes, everyone barges into the bedroom with gifts, exchanging hugs and good wishes.

Las mañanitas

Arr. Zeke Castro
Arr. © HRW 1989

♩=94
Lento
G D7 G C
Es - tas son las ma - ña - ni - tas Que can - ta - ba el Rey Da - vid; Hoy por
D7 G D7 G
ser día de tu san - to Te las can - ta - mos a ti. Des -
D7 G D7 G
pier - ta mi bien des - pier - ta, Mi - ra que ya a - ma - ne - ció. Ya los
C G D7 G
pa - ja - ri - tos can - tan, La lu - na ya se me - tió.

Nombre y apellido ______________________________ *Capítulo* **5**

Clase ______________ Fecha ______________________

INTRODUCCIÓN

LA 46

A **Horario de clases.** Rosa has seven classes every day. Listen as she gives her best friend her schedule, and then place the numbers 1 through 7 next to the subjects in the order she describes.

MODELO  Mi primera clase es de física.
 1

a. ______ b. ______ c. ______

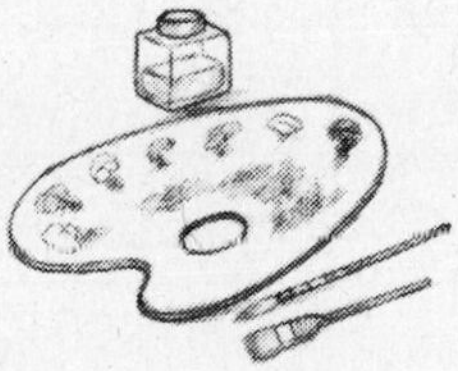

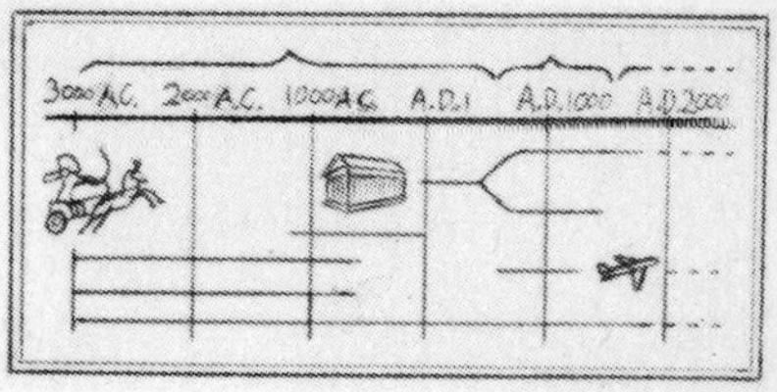

d. ______ e. ______ f. ______

Nombre y apellido ______________________________

EXPLORACIÓN 1

Expressions of time

B LA 47
Una excursión. Alicia and Inés are the guides for a group excursion to Nuevo Laredo. Help keep track of when the group's activities will take place by writing the times mentioned and underlining the correct expressions for morning, afternoon, or evening.

MODELO A las ocho y media de la mañana vamos a ir al Museo de Arte.
al Museo de Arte 8:30
de la mañana   de la tarde   de la noche

1. a las tiendas ______________
de la mañana   de la tarde   de la noche

2. a la piscina ______________
de la mañana   de la tarde   de la noche

3. al restaurante ______________
de la mañana   de la noche

4. al hotel ______________
de la noche   del día

5. a la película ______________
de la mañana   de la tarde   de la noche

6. a la terminal de autobuses ______________
de la mañana   de la tarde   de la noche

EXPLORACIÓN 2

The personal a

C LA 48
Excursión. Rogelio is telling a friend about his yearly visits to his aunt and uncle. Listen to his statements and complete each one, using the personal **a** if Rogelio does.

1. Los veranos siempre visito ______________________________.
2. Ellos tienen ______________________________.
3. En el aeropuerto, mi tío siempre busca ______________________________.
4. Cuando llegamos a su casa, llamo ______________________________ por teléfono.
5. Ayudo ______________________________ a trabajar en el jardín.
6. Ellos son muy responsables; siempre cuidan ______________________________ de su mamá.

Nombre y apellido ____________________

EXPLORACIÓN 3

Regular -er verbs and ver

D LA 49

La carta. Marcos has received a note from his Colombian friend Miguel who writes about himself and his family. Listen to excerpts from the note, then place in the blank the letter of the drawing that depicts what Miguel and his family do.

MODELO ___b___

a. 

b. 

Mi hermana y yo aprendemos inglés.

______ 1.

a. 

b. 

______ 2.

a. 

b. 

______ 3.

a. 

b. 

______ 4.

a. 

b. 

EXPLORACIÓN 4

Days of the week

E LA 50
¿Qué día? Listen as Juanita plans her week, and place an X under the corresponding day of the week for each activity she expects to do.

MODELO Tengo que lavar el carro el lunes.

	Mon.	Tues.	Wed.	Thurs.	Fri.	Sat.	Sun.
lavar el carro	X						
ir al concierto							
tener examen							
visitar a la abuela							
comprar una mochila							
tener una fiesta							
ir de compras							

PERSPECTIVAS

F LA 51
Horarios. Simón has a lot to do today, as his friend Bernardina discovers. Listen to their conversation, then write in the blank before each statement **c** for **cierto** or **f** for **falso**.

MODELO **BERNARDINA** Hola, Simón, ¿vas al colegio mañana?
SIMÓN ¿El sábado? ¡Por supuesto, no! Voy a pasar todo el día en la piscina.
__c__ Simón va a pasar el sábado en la piscina.

1. ______ El jueves Simón tiene examen de química.
2. ______ El examen en el laboratorio es a las diez y veinte.
3. ______ Simón puede ir al cine por la tarde.
4. ______ Simón no va a estudiar los viernes por la noche.
5. ______ Bernardina y Simón van a ver una película muy buena a las tres de la tarde.

Nombre y apellido ________________________________

G LA 52
En el colegio. Listen while three students at the *Colegio San Sebastián*, Gerardo, Silvia, and Claudia, discuss some of their classes. After hearing the conversation, underline the name of the person who most likely made each of the statements below.

1. Tengo mucho que hacer esta semana.
   a. Gerardo b. Silvia c. Claudia

2. Aprendo mucho en la clase de francés.
   a. Gerardo b. Silvia c. Claudia

3. No entiendo mis notas en las clase de historia.
   a. Gerardo b. Silvia c. Claudia

4. Tengo la clase de geografía a las diez.
   a. Gerardo b. Silvia c. Claudia

5. No comprendo nada en la clase de geografía.
   a. Gerardo b. Silvia c. Claudia

PRONUNCIACIÓN

LA 53

In Spanish the sound of the letter **j** is similar to the English *h* in *help*. The sound is exaggerated and pronounced from the back of the mouth.

José	hijo	viejo
reloj	jugar	juego
ejemplo	tarjeta	enojado

The letter **g**, when followed by an **e** or **i**, is pronounced like the **j**.

biología	Gerardo	gimnasia
álgebra	geografía	geometria

The **g** followed by any other vowel or by a consonant is similar to the *g* in *go* or *great*, only slightly softer.

gordo	gracias	Gregorio
regalo	gusto	mecanografía
luego	amigo	algo
gastar	ganar	gato

Now repeat the following sentences.

1. Gerardo es el hijo de José.
2. Va a jugar tenis con Juan.
3. Juan tiene ganas de hacer gimnasia después.
4. Hoy Juan tiene un regalo para Gerardo.
5. Es un reloj.

Nombre y apellido ______________________________

Dictado. You will hear a paragraph in Spanish twice. The first time, listen carefully; the second time, write the words as you hear them pronounced.

____

____

____

____

Trabalenguas. Now practice saying the following tongue twisters.

La gente de Juan José generalmente juega a las barajas con ganas gitanas.
El jefe del general goza al jugar con la gente, girando la jícara del aguador, jamás ganando, jamás gimiendo.

POEMA

Lope de Vega (Lope Félix de Vega y Carpio, 1562–1635) was one of Spain's most prolific writers. He created works in virtually every literary genre, and especially distinguished himself in drama during the golden age of Spanish theater. As a poet, Lope de Vega is characterized by the simplicity of his language and the directness of his emotions. In *Romancero*, a collection of ballads, one can easily see his love of sincere and impassioned expression. These verses represent a fragment of one of his better-known **romances.**

[Romance]

A mis soledades voy,
De mis soledades vengo,
Porque para andar conmigo
Me bastan mis pensamientos.

¡No sé qué tiene la aldea
Donde vivo y donde muero,
Que con venir de mí mismo
No puedo venir más lejos!

Ni estoy bien ni mal conmigo,
Mas dice mi entendimiento
Que un hombre que todo es alma
Está cautivo en su cuerpo.

Entiendo lo que me basta,
Y solamente no entiendo
Cómo se sufre a sí mismo
Un ignorante soberbio.

De cuantas cosas me cansan,
Fácilmente me defiendo;
Pero no puedo guardarme
De los peligros de un necio.

Nombre y apellido ______________________________ **_Capítulo_**

Clase ______________ Fecha ______________________ **6**

INTRODUCCIÓN

A LA 54
Sí, señor. . . Juan works after school in a neighborhood grocery store and has been asked to check stock. As he calls out the name of each item, place an X in the appropriate column.

MODELO las papas

MODELO							X
1.							
2.							
3.							
4.							
5.							
6.							

B LA 55
Al supermercado. In his usual absent-minded way, Roberto has forgotten the grocery list, so he calls his sister to find out what he should buy. Listen to what she says, then write the number of the sentence next to the correct food item.

MODELO 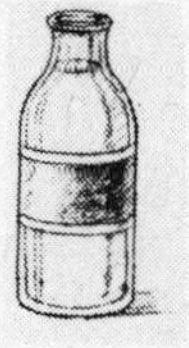 Necesitamos leche.

1

Nombre y apellido ______________________________

EXPLORACIÓN 1

-ir verbs and irregular -er and -ir verbs

C LA 56
Entrevista. Gabriela works for the school newspaper and is trying to get a general picture of her classmates' eating habits. She is now interviewing José. Listen to her questions, then place the letter of his more logical response in the blank.

______ 1. a. Siempre desayuno en casa.
b. No, pero como en la escuela con frecuencia.

______ 2. a. Traigo mi almuerzo los lunes y los miércoles.
b. Traemos leche los lunes y los miércoles.

______ 3. a. Sí, ella siempre pone papas o tomates en mi almuerzo.
b. Sí, ella siempre pone fresas o manzanas en mi almuerzo.

______ 4. a. Sí, traigo algunos dulces.
b. Sí, siempre traen pan y carne.

______ 5. a. No salgo los sábados.
b. Yo siempre como con mi familia en casa.

D LA 57
Una fiesta. Paco and his friends are planning a surprise birthday party for Alicia. Listen to what Paco says, and decide whether he is talking:

a. about himself;
b. about himself and his girlfriend;
c. about Alicia;
d. about Alicia's parents; or
e. to his girlfriend.

In the blank beside each number, write the letter that corresponds to the statement telling about or to whom Paco is speaking.

MODELO __d__ Insisten en comer a las diez.

1. ______ 6. ______
2. ______ 7. ______
3. ______ 8. ______
4. ______ 9. ______
5. ______

Nombre y apellido ______________________________

EXPLORACIÓN 2

Expressions with tener

E LA 58
Lo que siente Mario. Look at the pictures and listen to Mario's description of how each pictured item makes him feel. If his description is accurate, place an X before the word **sí**. If it is not, place an X before the word **no.**

1. ______ sí ______ no 2. ______ sí ______ no 3. ______ sí ______ no

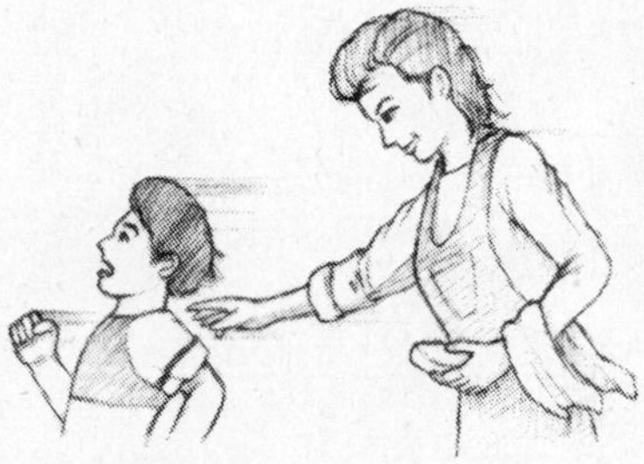

4. ______ sí ______ no 5. ______ sí ______ no

F LA 59
Descripciones. Roberto and Humberto's parents took them and their sister Mariana skiing. First listen to their remarks, then look at the pictures and write the number of the sentence you hear under the picture it matches.

MODELO

Humberto tiene mucho frío.

__1__

a. ______ b. ______ c. ______

Nombre y apellido ______________________________

d. ______

e. ______

f. ______

EXPLORACIÓN 3

*The verbs **saber** and **conocer***

G LA 60

Entrevista. You overhear Linda applying for a job at the *Manila*, a cafe on the *Gran Vía* in Madrid. On the basis of the question fragments you hear from her prospective employer, decide whether he would have used **saber** or **conocer**.

MODELO ¿. . . hacer una buena ensalada?
<u>sabe</u> conoce

1. sabe conoce
2. sabe conoce
3. sabe conoce
4. sabe conoce
5. sabe conoce
6. sabe conoce

H LA 61

¿Adónde vamos? Selecting the right restaurant while traveling requires careful consideration. Listen to the following discussion, and place the letter of the better response to each question in the blank.

MODELO ___b___ ¿Conoces los restaurantes de Madrid?
a. Sí, conoces los restaurantes de Madrid.
b. Sí, conozco los restaurantes de Madrid.

______ **1.** **a.** Sí, conocen un restaurante bueno.
b. Sí, conozco un restaurante bueno.

______ **2.** **a.** Sí, sé la dirección del restaurante.
b. Sí, sabes la dirección del restaurante.

______ **3.** **a.** Sí, saben cocinar bien.
b. Sí, sabe cocinar bien.

______ **4.** **a.** No, no conozco a los meseros.
b. No, no conoces a los meseros.

______ **5.** **a.** No, ustedes no saben si los precios son altos.
b. No, no sabemos si los precios son altos.

______ **6.** **a.** Sí, sé que debemos dar una propina.
b. Sí, saben que debemos dar una propina.

______ **7.** **a.** Sí, conocemos la comida valenciana.
b. Sí, conoce la comida valenciana.

Nombre y apellido ______________________________

EXPLORACIÓN 4

Verbs that take a prepositional pronoun

I LA 62

Semejanzas y diferencias. María and Marta are opposites. María is a vegetarian who also likes dairy products, while Marta is a meat-eater who disapproves of dairy products. Both of them like sweets. Listen to the statements, then place an X in the appropriate column to indicate who might have made each one: María, Marta, or both of them.

	María	Marta	both
1.			
2.			
3.			
4.			
5.			
6.			

J LA 63

¿A quién le gusta? Everyone has different food preferences. Listen to the sentences, then place an X in the appropriate column to indicate the prepositional phrase that could be used to tell who likes each item.

MODELO A la abuela le gusta cocinar.

	a él	a ella	a nosotros	a ellos	a ellas
MODELO		X			
1.					
2.					
3.					
4.					
5.					
6.					

Nombre y apellido ______________________________

PERSPECTIVAS

K LA 64

En el restaurante. Listen as Mimí and Lisa order at a local restaurant, and answer the questions by placing the letter of the most appropriate answer in the blank.

_______ 1. Las chicas
a. no conocen al mesero. **b.** conocen al mesero. **c.** no se conocen bien.

_______ 2. Mimí tiene
a. hambre. **b.** sed. **c.** no tiene ni hambre ni sed.

_______ 3. Lisa quiere tomar
a. jugo de naranja. **b.** jugo de tomate. **c.** café con leche.

_______ 4. Mimí ordena
a. pollo y queso con manzana. **b.** carne asada y frijoles negros.
c. ella no quiere comer nada.

_______ 5. Lisa solamente quiere comer
a. ensalada de tomate y queso con manzana. **b.** papas fritas.
c. pollo y ensalada de zanahoria.

L LA 65

Planes para la cena. Beto's mother is asking him to do a little shopping. Listen to their conversation, and then decide whether the statements below are correct. If they are, place an X in the blank next to **sí**; if they are not, place an X in the blank next to **no**.

_______ sí _______ no **1.** La mamá de Beto necesita comida para preparar la cena.

_______ sí _______ no **2.** Beto insiste en escribir una lista.

_______ sí _______ no **3.** Beto dice que hay que comprar tomates y papas.

_______ sí _______ no **4.** A su mamá no le gusta comprar muchos dulces.

_______ sí _______ no **5.** A Beto le gusta el jugo de naranja.

PRONUNCIACIÓN

LA 66

In Spanish, when a word ends in a vowel, **n**, or **s**, the next to the last syllable is stressed. If a word ends in any other consonant, the last syllable is stressed.

desayuno	postre	ensalada	escriben	recibimos
hacer	arroz	bistec	verdad	pastel

Words that do not follow this rule have a written accent mark to show which syllable is stressed.

número álgebra además menú café jamón

Nombre y apellido ______________________________

The accent on some words serves only to distinguish them from other words with the same spelling. Such words have different meanings, but the same pronunciation.

si	sí	te	té	tu	tú	mi	mí
if	*yes*	*you*	*tea*	*your*	*you*	*my*	*me*

Now repeat these sentences.

1. Cuando mi papá tiene sueño, toma café.
2. A mi mamá le gusta más el té.
3. Yo no tomo ni té ni café.
4. Para mí, las dos bebidas son malísimas.
5. Mi solución es sana y fácil — hago ejercicios y como un plátano.

Dictado. You will hear a paragraph in Spanish twice. The first time, listen carefully; the second time, write the words as you hear them pronounced.

____

____

____

____

____

Trabalenguas. Now, try to repeat the following tongue twisters.

Ya no cantan los pájaros, ya no estan en los árboles, lunes, martes y miércoles, jueves, viernes y sábados.

Caña, cada año caña, baña a ese niño, baña la caña, porque la maña del niño que no se baña año con año, daña cada año la caña.

Nombre y apellido ____________________

CANCIÓN

This old **canción de cuna** *(lullaby)* is fun to sing and good for practicing the trilled **rr** sound. It is one of the best-known lullabies in Spanish-speaking countries. The lyrics change from country to country, but the melody remains the same.

A la ru ru nene

Arr. Zeke Castro

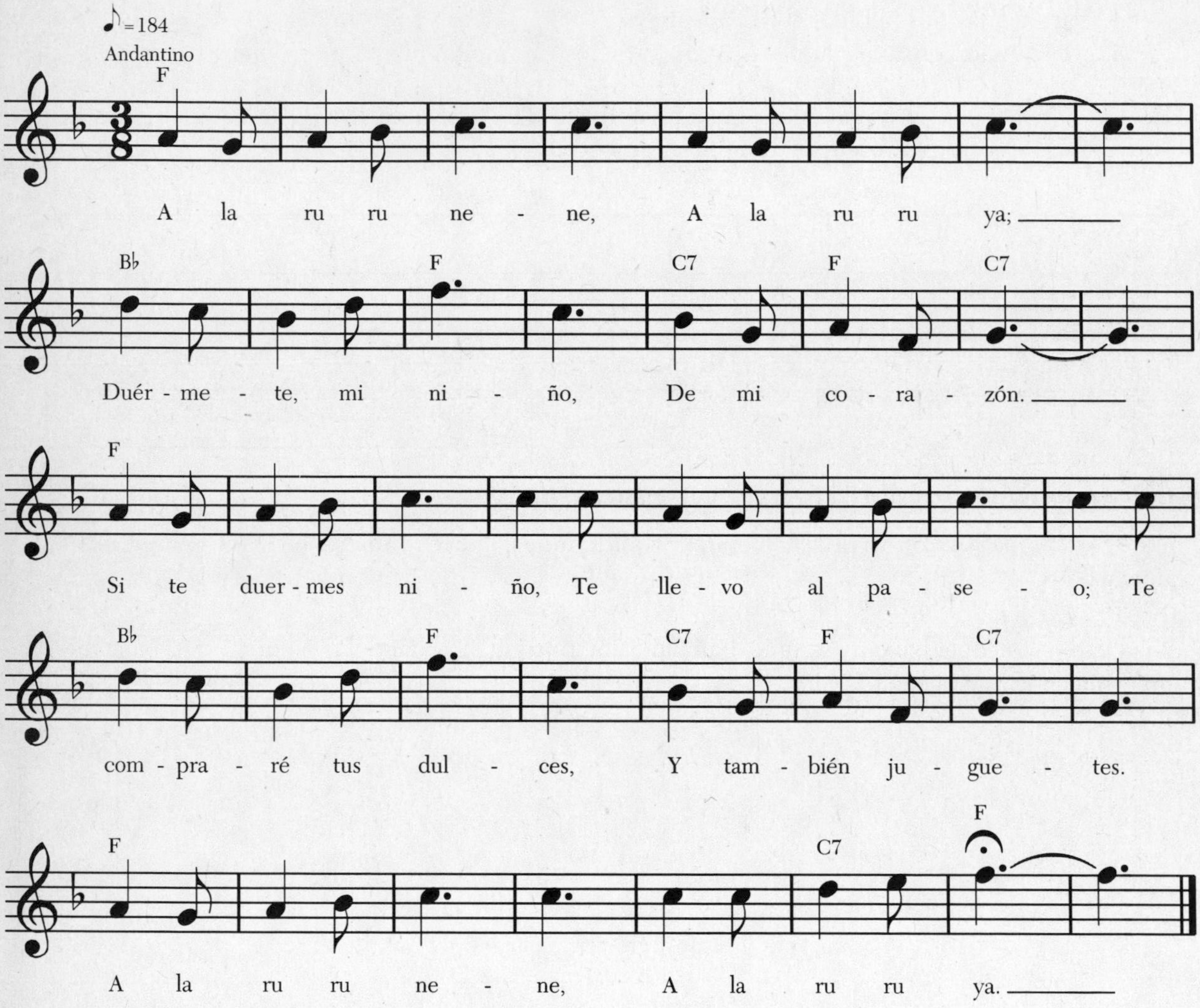

2.
La Virgen lavaba,
San José tendía,
El niño lloraba,
Joaquín lo mecía.

3.
Duérmete mi niño(a)
Y duérmete ya,
Porque viene el coco
Y te llevará.

4.
Toma la chupeta
Y duérmete ya,
Que tu mamacita
Quiere trabajar.

A la ru ru nene,
A la ru ru ya.

Nombre y apellido ______________________ *Capítulo* **7**

Clase ______________ Fecha ______________

INTRODUCCIÓN

A LA 67
Una noche de televisión. Many people have decided to stay home and watch TV tonight because of a snowstorm. Listen to these sentences telling what different people are watching. If the picture you see matches the sentence you hear, place an X in the blank next to **sí**; if it does not, place an X in the blank next to **no**.

MODELO

A Juan le gustan mucho los programas deportivos.
__X__ sí ______ no

1. ______ sí ______ no

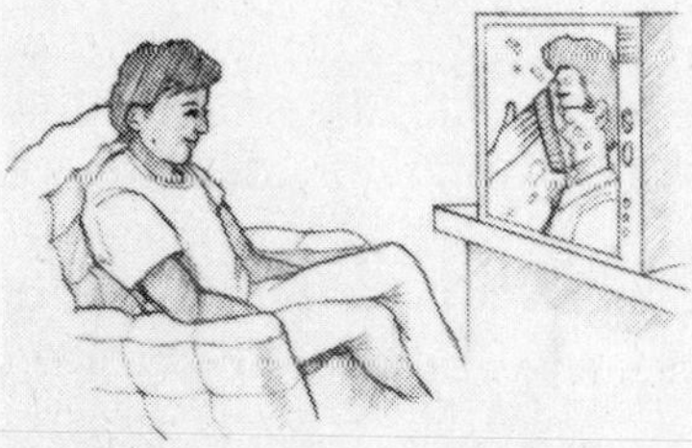

2. ______ sí ______ no

3. ______ sí ______ no

4. ______ sí ______ no

5. ______ sí ______ no

6. ______ sí ______ no

Nombre y apellido ______________________________

EXPLORACIÓN 1

Using stem-changing verbs e→ie

B LA 68

El fin de semana. There are so many activities taking place this weekend that a group of friends cannot decide what to do. Listen to the questions, and write the letter of the appropriate response in each blank.

MODELO ___a___ ¿Cuándo empieza el partido de fútbol?
a. Creo que empieza a las seis y media.
b. Creo que empiezo a las seis y media.

______ 1. **a.** No, siempre pierdes la voz cuando cantas.
b. No, siempre pierdo la voz cuando canto.

______ 2. **a.** Sí, vienes con nosotros.
b. Sí, vienen con nosotros.

______ 3. **a.** Sí, pienso que quieren venir también.
b. Sí, piensan que quieren venir también.

______ 4. **a.** No, preferimos ir al cine.
b. No, prefieren ir al cine.

______ 5. **a.** Sí, entiendo muy bien las canciones en francés.
b. Sí, entienden muy bien las canciones en francés.

______ 6. **a.** Comenzamos a las diez.
b. Comienza a las diez.

EXPLORACIÓN 2

Direct object pronouns
lo, la, los, las

C LA 69

Una cita con una estrella. Teresa won a date with Enrique Estrella, her favorite movie star. She was full of questions for him, but unfortunately Enrique was not always paying close attention to what she said. Listen to the questions that Teresa asks him, and indicate whether his answers are appropriate. If they are, place an X in the blank next to **sí**; if they are not, place an X in the blank next to **no**.

MODELO ¿Dónde compras la ropa, Enrique?
La compro en las tiendas en Beverly Hills.
___X___ sí ______ no

1. ______ sí ______ no No, no los conozco.

2. ______ sí ______ no Sí, los veo en las fiestas en Hollywood.

3. ______ sí ______ no La veo los fines de semana.

4. ______ sí ______ no La hago en Venezuela.

5. ______ sí ______ no No, lo leo sólo los domingos.

6. ______ sí ______ no Sí, los escucho mucho.

D LA 70
Una encuesta por teléfono. Rubén is being interviewed by telephone about his television preferences. Listen to each question, and write the correct direct object pronoun in the spaces provided.

MODELO ¿Ves el programa de historia a las diez?
Sí, lo veo a las diez.

1. Sí, ____________ veo todas las semanas.
2. Sí, ____________ invito siempre.
3. No, no ____________ conozco.
4. Sí, ____________ entiendo muy bien.
5. Sí, ____________ quiero comprar.
6. Sí, ____________ veo con frecuencia.
7. No, no ____________ conocemos.

EXPLORACIÓN 3

Using demonstrative adjectives

E LA 71
¿Dónde están? Using your hotel as a starting point, your guide explains where everything is located. For each of his statements, choose the letter which best describes the relative distance of each place from the hotel, and write it in the blank.

MODELO __a__ Estos edificios son las oficinas de turismo.
a. near **b.** short distance away **c.** far away

______ **1.** el mercado
a. near **b.** short distance away **c.** far away

______ **2.** la avenida Chapultepec
a. near **b.** short distance away **c.** far away

______ **3.** el museo
a. near **b.** short distance away **c.** far away

______ **4.** la estación de autobús
a. near **b.** short distance away **c.** far away

Nombre y apellido ______________________________

_______ 5. el parque
a. near b. short distance away c. far away

_______ 6. los bancos
a. near b. short distance away c. far away

_______ 7. la biblioteca nacional
a. near b. short distance away c. far away

_______ 8. la universidad
a. near b. short distance away c. far away

EXPLORACIÓN 4

Using the verbs oír and decir

F LA 72
Chismes. Susana loves to gossip. While listening to the following statements, look at the pictures of Susana and her friends. If the statement matches the picture, place an X in the blank before **sí**; if it does not, place an X in the blank before **no**.

MODELO

Susana dice que la novia de Miguel está en el hospital.
_______ sí ___X___ no

1. _______ sí _______ no

2. _______ sí _______ no

3. _______ sí _______ no

4. _______ sí _______ no

Nombre y apellido ______________________________

5. _______ sí _______ no

6. _______ sí _______ no

G LA 73

Entre amigos. Listen to the following telephone conversation between Pablo and Antonio, then indicate whether the following statements are true by writing **c** for **cierto** or **f** for **falso** in the blanks before the statements.

1. _______ Pablo invita a Antonio a ver una película policíaca en su casa.
2. _______ Antonio dice que no oye bien a Pablo.
3. _______ Pablo dice que la película comienza a las ocho y media.
4. _______ A Antonio le gustan las películas de ciencia-ficción.
5. _______ Antonio va rápidamente a la casa de Pablo a ver la película.

PERSPECTIVAS

H LA 74

Un día con el televisor. Jaime and José Gómez have the flu and are staying home from school today. When they are not sleeping, they are watching TV and talking. Listen to their conversation, and identify the types of programs they are watching by what you hear. Put the letter of the program beside the number of each statement that you hear.

1. _______ **a.** una comedia
2. _______ **b.** un concurso
3. _______ **c.** un dibujo animado
4. _______ **d.** el pronóstico del tiempo
5. _______ **e.** el reportaje deportivo
6. _______ **f.** las variedades

Nombre y apellido ______________________________

I LA 75
Después del colegio. Listen to Daniel inviting Víctor, a classmate, to a game. Then answer the questions by writing the letter of the appropriate response in each blank.

______ **1.** ¿Qué van a ver?
a. una película de béisbol
b. un partido de béisbol

______ **2.** ¿A qué hora comienza el partido?
a. a las ocho de la noche
b. a las ocho de la mañana

______ **3.** ¿Qué quiere hacer Víctor antes de ir al estadio?
a. escuchar la radio
b. ver las noticias en la televisión

______ **4.** ¿Por qué no van a venir las hermanas de Daniel?
a. Prefieren ver las noticias.
b. Prefieren ver un documental.

______ **5.** ¿Qué tipo de programas prefiere Víctor?
a. los deportes
b. los documentales

PRONUNCIACIÓN

LA 76
The letters **b** and **v** are pronounced alike by most Spanish speakers. At the beginning of a phrase and after the letters **m** or **n**, they sound like the letter *b* in the English word *bat*.

At the beginning of a phrase	After **m** or **n**
Voy mañana.	¡Caramba!
Víctor es de Chile.	en bicicleta
Bien, gracias.	con Vicente

Between vowels and all other letters, **b** and **v** have a softer sound.

aburrido	muchas veces	la biblioteca	abuelita	Está bien.
la bolsa	el volibol	televisión	otra vez	a veces

Now listen and repeat the following sentences.

1. Alberto va a la biblioteca.
2. Busca unos libros de volibol.
3. Habla con su amigo Víctor.
4. "Deben bajar la voz por favor," dice el bibliotecario.

Dictado. You will hear a paragraph in Spanish twice. The first time, listen carefully; the second time, write the words as you hear them pronounced.

____

____

____

____

____

Trabalenguas. Now practice saying the following tongue twister.

La boca en la vaca y la vaca en la boca, que boca loca de vaca, y que boca de vaca en la boca.

Nombre y apellido ____

CANCIÓN

La bamba is the best-known **son jarocho** in the world. A **son** is a *tune* and **jarocho(a)** is a word used in Mexico to refer to someone or something from the coastal state of Veracruz. There are many lyrics to **La bamba.** Here are some of the best-known, including some that resemble the rock and roll arrangement made famous in the United States in the 1950's by Ritchie Valens (b. Ricardo Valenzuela) and again in the 1980's by the movie about his life.

La bamba

Arr. Zeke Castro
Arr. © HRW 1989

2.
En mi casa me dicen, en mi casa me dicen
El inocente, porque tengo muchachas,
Porque tengo muchachas de quince a veinte,
Y arriba y arriba . . .

3.
Ay te pido te pido, ay te pido te pido
De corazón que se acabe la bamba,
Que se acabe la bamba de compasión,
Y arriba y arriba . . .

Nombre y apellido ______________________________ *Capítulo*

Clase ______________ Fecha ______________________ **8**

INTRODUCCIÓN

A LA 77

Medios de transporte. Listen to the following statements about people going on vacation. If the pictures agree with the means of transportation mentioned, place an X in the blank next to **sí**. If they do not, place an X in the blank next to **no**.

MODELO

Juan va a México en avión.

______ sí ___X___ no

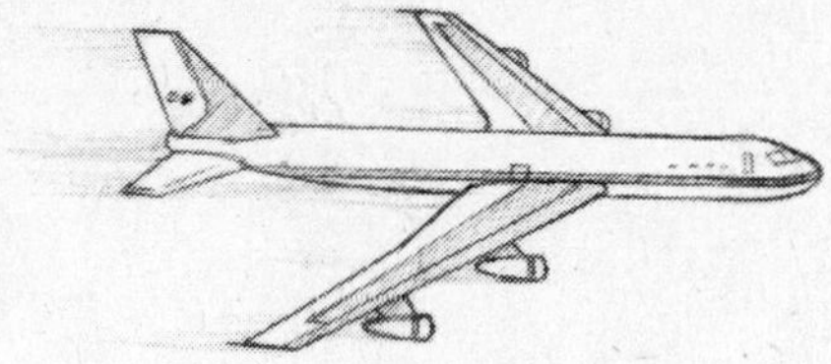

1. ______ sí ______ no

2. ______ sí ______ no

3. ______ sí ______ no

4. ______ sí ______ no

5. ______ sí ______ no

Nombre y apellido ______________________________

EXPLORACIÓN 1

Seasons, months, and dates

LA 78

B **Las fechas.** A flight attendant is talking to a Spanish class about career and travel opportunities with the airlines. Listen as he lists a number of his upcoming destinations and departure dates. Then, next to the city mentioned, write the dates he is leaving on his flights.

MODELO El seis de diciembre viajo a Caracas.
el <u>6</u> de <u>diciembre</u>

1. Hong Kong el ______________ de ____________________
2. Río de Janeiro el ______________ de ____________________
3. Barcelona el ______________ de ____________________
4. San Juan el ______________ de ____________________
5. Buenos Aires el ______________ de ____________________
6. París el ______________ de ____________________
7. Roma el ______________ de ____________________
8. Acapulco el ______________ de ____________________

LA 79

C **¿En qué estación del año?** Ana has invited her pen pal Marta from Santiago to spend a year with her in New York. Marta is a bit confused at first because she is used to the opposite seasons in Chile. Listen as Ana tells what she and her family do at various times of the year, then place an X in the column that indicates the appropriate season in the United States.

MODELO En enero vamos a las montañas para esquiar.

	primavera	verano	otoño	invierno
MODELO				X
1.				
2.				
3.				
4.				

Nombre y apellido ______________________________

EXPLORACIÓN 2

Uses of the definite article

LA 80

D **Las lenguas del mundo.** What languages are spoken in these countries? As you listen to each statement, write the name of the language that is described.

MODELO Es el idioma que hablan en Portugal.
portugués

1. ______ a. francés
2. ______ b. ruso
3. ______ c. inglés
4. ______ d. alemán
5. ______ e. chino
6. ______ f. japonés

EXPLORACIÓN 3

Using prepositions and prepositional pronouns

LA 81

E **¿Conoces la ciudad?** Look at the map. You are standing at the spot marked X facing north (facing town). Decide whether the statements you hear are correct. If they are, place an X in the blank next to **sí**; if they are not, place an X in the blank next to **no**.

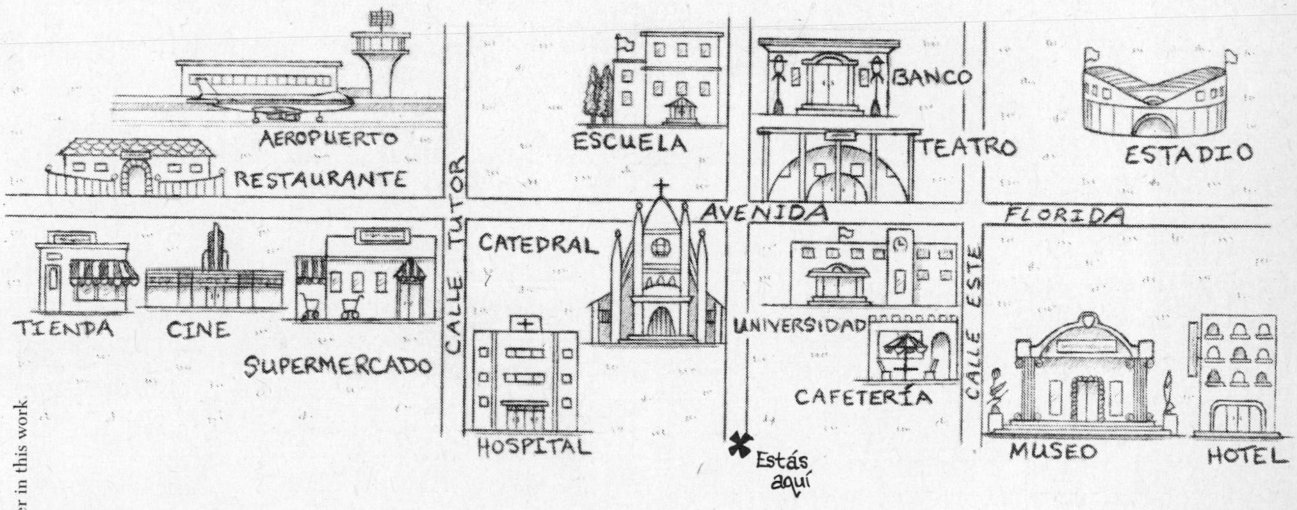

MODELO La catedral está en la Avenida Florida.
__X__ sí ______ no

1. ______ sí ______ no
2. ______ sí ______ no
3. ______ sí ______ no
4. ______ sí ______ no
5. ______ sí ______ no
6. ______ sí ______ no
7. ______ sí ______ no
8. ______ sí ______ no

Nombre y apellido ________________________________

F LA 82
En la clase. Look at the classroom scene below, then listen to the incomplete sentences. Indicate the location of you, your classmates, and your teacher in relation to each other and the room by placing an X in the chart in the appropriate column.

MODELO La ventana está detrás de . . .

	mí	ti	usted	él / ella	nosotros	ustedes
MODELO					X	
1.						
2.						
3.						
4.						
5.						
6.						

EXPLORACIÓN 4

Object pronouns ***me, te, nos***

G LA 83
En el avión. The Spanish Club is taking a trip to Mexico. Let's eavesdrop on some of the conversations on the plane. As you listen to each question, indicate which object pronoun (**me**, **te** or **nos**) will be used to answer the question by placing an X in the appropriate column.

Nombre y apellido ______________________________

MODELO ¿Tu padre te permite acampar solo?

	me	te	nos
MODELO	**X**		
1.			
2.			
3.			
4.			
5.			
6.			

H LA 84
La fiesta de Elena. Elena, who is famous for her parties, is talking with Sara at a party. How does Elena answer the questions that Sara asks? Write either **me**, **te** or **nos** in the blanks, according to the context.

MODELO ¿Tu padre te permite tener muchas fiestas?
Sí, me permite tener una por mes.

1. ¡Cómo no! ________ enseño toda la casa.
2. Sí, ________ va a tocar tres canciones nuevas.
3. Mi madre y mi hermana ________ preparan toda la comida.
4. ________ gusta bailar con Roberto.
5. No sé si va a invitar________ o no.
6. Mi hermano ________ va a poner los discos.

I LA 85
Recuerdos de España. Silvia is on an exchange program in Spain. After her first month, she sends her parents a cassette tape. Listen to what she says, and indicate whether the following statements are true or false. Place a **v** (**verdadero**) in the blank if it is true and an **f** (**falso**) in the blank if it is false.

1. ______ Silvia vive en Málaga.
2. ______ El 15 de agosto, ella va a Madrid.
3. ______ Silvia va a Málaga en barco.
4. ______ Hay una catedral fabulosa en Sevilla.
5. ______ Silvia quiere comprar unos recuerdos.
6. ______ Ella piensa viajar en el otoño.

Nombre y apellido ______________________________

PERSPECTIVAS

J LA 86

¡Estás aquí! The local tourist bureau of the Mexican village you are visiting provides you with both a tape and a map. Listen to parts of the tape, study the map below, then show that you are ready to begin touring on your own by placing the letter of the correct destination in the blank.

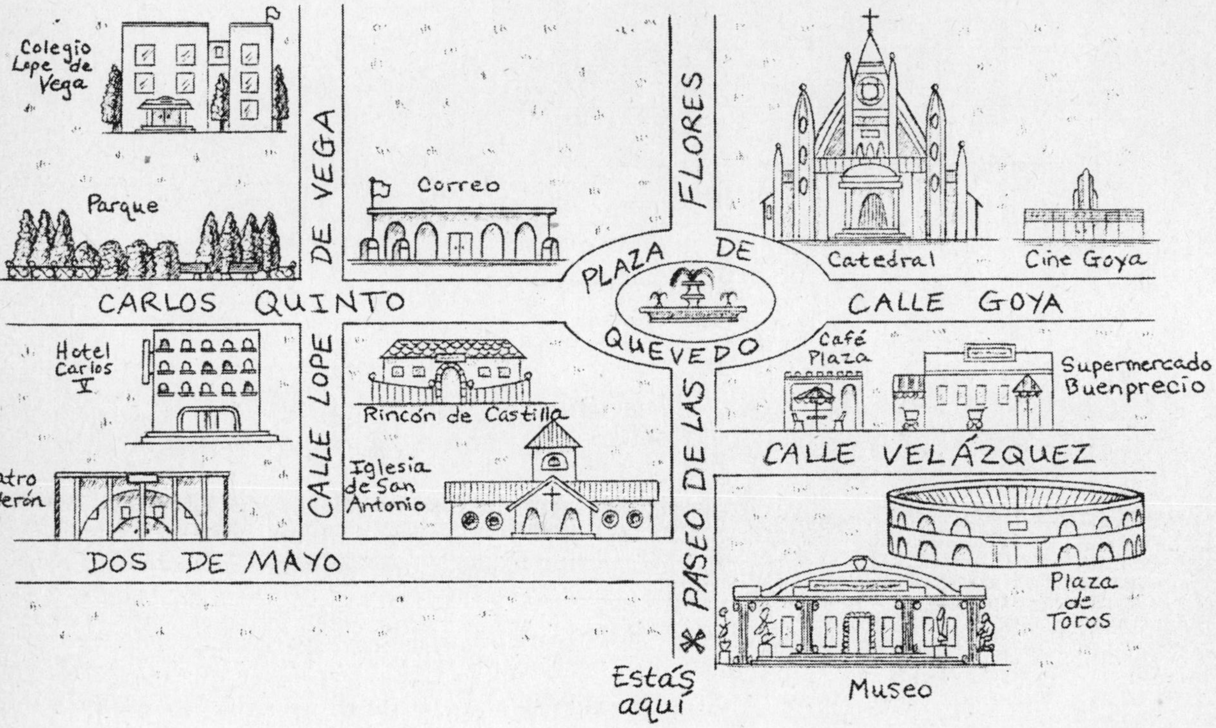

MODELO ___a___ Sigue por el Paseo de las Flores, dobla a la derecha en la calle Velázquez y pasa el museo.

a. Plaza de Toros
b. Hotel Carlos V
c. Café Plaza

______ **1.** **a.** Cine Goya
b. Hotel Carlos V
c. Museo

______ **2.** **a.** Catedral
b. Supermercado Buenprecio
c. Café Plaza

______ **3.** **a.** Correo
b. Hotel Carlos V
c. Colegio Lope de Vega

Nombre y apellido ______________________________

K LA 87
Nuevos vecinos. Jorge is anxious to get to know his new neighbors Marta and her brother Alfredo. Listen as Jorge asks Marta a number of questions, and then indicate in the chart below who does what during what seasons of the year.

MODELO MARTA Me gusta jugar tenis en julio.

	primavera	verano	otoño	invierno
MODELO tenis		**Marta**		
esquiar				
estudiar árabe				
viajar				
leer				
nadar				

PRONUNCIACIÓN

LA 88
The letter **ll** sounds much like the letter *y* in the English word *yes.*

ella llamo mantequilla llave pollo tortilla

The letter **l** is similar to the clearly pronounced / l / sound in the English word *learn*. The / l / sound in Spanish is always pronounced crisply and distinctly, with the tip of the tongue touching the upper gum ridge.

el libro naturaleza dulces Portugal plátano español

Now read this short paragraph aloud.

Me llamo Guillermo López Villa. / Soy familiar de Juan Carlos Casals López. / Él vive en Barcelona / y yo vivo en Sevilla. / Juan Carlos y yo somos muy diferentes. / A él le gustan los deportes / como la lucha libre, / pero a mí me gusta leer / literatura española. / Además, a mí me encanta / la tortilla española con papas, / pero él prefiere la tortilla mexicana con pollo.

Dictado. You will hear a paragraph in Spanish twice. The first time, listen carefully; the second time, write the words as you hear them pronounced.

____

____

____

____

Nombre y apellido ______________________________

Trabalenguas. Now practice saying the following tongue twisters.

Pablito clavó un clavito, ¿qué clavito clavó Pablito?

Lozanos en la nublada neblina de la loma lontana.

CANCIÓN

Pamplona is the capital of Navarra in Spain. The **pamplonenses** celebrate their city's patron saint, San Fermín, on July 7 with a great annual fair that includes the famous **encierro de Pamplona.** For the **encierro** *(enclosure)*, the authorities block several streets, and a number of bulls are let loose. Those who are daring run ahead of the bulls and try to escape them, while the crowd looks on. It is at this fair that the young people of Pamplona sing **Uno de enero.**

Uno de enero

Arr. Zeke Castro
Arr. © HRW 1989

Nombre y apellido ______________________ *Capítulo*

Clase ____________ Fecha ______________ **9**

INTRODUCCIÓN

LA 89

A **Pasatiempos.** Several students are discussing what they like to do during their free time. Write the number of the sentence you hear below the picture it describes.

MODELO  Durante el invierno patino mucho. Es muy divertido.
__1__

a. ______

b. ______

c. ______

d. ______

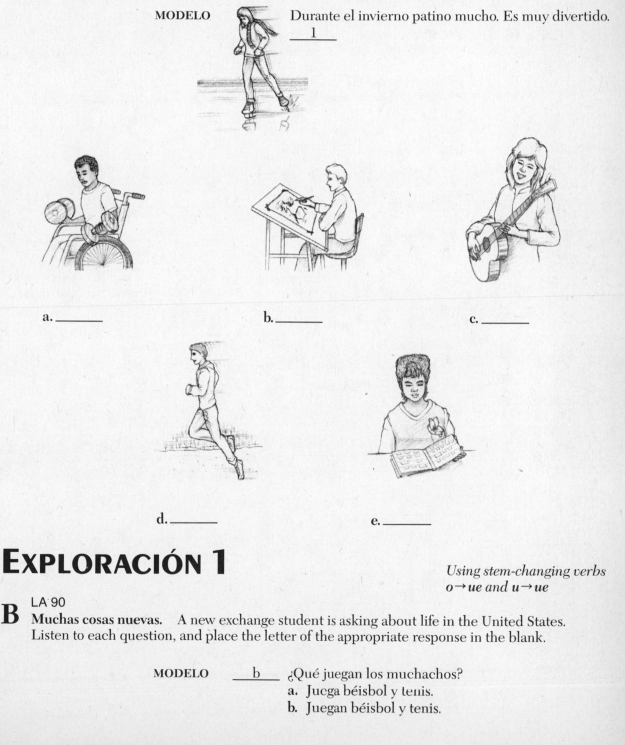

e. ______

EXPLORACIÓN 1

Using stem-changing verbs o→ue and u→ue

LA 90

B **Muchas cosas nuevas.** A new exchange student is asking about life in the United States. Listen to each question, and place the letter of the appropriate response in the blank.

MODELO __b__ ¿Qué juegan los muchachos?
a. Juega béisbol y tenis.
b. Juegan béisbol y tenis.

_______ 1. a. Almuerzan a las doce.
b. Almuerzo a las doce.

_______ 2. a. La encuentran muy buena.
b. La encontramos muy buena.

_______ 3. a. Duermo diez horas por la noche.
b. Duermen diez horas por la noche.

_______ 4. a. Volvemos en septiembre.
b. Vuelven en septiembre.

_______ 5. a. No cuestan mucho.
b. No cuesta mucho.

_______ 6. a. Sí, podemos tomar clases de yoga.
b. Sí, puedes tomar clases de yoga.

_______ 7. a. No, juega béisbol en el verano.
b. No, jugamos béisbol en el verano.

_______ 8. a. Sí, te muestro las fotos.
b. Sí, te mostramos las fotos.

EXPLORACIÓN 2

Indirect object pronouns le and les

C

LA 91

¿A quién? Christmas often requires extensive shopping for a number of people. Indicate whether each of the following sentences refers to one or more than one person by placing an X in the appropriate column.

MODELO Papá va a comprarles un juego electrónico.

	one	more than one
MODELO		X
1.		
2.		
3.		
4.		
5.		
6.		

D LA 92
¡Cuántos regalos! People are talking about gifts they plan to give. To whom are they referring? Place an X in the blank of the more appropriate answer.

MODELO Quiero comprarle una camisa.
a. __X__ a Gregorio **b.** ______ a ellos

1. **a.** ______ a Elena **b.** ______ a ustedes
2. **a.** ______ a ellos **b.** ______ a Juan
3. **a.** ______ a mi papá **b.** ______ a ellas
4. **a.** ______ a cllos **b.** ______ a mi novia
5. **a.** ______ a José y Ana **b.** ______ a él
6. **a.** ______ a ella **b.** ______ a ustedes
7. **a.** ______ a usted **b.** ______ a Julio y Silvia

EXPLORACIÓN 3

ir a and acabar de

E LA 93
Acciones. If the sentence you hear matches the picture you see, place an X in the blank next to **sí**; if it does not, place an X next to **no**.

MODELO

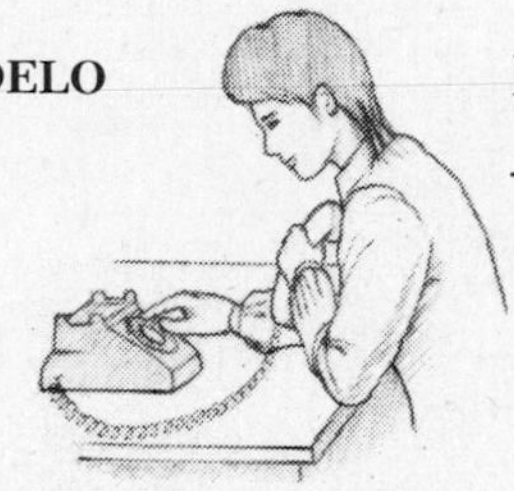

Marta va a llamar por teléfono.
__X__ sí ______ no

1. ______ sí ______ no **2.** ______ sí ______ no

3. ______ sí ______ no 4. ______ sí ______ no 5. ______ sí ______ no

F LA 94
¿Cuándo? Listen to the following statements about various recreational activities. Place an X in the column that indicates when the activity happens (or happened).

MODELO Van a ir a Japón en verano.

	presente	futuro	pasado inmediato
MODELO		X	
1.			
2.			
3.			
4.			
5.			
6.			

EXPLORACIÓN 4

The familiar commands

G LA 95
Sí, sí, Mamá. Ricardo's mother is going away for a few days. Before she leaves, she gives him last-minute instructions and information. If what she tells him is a command, place an X next to **sí**; if it is only information and not a command, place an X next to **no**.

MODELO ¡No seas malo con tu hermano!
__X__ sí ______ no

1. ______ sí ______ no
2. ______ sí ______ no
3. ______ sí ______ no
4. ______ sí ______ no
5. ______ sí ______ no
6. ______ sí ______ no
7. ______ sí ______ no
8. ______ sí ______ no

Nombre y apellido ______________________________

PERSPECTIVAS

H LA 96

En mis ratos libres. Gilberto is telling what he likes to do in his free time. Listen to what he says, and fill in the missing words.

Soy ____________(1) y colecciono de todo. Insectos,

____________(2) de otros ____________(3) y

____________(4). Durante el verano me gusta mucho dar una

____________(5) por el ____________(6) con los

muchachos ____________(7). Muchas

____________(8) hacemos una ____________(9)

y dormimos al ____________(10) libre.

I LA 97

Una amiga nueva. Listen to the cassette that Marta has recorded to send to her new friend in Lima. Then, answer the statements below. Place an X in the blank next to **sí** for each correct statement, and next to **no** for each incorrect one.

MODELO Marta has just returned from school.
__X__ sí ______ no

1. ______ sí ______ no Marta likes to play chess.

2. ______ sí ______ no She won a prize for her stamp collection.

3. ______ sí ______ no Marta likes to eat yogurt.

4. ______ sí ______ no Marta is in the cooking club.

5. ______ sí ______ no She is showing her yearbook to her friend in Lima.

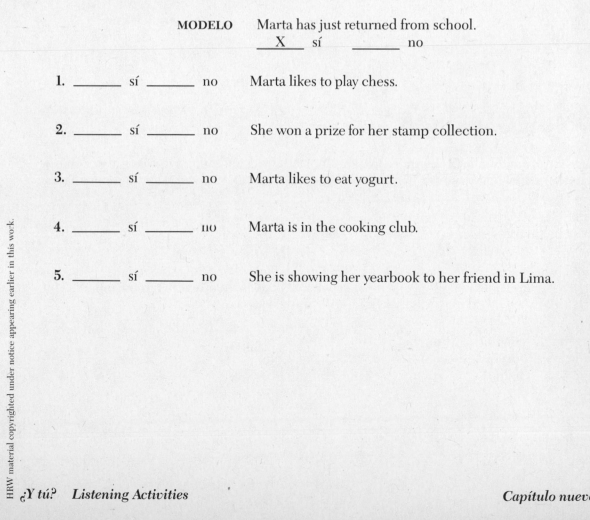

Nombre y apellido ____

J LA 98
El cuarto de Tita. Look at Tita's room carefully. Then listen to the following statements. Place an X in the blank next to **sí** or **no** depending on how probable or improbable each statement is.

1. ______ sí ______ no
2. ______ sí ______ no
3. ______ sí ______ no
4. ______ sí ______ no
5. ______ sí ______ no
6. ______ sí ______ no

PRONUNCIACIÓN

LA 99

The single letter **r** is usually pronounced as a flap sound, in which the tip of the tongue makes brief contact with the roof of the mouth. The pronunciation of this sound is similar to the pronunciation of the English double *d* or *t*, as in *ladder* or *litter.*

caro dinero toro señora centro escribe

The double **r** in Spanish is pronounced as a trilled or rolled sound, in which the tongue rests against the roof of the mouth and makes several rapid flaps as air flows forcefully through the mouth. This trilled **r** is also pronounced in words that begin with a single **r**.

arreglar	revistas	repitan
arroz	razón	ropa
perro	radio	robo

Nombre y apellido ______________________________

Listen, and repeat the following sentences.

1. Me gusta la radio porque es interesante.
2. Los programas son raramente aburridos.
3. Me gusta escuchar siempre los conciertos de música rock.
4. Mis padres no nos permiten escuchar la radio durante el almuerzo.

Dictado. You will hear a paragraph in Spanish twice. The first time, listen carefully; the second time, write the words as you hear them pronounced.

____

____

____

____

Trabalenguas. Now practice saying the following tongue twisters.

Tres tristes tigres trigo tragaban en un trigal tras una prieta piedra. Tras una prieta piedra tres tristes tigres trigo tragaban en un trigal.

Guerra tenía una parra y Parra tenía una perra. La perra de Parra rompió la parra de Guerra. Vino Guerra con un palo y dió palos a la perra. Dijo Parra, señor Guerra, ¿por qué palos a mi perra? Dijo Guerra, señor Parra, porque la perra de Parra rompió la parra de Guerra.

Nombre y apellido ______________________________

CANCIÓN

La cucaracha *(the cockroach)* was sung in the Mexican Revolution of 1910. In the same way that *Yankee Doodle* pokes fun at the American Revolutionary Army, **La cucaracha** makes fun of the rival revolutionary armies of Pancho Villa (**los villistas**) and Venustiano Carranza (**los carrancistas**), and of Pancho Villa's train, nicknamed **La cucaracha.**

La cucaracha

Arr. Zeke Castro
Arr. © HRW 1989

2.
Una cosa me da risa,
Pancho Villa sin camisa.
Ya se van los carrancistas,
Porque vienen los villistas.

Coro:
La cucaracha, la cucaracha;
Ya no puede caminar,
Porque no tiene, porque le falta
Una pata para andar.

3.
Las mujeres de mi tierra
No saben ni dar un beso.
En cambio las mexicanas
Hasta estiran el pescuezo.

Coro

4.
Para sarapes Saltillo,
Chihuahua para soldados,
Para mujeres Jalisco,
Para amar toditos lados.

Nombre y apellido ______________________

Clase ____________ Fecha ____________

Capítulo **10**

INTRODUCCIÓN

A LA 100
Siempre a la moda. Roberto and Carla like to shop and keep up with the latest fashions. Listen to their conversation. If what they want to buy matches the picture, place an X in the blank next to **sí**. If it does not, place an X in the blank next to **no**.

MODELO  Me encantan los pantalones franceses.
__X__ sí ______ no

1. ______ sí ______ no

2. ______ sí ______ no

3. ______ sí ______ no

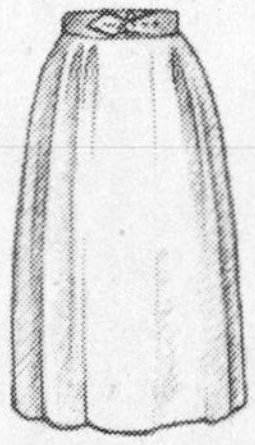

4. ______ sí ______ no

5. ______ sí ______ no

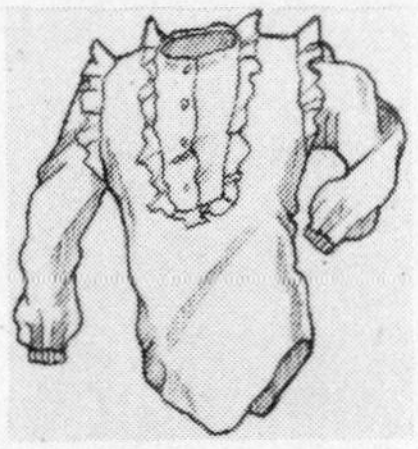

6. ______ sí ______ no

7. ______ sí ______ no

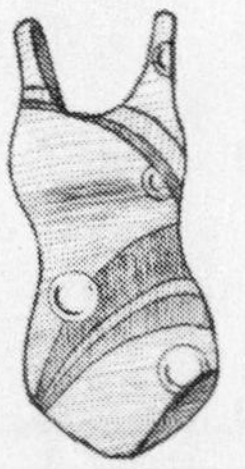

8. ______ sí ______ no

Nombre y apellido ______________________________

B LA 101
Colores favoritos. Gregorio and Maru are talking to each other about colors they and others like to wear. Listen to what they say, and place an X in the chart to indicate the color people like.

	Gregorio	Maru	los padres de Maru	Gregorio y Maru	Paco	Chela
red						
white						
black						
yellow						
gray						
brown						
blue						

EXPLORACIÓN 1

Stem-changing verbs e → i

C LA 102
¿Cuál es la pregunta? Olivia is calling Tomás to ask about an upcoming dinner at his house. Listen to Tomás's side of the conversation, then decide which of these questions Olivia asked and place an X next to **a** or **b**.

MODELO Los niños piden arroz con pollo.
__X__ **a.** ¿Qué piden?
_____ **b.** ¿Qué pide?

1. _____ **a.** ¿A qué hora sirve la cena?
   _____ **b.** ¿A qué hora sirven la cena?
2. _____ **a.** ¿Vienen tus tíos?
   _____ **b.** ¿Viene tu tía?
3. _____ **a.** ¿Qué sirven temprano?
   _____ **b.** ¿Qué sirve temprano?
4. _____ **a.** ¿Sigues la moda con tus comidas vegetarianas?
   _____ **b.** ¿Siguen la moda con sus comidas vegetarianas?
5. _____ **a.** ¿Qué pido?
   _____ **b.** ¿Qué pides?
6. _____ **a.** ¿Qué repetimos?
   _____ **b.** ¿Qué repite?

Nombre y apellido ______________________________

EXPLORACIÓN 2

Parts of the body and uses of the definite article

D LA 103

El hombre mecánico. Arturo has just built a robot, which his younger brother Juanín is describing to his friends. Look at the picture of the robot and decide whether what Juanín says is true. If it is, place an X in the blank next to **sí**. If it is not, place an X in the blank next to **no**.

1. ______ sí ______ no
2. ______ sí ______ no
3. ______ sí ______ no
4. ______ sí ______ no
5. ______ sí ______ no
6. ______ sí ______ no
7. ______ sí ______ no
8. ______ sí ______ no

EXPLORACIÓN 3

Reflexive verbs

E LA 104

¿Quién lo hace? Listen as Julio describes his family's morning habits. Decide whether he is referring to himself, to himself and his twin sister Martina, or to someone else, and place an X in the corresponding box on the chart.

	Julio	Julio y Martina	otra(s) persona(s)
1.			
2.			
3.			
4.			
5.			
6.			
7.			
8.			

Nombre y apellido ______________________________

F LA 105

Una mañana en el campo. Martín and José are spending the summer with their grandparents in the country, and once a week Martín calls his mother to tell her about their activities. Listen as he describes a typical busy morning, then number the pictures in the order that Martín and José go about their routine.

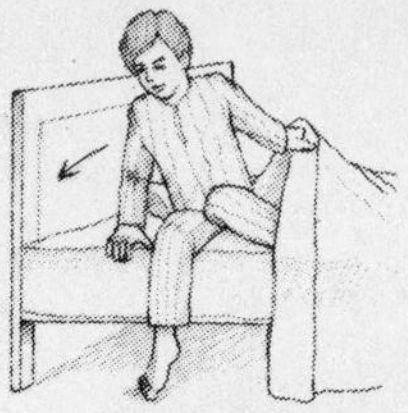

MARTÍN

a. ______

JOSÉ

b. ______

c. ______

d. ______

e. ______

f. ______

g. ______

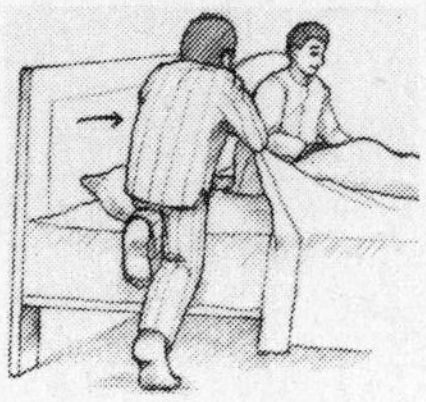

h. ______

i. ______

j. ______

Nombre y apellido ____________________

EXPLORACIÓN 4

The preterite of ***-ar*** *verbs*

LA 106

G **¿Hoy o ayer?** Listen to statements about clothing. If the verb is in the preterite, place an X in the blank next to **ayer**. If it is in the present, place an X in the blank next to **hoy**.

MODELO Compré unos lentes de sol.
______ hoy ___X___ ayer

1. ______ hoy ______ ayer
2. ______ hoy ______ ayer
3. ______ hoy ______ ayer
4. ______ hoy ______ ayer
5. ______ hoy ______ ayer
6. ______ hoy ______ ayer

PERSPECTIVAS

LA 107

H **De compras.** Mrs. Sánchez is in a department store in Puebla to buy some clothes for her children. Listen to her conversation with the salesperson and fill in the blanks.

SEÑORA SÁNCHEZ Los ____________(1) están en ____________(2) esta semana. ¿Verdad?

VENDEDORA Sí, señora, ¿qué ____________(3) necesita usted?

SEÑORA SÁNCHEZ Una 32 en color ____________(4). Son para mi hijo Luisito.

VENDEDORA El ____________(5) azul está de ____________(6). ¿Desea algo más?

SEÑORA SÁNCHEZ Sí, una ____________(7) ____________(8) y dos ____________(9) ____________(10). Son para mi hija María Eugenia.

VENDEDORA Lo ______ (11) señora, pero no tenemos camisas blancas ahora. Tiene que ______ (12) a la tienda el lunes.

SEÑORA SÁNCHEZ Bueno, no importa. ______ (13) el lunes por la tarde a ______ (14).

VENDEDORA Muy bien.

SEÑORA SÁNCHEZ Gracias y adiós.

I LA 108
La rutina. Listen to Ana's morning routine before she goes to school. Then, write the letter of the correct statement from the paired sentences below.

______ 1. a. Me despierto a las 7 en punto.
b. Te despierto a las 7 en punto.

______ 2. a. Me levanto a las 10.
b. Me levanto 10 minutos después.

______ 3. a. Desayuno leche y fruta con mi hermano.
b. Nunca desayuno con mi hermano.

______ 4. a. Nunca me pongo jeans para ir a la escuela.
b. Me pongo siempre unos jeans y una camisa.

______ 5. a. Me peino en el autobús.
b. Antes de tomar el autobús me peino.

______ 6. a. Corremos para bajar de peso.
b. Corremos para no perder el autobús.

PRONUNCIACIÓN

LA 109
In Spanish spoken in the United States and Latin America, the letter **c** before an **e** or **i** produces an / s / sound much like that in English: **centro**, **cien**.

cena	centro	precio	cerca
cine	ciudad	francés	hacer
estación	cien	cinta	baloncesto

The letter **c** before **a**, **o**, or **u** has a hard sound like an English *k*. Unlike the / k / sound in English, however, the Spanish sound has no accompanying puff of air.

acostarse	camarero	campo	corbata
cuarto	cuaderno	sacar	camisa

Nombre y apellido ____

In Spanish, **ch** is treated as one letter. It sounds much like the *ch* in the English *chore* or *chime*, but the Spanish sound is somewhat crisper and more tense.

chico	chuleta	boliche	chaqueta
chocolate	lucha	muchacha	mochila

Listen and repeat the following paragraph:

Carlos y Conchita quieren comer comida francesa. Van a un restaurante caro en el centro. El camarero es francés, pero los chicos que cocinan son americanos. Carlos pide chuletas de cerdo y pastel de chocolate. Después de comer van al cine en la Calle Cinco.

Dictado. You will hear a paragraph in Spanish twice. The first time, listen carefully; the second time, write the words as you hear them pronounced.

____

____

____

____

____

Trabalenguas. Now practice saying the following tongue twisters.

Ni techo tu choza, ni techo la mía, yo techo la choza, de María Chuchena.

Al Arzobispo de Constantinopla, lo quieren desconstantinopolizar. Aquel que lo desconstantinopolice, será buen desconstantinopolizador.

Nombre y apellido ______________________________

CANCIÓN

This very old, mournful, romantic song from Mexico is well-known throughout the Hispanic world. **La llorona** *(the weeping woman)* represents the eternal female. The song has many stanzas, and wherever it is sung, there is always someone who knows a stanza or two that nobody else has heard before. These lyrics are among the best-known.

La llorona

Arr. Zeke Castro

2.
Ay de mí, llorona, llorona,
Llorona, por qué llorar *(Repite)*
Hay muertos que no hacen ruido, llorona,
Y es más grande su penar. *(Repite)*

3.
Ay de mí, llorona, llorona,
Llorona de azul celeste. *(Repite)*
Y aunque la vida me cueste, llorona,
No dejaré de quererte. *(Repite)*

4.
Bajabas del templo un día, llorona,
Cuando al pasar yo te vi. *(Repite)*
Hermoso huipil llevabas, llorona,
Que la Virgen te creí. *(Repite)*

Nombre y apellido ______________________________ **Capítulo 11**

Clase ________________ Fecha ______________________

INTRODUCCIÓN

A LA 110

Profesiones. Some students are discussing their reasons for choosing certain careers. If what they say is logical, place an X next to the **sí** blank. If it is not, place an X in the blank next to **no**.

MODELO Quiero ser actor porque me interesan mucho los deportes.
______ sí __X__ no

1. ______ sí ______ no
2. ______ sí ______ no
3. ______ sí ______ no
4. ______ sí ______ no
5. ______ sí ______ no
6. ______ sí ______ no

EXPLORACIÓN 1

ser and estar

B LA 111

Yo. Tony lives in Los Angeles and wants to describe himself to a pen pal in Spain. Listen to what he wants to say, and place an X in the blank next to the verb that he would use in his letter.

MODELO rubio
__X__ soy ______ estoy

1. ______ soy ______ estoy
2. ______ soy ______ estoy
3. ______ soy ______ estoy
4. ______ soy ______ estoy
5. ______ soy ______ estoy
6. ______ soy ______ estoy
7. ______ soy ______ estoy

C LA 112
¿Ser or estar? The lead actress for a drama production is interpreting the director's brief notes about characters and props in the second act. Listen as she reads her notes, and place an X in the blank next to the form of **ser** or **estar** she would use to make a complete sentence.

MODELO Lola / una mujer inteligente
__X__ es ______ está

1. ______ es ______ está
2. ______ es ______ está
3. ______ son ______ están
4. ______ es ______ está
5. ______ eres ______ estás
6. ______ soy ______ estoy
7. ______ somos ______ estamos

EXPLORACIÓN 2

The preterite of regular ***-er*** *and* ***-ir*** *verbs*

D LA 113
¿Hoy o ayer? Listen as Géronimo tells about his family's year in Lima, Peru. If what he is talking about happened in the past, place an X in the blank next to **pasado.** If he is talking about something that is taking place now, place an X in the blank next to **ahora.**

MODELO Mi papá escribió varios programas para la computadora de mi escuela.
______ ahora __X__ pasado

1. ______ ahora ______ pasado
2. ______ ahora ______ pasado
3. ______ ahora ______ pasado
4. ______ ahora ______ pasado
5. ______ ahora ______ pasado
6. ______ ahora ______ pasado

Nombre y apellido ______________________________

E LA 114

¿Quién lo hizo? You and some of your friends are talking about things you have done. Listen to what everyone is saying, and place an X in the chart to indicate to whom each sentence refers.

MODELO Insistieron en ir al extranjero.

	yo	tú	él / ella	Pepe y yo	mis amigos
MODELO					X
1.					
2.					
3.					
4.					
5.					
6.					

EXPLORACIÓN 3

The preterite of -ir stem-changing verbs

F LA 115

En Acapulco. Some friends are talking about a school trip they took to Acapulco. Listen to what they say, and place an X in the box to indicate to whom each sentence refers.

MODELO Consiguió una guitarra mexicana.

	yo	tú	Carla	Julio y yo	ellos
MODELO			X		
1.					
2.					
3.					
4.					
5.					
6.					

Nombre y apellido ____

G LA 116
¿Es lógico? Listen to each sentence, then choose the sentence that more logically follows it by placing an X in the blank.

MODELO Juanita se acostó temprano.
__X__ **a.** Durmió bien.
______ **b.** Dormí bien.

1. ______ **a.** Ayer tampoco me sentí bien.
   ______ **b.** Ayer tampoco se sintieron bien.
2. ______ **a.** Dormí sólo cuatro horas.
   ______ **b.** Durmió sólo cuatro horas.
3. ______ **a.** Se divirtieron mucho ayer en el cine.
   ______ **b.** Se divirtió mucho ayer en el cine.
4. ______ **a.** Preferí ir al Museo de Arte Moderno.
   ______ **b.** Prefiero ir al Museo de Arte Moderno.
5. ______ **a.** Pedí arroz con pollo.
   ______ **b.** Pido arroz con pollo.

EXPLORACIÓN 4

Formal commands

H LA 117
Del hospital a la casa. Before releasing him from the hospital, Mr. Rivera's doctor tells him what he wants him to do or not to do. If what the doctor says is a formal command, place an X in the blank next to **sí.** If it is not, place an X in the blank next to **no**.

MODELO Descanse por la tarde.
__X__ sí ______ no

1. ______ sí ______ no
2. ______ sí ______ no
3. ______ sí ______ no
4. ______ sí ______ no
5. ______ sí ______ no
6. ______ sí ______ no
7. ______ sí ______ no

Nombre y apellido ______________________________

PERSPECTIVAS

LA 118

I **Una entrevista.** Pablo Rodríguez is applying for a job as a reporter at a local newspaper. Listen to the conversation that takes place between Mr. Ramos, the editor-in-chief, and Pablo, and fill in the blanks with the missing words.

SR. RAMOS A usted le ______(1)______ el ______(2)______ de ______(3)______ que tenemos, ¿verdad?

PABLO Sí, señor. ______(4)______ varios ______(5)______ en la universidad y trabajé en el periódico en Los Ángeles.

SR. RAMOS ¡Ah! Veo, que ______(6)______ a la Universidad de California en Los Ángeles, pero ¿cuándo se ______(7)______?

PABLO ______(8)______ mis estudios el año pasado.

SR. RAMOS ¿Habla usted otro ______(9)______?

PABLO Sí, ______(10)______ español y francés y ______(11)______ en Barcelona por un año.

SR. RAMOS ¿Usted sabe que hay muchas ______(12)______ en este puesto y que va a tener que trabajar por lo menos dos fines de semana al mes?

PABLO Bueno, está bien porque es una ______(13)______ que me ______(14)______.

SR. RAMOS Muy bien, señor Rodríguez, puede empezar mañana mismo.

PABLO ¡Formidable!

Nombre y apellido ____

LA 119

J **La abogada.** Ms. Colón is talking with a client. Listen to what she says, then number her instructions in order.

_______ **a.** Come back here at 5:30.

_______ **b.** Read the papers.

_______ **c.** Bring the papers to the lawyer.

_______ **d.** Make copies.

_______ **e.** Write your opinion.

LA 120

K **¿Quién te escribió?** The Salas twins are in their living room. Pilar is reading a letter, and Javier is asking her questions. Read the following sentences and decide whether they are true or false. If they are true, place an X in the blank next to **sí.** If they are false, place an X in the blank next to **no**.

_______ sí _______ no **1.** Pilar y Javier están en el cine.

_______ sí _______ no **2.** Javier le escribió a Pilar.

_______ sí _______ no **3.** Pilar es hija de un periodista famoso.

_______ sí _______ no **4.** Marta y Pilar están en la misma clase.

_______ sí _______ no **5.** Javier no conoce muy bien a Marta.

_______ sí _______ no **6.** A Javier le gustan los chocolates.

_______ sí _______ no **7.** Desde niña Marta siempre fue gorda.

_______ sí _______ no **8.** Pilar come chocolates todo el día.

PRONUNCIACIÓN

LA 121

The letter s in Spanish is pronounced like the *s* in the English word *sit*.

secretario	seguro	salsa
solo	doméstico	sombrero

In Spanish spoken in the United States and Latin America, the letter z sounds nothing like the English *z*. It is pronounced like the English *s* sound.

azul	mezcla	brazo
zapato	zona	cabeza

Nombre y apellido ______________________________

Listen, and repeat the following paragraph.

Para la entrevista, / Susana usó un vestido azul / y unos zapatos grises. / Después de vestirse, / salió para la plaza / para almorzar. / Luego, / pasó la zona central / y entró en el consultorio / de la señora Salas. / Se sintió bastante nerviosa. / Habló unos minutos / con la señora. / Salió sin saber / si consiguió el puesto.

Dictado. You will hear a paragraph in Spanish twice. The first time, listen carefully; the second time, write the words as you hear them pronounced.

____

____

____

____

____

Trabalenguas. Now practice saying the following tongue twisters.

Yo solo sé que no celé a Zoila sola. Y si se dice que así se sabe, así se hace y así se asa la caza en la casa y se sala sola.

Seiscientas sierras asierran seis series de cigarillos y seiscientas seis sierras sí asierran seiscientas seis series de cigarillos.

CANCIÓN

The southernmost state in Mexico is Chiapas, on the border with Guatemala. It is a land famous for its geographical beauty, its waltzes, and its folklore. The song is traditionally danced by **chiapanecas** *(women of Chiapas)* in long, beautifully embroidered dresses. It calls for everyone to clap hands in the chorus, as indicated in this score by the symbol ×.

Las chiapanecas

Arr. Zeke Castro
Arr. © HRW 1989

D
A lle - var-me hasta - ta su la - do. Lin - da flor de a - bril,
D7 G
to - ma es - te cla - vel Que te brin - do con pa - sión.
D A7
No me di - gas no, que en tu bo - ca es - tá El se - cre - to de
D A7
mi a - mor. (tras) (tras) Cuan - do la no - che lle - gó, (tras)
D D
(tras) y con su man - to de a - zul (tras) (tras) El blan - co
A7 D
ran - cho cu - brió, (tras) (tras) a - le - gre el bai - le em - pe - zó. (tras)
G D
(tras) Bai - la mi chia - pa - ne - ca, Bai -
A7
la, bai - la con gar - bo, Bai - la sua - ve ra -
G
yo de luz. Bai - la mi chia - pa -
D A7
ne - ca, Bai - la, bai - la con gar - bo, Que en el
D A7 D
bai - le la rei - na e - res tú chia - pa - ne - ca gen - til. (tras) tras)

Nombre y apellido ______________________

Clase ____________ Fecha ______________

Capítulo

12

INTRODUCCIÓN

LA 122

A **¡Qué aventura!** Friends are talking about the adventure of a lifetime. If what they say describes the picture you see, place an X in the blank next to **sí**. If they do not, place an X in the blank next to **no**.

MODELO  Me gustaría mucho bajar un río en canoa.

__X__ sí ______ no

1. ______ sí ______ no

2. ______ sí ______ no

3. ______ sí ______ no

4. ______ sí ______ no

5. ______ sí ______ no

6. ______ sí ______ no

Nombre y apellido ____

EXPLORACIÓN 1

Irregular preterites:
ir, ser, dar, and ver

B LA 123

¿Cuál es? Guadalupe spent last year in Spain and Africa while Yolanda lived and worked in South America. Listen as they tell each other about the fabulous time they had, and place an X in the blank next to **ir** or **ser**, depending on the verb form you hear.

MODELO Fui a Madrid el año pasado.
___X___ ir ______ ser

1. ______ ir ______ ser
2. ______ ir ______ ser
3. ______ ir ______ ser
4. ______ ir ______ ser
5. ______ ir ______ ser
6. ______ ir ______ ser
7. ______ ir ______ ser
8. ______ ir ______ ser

C LA 124

Dime quién. You and Magda are having a conversation about people you know. Listen to the statements, and place an X in the chart to indicate whom Magda is talking about.

MODELO Fueron siempre muy felices.

	yo	tú	mis padres	yo y mi hermana	mi novio
MODELO			X		
1.					
2.					
3.					
4.					
5.					
6.					

EXPLORACIÓN 2

Comparative adjectives and adverbs with ***que***

D LA 125

Más planes. Pepe is the cautious type, but he still yearns for adventure. He is looking for the shortest, least expensive, and least dangerous way to have an adventure. Listen as a travel agent offers him advice, and place an X in the blank by the alternative Pepe is most likely to choose.

MODELO Viajar en avión es más caro que viajar en tren.
______ **a.** avión
___X___ **b.** tren
______ **c.** bote

Nombre y apellido ______________________________

1. ______ a. pasear en velero

______ b. escalar montañas

______ c. explorar la selva amazónica

2. ______ a. bicicleta

______ b. a pie

______ c. tren

3. ______ a. Paraíso

______ b. Plaza

______ c. Iquitos

4. ______ a. dar la vuelta al mundo

______ b. explorar el mundo submarino

______ c. bajar un río en canoa

5. ______ a. pilotear un avión

______ b. saltar en paracaídas

______ c. explorar la selva amazónica

6. ______ a. España

______ b. la China

______ c. Colorado

E LA 126

Mi familia. Luis is talking to his friend Antonio about his family and home. Listen to his statements and look at the pictures below. Label the pictures according to Luis' description.

El gato de Juan es más gordo que el gato de Elena.

MODELO

el gato ___de Elena___ el gato ___de Juan___

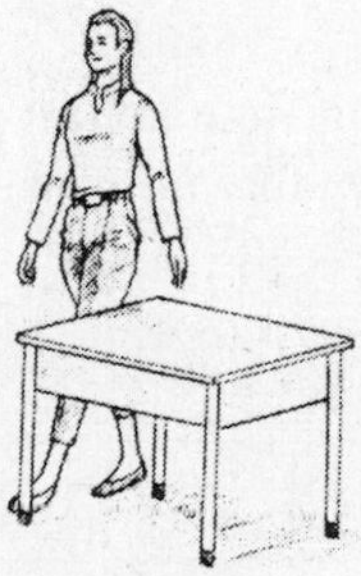

1. ______________ ______________

2. ______________ ______________

3. el carro de ______________ el carro de ______________

4. ______________ ______________

5. ______________ ______________

EXPLORACIÓN 3

*Preterites: **i-stem** and **u-stem***

F LA 127

En Manzanillo. Some friends are talking about their stay at **Las Hadas**, a popular Mexican resort. Listen to what they say, and place an X in the appropriate box.

MODELO Venimos a descansar en la playa.

	yo	tú	Pablo	Marta y yo	ellos
MODELO				X	
1.					
2.					
3.					
4.					
5.					
6.					

Nombre y apellido ____________________

G LA 128

¡Qué expedición! Reporters are questioning a group of explorers about their recent jungle expedition. Listen to each question, and place an X in the blank next to the appropriate answer.

MODELO ¿Estuvo usted en el Amazonas?
_______ **a.** Sí, estuvo allí.
___X___ **b.** Sí, estuve allí.

1. _______ **a.** No, no pusimos todo el equipo allí.
   _______ **b.** No, no puso todo el equipo allí.
2. _______ **a.** Sí, pudimos sacar unas fotos fabulosas.
   _______ **b.** Sí, pudiste sacar unas fotos fabulosas.
3. _______ **a.** Sí, supo la noticia después del accidente.
   _______ **b.** Sí, supe la noticia después del accidente.
4. _______ **a.** Sólo tuvo miedo de noche.
   _______ **b.** Sólo tuve miedo de noche.
5. _______ **a.** No, no pude dormir mucho.
   _______ **b.** No, no pudiste dormir mucho.
6. _______ **a.** Sí, tuvimos buen tiempo.
   _______ **b.** Sí, tuve buen tiempo.

EXPLORACIÓN 4

Negative and affirmative words

H LA 129

¡Qué negativo! Miguel is very negative when questioned about his experiences at camp and gives a one-word answer. Listen to what he says, and place an X in the blank next to the appropriate response.

MODELO ¿Quién escaló la montaña?
a. _______ nada **b.** _______ nunca **c.** ___X___ nadie

1. **a.** _______ nada **b.** _______ nunca **c.** _______ nadie
2. **a.** _______ nada **b.** _______ nunca **c.** _______ nadie
3. **a.** _______ nada **b.** _______ nunca **c.** _______ nadie
4. **a.** _______ nada **b.** _______ nunca **c.** _______ nadie
5. **a.** _______ nada **b.** _______ nunca **c.** _______ nadie
6. **a.** _______ nada **b.** _______ nunca **c.** _______ nadie

Nombre y apellido ______________________________

I

LA 130

Tengo muchas cosas que hacer. Mrs. López has just arrived in Lima and is making plans with her guide. Listen to what she says, and place an X in the appropriate column.

MODELO Quiero visitar a mis amigos también.

	someone	something	always	also
MODELO				X
1.				
2.				
3.				
4.				
5.				

PERSPECTIVAS

J

LA 131

Mi diario. Carmen is thinking about a camping trip. Listen to what she says as she reads her diary to herself, and fill in the blanks with the missing words.

Ayer ________ (1) un día ________ (2) para mí. ________ (3) buen tiempo todo el día y ________ (4) pasear ________ (5) casi toda la mañana. Por la tarde, tomamos el ________ (6) y ________ (7) temprano al campamento. Por la noche mis amigos y yo ________ (8) al cine. ________ (9) una película sobre una carrera de ________ (10). Las ________ (11) son muy ________ (12) y la película en general ________ (13) muy emocionante.

K

LA 132

Un libro raro. José is talking about a book he just read. Listen to what he says, and decide whether the statements are true or false. If they are true, place an X in the blank next to **sí**. If they are false, place an X in the blank next to **no**.

_______ sí _______ no **1.** José read a book about outer space last night.

_______ sí _______ no **2.** The explorers had to visit the major cities of the world.

_______ sí _______ no **3.** The explorers had to jump by parachute.

_______ sí _______ no **4.** Some Indians went with them in the canoe.

_______ sí _______ no **5.** José liked the book.

Nombre y apellido ____

L LA 133

Un sueño muy raro. Eduardo and Nina are on the phone talking about a dream he had last night. Listen carefully to their conversation, and then decide if the following sentences are true or false. If they are true, place an X in the blank next to **verdadero.** If they are not, place an X in the blank next to **falso.**

MODELO ______ verdadero __X__ falso Eduardo nunca tiene sueños raros.

______ verdadero ______ falso **1.** Eduardo viajó por el espacio en su sueño.

______ verdadero ______ falso **2.** Llegó a un planeta donde conoció a muchas personas.

______ verdadero ______ falso **3.** Accidentalmente el planeta lo transportó en el espacio.

______ verdadero ______ falso **4.** La vegetación del planeta es muy densa.

______ verdadero ______ falso **5.** Eduardo tuvo aventuras fantásticas él solo.

______ verdadero ______ falso **6.** Eduardo y Nina siempre van juntos a todas partes.

PRONUNCIACIÓN

LA 134

When a weak vowel (**i, u**) without an accent occurs next to a strong vowel (**a, e, o**), a diphthong is produced, and the two vowels are pronounced as one sound. Listen and repeat these words:

bueno	aire	sueño	tienda
tierra	autobús	guante	huevo

When two strong vowels occur together, they are pronounced as two distinct sounds.

Rafael	recreo	teatro	Bilbao
peor	estéreo	noroeste	cumpleaños

Now repeat these sentences:

Rafael tiene miedo porque tiene fiebre. Toma el autobús para la ciudad de Montevideo. Quiere ver al médico. Pero Rafael tiene muy mala suerte. El autobús choca con una ambulancia. Decide ir en avión y sale para el aeropuerto.

Dictado. You will hear a paragraph in Spanish twice. The first time, listen carefully; the second time, write the words as you hear them pronounced.

____

____

____

____

____

Nombre y apellido ______________________

Trabalenguas. Now practice saying the following tongue twister.

Bueno es el aire suave cuando sueño da; pero el fuerte viento despiertos nos mantiene ya.

POEMA

Rubén Darío (1867–1916) was born in Nicaragua, but during his lifetime he lived in many Spanish-speaking countries. In every one of these countries, his writing signaled the beginning of a spiritual and intellectual revolution. His poetry is cosmopolitan, incorporating elements from different cultures. Especially evident in his poetry is the influence of French language and culture. This poem exemplifies Darío's love of profoundly human themes. In it, he describes the sense of loss that comes with advancing age as he reminisces about past loves. The verses that follow have been excerpted from *Cantos de vida y esperanza,* fist published in 1905.

Canción de otoño en primavera

Juventud, divino tesoro,
¡ya te vas para no volver!
Cuando quiero llorar no lloro . . .
y a veces lloro sin querer . . .

Plural ha sido la celeste
historia de mi corazón.
Era una dulce niña, en este
mundo de duelo y aflicción.

Miraba como el alba pura;
sonreía como una flor.
Era su cabellera obscura
hecha de noche y de dolor.

Yo era tímido como un niño.
Ella, naturalmente, fue,
para mi amor hecho de armiño,
Herodías y Salomé . . .

Juventud, divino tesoro,
¡ya te vas para no volver! . . .
Cuando quiero llorar, no lloro,
y a veces lloro sin querer . . .

Gareth's hand moved from her upper arm to her neck, his fingers tracing the tiny silvery crescent mark tucked up against her hairline.

"How did you get this?"

"Get what?" She raised her head against the warm clasp of his fingers, twisting to look at him over her shoulder.

"This little crescent mark. It's a scar of some kind." He moved her head around again, bending her neck so that he could look more closely. The blood was suddenly racing in his veins.

Miranda reached behind her neck, trying to feel what he was talking about. " I don't know what it is. I've never seen it . . . not having eyes in the back of my head," she added with a tiny laugh that did nothing to disguise her sudden unease. "Is it very nasty looking?" She tried to sound indifferent, but there was a residual quiver to her voice.

"Not in the least," he said swiftly. "It's very tiny and hidden by your hair most of the time." He took his hand away. "Come, let's be on our way."

But he paused in the yard as she went ahead of him back to the inn. The extraordinary nature of his discovery for a minute stunned him, but he knew with the absolute certainty of bone-deep conviction that the itinerant acrobat was very much more than Maude's look-alike.

And in such a case, the possibilities opened up onto a golden playing field where ambition had no limit . . . and deception was no deception.

Also by Jane Feather

VICE

VENUS

VANITY

VIOLET

VALENTINE

VELVET

VIXEN

VIRTUE

THE DIAMOND SLIPPER

THE SILVER ROSE

And look for her short story
in the Bantam anthology

WHEN YOU WISH . . .

The Emerald Swan

JANE FEATHER

BANTAM BOOKS

New York Toronto London Sydney Auckland

THE EMERALD SWAN
A Bantam Book / January 1998

ISBN 0-553-57525-2
Published simultaneously in the United States and Canada

Bantam Books are published by Bantam Books, a division of Bantam Doubleday Dell Publishing Group, Inc. Its trademark, consisting of the words "Bantam Books" and the portrayal of a rooster, is Registered in U.S. Patent and Trademark Office and in other countries. Marca Registrada. Bantam Books, 1540 Broadway, New York, New York 10036.

PRINTED IN THE UNITED STATES OF AMERICA
OPM 20 19 18 17 16 15 14 13 12 11

The Emerald Swan

Prologue

PARIS · AUGUST 24 · 1572

THE TOCSIN RANG at midnight. The streets, hushed and empty, now filled with men, gathering quietly at first, as if for a moment awed by the enterprise that drew them from their houses, white crosses in their hats, harquebuses, swords, knives in their hands.

They moved through the narrow lanes and cobbled streets surrounding the grim dark citadel of the Louvre. A week before, the citadel had blazed with light, music pouring from the narrow barred windows, and crowds of drunken revelers had thronged the streets of the city celebrating the marriage of the French King Charles's sister Marguerite to the Huguenot King Henry of Navarre. A marriage that was intended to unite the Catholic and Protestant factions in France.

But on this Saint Bartholomew's night, the marriage served as the bait to entrap and destroy the Huguenots who had arrived in their thousands in Paris to support their young king.

As the tocsin continued to peal, men moved down the streets, knocking on the doors that bore the white cross. The inhabitants slipped out to join them and the huge army of assassins grew, a great wave billowing and surging toward the mansions of the Protestant leaders.

The first shots, the first brilliant scarlet flares, the first long-drawn-out screams, were the signals for mayhem. The mob developed as many heads as a hydra, plunging through the city, breaking down doors to houses that didn't bear the white cross, hurling the inhabitants from windows and balconies to be torn to pieces by the screaming throng in the street and courtyards below.

The air reeked of blood and gunpowder; the sky was red with the flames of burning houses and the garish flares of the pitch torches seemingly disembodied, weaving their way through the narrow streets; the jubilant yells of a mob running down a half-naked bleeding fugitive were like the nightmare shrieks of pursuing devils.

The woman stood trembling, breathless, on the corner of a narrow fetid lane running up from the river. Her heart was beating so fast every dragging breath was an agony. Her bare feet were bleeding, cut by the jagged stones along the quay, and her thin cloak clung to her back, wet with sweat. Her hair hung limp around her white, terrified face, and she clutched her babies to her, one in each arm, their little faces buried against her shoulders to stifle their cries.

She looked wildly up the lane and saw the first flicker of the pursuing torches. The voices of the mob rose in a shrill shriek of exultation as they surged toward the river. With a sob of anguish, she began to run again, along the river, clutching the babies, who grew heavier with each step. She could hear the footsteps behind her, a thundering pounding of booted feet growing closer. Every breath was an agony and slowly, inexorably, the despair of resignation deadened her terror. She could not escape. Not even for her babies could she run faster. And the crowd behind her grew, augmented by others who joined the chase simply for the pleasure of it.

With a final gasp of despair, she turned and faced her pursuers, the babies still pressed to her breast. One of them wriggled, trying to raise her head. The other was still and quiet as always. Even at ten months, they were so different, these twin daughters.

She stood panting, a hart at bay, as the crowd with their mad glittering eyes surrounded her. Every face seemed filled with hatred, lips drawn back from bared teeth, eyes reddened with bloodlust. Their swords and knives dripped blood, their hands and clothes were smeared with it. And they moved so close to her she could smell their sweat and their wine-sour breath and their hatred.

"Abjure . . . abjure . . ." The chant was picked up and the words battered against her like living things. The mob pressed against her, their faces pushed into hers as they taunted her with a salvation that she knew in her heart they would deny her. They were not interested in a convert, they were interested in her blood.

"Abjure . . . abjure . . ."

"I will," she gasped, dropping to her knees. "Don't hurt my babies . . . please, I will abjure for my babies. I will say the *credo*." She began to babble the Latin words of the Catholic credo, her eyes raised heavenward so that she couldn't see the hateful faces of the men who would murder her.

The knife, already reddened with Huguenot blood, swiped across her throat even as she stammered to an end. The words were lost in a gurgle as a thin line of blood marked the path of the knife. The line widened like parting lips. The woman fell forward to the cobbles. A baby's thin wail filled the sudden silence.

"To the Louvre . . . to the Louvre!" A great cry came over the rooftops and the mob with one thought turned and swept away, taking up the clarion call, "To the Louvre . . . to the Louvre," like so many maddened sheep.

The black river flowed as sluggishly as the woman's congealing blood. Something moved beneath her. One of the babies wriggled, squiggled, wailed as she emerged from the suffocating warmth of her mother's dead body. With a curious kind of purpose the little creature set off on hands and toetips like a spider, creeping away from the dreadful smell of blood.

It took ten minutes before Francis found his wife. He broke from the lane, his face white in the sudden moonlight. "*Elena!*" he whispered as he fell to his knees beside the body. He snatched his wife against his breast, and then gave a great anguished cry that shivered the stillness as he saw the baby on the ground, gazing up at him with almost vacant eyes, her tiny rosebud mouth pursed on a wavering wail, her face streaked with her mother's blood.

"Sweet Jesus, have mercy," he murmured, gathering the infant up in the crook of one arm as he continued to hold her mother to his breast. He looked around, his eyes demented with grief. Where was his other daughter? Where was she? Had the murdering rabble spitted her on their knives, as they had done this night to babes all over the city? But if so, where was her body? Had they taken her?

Footsteps sounded behind him and he turned his head with a violent twist, still clinging to the child and his dead wife. His own people raced from the lane toward him, wild-eyed from their own desperate escape from the massacre.

One of the men reached down to take the child from

the duke, who yielded her up wordlessly, bringing both arms around his wife, rocking her in soundless grief.

"Milord, we must take milady and the child," the man with the baby said in an urgent whisper. "They might come back. We can take shelter in the chatelet if we go quickly."

Francis allowed his wife to fall into his lap, her head resting on his knee. He closed her open eyes and gently lifted her hand. A gold pearl-encrusted bracelet of strange serpentine design encircled the slender wrist. A single emerald-studded charm swung from the delicate strands and his tears fell onto the perfect undulating shape of a swan. He unclasped the bracelet, his betrothal gift to Elena, and thrust it into his doublet against his heart, then he raised his wife in his arms and staggered to his feet with his burden.

The baby wailed, a long-drawn-out cry of hunger and dismay, and her bearer hoisted her up against his shoulder and turned to follow the man and his murdered wife as they vanished into the dark maw of the lane leading away from the river.

Chapter One

DOVER · ENGLAND · 1591

IT WAS THE MOST extraordinary likeness.

Gareth Harcourt pushed his way to the front of the crowd watching the troupe of performers who had set up their makeshift stage on the quay of Dover harbor.

Her eyes were the same cerulean blue, her complexion the same thick cream, and her hair was exactly the same shade of darkest brown, right down to the deep reddish glints caught by the sun. There the resemblance ended, however. For whereas Maude's dark hair hung in a cloud of curls teased daily from curling papers and tongs, the acrobat's crowning glory was cut in a short straight-fringed bob that owed more to a pudding basin than the more sophisticated tools of feminine coiffure.

Gareth watched with enjoyment as the tiny figure performed on a very narrow beam resting on two poles at some considerable height from the ground. She was treating the six-inch width as if it were solid ground, turning cartwheels, walking on her hands, flipping backward in a dazzling series of maneuvers that drew gasps of appreciation from the audience.

Maude's frame was similarly slender, Gareth reflected, but there was a difference. Maude was pale and thin and undeveloped. The acrobat, standing on her hands, her bright orange skirt falling over her head, revealed firm muscular calves encased for decency's sake in skintight leather leggings, and he could see the strength in her arms as they supported her slight weight. She released one hand and waved merrily, before catching the beam again with both hands and swinging sideways, tumbling over and over the beam, her hands changing position at lightning speed, her bright orange skirt a blur of color as she turned herself into something resembling a Catherine wheel.

At the top of the arc, she flung herself backward, turned a neat somersault, landed on both feet, flipped backward, her body curved like a bow, then straightened, her skirt settling around her again as she swept into a triumphant bow.

Gareth found himself applauding with the rest. Her face was flushed with exertion, her eyes alight, beads of perspiration gathered on her broad forehead, her lips parted on a jubilant grin. She put two fingers to her mouth and whistled. The piercing sound produced out of nowhere a small monkey in a red jacket and a cap sporting a bright orange feather.

The animal dragged off his hat and jumped purposefully into the crowd of spectators, chattering in a manner that sounded vaguely obscene to Gareth, who tossed a silver penny into the outthrust cap, receiving a simian salute in response.

A small boy of maybe six or seven waved frantically at the girl from where he was sitting on the end of the stage. He struggled to his feet and staggered toward her, one misshapen foot dragging painfully behind the other. The girl immediately swept him into her arms and danced around the stage with him.

It was extraordinary, Gareth thought, how she imbued the poor little creature with her own grace and ease of movement so that his deformity was forgotten and his face transformed with pleasure. She radiated an exuberance and energy which infused the child in her arms until she set him down on a stool in the corner and his hunched little body once more lost all its life, although he was still smiling as the monkey bounced back onto the stage holding out his hat.

The girl tipped the contents of the hat into a leather pouch at her waist, blew a cheerful kiss to the crowd, crammed the cap back onto the animal's head, and backflipped her way off the stage.

It was the most uncanny resemblance, Gareth thought again. In everything but personality, he amended. Maude had less energy than anyone he had ever come across. She spent her days lying on a cushioned settle reading religious tracts and applying smelling salts to her small and generally pink-tipped nose. When she could be persuaded to move, she wafted, trailing scarves and shawls, surrounded by a pungently medicinal aura from the endless remedies and nerve tonics supplied by her old nurse. She spoke in a faint reedlike voice that had her listeners holding on with bated breath in case the reed should fade into muteness before the sentence was completed.

Gareth was, however, aware that his cousin, for all her apparent frailty, had a will of iron beneath the pallid exterior. Young Maude knew perfectly well how to turn her megrims to her own account, and what Maude didn't know about emotional blackmail wasn't worth knowing. It made her a worthy opponent for Imogen . . . if not for himself.

A trio of musicians had just taken the stage, with flute, hautboy, and lute, and he was about to turn away when he saw the girl again. She was sidling around from behind the musicians, something in her hand.

The monkey was perched on her shoulder and seemed to be imparting news of grave importance into her ear.

Gareth paused. The girl's air of mischief was irresistible. The musicians played a few notes to establish pitch, then settled into a lively jig. The monkey leaped from the girl's shoulder and began to dance to the music. The crowd laughed and were soon tapping feet and clapping in rhythm.

Gareth watched the girl unobtrusively position herself just below the musicians. She gazed up at them and put something to her mouth. It took him a minute to realize what it was. Then he grinned. The imp of Satan! She was sucking a lemon, her eyes fixed on the flautist. Gareth's gaze flicked to the small boy still on his stool. The child's eyes were brimming with laughter and Gareth realized that this little performance was for the boy's benefit.

Gareth waited in almost dreadful fascination for what he knew was going to happen. The flute player's notes began to dry up as his mouth puckered, his saliva dried, in response to the girl's vigorous sucking of the lemon. The watching child convulsed with laughter.

With a sudden bellow, the flautist leaped forward, catching the girl an almighty buffet across the ear. She fell sideways, promptly turning her fall into a cartwheel with all the expertise of a professional entertainer, so that the crowd laughed, believing the entire byplay to be part of the amusement. But when she fetched up at Gareth's feet, righting herself neatly, she had tears in her eyes.

She rubbed her ringing ear ruefully with one hand and dashed the other across her eyes.

"Not quite quick enough," Gareth observed.

She shook her head, giving him a rather watery grin.

"I usually am. I was just making Robbie laugh and I can usually run rings around Bert, but I was distracted for a minute by Chip."

"Chip?"

"My monkey." She put her fingers to her mouth again and whistled. The monkey abandoned his dance and leaped onto her shoulder.

She had a most unusual voice, Gareth reflected, regarding her with frank interest as she continued to stand beside him, critically watching a group of jugglers who had joined the musicians. It was an amazingly deep voice to emerge from such a dainty frame and had a lovely melodious ripple to it that he found very appealing. She spoke English with a slight accent so faint as to be difficult to identify.

The monkey suddenly began a frantic dance on her shoulder, jabbering all the while like some demented bedlamite, pointing with a scrawny finger toward the stage.

"Oh, sweet Lord, I knew I should have made myself scarce," the girl muttered as an exceedingly large woman hove into view. She was wearing a gown of an astonishing bright puce shot through with scarlet thread; her head seemed to ride atop a massive cartwheel ruff; the whole was crowned with a wide velvet hat tied beneath several chins with silk ribbons, gold plumes fluttering gaily in the sea breeze.

"Miranda!" The voice emanating from this spectacle suited the grandeur of its appearance. It was a massive, heavily accented, throaty bellow that was promptly repeated. "*Miranda!*"

"Ohhhh, Lord," the girl muttered again in a long-drawn-out sibilant moan. The monkey took off, still chattering, and the girl dodged behind Gareth. She whispered urgently, "You would do me the most amazing service, milord, if you would just stand perfectly still until she's gone past."

Gareth was hard-pressed to keep a straight face but obligingly remained still, then he inhaled sharply as he felt a warm body slip inside his cloak behind him and plaster itself against his back. It was as if he had grown a corporeal shadow, thin enough to cause barely a crease in the folds of his scarlet silk cloak, but substantial enough to make his skin lift in a sensual ripple.

The monkey leaped in front of the large woman and began to dance and jabber in a manner radiating insult and challenge. The woman bellowed again and raised a fist the size of a ham hock wrapped around a very knotty stick. Chip laughed at her, showing yellow teeth and sparkling eyes, then plunged into the crowd; the woman followed, still bellowing, still flourishing her stick.

Her chances of catching the monkey were so remote as to be laughable, Gareth reflected, but Chip had clearly achieved his object in drawing her away from his mistress.

"My thanks, milord." The girl slithered out from his cloak, giving him a relieved smile. "I have no desire to be caught by Mama Gertrude at the moment. She's the sweetest person in the world, but she's absolutely determined I shall become her son's partner in the end. Luke is a dear, but he's quite daft at everything but managing Fred. I couldn't possibly marry him, let alone share an act with him."

"I'm delighted to be of assistance," Gareth murmured dryly, none the wiser for her explanation. Neither could he understand why he'd found the proximity of such a dab of a creature so unnervingly sensual, but the skin of his back was still humming like a tuning fork.

Miranda looked around. The crowd were growing restless and the musicians and jugglers, taking their cue, bowed themselves off to be replaced by a rather witless-looking youth in a multicolored doublet, accompanied by a frisky terrier.

"That's Luke and Fred," Miranda informed the owner of the convenient cloak. "You see, it's a very good act and he can get Fred to do anything. Watch him jump through the ring of fire . . . But poor Luke doesn't have a brain in his head. I know it's not my destiny to marry him and be his partner."

Gareth glanced from the young man's vacuous expression to the girl's bright eyes shining with lively intelligence and saw her point.

"I must go and find Chip. Mama Gertrude won't be able to catch him, but he might get up to mischief." The girl gave him a cheerful wave and dived into the crowd, her orange skirt a glow of color until she disappeared from view.

Gareth felt slightly bemused but he found himself smiling nevertheless. He glanced back at the stage to where the boy on his stool gazed disconsolately into the audience after his departed dance partner. The child looked as bereft as if he'd been left alone in the dark.

The woman she'd called Mama Gertrude was pushing her way back through the crowd, her expression grimly disgruntled. She was muttering to herself. "That girl . . . Like a firefly she is with her darting about. Here one minute and gone the next. What's wrong with my Luke, I ask you?" She looked directly at Gareth on this fierce question. "A good, hard worker, he is. A fine-looking boy. What's wrong with him? Any normal girl would be glad of such a mate."

She glared at Gareth as if he were somehow responsible for Miranda's ingratitude. Then with a shrug and another mutter she sailed away on a cloud of puce, her enormous bosom jutting like the prow of a ship above the swaying circle of her farthingale.

Luke had just finished his act and was bowing to the crowd, the terrier strutting on his hind legs along the edge of the stage, but the audience was already moving away.

Gertrude was galvanized. She jumped onto the stage with extraordinary agility for one so cumbersome. "You haven't sent the cap around!" she bellowed. "Daft as a brush, you are, Luke. Get down there and get your fee." She belabored the hapless youth with the knob of her stick. "Standing there bowing and cavorting while the crowd goes away! You don't see Miranda doing that, you dolt!"

The lad jumped off the stage and began weaving his way through the departing crowd, his cap outstretched, an expression of eager supplication on his face as he begged for coins, his little dog trotting at his heels. But he'd missed the moment and most of his audience shoved past him, ignoring his cap and his pleas. Gareth dropped a shilling into the cap and the young man's jaw dropped.

"Thank you, milord," he stammered. "Thank you kindly, milord."

"Where do you come from?" Gareth gestured to the stage, already being dismantled by a pair of laborers.

"France, milord." Luke stood awkwardly, his eyes on his rapidly disappearing income. He was clearly torn between the need to pursue any last groats that might be forthcoming from the crowd and the obligation to answer the questions of the noble lord who had rewarded his act with such largesse. "We're catching the afternoon tide for Calais," he volunteered.

The earl of Harcourt nodded in dismissal and Luke dived after the retreating audience. The earl idly watched the dismantling process for a few more minutes, then turned back to the town nestling at the foot of the sheer white cliffs rising from the English Channel.

He had landed from France himself at dawn after a gale-blown crossing and had decided to stay overnight in Dover and start out for his house on the Strand just outside the city walls of London the next morning.

His decision had more to do with his reluctance to reenter the maelstrom of his sister's frenetic battles with the recalcitrant Maude than anything else. In truth, he'd enjoyed the elemental battle with the storm, working beside the frantic sailors, who'd welcomed another pair of hands in their struggles to keep the frail craft afloat. He suspected that the sailors had been much more afraid than he had been, but then mariners were a more than usually superstitious breed who lived in perpetual dread of a watery grave.

Gareth slipped a hand inside his doublet of richly embroidered silver silk, his fingers encountering the little velvet pouch containing the bracelet, Henry's gift to a prospective bride. The parchment in its waxed envelope lay against his breast and he traced the raised seal of King Henry IV of France beneath his fingers. Henry of Navarre was king of France only in name and birthright at present. French Catholics would not willingly accept a Huguenot monarch, but once he had succeeded in subduing his recalcitrant subjects, he would rule an immense territory infinitely more powerful than his native land. King of Navarre was a mere bagatelle beside king of France.

And beneath that royal seal of France lay the road back to the power and lands once enjoyed by the Harcourt family.

It was a road of such dizzying splendor that not even Imogen, Gareth's power-hungry sister, would have dared to contemplate it.

A sardonic smile touched Gareth's fine mouth as he imagined how Imogen would react to the proposition he carried in his breast. Since Charlotte's death, very little outside his own pursuits had roused Gareth from his lethargic indifference to the wider world, but this golden stroke of fortune had set his juices running, reviving the old political hungers that had once enriched his daily life.

But first he would have to secure the agreement of his ward—not something that could ever be taken for granted.

When he'd yielded to his sister's demands and sailed for France, he had carried a much more modest proposition than the one he now held. It was a proposition to the king's advisor and close confidant, the duke of Roissy, suggesting that the duke take Maude, daughter of the duke d'Albard, and second cousin to the earl of Harcourt, as his bride. But events had taken an unexpected turn.

Gareth turned back to the water again and gazed out toward the barrier wall that protected the harbor from the encroaching waters of the Channel. It was a beautiful, peaceful spot well deserving of its name—Paradise Harbor. Quite unlike the grim cacophonous turmoil of King Henry's besieging camp beneath the walls of Paris . . .

Gareth had entered Henry's camp on a filthy April evening, with a driving rain more suited to winter than spring. He had traveled alone, knowing he would draw less attention to himself without a retinue of servants. The entire countryside was in an uproar as their unwanted king laid siege to Paris and the city's inhabitants battled with famine even as they refused to admit and acknowledge a sovereign they considered a heretic usurper.

Lord Harcourt's lack of attendants and visible badges of his rank and identity had caused difficulties with the master-at-arms, but finally he had been admitted to the sprawling camp resembling a tented city. For two hours, he had kicked his heels in the antechamber to the king's tent as officers, couriers, servants, had hurried through into the king's presence, barely glancing at the tall man in his dark, rain-sodden cloak and muddied boots, swinging his arms and pacing the trodden-down grass of the enclosed area in an effort to keep warm.

Matters hadn't improved much once he'd been admitted to the royal presence. King Henry had been a soldier from his fifteenth birthday and now, at thirty-eight, was a hard-bodied, passionate warrior who disdained creature comforts. His own quarters were barely warmed by a sullen brazier, his bed was a straw pallet on the cold ground. He and his advisors, still booted and spurred, huddled in thick riding cloaks.

The king had greeted Lord Harcourt with a courteous smile, but his sharp dark eyes were suspicious, his questions keen and pointed. He was a man who had learned always to see treachery in offers of friendship after the hideous massacre of Saint Bartholomew's Day, when at the age of nineteen he'd married Marguerite of Valois and thus unwittingly sprung the trap that had caused the deaths of thousands of his own people in the city that he was now coldly, deliberately, starving into submission.

But Gareth's credentials were impeccable. His own father had been at Henry's side at that ill-fated wedding. The duke d'Albard, Maude's father, had been one of Henry's closest friends and had lost his wife and baby in the massacre. The murdered wife had been a Harcourt before her marriage. So, after a carefully pointed interrogation, the earl of Harcourt was accepted as friend and bidden to share the king's frugal supper before he and Roissy discussed Lord Harcourt's proposal.

The wine was rough, the bread coarse, the meat heavily seasoned to disguise its rankness, but the famished citizens of Paris would have found it manna. Henry for his part appeared to find nothing at fault with the fare and had eaten heartily and drunk deep, his beaklike nose reddening slightly as the wine in the leather bottles diminished. Finally, he had wiped his thin mouth with the back of his hand, shaking bread crumbs loose from his beard, and demanded to see the portrait of Lady Maude. The king must judge whether the lady was worthy to be the wife of his dear Roissy. It was said with apparent jocularity, but there was more than a strand of seriousness beneath.

Gareth had produced the miniature of his young cousin. It was a good likeness, depicting Maude pale, blue-eyed, with her air of wan ethereal fragility that in many women passed for beauty. Her penetrating azure gaze from the pearl-encrusted frame bespoke the girl's deeply intense temperament. Her skin was very white, unhealthily so by Gareth's lights. Her long swanlike neck was one of her greatest claims to beauty and it was accentuated in the portrait by a turquoise pendant.

Henry had taken the miniature and his thick eyebrows had drawn together abruptly. He glanced toward Roissy, an arrested expression in his keen eyes.

"My lord? Is there something wrong?" Roissy had looked alarmed, craning his neck to see the portrait that the king still held on the palm of his hand.

"No. No, nothing at all. The lady is quite lovely." Henry's voice had been curiously abstracted as he tapped the miniature with a callused fingertip. "How tragic that she should have grown up motherless. I remember Elena so clearly." He glanced up at Gareth. "You were close to your cousin, I believe."

Gareth merely nodded. Elena had been some years older than he, but they had had a close rapport and her murder had grieved him sorely.

Henry sucked in his bottom lip as he continued to stare down at Maude's portrait. "It would be an impeccable connection."

"Yes, indeed, my lord." Roissy sounded a little impatient. "The d'Albards and the Roissys have long been allied. And the Harcourts, also." He had thrown a quick smile at the earl of Harcourt.

"Yes, yes . . . a fine connection for a Roissy," Henry said distantly. "But no bad alliance for a king . . . eh?" He had looked around the table at that with a grin that made him appear younger than his years. "I like the look of this cousin of yours, my lord Harcourt. And I am in sore need of a Protestant wife."

There was a stunned silence, then Roissy had said, "But my lord king has a wife already."

Henry had laughed. "A Catholic wife, yes. Marguerite and I are friends. We have been separated for years. She has her lovers, I have mine. She will agree to a divorce whenever I ask it of her." He had turned his bright-eyed gaze on Gareth. "I will see your ward for myself, Harcourt. And if I find her as pleasing as her portrait, then I am afraid Roissy must look elsewhere for a wife."

There had been objections of course. The king couldn't leave the siege of Paris and travel to England at this juncture. But Henry was determined. His generals could continue the work for a few months without him. Starving a city into submission required no great tactical maneuvers or bloody battles. He would slip away from the field, would travel incognito—a French nobleman visiting Queen Elizabeth's court—and he would enjoy the hospitality of the earl of Harcourt and make the acquaintance of the lovely Lady Maude. And if he believed that he and she would make a suitable match, then he would do his wooing for himself.

The medieval serpentine bracelet with its emerald swan charm had belonged to Maude's mother. It was a unique and most precious piece of jewelry. How it had come into the king's possession, Gareth didn't know. He presumed Francis d'Albard had given it to his king at some point and Henry now considered it a most appropriate gift as earnest of his intent to woo d'Albard's daughter.

And so it had come about that Gareth now carried in his doublet the proposal that would send Imogen into transports of delight and panic. And God alone knew what it would do to Maude.

He passed through the broken gateway in the crumbling town wall. The town was well protected by the castle on the clifftop and the three forts built along the seafront by Elizabeth's father, Henry VIII, and had long given up maintaining its walls—they were too susceptible to a cannonade from the water to make it worthwhile anyway. He turned toward Chapel Street and the Adam and Eve Inn, where he could bespeak a bed to himself that night and be reasonably sure of getting one. Innkeepers were notorious for promising such precious privacy and then inflicting unwanted bedfellows on their patrons at an hour of the night when a man could do nothing about it.

He had ducked his head beneath the low lintel of the inn, when the unmistakable sounds of a hue and cry surged around the corner from Snargate Street. He stepped back to the narrow dirt-packed lane just as a blur of orange flashed past. The pursuing crowd bellowing "Stop, thief!" would have knocked him from his feet if he hadn't jumped back into the doorway.

Ordinarily, the prospect of mob justice wouldn't have concerned Gareth in the least. Beatings and stonings were a fact of life when the populace took the law into their own hands with one of their own, and no one gave them a second thought. It was more than likely that the girl was a thief. The life she led tended to engender a rather relaxed attitude to other people's property.

He turned again to the promise of ale and a pipe of tobacco in the tavern's taproom, and then hesitated. Suppose she wasn't guilty? If the hue and cry caught her, innocence wouldn't save her from their rough justice. They wouldn't stop to ask questions. And even if she was guilty, the thought of her being subjected to a mauling mob revolted him.

He turned back to the street and walked briskly in the wake of the hue and cry. Judging by the continued baying they hadn't caught her yet.

Chapter Two

MIRANDA, a gibbering Chip clinging to her neck, dived into a narrow gap between two houses. It was so small a space that, even as slight as she was, she had to stand sideways, pressed between the two walls, barely able to breathe. Judging by the cesspit stench, the space was used as a dump for household garbage and human waste and she found it easier to hold her breath anyway.

Chip babbled in soft distress, his scrawny little arms around her neck, his small body shivering with fear. She stroked his head and neck even while silently cursing his passion for small shiny objects. He hadn't intended to steal the woman's comb, but no one had given her a chance to explain.

Chip, fascinated by the silver glinting in the sunlight, had settled on the woman's shoulder, sending her into a paroxysm of panic. He'd tried to reassure her with his interested chatter as he'd attempted to withdraw the comb from her elaborate coiffure. He'd only wanted to examine it more closely, but how to tell that to a hysterical burgher's wife with prehensile fingers picking through her hair as if searching for lice?

Miranda had rushed forward to take the monkey away and immediately the excitable crowd had decided that she and the animal were in cahoots. Miranda, from a working lifetime's familiarity with the various moods of a crowd, had judged discretion to be the better part of valor in this case and had fled, letting loose the entire pack upon her heels.

The baying pack now hurtled in full cry past her hiding place. Chip shivered more violently and babbled his fear softly into her ear. "Shhh." She held him more tightly, waiting until the thudding feet had faded into the distance before sliding out of the narrow space.

"I doubt they'll give up so easily."

She looked up with a start of alarm and saw the gentleman from the quay walking toward her, his scarlet silk cloak billowing behind him. She hadn't paid much attention to his appearance earlier, having merely absorbed the richness of garments that marked him as a nobleman. Now she examined him with rather more care. The silver doublet, black-and-gold velvet britches, gold stockings, and silk cloak indicated a gentleman of considerable substance, as did the rings on his fingers and the silver buckles on his shoes. He wore his black hair curled and cut close to his head and his face was unfashionably clean-shaven.

Lazy brown eyes beneath hooded lids regarded her with a glint of amusement. His wide mouth quirked in a smile, revealing exceptionally strong white teeth.

She found herself smiling back, confiding, "We didn't steal anything, milord. It's just that Chip's attracted to things that glitter and he doesn't see why he shouldn't take a closer look."

"Ah." Gareth nodded his understanding. "And I suppose some poor soul objected to the close examination of a monkey?"

Miranda grinned. "Yes, stupid woman. She screamed as if she was being boiled in oil. And the wretched comb was only paste anyway."

Gareth felt a flash of compassion for the unknown hysteric. "I daresay she was unaccustomed to having monkeys on her head," he pointed out.

"Quite possibly, but Chip is perfectly clean and very good-natured. He wasn't going to hurt her."

"Perhaps the object of his attention didn't know that." The glint of amusement grew brighter.

Miranda chuckled. Her predicament somehow seemed much less serious in the company of this lazy-eyed and clearly well-disposed gentleman. "I was about to take him away but they set on me, so I had to run, which made me look guilty."

"Mmm, it would," he agreed. "But I don't see what other choice you had."

"No, exactly so." Miranda's smile suddenly faded. She cocked her head, listening to the renewed sounds of a mob in full cry.

"Come, let's get off the street." The gentleman spoke with sudden urgency. "That orange gown is as distinctive as a beacon."

Miranda hesitated. Her instinct was to flee again, to put as much distance as she could between herself and the approaching hue and cry, but she found her hand seized in a firm warm clasp, and without volition, Chip clinging to her neck, she was half running to keep up with the gentleman's long stride as he returned to the Adam and Eve.

"Why would you bother with me, milord?" She skipped up beside him, her eyes curious as she looked up at him.

Gareth didn't reply. It was a good question and one to which he had no ready answer. There was just something remarkably appealing about her, something both defenseless and indomitable that moved him. He couldn't abandon her to the mob, even though reality told him that she was more than accustomed to dodging such street hazards.

"In here." He urged her through the narrow doorway into the dark interior of the inn with a hand in the small of her back. Her skin was warm beneath the thin fabric of her dress, and looking down at her small head, he saw how white her skin was in the parting of her dark auburn-tinted hair. Almost absently, he brushed the parting with a fingertip. She jumped, looking up at him startled, and he cleared his throat, saying briskly, "Keep a tight hold on that monkey. I'm sure there are bright objects in this place."

Miranda wondered if perhaps she'd imagined that fleeting touch. She looked around critically. "I doubt there's much to catch Chip's eye here. There's too much dust. Even the pewter's tarnished."

"That may be so, but keep hold of him anyway."

"My lord Harcourt." The innkeeper popped out of a doorway at the rear of the narrow passageway. His little eyes gleamed. "The livery stable has a good horse for you as you ordered. Eh, what's that? Get that filthy thing out o' here, you young whore!" He pointed a finger trembling with outrage at Chip, who had begun to recover his equanimity and was now perched on Miranda's shoulder, looking around with bright-eyed curiosity.

"Be easy, Molton. The girl's with me and the monkey will do no harm." Gareth turned into the taproom. "Bring me a pipe and a tankard of ale. Oh, and ale for the girl, too."

"I wish I knew why people are afraid of a monkey." Miranda went to the tiny window set low in the lime-washed plaster wall overlooking the lane. She rubbed at the smeared glass with her sleeve until she had achieved a relatively clear patch.

Gareth took the long clay pipe from the landlord, who had filled the bowl with tobacco and now held a lighted taper. Fragrant blue smoke wreathed to the blackened rafters as Lord Harcourt drew pleasurably on the pipe. Miranda watched him, her small, well-shaped nose wrinkling.

"I've never seen anyone do that before. It's not popular in France."

"Then they don't know what they're missing," he said, taking up his tankard and gesturing to the girl that she should take up her own. Miranda drank with him.

"I don't think I like the smell," she observed judiciously. "It makes it difficult to breathe. Chip doesn't appear to like it, either." She gestured to the monkey, who had retreated to the farthest corner of the taproom, one skinny hand over his nose.

"You'll forgive me if I don't find it necessary to take into account the likes and dislikes of a monkey," the earl observed, drawing again on his pipe.

Miranda nibbled her lip. "I didn't mean to be impolite, milord."

He inclined his head in acknowledgment, but that same glinting humor was in his eyes and Miranda, reassured, took another gulp of her ale, realizing that she was parched after racing through the streets. She subjected her savior to a covert scrutiny. There was something very relaxed about him as he leaned carelessly against the bar counter, an air that she found as comforting as it was attractive. It gave her a sense of well-being and safety.

What had the innkeeper called him? Ah, Milord

Harcourt, that was it. "I would like to thank you for all your kindness, Milord Harcourt," she ventured. "It's not as if we are acquainted in any way."

"Curiously, I'm beginning to feel rather well acquainted with you," he returned, adding wryly, "whether I wish to be or not."

Miranda pressed her nose to the scratched pane, telling herself that it was ridiculous to feel injured, even if it had sounded as if he was mocking her. He had entered her life for the briefest of moments and he would disappear from it as swiftly.

The lane outside was quiet. "I think it's safe for me to leave now. I won't trouble you further, milord."

Gareth looked surprised. That deep melodious voice had an edge to it. "If you're sure it's safe," he said. "You're welcome to remain in here as long as you wish."

"Thank you, but I should go." She turned toward the door. "And thank you again, milord, for your many kindnesses." She offered him a rather jerky little bow and disappeared from the taproom. The monkey leaped back on her shoulder and offered Gareth an obscene gesture with one prehensile digit, letting loose a stream of chatter that sounded unmistakably belligerent.

Ungrateful beast, Gareth reflected, drawing on his pipe. But the girl's astonishing resemblance to Maude continued to occupy his mind. It was said that for every person on earth there existed a double, but he'd never given such a fancy the time of day before.

"You'll be wantin' supper, my lord?" Molton reappeared in the taproom.

"In an hour." Gareth finished his pipe and ale. "I'm going to the livery stables to look at that horse. And I'll need a bed for the night. I'll pay for the privilege of one to myself, and a private chamber if you have one."

"Oh, aye, m'lord. A nice chamber above the washhouse, just right for one." Molton bowed, his head almost knocking against his knees. "But I'll have to charge a crown for it, m'lord. I could put three folk in the bed without it seeming a crowd."

Gareth's mobile eyebrows lifted. "But I thought I heard you to say it was just right for one?"

"It's perfect for one, m'lord," Molton explained with dignity. "But it's suitable for three."

"Ah, I see. The situation is now perfectly clear." Gareth picked up his jeweled gloves from the bar counter. "Have my traps taken up to the washhouse chamber then, and I'll sit to table when I get back." He strolled out of the inn, leaving Molton nodding and bowing like a jack-in-the-box at the earl's retreating rear.

The horse on offer in the livery stable was a mere nag, but it would carry him the seventy miles to London if he nursed it, and it wasn't as if he was in a desperate hurry. Imogen would be on tenterhooks, of course, and Miles would be scurrying around in search of a hiding place from the relentless barrage of complaints and speculation. But Gareth's ears were already ringing in anticipation of his sister's shrill excitement together with her husband's weak counterpoint, and he was not eager to face the reality.

Not for the first time, he wondered how he had let his sister assume the responsibility of his household. After the dreadful debacle with Charlotte, lost in the maze of his own secret guilt, he had somehow dropped his guard, and Imogen was a past mistress at seizing any opening where her brother was concerned. Before he had been fully aware of it, she and her entire household, including the incredibly annoying Maude, were installed in his house in the Strand, Imogen's mission to comfort him in his grief and keep house for him. And five years later they were still there.

Imogen was a difficult, temperamental woman, but her one all-consuming passion was for her young brother's well-being. On the death of their mother, she had taken on the ten-year-old Gareth as her life's commitment. Twelve years older than he, she had smothered him with an affection that had no other outlet . . . and still hadn't. Her hapless husband, Miles, had to make do with whatever crumbs fell from the table. And Gareth, while steadfastly resisting the smothering, hadn't the heart to deliberately hurt his sister. Oh, he knew her faults: her overweening ambition for the Harcourt family that had its roots in her ambitions for her brother, her violent temper, her lack of consideration for her servants and her dependents, her extravagance. But he still couldn't bring himself to shut her out of his life as he so longed to do.

And Imogen in her zeal to organize her brother's happiness had even found him a perfect prospective wife to fill Charlotte's shoes. Lady Mary Abernathy, a childless widow in her late twenties, was an impeccable choice. An impeccable woman. One who, in Imogen's words, would never put a foot wrong. She would know exactly how to perform as Lady Harcourt and Gareth need never fear that she would fail in her duty.

Gareth's mouth took a wry turn. It was impossible to imagine Lady Mary failing in her duty wherever it might lie. Unlike Charlotte, who had had no concept of duty at all. But Charlotte had been a scarlet vibrant creature where Mary was as pale and still as an alabaster monument. The first had brought him misery, shame, and guilt. Mary wouldn't take him to the dizzy heights of bliss, but by the same token she would be incapable of hurling him into the depths of humiliation and raging despair. A man had but one chance at happiness and he'd wasted his, so he supposed he must be prepared to settle for peace and quiet.

His lip curled involuntarily. For some perverse reason it always did when he reasoned with himself along these lines. Not that domestic peace and quiet was a likelihood in the near future . . . once Imogen had come to grips with Henry's proposal of marriage to Maude.

He was officially Maude's guardian, appointed when her father had died and she had been sent to her nearest relatives in England. But Imogen had always taken responsibility for the girl and until recently he had barely noticed the existence of the pale ailing shadow living in a corner of his house. But once Imogen had decided on Maude's future he'd been forced to pay attention to his ward's character—one that seemed to veer between chronic long-suffering invalidism and mulish obstinacy. She would not easily accept the future prepared for her.

He left the livery stable and strolled through the balmy August afternoon back toward the quay, intending to sharpen his appetite for the Adam and Eve's supper with a dose of sea air. Gulls wheeled and called above the smooth waters of the harbor and the white cliffs took on a rosy tinge from the setting sun. It was a peaceful-enough scene until he saw the splash of bright orange against the gray sea wall and a curious sense of inevitability—or was it foreboding?—crept up the back of his neck.

The monkey was sitting beside her on the stone wall, examining his hands intently. The girl was staring out at the quiet harbor, swinging her legs, her wooden pattens thudding rhythmically against the stone. The only boats in the harbor were swinging at anchor and Gareth saw that the tide was running out fast. Of the performers, there was no sign.

He came up beside her. "Why do I get the impression circumstances are conspiring against you today?"

She looked up at him dolefully. "I knew I shouldn't have left my bed this morning, as soon as I saw the beetle."

"Beetle?"

"Mmm." She nodded. "Big black stag beetle in the milk churn, swimming for its life. They're bad cess, you know."

"I didn't." He leaned companionably against the wall at her side. "They've left you behind?"

Miranda nodded again. "I knew they couldn't let the tide go but I didn't realize how much time I'd been away chasing after Chip." Her gaze returned to the water.

Gareth too looked out over the harbor, saying nothing for a minute, aware of her beside him and aware that he took pleasure in her closeness.

"What will you do?" he asked eventually.

"I'll have to wait for the next packet to Calais," she said. "But I gave the money I took from this morning's performance to Bert, so I have nothing. I'll have to earn my passage, but how am I to do that in this town after the hue and cry?"

Gareth's eyes fixed upon the horizon, on the slowly sinking sun. It was not foreboding he had felt earlier, but excitement, he now realized. The rush of excitement when a completely unexpected solution comes to light.

He asked casually, "Would you be interested in a proposition?"

She looked up at him, and her blue eyes were suddenly wary. But he was regarding her calmly, his mouth relaxed, curving in the hint of a smile.

"A proposition? What kind of a proposition?"

"Have you had supper?"

"How could I have?" she retorted a mite sharply. "I told you I have no money." It had been a long time since she'd broken her fast at dawn. Because of the need of one final performance before catching the afternoon tide, the troupe had gone without their midday dinner, and she was ravenous. But in her present penniless and homeless state, a night with an empty belly seemed inevitable.

"Then perhaps you'd like to share mine?" He lifted an eyebrow inquiringly.

"In exchange for what?" Her lips were dry and she touched them with her tongue. Her eyes were anxious, her voice nervous as she awaited his answer.

Gareth could see that she knew her present situation was nothing short of calamitous. He could see her eagerness to accept his offer, but her wariness told him the most about her. Despite her life on the streets, or perhaps because of it, she was not about to throw herself on a stranger's mercy. And it seemed she was not willing to use her body as currency in the usual manner of the streets, if that was what he expected in payment for her supper.

"I have a proposition to make you. I'd like you to listen to it over supper. That's all." He smiled with what he hoped she would see as reassurance, then, to allow her to make up her own mind, he turned and began to walk back to the town.

Miranda hesitated for barely a minute, then she slid off the wall. Common sense told her that food could only improve her situation and instinct that she could trust his lordship. Chip jumped onto her shoulder, and they followed the earl back to the Adam and Eve.

Chapter Three

"WHERE *IS* GARETH? He's been gone for more than four months." Lady Imogen Dufort paced the long gallery beneath the portraits of Harcourt ancestors. She was a tall angular woman with a disgruntled mouth, the nostrils of her long nose pinched and white.

"Passage from France is not always easy to arrange." Her husband offered the platitude although he knew that it would only incense his wife. Twenty-five years of marriage had taught him that Imogen was impossible to placate. It didn't stop him trying, however. Nervously, he rearranged the few thin strands of gingery hair draped over his white skull.

"Whoever said it was?" Lady Imogen snapped. "But it's August, not January, and the seas are quiet enough. And King Henry is outside Paris, not in the wilds of Navarre. Easy enough to reach, I would have thought, for a man with half an ounce of determination." She reached the end of the gallery and swung round, her farthingale swaying so violently it knocked over a small stool.

The lady ignored the clatter as she continued to fume. "But Gareth, as we all know, is as indolent as a lizard in the sun. If it weren't for me, this family would sink into obscurity! The most wonderful opportunity wasted . . . tossed aside because my dear brother can't be troubled to bestir himself." She fanned herself vigorously, two angry red spots burning on her cheekbones, accentuating the deeply pockmarked skin. "Oh, if only I were a man! I could do these things myself!"

Miles stroked his neat spade beard and tried to appear deep in constructive thought, as if that could somehow achieve this oft-repeated ambition of his wife's. He knew perfectly well that her diatribe against Gareth had its roots in fear that some disaster had befallen him. Imogen was incapable of expressing affection, and her adoration of her brother expressed itself in fierce denial. The greater her anxiety and the deeper her love, the more negative and critical she became.

"But my dear lady, your brother *has* gone to King Henry," he offered finally.

"Yes, and thanks to whom?" Imogen demanded. "Would he have gone if I hadn't begged and prayed and implored him? On my knees, month after month?"

There was no answer to this. Lord Harcourt had certainly been hard to persuade. It awed Miles that his brother-in-law was impervious to his elder sister's relentless pestering. Floods of tears, terrifying rages, unceasing harassment—nothing seemed to pierce his nonchalance. A nonchalance that Miles at least believed to be little more than a façade. It fooled Imogen into believing her brother needed to be directed into the right paths for his own good and the good of the family. She hadn't seemed to notice that, regardless of her efforts, Gareth continued to go his own way.

Gareth had, however, finally been roused to a spark of interest over this business with Maude. When Imogen had first come up with her brilliant idea to propose Maude as a possible wife to the duke of Roissy, Miles had expected the usual sequence: Gareth would allow his sister to pester him only so far, and then he'd gently but firmly put her in her place with an absolute refusal.

But on this occasion, after a while Miles had seen a certain gleam in his brother-in-law's eye—one he hadn't seen in many a month. A look of quiet calculation even while he'd allowed his sister's passionate diatribes to wash over him.

It seemed that Gareth had seen the advantages to the Harcourts in such an alliance without his sister's vehement assistance. The Harcourt family had lost so much since the massacre of Saint Bartholomew's Day, because of their loyalty to Henry and the Huguenot cause, it was not unreasonable to expect their reward now that Henry and his cause had triumphed in France.

"Have you talked again with Maude, my dear?" Miles inquired, turning his rings around on his fingers, wishing he could escape into London where he could find some convivial card-playing company in one of the taverns around Ludgate Hill.

"I will not speak with that ungrateful creature until she agrees to do as she's told." Lady Imogen's voice vibrated with suppressed violence. "I wash my hands of her." She slapped her hands together in illustration, but her husband was not fooled. Imogen was far from ready to give up her plan.

Imogen resumed her pacing, then abruptly she turned to the door at the end of the gallery. She said nothing to her husband as she sailed out, leaving the door open behind her.

Miles followed at a discreet distance and when he saw her turn to the left at the end of the corridor into the east wing of the house he nodded to himself. Poor Maude was in for another savage bullying. At least this gave him the freedom to sneak out of the house on his own pursuits.

• • •

Imogen marched into the small parlor where her cousin spent most of her days. "Out!" she ordered the elderly woman sewing beside the fire blazing in the hearth, despite the warmth of the afternoon. It was suffocatingly hot in the small paneled room and the air was thick with the acrid reek of the clarified pig's fat smeared on the Lady Maude's chest to guard against chills.

The woman gathered up her embroidery and looked doubtfully between her young mistress, lying on a cushioned settle drawn up so close to the fire as to be almost in the inglenook, and the Lady Imogen, who stood tapping one foot impatiently, her brown eyes glittering with rage.

"Out! Didn't you hear me, woman?"

Lady Maude's companion curtsied hastily and withdrew.

"I give you good day, Cousin Imogen," a thin voice murmured from beneath a mound of shawls and rugs on the settle.

"Don't you *dare* wish me a good day," Imogen declared, somewhat idiotically. She approached the settle. The girl lying there regarded her solemnly but without fear. Her dark reddish brown hair was rather lank, her complexion had the lifeless pallor of one who is chronically short of fresh air and exercise. But her eyes were a brilliant blue.

"I will not stand for this nonsense another minute. Do you hear me, girl?" Imogen bent over Maude, spitting her rage into her face.

Maude flinched and turned her head aside. But she said in the same reedlike tones, "I must follow my conscience, cousin."

"Conscience! Conscience! What has that to do with anything?"

"I cannot believe, my lady, that you would discount the power of conscience in your life," Maude said gently. "I know you act according to your own."

Imogen's color deepened. How could she deny it without digging a hole for herself? "You *will* obey," she said coldly, straightening. "That is all I came to tell you. You *will* obey those who have authority over you. And I will use whatever methods are necessary to ensure your obedience." She turned to the door.

"You could break me on the rack, madam, but I will not act against my conscience."

The thin voice followed Imogen out of the room and she ground her teeth in frustration. Gareth would have to deal with the girl. It was for him to compel her obedience. He was her official guardian although typically he had always left the hard work to his long-suffering sister.

Who had nursed the girl through her incessant ailments? Who had overseen her education? Who had taught her the meaning of her social position, the obligations of her lineage? Who had had first responsibility for the ungrateful brat's welfare?

Imogen, furious, posed these rhetorical questions to the air and quite without regard for the truth of the matter. The number of hours she had actually spent involving herself physically with her young charge's welfare could be counted on the fingers of both hands.

Once more alone, Maude plaited the fringe of the shawl lying across her lap. Her features while not exactly weak were not drawn with a strong line, but there was something arresting in the blue eyes.

"Berthe." She spoke without looking up from her

plaiting as her elderly companion returned. "Fetch the priest tonight. I will make my conversion this night and then there is *nothing* they can do to me. The advisor to Protestant King Henry cannot marry a Catholic."

"Are you certain you're ready to take such a step, mignonne?" Berthe bent over her, laying a hand on her forehead.

"I have taken instruction, and now I am ready to convert," Maude stated with a stubborn flash in her eyes. "Before Lord Harcourt returns, I will make absolutely certain that I am ineligible to play this part they would have me play for their own advancement."

"I will send for Father Damian." Berthe smiled, stroking the lank hair back from the girl's forehead. Her dearest wish was about to be fulfilled. For twenty years she had struggled to save the soul of the girl she had nursed and cherished as if she were her own child. For twenty years in a country where to profess Catholicism was to be persecuted, she had struggled for a conversion, and now it was within reach.

Maude closed her eyes under the soothing strokes of Berthe's fingers. Lady Imogen would be beside herself, but she would discover that all the torments of the saints couldn't shake her young cousin's faith. She would show them all what true fortitude was.

The landlord of the Adam and Eve didn't look best pleased at the return of the monkey. "I trust that wild beast won't be roamin' around, m'lord."

"I shouldn't think so," Gareth said carelessly. "Show me to that private chamber you promised me and then bring supper for me and my companion." He gestured to Miranda, moving her in front of him.

Molton's little mouth pursed but he turned to ascend the stairs ahead of them.

"His mouth looks just like a chicken's arse," Miranda observed in an undertone, taking a firm hold on Chip.

"An accurate if infelicitous comparison," agreed Lord Harcourt, gently prodding her to follow the fortunately oblivious innkeeper.

"In here, m'lord. Clean and sweet as you could wish." Molton lifted the latch on a small narrow door under the eaves and flung wide the door with a grand flourish. "Nice an' quiet it is, too. Away from the street and the taproom. An' there's no washday until Wednesday, so you'll not be disturbed by the girls heating the coppers below."

Gareth glanced around the apartment. The ceiling was so low he had to duck his head, but the bed was of a reasonable size. A round table and two stools stood beneath the small window that was graced with a narrow window seat. The air was stuffy, infused with the acrid residue of lye and the sickly smell of the soap made from rendered beef fat wafting from the washhouse below. But it was private and far enough away from the main part of the inn to ensure continued privacy.

"It'll do," he said, drawing off his gloves. "Now see to that supper and send up a couple of bottles of Rhenish."

"Aye, m'lord." Molton bowed, his little eyes darting toward Miranda, who stood just inside the door, clutching Chip. "The young person'll be stayin', will she?" An oily lascivious note was in his voice.

Gareth turned slowly and stared at him. Both indolence and humor had vanished from the brown eyes and the landlord backed out hastily, closing the door behind him.

Miranda wetted her lips that were suddenly dry again. The landlord's question, but even more Lord Harcourt's refusal to answer it, had banished her hunger. Her previous wariness returned in full measure. How could she possibly know that a complete stranger could be trusted? His lordship might appear unthreatening but Gertrude had said many times that smooth surfaces were also slippery, particularly when it came to gentlemen.

She reached for the door latch with the hand that wasn't holding Chip. "I . . . I think I've changed my mind, milord. I . . . I don't think I'm interested in a proposition and it wouldn't be fair to take your supper in bad faith."

Gareth frowned. "Just a minute, Miranda!" He reached for her wrist and drew her back into the room. Miranda's eyes sparked alarm. She tried to pull away with all her sinuous strength but the fingers at her wrist tightened. Chip suddenly shrieked and bared his teeth, only Miranda's hold keeping him from jumping at the man.

"God's good grace!" Gareth released her wrist, half laughing, half exasperated. The monkey was a formidable bodyguard. "I do assure you I have no designs on your virtue. I'm just asking you to hear me out in exchange for a decent meal."

He moved away from her farther into the room. She reminded him of a fawn on the banks of a stream, quivering with wariness as it plucked up the courage to drop its guard enough to drink.

He sat down on one of the stools, rested his elbow on the table, and propped his chin in his palm. The silence in the room lengthened. Then she closed the door and stood leaning against it, her hand behind her on the latch.

"The troupe is my family," she said with a touching dignity. "And the men in my family are not pimps and the women are not whores."

"Of course not," he agreed gravely.

"I know people think that traveling players are—"

"My dear Miranda, I don't know what *people* think, but *I* am not one to make assumptions," he interrupted.

Miranda regarded him with her head on one side. A bang at the door made her jump. She stood aside as two tavern wenches entered with trays of food and drink. Miranda's nose twitched at the toothsome aromas and she found herself moving into the chamber to the table without further hesitation.

The two tavern wenches shot her assessing glances as they left. Miranda knew perfectly well what they were thinking, but since they probably sold their own bodies as freely as they filled the tankards in the taproom below she didn't take offense at their assumption that she was doing the same.

She released her tight grip on Chip, who immediately leaped to the top of the bed canopy, where he crouched chattering.

Miranda came over to the table, hungrily examining the offerings. "White bread," she murmured in awe. White bread was not the staple fare of the laboring classes on either side of the Channel. She took the second stool and waited, politely controlling her eagerness, for her companion to make the first move.

"I believe this is a jugged hare." Gareth sniffed appreciatively at the contents of an earthenware stewpot. He dipped his knife into the pot and cut off a piece of rich dark meat, spearing it on the point of his knife. He tasted it and nodded. "Excellent." He gestured that she should help herself and broke off a chunk of the soft fresh white bread.

Miranda needed no second invitation. She dipped her spoon into the savory juice and was about to use her fingers on the meat when she remembered that her companion had used his knife. Such niceties were not the habit of the traveling folk but she was adept at imitation and followed suit. It was with relief however that she saw he didn't have any scruples about dipping his bread into the communal pot.

Gareth paused in his eating to fill pewter goblets from the leather flagon of Rhenish wine. He was covertly watching the girl at her supper, noticing how daintily she was eating, how she wiped her fingers clean on her bread instead of licking them, how she chewed with her mouth closed.

Chip leaped from the top of the bed and perched on the end of the table with his head on one side and a somewhat mournful air. "He doesn't eat meat," Miranda explained, breaking off a piece of bread and holding it up to him. "He likes fruit and nuts, but he'll have to make do with bread today."

"I expect mine host can produce a dish of raisins and a couple of apples," Gareth suggested, looking pained. "Do you think you could encourage him to leave the table? I don't care to eat in the company of even well-behaved animals."

Miranda lifted Chip off the table but he promptly jumped onto her shoulder, still clutching his piece of bread. "I don't think I can persuade him to go any farther away," Miranda said apologetically.

Gareth shrugged in resignation. "As long as he stays

off the table." He took up his goblet. "Your family are French?"

Miranda gave the question rather more thought than such a simple inquiry might ordinarily have warranted. "The troupe are French, English, Italian, Spanish. We come from all over," she said eventually. "Is that what you meant?"

"What about your own family?"

"I don't know. I was found." She sipped her wine. It always embarrassed her to have to confess to being a foundling, even though she had never lacked for a sense of family.

Lord Harcourt, however, seemed to find nothing to condemn about such a careless beginning. He merely asked, "Where?"

Miranda shrugged. "In Paris somewhere, when I was a baby."

He nodded. "And how old are you now?"

Miranda shook her head. "I don't know exactly. Mama Gertrude thinks I must be about twenty. She found me in a baker's shop and since I didn't seem to belong to anyone she took me with her. And now she wants me to marry Luke. Which is absurd. Luke's been my brother all my life. How can one marry one's brother?"

"Without benefit of clergy."

Miranda grinned at this dry response. "You know what I mean."

He just laughed and refilled her goblet. "So the troupe is the only family you've ever known. You speak English as if it's your mother tongue."

"I speak lots of languages," she said almost indifferently. "We all do. We travel all over, you see . . . Oh, Chip!" She gave a mortified cry, grabbing up the monkey, who had slid from her shoulder while her attention was diverted and was now digging into the stew-pot. He flourished a piece of carrot between two fingers before cramming it into his mouth, chattering gleefully.

"I do beg your pardon, milord. He must have realized there were vegetables as well as meat in the pot." Miranda looked stricken. "His fingers are quite clean, though."

"How reassuring," Gareth replied without conviction. "Fortunately, I've satisfied my appetite for the moment, so you might as well let him dig to his heart's content."

"It's very kind of you to feed Chip, milord," Miranda said as they watched Chip forage. "So many people seem to be afraid of him. I can't understand why, can you?"

"Your fellow players presumably accept him."

"Some of them don't like him." Miranda sipped her wine. "But he earns his keep. The crowds love him and he's very good at collecting money after our act . . . and Robbie loves him. He makes him laugh." Her smile was sad, her lovely blue eyes momentarily shadowed.

"That's the little crippled boy?"

She nodded. "One foot is badly formed and one leg is shorter than the other. It means that he can't do much toward earning his keep, but I share my takings with him and he does what he can."

"Whose child is he?"

"No one knows. He was found, too. I found him in a doorway."

Gareth was startled by his response to this simple speech, to the simple generosity and the depths of human feeling that lay behind it. The girl had so little to give, but what she had she freely shared with those even less fortunate than herself. And no one could describe the hand-to-mouth existence of a strolling player as a fortunate one. He'd grown accustomed to the idea that his own better nature had died with the discovery of Charlotte's betrayal. Life had seemed so much easier once he'd stopped expecting anything from people that he had embraced his own cynicism with pleasure and relief, but this diminutive scrap seemed to make nonsense of such cynicism.

"So what is your proposition, milord?" She changed the subject, resting her chin on one elbow-propped palm, her other hand firmly clutching Chip's jacket.

"I would like you to stand in for someone," he stated. "In my house just outside London, I have a young cousin who is frequently unwell. She looks rather like you . . . in fact you are astonishingly alike . . . and I think it might be helpful if you were to take her place in some situations that might arise."

Miranda blinked in astonishment. "Pretend to be someone else, you mean?"

"Precisely."

"But this cousin . . . won't she object? I wouldn't like someone pretending to be me."

His smile was a trifle sardonic and took Miranda aback. She hadn't seen such an expression on his face before. "In the circumstances Maude will not mind," he said.

"Is she very ill?"

He shook his head, and the sardonic smile would not go away. "No. Maude is more of an imaginary invalid."

"What situations are going to arise?"

The arrival of the king of France expecting to woo the

Lady Maude d'Albard. Gareth stroked his chin, regarding Miranda in a silence that she began to find unnerving. The man she had felt so easy with a few minutes before seemed to have changed.

"Milord?" she prompted.

He said briskly, "That I can't tell you at this point. I don't even know for sure that I will want you to take Maude's place. I don't know if it will be necessary . . . in the end. But I would like you to accompany me to my house and stay there for a while and practice conducting yourself like the Lady Maude d'Albard."

Miranda's gaze dropped to the table. This sounded very strange and not entirely honest. "You want me to practice a deception, milord?"

"I suppose you could call it that," he said. "But I assure you that no one will be harmed by it. Quite the opposite. You'll be doing many people a great favor."

Miranda chewed her lip. It still sounded very peculiar. She crumbled bread between her fingers. "How long is *a while*?"

"Again I don't know precisely."

"But I have to go back to France and find my family," she said doubtfully. "They will wait in Calais for a week or two, but then they'll have to travel and I might never find them again."

Gareth remained silent, sensing that pressure from him would only drive her away.

"If I say I will come for two weeks . . . ?" she suggested.

Gareth shook his head. "No, you must agree to remain until the task is completed. Then I will fee you with fifty rose nobles."

"Fifty rose nobles!" Her eyes became as round as saucers. One rose noble was more money than she had seen in her entire life. "Just for pretending to be someone else."

"Just for agreeing to pretend to be Maude," he corrected. "You may not even have to play the part."

"Oh." A deep frown corrugated her brow.

"But I'm afraid the monkey is not included," he said gently.

Her response was immediate. "Oh, no, then I couldn't agree."

"You would throw away fifty rose nobles for the sake of a monkey?" Gareth was so incredulous he lost his carefully preserved calm.

Miranda's mouth set and she said firmly, "Chip belongs to me. Where I go he goes."

It was the set of her mouth that convinced him. How many times had he seen Maude look exactly like that, the same damnably stubborn expression in the cerulean eyes, the same line of the mouth? Henry would never know the difference between the two of them.

He bit the bullet and accepted the ultimatum. "Very well. But God help us all when Imogen sees him."

"Who's Imogen?"

"My sister. And I'm afraid you will not like her." He stood up on the words. "Are we agreed, Miranda?"

Miranda continued to hesitate. With fifty rose nobles she could do anything. Even buy Robbie the special shoes that would lift his shorter leg. The cobbler in Boulogne had said he could make such shoes for a lame person. But he wanted five guineas for them, and where was a strolling player to find five spare guineas? Until now.

She looked up, met his dark eyes, grave and unsmiling now, but she was once again struck nonetheless by the steadiness, the sense of security, that emanated from his large loose-limbed frame.

He held out his hand and silently she took it, as she stood up. "We are agreed, milord."

His hand closed warmly over hers, then he smiled and all the gravity was chased from his expression. "Good, I believe we shall deal extremely well, you and I. But it's late and we must leave at dawn. You may sleep up here tonight since you are now in my employ, and I suggest you go to your rest now. It'll be a long and tiring ride tomorrow." With a little smile, he raised her rather grubby hand to his lips. "I give you good night, Miranda."

She touched her hand where his lips had brushed, swamped with a mixture of wonder and embarrassment. No one had ever kissed her hand before.

The door closed behind him before she could recover enough to return his good-night.

Chapter Four

It was two hours later when the earl of Harcourt set down his tankard of rum punch in the taproom and made his way back up the narrow staircase to the chamber above the washhouse. His carrying candle threw his greatly elongated shadow ahead of him on the half-timbered plastered walls. He stepped carefully over the stack of dirty supper dishes neatly piled outside the door. Miranda apparently had some inclination for housekeeping.

He lifted the latch and entered the chamber. It was dimly lit by the moon shining through the small unglazed window. He set down his candle and gazed around, his eyes somewhat unfocused. The landlord's rum punch had been potent and the company in the taproom surprisingly convivial.

He blinked, frowning. The room appeared to be empty. Then his eye fell on the bed and a very small mound beneath the covers on the far side.

He picked up the candle again and approached the bed. The soft yellow light illuminated a slender white arm curved on the pillows, a pale turned shoulder, and two very bright eyes as the monkey, curled in the crook of Miranda's neck, regarded the earl somewhat balefully.

Gareth stood looking down at Miranda and debated. She was naked, but that was only to be expected. No one slept in their clothes. He should have thought about where she was to sleep but it hadn't occurred to him. He glanced around the chamber. Apart from the floor and the narrow window seat, the bed was the only option.

It seemed his intention to have a bed to himself, a privilege for which he'd paid handsomely, was to be thwarted, he thought ruefully. Reaching over, he eased the pillow out from under her head.

Miranda was lost in the depths of a pleasant if ill-defined dream. Feather beds were a rare luxury in her life and the warmth and softness of this one had lulled her to sleep within minutes of clambering into it. But she was a light sleeper and her eyes flew open the minute Gareth leaned over her. Disoriented, she blinked in the yellow light of a candle held close above her, for a moment unable to place the face gazing down at her.

Then she remembered. She flung an arm over her eyes to shield them from the light. "Is something the matter, milord?"

"Only that I hadn't expected to find you in my bed," he replied, shaking out the pillow he'd removed from behind her head.

Miranda sat up, the covers falling to her waist, revealing a pair of small but perfectly formed breasts and an amazingly narrow rib cage. "There didn't seem anywhere else and I don't take up much room. Everyone I share a bed with says I sleep very still. I won't disturb you."

Gareth was not so sure about that. Naked women in his bed were inclined to disturb him.

"I'm sure you're a very considerate bed partner," he said, leaning over and thrusting the pillow beneath the quilt down the middle of the bed. "However, since I may be a somewhat less tidy sleeper than you, we'll create a little separation."

"Let me help." Miranda threw off the bedcovers, slid to her feet, and busily set about positioning the pillow, fluffing up the bolster, and straightening the sheet.

Gareth stepped away from the bed, aware that his heart was thudding. She was perfectly formed. A perfect miniature of a woman with dainty breasts, a tiny waist, and the merest hint of a curve to her hips. She carried not an ounce of spare flesh, but the muscles moved smoothly beneath the taut skin, reminding him of some superbly and purposefully constructed machine. She turned her narrow feet out like a dancer, and her belly was so flat it seemed to cleave to her backbone.

If asked for his ideal of womanhood Gareth would have produced a description of Charlotte: tall, deep-bosomed, well-hipped. A lush, sensual creature with rippling golden hair and a full red mouth and eyes that drew a man down and down into the seductive maelstrom of her passion. A woman who knew her power and her beauty and knew exactly how to use them.

But Miranda's sublime indifference to her nakedness, her blithe ignorance of the effect it was having upon him, was more alluring than all of Charlotte's knowing wiles.

One too many rum punches, he told himself, turning away from the bed. His voice had a slight catch to it as he said, "That'll do fine. Get back under the covers before you catch cold."

Miranda obeyed with alacrity. It was true that the night air coming through the unshuttered window was quite chilly on her bed-warmed flesh. She drew the covers up to her chin and asked companionably, "Did you have a pleasant evening, milord?"

Gareth's murmured response didn't encourage further friendly discussion.

The moon was for the moment obscured by cloud and Gareth hastily blew out the candle, plunging the chamber into darkness. Taking advantage of the gloom in which his body would be visible as only a pale shape, he threw off his clothes, leaving them on the floor where they fell, and climbed into bed. The mattress sank under his weight and Miranda's slight body rolled against the separating pillow. Gareth could feel the warmth of her body beneath the covers, although they weren't touching, and he could smell her skin and hair, a faintly earthy yet curiously innocent scent in the air around him.

Miranda rolled onto her side, tucked up against the pillow. "I give you good night, milord."

"Good night, Miranda." But it was long before Gareth finally slipped into slumber.

When he woke, daylight was pouring through the unshuttered window and there was no sign of either Miranda or the monkey. He stretched, yawned, flung aside the covers, and stood up, surprised at how clear-headed and remarkably well he felt, given his rather short and not entirely dreamless night. His eye fell on Miranda's orange dress lying on the window seat and his well-being suffered a small dent. If she wasn't in the room, and she patently wasn't, then where in the devil's name had she gone in a state of undress?

Applause, whistles, and catcalls drifted through the open window from the inn's courtyard beneath. He went to the window, looked out, looked sideways, then stared, his heart in his mouth. Miranda was on the point of the steeply pitched, black-leaded, red-tiled roof to his right. She was barefoot, clad only in the leather leggings and her chemise, and she was performing an acrobatic routine for the enjoyment of the inn's staff many feet below.

She was standing on her hands, or rather on one hand, he amended sickly; the other hand was waving to the audience. Chip was standing on the sole of her upturned foot, raising his hat in a similar salute.

Gareth bit back a yell of fury, terrified of disturbing that precarious balance. He held his breath as she backflipped on the razor-thin edge of the roof pitch, sending Chip soaring through the air in a tumbling somersault. Miraculously they both landed on their feet, but his mind wouldn't lose the image of her body tumbling over and over through the air, legs and arms flailing as if they could halt her fall, until she landed on the cobbles beneath, sprawled and limp as a rag doll, a pool of blood spreading from beneath her head and the strange sharp angle of her neck.

Charlotte. No, that was Charlotte. He could still hear her scream as she tumbled backward from the window, to land at his feet. He could still feel the warmth of her skin beneath his hands as he touched her fallen body.

Gareth shook his head to banish the ghosts. He looked down at his hands, slim, white, strong. They had confirmed her death, closed her eyes on that hideous afternoon. Each movement so cold, so deliberate . . .

He let his hands fall to his sides. It was not Charlotte he had to worry about, not now, not ever again. He leaned out of the window as far as he could.

"Miranda." He kept his voice low and even as if he were hailing her calmly on the street.

"I give you good morrow, milord," she called merrily, turning her body into a taut triangle, one hand clasping one ankle, the other hand and ankle raised way above her head.

"Come in," he said, still quietly, his heart throbbing thickly in his throat. She merely laughed and his fear gave way to a surge of black rage. "Come in this instant!"

Miranda heard his tone but at first didn't recognize it for what it was. It didn't occur to her that he could be frightened for her. She had been performing such antics ever since she could remember and no one in the troupe would ever have considered them dangerous. The occasional sprain was a routine hazard, but that she might be endangering her life didn't occur to her. So she ignored the earl's instruction and continued her performance, which was as much for her own amusement as it was for the audience in the court below.

Gareth withdrew from the window when he finally realized that she wasn't going to take any notice of him and he could bear to watch no longer. Furiously, he snatched clean linen from his portmanteau and began to dress swiftly, only the roars of approval from the crowd reassuring him that Miranda was continuing to perform without mishap. And paradoxically with each reassuring burst of applause, his anger grew.

He was buttoning his shirtsleeves when the applause ceased and Miranda jumped exuberantly through the window, landing on the floor on the far side of the window seat with a neat scissor kick of her leather-clad legs.

"Just what in Lucifer's name were you doing?" His voice was ominously quiet.

"Practicing," she informed him cheerfully. "I have to practice every day and the roof was a perfect place."

She dropped her palms flat on the floor as she continued her chatter, stretching out her calf muscles.

"Chip needed to go out . . . he's very well housebroken, you should know . . . and since I wasn't sure what kind of reception we'd receive if we went downstairs, the roof seemed the only alternative. And while we were out there, it seemed sensible to kill two birds with one stone and get some practice in."

Gareth closed his eyes briefly. Miranda straightened and looked at his set face, the taut line of his mouth. "You're vexed," she said in astonishment.

The astonishment was the last straw. "Of course I am! What do you expect when I wake up to discover you breaking your neck out of sheer reckless exhibitionism? Or were you intending to send that monkey round with the hat?"

Miranda looked as confused as she felt. "No . . . I explained . . . I was just practicing. I have to practice every day. If people want to watch then I don't mind."

He massaged the back of his neck, regarding her in frustration. "Didn't it occur to you that you could have broken your neck?"

Miranda looked even more bewildered. "You were afraid I might slip . . . and fall?"

"Goddamn it! Of course I was!" he exclaimed.

"But it's not possible for me to make such a mistake."

Gareth stared at her, incredulous. She believed it. The conviction shone unshakable in her eyes, was carried in the firm line of her jaw. She believed that out there on that roof she had been utterly safe. And then he understood that the slightest hesitation, the faintest flicker of a doubt in her own ability, would be fatal. Of course she had to believe in her invulnerability, to perform as she did.

He exhaled slowly. In a different tone, he said, "Would you pass me my boots? And you'd better finish getting dressed."

Miranda passed him his leather boots, her fingers unconsciously caressing the butter-soft cordovan leather. She had never touched anything quite so luxurious. She handed the boots to him and offered a tentative smile, aware of an odd feeling. He had been afraid for her.

Miranda didn't think anyone had ever been afraid for her before and she didn't know quite what to make of it, or of the strange warmth it brought her.

Her smile was utterly irresistible, Gareth recognized with a wry resignation. The bodice of her chemise was only partially laced and the creamy curves of her breasts, the dark rose of their crowns, peeked between the thin ribbons. The garment was tucked roughly into the waistband of her leather leggings, producing a roll of material around her hips that he found peculiarly endearing.

Without volition, he pulled the chemise free of the leggings and smoothed it down over her hips, then tied the ribbons of her bodice more securely. "You are an untidy wretch," he muttered. "It's not enough for you to risk breaking your neck for the edification of a pack of stable lads, but you have to do it half-naked."

"I beg your pardon," Miranda said meekly, looking down at his fingers deftly threading the laces into the eyelets on her bodice.

She dropped her orange dress over her head. It was more of a shift than a gown, with a laced bodice through which the white holland of her undergarment was visible, and short sleeves that finished above her elbows, revealing the sleeves of her chemise. She noticed that those sleeves were grubby and cast a discomfited look at milord's pristine linen.

"If I'm to pretend to be this Lady Maude, I'll need another gown," she suggested.

"At least one," he agreed, pulling on his boots, turning the high cuffs over below his knees. "But there'll be time enough to see to your wardrobe while your hair's growing."

Miranda ran her hands through the short straight bob, fluffing it out around her face. "Long hair is a nuisance when I'm tumbling."

"Yes, but you will not be tumbling while you're taking my cousin's place in the world," he pointed out.

"I suppose not." Miranda pushed her feet into her wooden pattens. "I don't suppose your cousin has any acrobatic tendencies." She went to the door. "Shall I ask them to send up hot water for you?"

"If you please." Gareth was still trying to imagine Maude with acrobatic tendencies but the image was too absurd. "And perhaps you'd tell them in the kitchen to send a message to the livery stable to have the nag saddled and ready to leave within the hour."

"Are we to ride to London?"

"Yes." He caught her doubtful look and said, "Can you not ride?"

"Packhorses and mules. But London is a very long way, is it not? Too far to ride on a mule."

"You may ride pillion. Tell them to use a pillion saddle on the nag."

Miranda went cheerfully on her way, Chip leaping ahead of her down the narrow staircase. At the foot, however, he jumped into her arms when she whistled for him. She was greeted in the kitchen with great good humor after her rooftop performance, and having relayed milord's instructions she went off in the direction of the privy.

She had the noisome outhouse to herself, which augured well for the day. It wasn't that she objected very strongly to sitting hip to hip with her fellows, but privacy was a definite pleasure. An almost unheard-of pleasure in the rough-and-tumble of life on the road.

Her family would be nearing the coast of France by now, if the wind and weather had been set fair for the crossing. Would they be wondering about her, about what she was doing, how she was faring? Of course they would. Mama Gertrude, Bertrand, and Luke in particular. And Robbie would be miserable without her. Luke would make sure he had food when they all ate, but he wouldn't be watching for when the boy grew fatigued as he stumbled along in the troupe's wake. Robbie would never admit his tiredness and ask to ride on the hand-pulled cart that carried most of their possessions; it was always Miranda who lifted him up, ignoring his protests.

Chip had been sitting on the roof of the shed waiting for her and jumped down onto her shoulder as she emerged from the privy. Her customary bubbling optimism was somewhat subdued, and she was feeling rather lonely and forlorn as she returned to the kitchen yard. How could she be certain she could do what Lord Harcourt wanted? What kind of life did he lead in London? What kind of people would she meet? Like none she had known hitherto, of that much she was certain. And the familiar faces and voices, the familiar way of life, hard though it was, suddenly seemed very precious, with a value she had not properly appreciated.

She paused at the rainwater butt and splashed water on her face, smoothing down her hair with wet fingers. She tried to sponge the grubby marks from her sleeve but without much effect. Milord Harcourt would be freshly shaven, his linen fresh and clean, at the breakfast table, while she looked as disreputable as any street urchin.

She was scrubbing with renewed vigor when Gareth stepped into the kitchen yard. He watched her as she combed through her hair with her fingers, wiped her wet face on her skirt, and disconsolately examined her sleeves.

She looked up from her ablutions and saw him in the kitchen doorway. "I beg your pardon, milord, have I kept you waiting?" She hurried over to him, confiding ruefully, "I was trying to tidy myself, but I don't seem to have had much success."

"No," he agreed, scrutinizing her with the glinting smile that always reassured her. "But then you were hardly starting from a promising point. Come, let us break our fast." He put a hand on her shoulder, urging her ahead of him through the kitchen and into the taproom, deserted save for a serving wench laying dishes on the long scrubbed central table.

Miranda licked her lips at the spread of coddled eggs, sirloin, manchet bread, and a pig's head. She slid onto the long bench, her mood of loneliness and apprehension lifting. "I'm ravenous."

"I'm not surprised after your dawn exercise." Gareth took up the carving knife. "Brawn? Or sirloin?"

"Both, if it wouldn't be greedy." She pushed her bread trencher toward him so he could lay the slices on it, then dipped her spoon into the dish of eggs.

The serving wench put tankards of ale besidc them,

curtsied, and hurried to the inglenook to rake through the previous night's embers.

Miranda ate in appreciative silence for a few minutes then said, "Where's Chip? He's disappeared."

"God's in His heaven after all," Gareth murmured. "I was wondering why my breakfast was so peaceful."

Miranda swung her legs over the bench and went to the window that looked out onto the street. A lad with a tray of pies passed by, shouting his wares, followed by a man pushing a handcart laden with onions and cabbages. An elderly woman was sweeping rubbish out of her house and into the kennel in the middle of the lane. She retreated hastily at the alerting cry of "Gardyloo," just managing to escape the contents of a chamber pot hurled from a window above.

A perfectly ordinary early-morning street scene, but there was no sign of Chip.

Miranda returned to the table, but her appetite had gone. "I'll just go and see if he's still in the kitchen yard."

Gareth nodded amiably and took up his tankard again.

A piercing scream brought him to his feet, knocking his tankard over, dropping his knife to the table. He was halfway to the door to the kitchen before he realized that the scream was not human, and he was through the door before the animal shrieks were joined by Miranda's no longer melodious tones. She was yelling, wordlessly, but at such an extreme pitch of rage and pain that the sound went through his head like a knife.

He raced through the kitchen, pushing through the circle of gawping kitchen folk crowding the door. In the yard, he stopped. Chip was screaming in high-pitched terror, a burning brand tied to his tail. He was running round and round in panicked circles as Miranda tried to capture him amid a group of laughing louts pelting both the petrified animal and the girl with stones and lumps of horse dung.

"Miranda, you won't catch him if you don't stop screaming!" Gareth ran forward, catching her shoulders. "Speak to him calmly."

"But he's on fire," she cried, tears pouring down her cheeks, her face white, her lips even whiter.

Gareth swung sideways, picked up the bucket by the pump, and hurled the contents over the screaming monkey. Then in almost the same movement he turned on the convulsed louts. He had his sword in one hand and with his other he was unbuckling his belt before anyone understood what was happening. Then he was in the middle of the group of ruffians, the flat of his sword swinging in one arc, his thick studded belt in another, and now the lads were screaming to rival the monkey, racing to escape this devil of vengeance and the agonizing cuts of steel and leather.

They were gone in a squealing, earsplitting scramble like so many stuck pigs and Gareth's arms slowly ceased their windmill action. He rebuckled his sword belt, sheathed his weapon, and came over to Miranda, who, calmer now, had managed to catch the sodden Chip and removed the brand from his tail. She was cradling him in her arms as she examined his singed fur.

She raised her tear-stained face to Gareth and her eyes were brightly vengeful as she said with ringing triumph, "Oh, you really thrashed them! But I wish they hadn't escaped so soon."

Gareth, who could guess how much damage he'd inflicted in a rage more violent than any he'd experienced in many a long year, thought they had probably escaped in the nick of time. But he said only, "How is he?"

"Just a little charred fur. He's more terrified than anything. How could they do such a thing?" Her eyes filled with tears again. "I'm sorry I was stupid. I should have thought to throw the water . . . but I couldn't think clearly."

"No, that's hardly surprising," he said, reaching to brush a lock of hair, sticky with tears, from her cheek. "Bring him inside now."

The monkey pushed his head out of the sheltering curve of Miranda's arm and surveyed his rescuer with glittering eyes that Gareth would have sworn had tears in them. The monkey chattered softly, lifting one small scrawny hand toward the earl.

"He's saying thank you," Miranda interpreted and Gareth, for all his skepticism, was inclined to believe her. "He'll always trust you. He'll be your friend forever now," she said.

"How lucky can I get?" Gareth murmured and was rewarded with a watery smile before she returned to soothing the still-quivering Chip. Her head was bent, her glowing hair parting on her nape to swing behind her ears. Gareth, in a manner rapidly becoming familiar, put a hand on her shoulder to urge her inside. Then he stood immobile, staring down at the pale slender column of her exposed neck. His hand moved from her upper arm to her neck, his fingers tracing the tiny silvery crescent mark tucked up against her hairline.

"How did you get this?"

"Get what?" She raised her head against the warm

clasp of his fingers, twisting to look at him over her shoulder.

"This little crescent mark. It's a scar of some kind." He moved her head around again, bending her neck so he could look more closely. The blood was suddenly racing in his veins.

Miranda reached behind her neck, trying to feel what he was talking about. "I don't know what it is. I've never seen it . . . not having eyes in the back of my head," she added with a tiny laugh that did nothing to disguise her sudden unease. She could feel his tension in the fingers on her neck and she began to have the unpleasant sensation that, all unknowing, she had been carrying some deforming stigma around with her all her life.

"You don't recall ever cutting your neck, falling perhaps?"

"No." She shook her head. "Whatever it is must be a part of my skin. Is it very nasty-looking?" She tried to sound indifferent, casual, but there was a residual quiver to her voice.

"Not in the least," he said swiftly. "It's very tiny and hidden by your hair most of the time." He took his hand away and she raised her head, her hair swinging back over her neck. "Come, let's be on our way."

But he paused in the yard as she went ahead of him back to the inn. It was extraordinary. He knew now with absolute certainty that the itinerant acrobat was very much more than Maude's look-alike.

Chapter Five

DOVER'S TOWN GAOL was a gloomy place even on a bright August morning. Only a thin shaft of daylight penetrated the dark cell from a barred slit high up on the wall. Mama Gertrude eased her substantial frame away from the slimy damp stone wall at her back as the first spike of light told her that the long cold night was finally over. She shivered, drawing her shawl closer around her shoulders, silently counting the huddled bodies on the filthy straw covering the mud floor. The checking comforted her, although she knew perfectly well that none of her companions would have melted through the thick stone walls overnight.

A stinking open drain ran down the middle of the cell, a wooden pail in the corner served as commode. There were no other amenities, not a stick of furniture.

They were all there, except for Miranda. It wasn't the first time the troupe had spent a night in gaol, picked up for vagrancy, or on suspicion of thieving. But on this occasion, it was Miranda's fault. Miranda and her monkey. As far as Gertrude could gather, the missing pair had caused a hue and cry in the town but had managed somehow to evade the pursuit. As a result, their confederates had been rounded up just as they were to take ship back to Calais and shoved into this reeking hole as consolation prize for the irate citizens of Dover.

Bert coughed, hawked into the open drain, and sat up. "God's death, how did we get into this?"

"We'll be out soon enough," Gertrude said. "They can't 'old us without charges, and there's no charges they can lay agin any of us. Whatever Miranda was up to, we weren't there."

"She wouldn't 'ave been thieving," Bert declared, struggling to his feet, his whole body protesting after its hours on the hard damp floor.

" 'Course not, but that's not goin' to stop 'em charging 'er." This was from Raoul, the strongman, who flexed his mighty biceps and stood up, towering over the small group. "They'll charge 'er an' find 'er guilty without the girl ever openin' her mouth. In cahoots wi' the monkey is what they'll say."

Robbie whimpered. "Will they hang M'randa?"

"They'd 'ave to catch 'er first, laddie," Raoul said.

"And Miranda's quicker than an eel," Luke put in with a touch of vicarious pride. He drew himself upright, his long skinny body straightening like a piece of string. "If they haven't caught her by now, they won't. And if they had, we'd know about it."

"Aye," Raoul agreed, relieving himself at the bucket. "But we're still in a pretty pickle. They want to bring us afore the magistrate wi' a charge of vagrancy, an' we'll all be whipped through the town square, an' count ourselves lucky to escape slit noses."

Robbie snuffled and massaged his foot, which was aching unbearably.

"It's the bleedin' monkey I blame," a voice muttered from a far corner. "Should 'ave wrung its neck when the girl first picked it up."

Gertrude laughed, a massive booming sound in the small space, and her huge flopping bosom quivered like an unset jelly. "I'd like to 'ave seen you take it away from Miranda, Jebediah! You didn't see what she did to the organ grinder what was mistreatin' it. Railed at him like a regular fishwife, she did, then tipped up his barrel organ and threw a bucket of slops all over 'im when he come after 'er."

"Oh, aye, quite a sight that was," Bert reminisced. "You don't want to get on the wrong side of our Miranda when 'er pity's raised."

"Well, I'll be glad to see the light o' day, and no mistake," Jebediah muttered. "An' if it means givin' up the monkey to the law, then you'll not 'ear a peep outta me."

The turnkey's heavy footfall brought an end to the conversation as their heads turned as one toward the massive wooden door with its small barred insert.

The nag looked even sorrier in the bright morning light than he had the previous evening and Gareth had serious doubts how far he'd get with his double load as well as the luggage before he was winded. Certainly not the seventy-odd miles to London.

The pillion cloth was moth-eaten but Miranda had refused the horsehair pad, complaining that the bristles sticking through the canvas were like porcupine's spikes. She now balanced easily behind Gareth on the animal's withers as they rode out of the stable yard, but there was something ominous about her present preoccupation.

"I do hate being cheated," she said eventually, as he turned the horse away from the town up the steep path leading to the castle and the clifftop.

Gareth sighed. He'd been wondering if that was behind her silence. The owner of the livery stable, a one-eyed ex-mariner with a head as bald as an egg, had blatantly overcharged his noble customer for the nag and the pillion cloth. Gareth had heard Miranda's sharply indrawn breath but he had had no interest in arguing pennies with an unsavory cheat. The man would expect the wealthy gentleman to bear the cost without demur. It was one of the unspoken social rules of their world.

"It was a relatively small sum," Gareth pointed out.

"Not to everyone," Miranda said, so softly that it could almost have been to herself.

Gareth felt an absurd flash of discomfiture. Wryly he acknowledged that Miranda's point of view would be vastly different from his own.

The nag stumbled over a loose stone on the steep path leading up to the sprawl of Dover castle on the clifftop. Instinctively, Gareth put one hand behind him to steady Miranda.

"I'm in no danger of falling, milord," she said. "Perhaps I should dismount and walk up." The nag's breathing was growing more labored and without waiting for his response Miranda suited action to words. She jumped down and sprang ahead of them up the path, kilting her skirt to free her leather-clad legs. She neither walked nor ran, Gareth thought. It was more of a dancing progress. Chip had jumped from her arms and was pursuing his own erratic path upward, leaping from stone to stone, pausing frequently to examine some object that had caught his eye.

Watching Miranda's quicksilver movements, the glow of her hair as the wind swept it back from her face, the grace and agility of her slender frame, Gareth began to question whether this deception would work.

Anyone who had seen and known Maude would never be taken in.

If Miranda was to take Maude's place with Henry, then Henry must never lay eyes upon Maude during his courtship visit. It was fortunate that Maude had never been to court. Miranda must make Maude's debut before Henry arrived. Those close to the family who knew Maude to be a wan, reclusive invalid would somehow have to be persuaded of the transformation. That would be Imogen's task. One she would undoubtedly be up to.

Henry had said to expect him before Michaelmas, a mere five weeks away. Could Miranda be prepared in such a short time? But of course she could. She was born a d'Albard and such birth and lineage would come easily to the fore. She seemed adaptable and had a sharp wit; she would take to the new life like a duck to water, he was certain of it.

He watched her stride ahead up the path. They were in the shadow of the castle walls now and he knew they would be under observation from the square towers of the inner bailey. Not that a man on a winded nag would pose much of a threat. The lord of Dover castle was an old acquaintance, and if he hadn't had Miranda in tow Gareth would have claimed hospitality in the form of dinner and the loan of a decent horse. But Miranda couldn't be easily explained, not without risking his secret.

She stopped at the head of the path and stood shading her eyes, gazing out at the view stretched below them. The town clustering against the cliffs, the peaceful waters of Paradise Harbor, the white-flecked waves of the sea beyond.

"I've never been to London," she said as he came up beside her.

It seemed to come out of the blue but he understood that she was looking toward France, twenty miles across the water to where all the family she had ever known would soon be landing. He detected a sheen of tears in her eyes as she looked up at him. But Miranda was a d'Albard, not a strolling player anymore, and she must leave the past behind.

"Then it's time you tasted the pleasures of the metropolis," he said bracingly. "Come. The path is straight now and this beast can carry us both." He leaned down, offering her a hand.

Miranda took it and settled behind him, whistling again for Chip, who appeared out of a tangle of gorse bushes, clutching a handful of leaves and gibbering with pleasure.

"You've found your own dinner, then," Miranda observed, receiving him into her arms as he leaped upward. "Where will we dine, milord?" Her interrupted breakfast seemed a long time ago.

"At the Arms of England in Rochester," Gareth said. "There's a livery stable close by where I should be able to trade in this pathetic excuse for horseflesh for something a little more robust. It should make tomorrow's ride rather more comfortable, not to mention quicker."

"Tell me about your sister. Why won't I like her?"

"You'll have to see for yourself," he said. "But I warn you that her disposition will not be improved by sight of that monkey."

"Chip will behave," she assured him. "Does she have a husband, your sister?"

"Lord Miles Dufort."

"Will I like him?"

"He's inoffensive enough. Somewhat henpecked."

"Oh." Miranda chewed her lip for a few minutes. "Is your house very grand? Is it a palace?"

He smiled slightly. "On a small scale. But you will soon learn your way around it."

"Does the queen ever visit you?"

"On occasion."

"Will I meet the queen?"

"If you take my cousin's place, most certainly you will."

"And your cousin . . . will she like me?" There was anxiety in her voice and she put her hand on his shoulder. Her body was very close to his back, not exactly pressed against him, but very close nevertheless.

"That's hard for me to say," he replied neutrally, trying not to respond to the distracting, sinuous little body at his back. "I know very little about the workings of my cousin's mind. I'm not really very well acquainted with her."

"And you don't know very much about me, either," Miranda said thoughtfully, with another little wriggle against him. "But I could tell you anything you wanted to know."

"Perhaps later," Gareth said. "Is it necessary for you to sit so close to me? I find it rather hot."

"His back slopes so I keep rolling down the hill," she explained, but obligingly hitched herself backward. "I'll try and hold myself here."

"My thanks," he murmured with a secret smile. It seemed an eternity—not since the early months of his marriage—that he had last felt true amusement instead of the twitch of cynical derision that passed for humor.

The road wound its way inland, dropping down

from the cliffs, and the nag picked up his pace. They were approaching a crossroads when an immense din reached them. A raucous sound of pipes, clashing of pans, drumming of bones on tin, and a roaring surge of shouting, chanting voices mingling with shrieks and hoots of a mirth that had an unpleasant edge to it.

"Whatever is it?" Miranda peered around Gareth's substantial frame to look down the lane to the right of the crossroads. A group of ragged men came around the corner, blowing horns, drumming on copper kettles.

"Hell and the devil! We don't want to get into the middle of that!" Gareth pulled the nag sharply to the side of the lane until they were pressed up against the hedgerow.

"What? What is it?" The banging and shrieking was now coming from just around the corner on the heels of the group of music makers, prancing and bellowing as they approached the crossroads.

"The ride to rough music, if I'm not mistaken," Gareth said with a grim smile.

Miranda stared openmouthed as a procession emerged from the corner. An old man wearing only a pair of ragged drawers and a stained leather jerkin led the way on a donkey. On his head he wore a pair of paper horns and he blew on a tin whistle. Behind him pranced an old crone, kicking up her heels in a parody of a dance as she drummed with a wooden clog on a copper kettle slung around her neck. Behind her, brandishing a horsewhip and waving a scarlet petticoat, rode a man on a packhorse. He was blowing on a ram's horn, great bellows that sounded as pained as a gelded bull's.

Behind them came an ass with two riders tied back to back. A woman rode facing front, her large moon-round face scarlet, her eyes curiously blank. Behind her facing the animal's rump was a small man, very pale, his eyes frightened. The woman carried a wooden ladle with which she was beating the man around the head over her shoulders as he desperately plied the spindle and distaff he carried.

A group of men and women armed with clubs and staves marched beside the ass, encouraging the riders to keep at their appointed tasks with yells and insults and threatening gestures of their sticks.

The entire countryside seemed to be following in the wake of this strange procession, all making some kind of noise with whatever household object or musical instrument they'd managed to grab when they'd answered the call to the ride to rough music.

"What does it mean?" Miranda asked again, when the tail end of the procession had turned onto the road ahead of them.

Gareth's smile was still grim. "It's a country practice, otherwise known as a skimmington. When a man allows his wife the mastery, his neighbors are inclined to take exception. A man who is henpecked sets a bad example in the countryside and his neighbors have their own way of expressing their disapproval. As you just saw."

"But perhaps that man and his wife manage best if she holds the household reins," Miranda pointed out with a frown. "Perhaps she has the stronger character and is better at running things than he is."

"Such heresy, Miranda!" Gareth declared in mock horror. "You know your Scripture? The man is God's representative around his own hearth. You'll receive a rough hearing in this country if you hold to any other ideas."

"But perhaps he's a bad provider," she persisted.

"Perhaps he drinks and she has to take charge for the children's sake. Not that he looked as if he drank overmuch," she added consideringly. "He was very pale and I've noticed that most drunkards are red and have swollen noses."

"A woman's lot is to pay due obeisance to her lord and master and put up with whatever hand he deals her," Gareth said solemnly. "It's the law of the land, dear girl, just as much as it's the law of the church."

Miranda wasn't entirely sure whether he was serious or not. "You said your brother-in-law is henpecked. Would you have him and your sister take the ride to rough music?"

Gareth chuckled. "Many's the time I've wished Miles had a strong arm and wasn't afraid to use it. And there are many times when I'd dearly love to see my sister pay the price for a shrew's tongue."

"Truly?"

Gareth shook his head. "No, not truly. There's something utterly disgusting about a skimmington. But I *would* truly wish to see my brother-in-law stand up for himself once in a while."

The procession was far enough ahead now to enable them to follow without seeming to be a part of it, and he kicked the nag into reluctant motion again. But when they reached the next village, he was forced to draw rein again.

The skimmington had come to a halt outside the Bear and Ragged Staff and the participants thronged the ale bench and the small walled yard to the side of the inn. Potboys ran hither and thither with foaming tankards to quench the thirst of the music makers, who spilled out onto the lane that ran through the middle of the village, drinking, laughing, exchanging lewd jests.

But there was a brutal edge to the apparent good humor and as Gareth looked for a way around the melee a pair of beefy carters, red-faced with great knotted arms, exploded from the inn, locked in vicious verbal argument that rapidly deteriorated into blows.

A crowd quickly formed around them, chanting, yelling encouragement and obscenities. "God's blood," Gareth muttered. There was no knowing how ugly this would become and he was ill-equipped to find himself in the middle of an affray, particularly when he had Miranda to worry about.

"The couple on the ass," Miranda whispered urgently into his ear. "Look. They're over there and no one's taking any notice of them." She pointed to a corner of the inn yard where the ass and his bound riders stood in the full sun.

The ass was chewing from a nose bag and seemed impervious to the sun, but his riders were red-faced and sweating, drooping in their bonds. Lethargically the woman continued to swing her great wooden spoon over her shoulder as if she'd been doing it for so long her arm had become automated. The spoon didn't always make contact with her husband's bruised ears and cheeks but he still plied spindle and distaff as vigorously as before although they were no longer tormented by the crowd of stave wielding threatening louts who had accompanied them on the ride.

"We can unfasten their bonds," Miranda continued in the same whisper. "They can slip away while everyone's occupied with the fight. If they can hide for a few hours, the people will lose interest soon enough, particularly after a few more tankards of ale."

Utterly astounded, Gareth stared at her over his shoulder. "Apart from the fact that it's none of our business," he said, "the crowd is already in a dangerous mood. I have no desire to incite them further."

"Oh, but you can't leave them like that, not when you have the opportunity to help," Miranda murmured, her eyes intense with passionate conviction. "They're so miserable and surely they've suffered enough . . . . assuming they even deserved to suffer. We *have* to untie them. It's our . . . our human duty!"

"Duty?" Gareth was dumbfounded. He found the style of country justice loathsome in many ways, but it was something a man endured with good grace, and without interfering.

"They don't even know we're here," Miranda said firmly and slipped from the nag's back. She darted across the yard, Chip clinging to her neck.

Gareth felt the quiet order of his existence begin to slip, and found himself moving the nag in Miranda's wake, positioning him so that Miranda was hidden from the sight of the excited, yelling crowd.

Miranda struggled futilely with the knots that bound the couple.

"Move aside." Gareth leaned over from the saddle and sliced through the knots with his poignard. Then he hooked Miranda's waist with an arm and hoisted her bodily onto the saddle in front of him.

"Hurry!" Miranda said to the bewildered pair still sitting on the ass. "You can get away if you're quick. We'll shield you."

"Oh, will we?" muttered Gareth, but he held the nag in place as the man and woman half fell from the ass's back.

"You great lumbering idiot!" the woman shrieked, belaboring the little man with the spoon in good earnest.

"If you 'adn't gone an' blabbed, none o' this would 'ave 'appened."

"Oh, give over, Sadie, do." The little man ducked the blows and began edging toward the far side of the yard. "Afore they catch us again."

Still railing at him, the woman took off in his wake, neither of them offering a word of thanks to their saviors.

"What a horrid woman. Now I'm beginning to think we shouldn't have helped them," Miranda said.

"Oh, I *know* we shouldn't have," Gareth said feelingly, glancing over his shoulder as a cry of rage went up behind them. Someone had seen the victims sloping off.

"All right, you miserable beast, let's see what you can do!" He struck the nag's flank with his whip and the startled animal reared up with a whinny of shock and leaped forward. Gareth's heels pressed into his flanks, driving the animal toward the wall at the rear of the yard.

Miranda gasped, her stomach leaping into her throat, as the wall came up with terrifying rapidity. It looked as if the animal was going to balk until again Gareth struck with his whip, and at the very last moment, the horse rose into the air and somehow cleared the wall, landing with legs asprawl in the middle of the innkeeper's kitchen garden.

Behind them, the cries of the rabble grew louder as men and women clambered awkwardly over the wall in pursuit. The mob had clearly lost interest in their original victims; good humor had given way to vicious anger, well oiled by tankards of ale.

"Hell and damnation!" Gareth glanced around the garden, which was enclosed by another wall. There was not sufficient room for the nag to take a run at it and in a minute they would be trapped and surrounded by a vengeful mob.

Miranda drew her knees up so she was kneeling on the animal's neck. "I'll open the gate." Before he could take a breath, she had launched herself at the wall. For a moment she seemed to hang in the air, then she had brushed the top of the wall with her toes and vaulted over. The gate swung open and the nag, now thoroughly spooked, bolted through it into a fetid alleyway between the inn and its outbuildings. Miranda had the presence of mind to slam shut the gate before she leaped aboard the horse behind Gareth.

"Oh, where's Chip?"

"He'll find us," Gareth said grimly, concentrating on holding in the panicked horse. He was beginning to wonder if the hot summer sun had addled his brain over the last two days; he could think of no other explanation for his present position.

"Oh, there he is!" Chip was racing on three legs along the alley behind them, chattering and waving his free paw. "Come, Chip. Quickly." Miranda leaned down, clinging with her knees, her head perilously close to the muddy ground, holding out her hand. Chip grabbed her fingers and vaulted into her arms, gibbering excitedly.

"How in the name of grace are we going to get out of here?" Gareth could see no clear thoroughfare out of the village without having to pass in front of the inn.

Miranda sprang to her feet, standing easily on the nag's back, swaying comfortably with the ungainly motion. "I can see over the outhouse roof. There's a tiny path just to the right, behind the cesspit. Maybe that'll take us out."

She dropped back with a gasp as a rock flew through

the air from the pursuing crowd, who had finally emerged from the garden.

Gareth wrenched the reins around and drove the now-panicked horse into the dark, narrow cut alongside the noisome cesspit. "I hope to God this comes out somewhere useful or we'll be trapped like rats in a sewer."

"It opens out into a field, I think."

Once they were in the open field, the sounds of the mob faded. Gareth sighed with relief. "If I ever feel the slightest inclination to go along with one of your compassionate impulses again, Miranda, remind me to lock myself up."

"We really couldn't have left them," she said simply.

"No," he said with another sigh. "I don't suppose *we* could have." The earl of Harcourt could have left them very easily, but he was beginning to see that the world was a very different place in the company of Miranda d'Albard.

"Lord love us, but that was a close one!" Bert threw back his head and breathed the relatively fresh air on Gaol Street as the great iron doors clanged shut behind them.

"Aye, I thought they was goin' to get us fer vagrancy, sure as hell," Raoul declared. "But, God's blood, don't it look fresh and free out 'ere?"

"Let's move along," Gertrude said. "We've got to pick up our traps, then we'll just find out where Miranda's got to, then we'll be on our way to Folkestone. Catch a boat there, shake the dust of this place off our heels."

" 'Ow are we goin' to find the girl if half the citizens of Dover can't?" Jebediah demanded, contrary as always.

"Of course we'll find her." Luke was already ahead of the rest. "I'll ask in the taverns and the marketplace and at the carrier stand, while you get our things together. Someone will have seen her."

"Take me, Luke." Robbie hobbled after him, his little face screwed with anxiety.

"You'll slow me up." Then Luke took pity on the child. "Oh, very well. I'll give you a piggyback." He squatted for Robbie to clamber awkwardly onto his back. The child's slight body was no weight even for Luke's skinny frame, and he loped off into the town, leaving his fellows to collect their belongings from the quay, where they'd left them in charge of a sympathetic fisherman.

Chapter Six

"My God, if it isn't Harcourt. Gareth, where have you been, man? It's been this age since we laid eyes on you."

The cheerful hail brought Gareth swinging round on the balls of his feet, an oath forming unspoken on his lips. Two men crossed the yard of the livery stable attached to the inn in Rochester.

"God, man, you look as if you've seen a ghost." The taller of the two, a stout, merry-eyed man in a doublet of scarlet damask embroidered with jet, laughingly slapped Gareth's shoulder with a jeweled gauntlet. "As whey-faced as a girl with her terms, eh, Kip?" He gave another booming laugh, turning for corroboration to his companion, a slimmer version of himself.

"Gareth, how goes it with you?" Kip Rossiter greeted the earl of Harcourt with a smile. "Take no notice of Brian, here. You know he can't keep an opinion to himself."

Neither opinions nor secrets. "I landed two days ago from France," Gareth said easily. "I'm trying to exchange a miserable nag, the best Dover could offer, for something that might get me home before the end of the year." He gestured to the horse who, now unsaddled, was cropping peacefully at a bale of hay.

"Lord, what a broken-down beast," Brian said in a tone of disgust. "You actually rode that creature, Gareth? Dear God, I'd rather walk."

"The thought crossed my mind once or twice,"

Gareth agreed with a laugh, his covert gaze darting across the livery yard on the watch for Miranda. "What brings you here?"

"We've been visiting the old man in Maidstone. Duty visit, y'know." Brian stroked his auburn beard, which like the rest of him seemed rather larger than life. Gareth nodded. The Rossiter brothers' cultivation of their ancient, irascible, and extremely wealthy male relative was a standing joke at court.

"Aye," Kip agreed. "Keep 'im sweet. He can't last much longer . . . Have you dined, Gareth? We're about to order a repast fit for the queen, as recompense for the gruel and stewed dry fowl that passes for victuals at the old man's table. Let's break a bottle together." Kip flung a friendly arm around Gareth's shoulder. "We've ordered a private parlor. No common-room company for us this day."

"Aye, and afterward we're goin' on the town," Brian declared with an expansive gesture. "I've been chaste as a monk for the last week and I've heard tell there's a decent house hard by the cathedral."

Gareth thought rapidly. Miranda had disappeared to the outhouse while he'd been negotiating the horse exchange. If his two old friends came face to face with her it would be useless to hope that they wouldn't immediately notice the startling resemblance to Maude.

"I'll join you shortly. I've yet to complete my business with the livery stable," he demurred.

"Oh, we'll send for the man to wait upon us in the inn. No need for you to hang around at his beck and call." Brian flung an arm around Gareth's other shoulder with an exuberant bellow of good-fellowship. "Come, my throat's as dry as an old maid's tits."

At that moment Miranda appeared from the corner

of the inn, Chip, dressed once more in his now-dry jacket and cap, sitting on her shoulder.

She saw him, half lifted a hand in greeting, then abruptly turned on her heel and sauntered back the way she had come, her orange dress fluttering around her calves.

Gareth exhaled in slow relief. His companions had their backs to the corner and wouldn't have spied her. She had swift reactions, this little d'Albard.

"I'll join you in the parlor directly," he said. "I've need of hot water and clean linen after the day's ride."

The Rossiter brothers agreed amiably to meet him in half an hour in the private parlor and he hurried into the inn and upstairs to the large front chamber he had earlier bespoken for himself and Miranda.

Miranda had gone immediately to the chamber, where she hitched herself up on the high bed and sat swinging her legs in the gloom as dusk's shadows lengthened. She had reacted without a moment's thought when she'd seen the earl with the two men and she had no doubt that she had done the right thing. But she was feeling a little forlorn until she heard the earl's footsteps on the landing outside. The door was not fully closed and he stepped into the doorway, peering into the dimness.

"Why are you sitting in the dark, Miranda?"

"I don't know," she said frankly. "I felt as if I ought to stay hidden somehow, and it seemed more appropriate to sit in darkness." She slid off the bed and struck flint on tinder, lighting the branched candlestick on the low table beside the bed. The golden light glowed through the veil of her hair as it fell forward from her bent head, sending dark red flares shooting through the rich brown locks.

So like her mother's, Gareth thought. He could remember watching his cousin Elena brush her hair at her dresser and the candle had set alight exactly the same fires in the thick, dark mane.

"What made you disappear like that?" he inquired curiously, leaning against the dresser, resting his hands on the smooth cherry wood on either side of his hips.

"I didn't stop to think," she said. "It just seemed obvious that if we were to practice a deception in London then I probably shouldn't show myself to people you know before then."

"Not everyone would have thought so shrewdly . . . or so swiftly," he said, smiling. "I congratulate you."

Miranda flushed with pleasure at the compliment. "Do those men know your cousin?"

"They've seen her several times . . . more often than most people." He unbuckled his sword belt, laying it over a stool, then threw off his cloak on his way to the washstand where he poured water from the jug into the ewer. "They would certainly notice your resemblance to her."

"Even with my short hair and when I'm dressed like this?"

He looked over at her, saying consideringly, "It requires a leap of faith, I grant you."

Miranda knew that tone by now and she grinned. "I suppose I'd better stay up here for the evening."

"I think it would be best if you dined up here. You won't be too lonely, will you?"

Miranda shook her head, although she knew that she would. She was not accustomed to being alone.

Gareth hesitated, unconvinced by the headshake, but he could see no alternative. As he began to remove his doublet, his fingers slid inside the inner pocket as they did without conscious thought countless times a day. The waxed parchment was there and the little velvet pouch with the bracelet. He glanced at Miranda, who had wandered to the window and was looking out into the gathering dusk.

Her slim, straight back, the long, delicate stem of her swanlike neck, reminded him so much of her mother. Elena had had just such grace of movement, just such naturally erect posture. And the bracelet that had so graced her mother's slender wrist would grace the daughter's. For him it took no leap of faith to imagine the grubby, tattered urchin in courtier's dress. She was Elena's daughter.

He turned back to the washstand, rolling up the sleeves of his white shirt.

Miranda turned away from the window. She watched him as he performed the simple gesture. His fingers were so long and elegant, meticulously folding over the cuffs of the shirt before pushing the sleeves up to his elbows, baring the brown muscular forearms and strong wrists. The candlelight caught the fine dusting of dark hair on his forearms. A pulse in her throat began to beat fast and she felt a strange quickening low in her belly, a strange fullness in her loins. It was not a sensation she had ever before experienced.

"Could you look in my portmanteau for a clean shirt? This one reeks of sweat and horseflesh after that mad ride this morning."

Gareth bent to splash water on his face and Miranda found herself gazing at the curve of his back, the taut swell of his buttocks in the short trunk hose, the long, hard thighs outlined under close-fitting black stockings. She swallowed as the strange sensation in her lower body intensified and she felt her cheeks warm.

Hastily, she turned her attention to the portmanteau, finding a clean shirt of soft cream linen.

Gareth took it from her with a word of thanks, tossed it over the bedrail, and pulled the shirt he was wearing over his head. His chest was broad and smooth, paler than the strong brown column of his neck. The muscles rippled in his upper arms, almost as powerful as Raoul's, the strongman in the troupe.

Miranda's eyes went to the sword and the heavy studded belt. She remembered the strength with which he'd wielded both that morning at the Adam and Eve. Maybe Milord Harcourt was a courtier, but he was also a powerful swordsman, it seemed.

Gareth emerged from the lavender-smelling folds of his clean shirt and tucked it into the waist of his trunk hose. Then he leaned against the bedpost and examined Miranda, suggesting with a quizzically raised eyebrow, "Maybe you'd like to use the water, too."

"I wish I had clean clothes," she said sorrowfully. "Or just a clean chemise. All my possessions are probably back in France by now."

"We'll remedy the situation as soon as we reach London," he promised, lifting her chin on a forefinger. She looked so bereft. "Don't look so mournful, firefly. I'll order you a very special dinner to be sent up." Now where had that oddly affectionate nickname come from? Then he heard Mama Gertrude's robust tones as she'd stormed past him muttering: *That girl . . . like a firefly she is with her darting about.*

He continued hastily, "I expect I'll be late returning, but I've ensured that there's a truckle bed for you." He released her chin with a smile, picked up his sleeveless doublet again, and left the chamber, pulling the garment on as he went.

Miranda sat down again on the bed. Chip jumped into her arms and gently touched her face with one hand. She rubbed his neck, wondering why she was feeling so forlorn. She and milord were so easy, so companionable together that it was hard to believe they'd only known each other for two days.

Gareth stretched his long legs beneath the oak refectory table and reached for his tankard of mead. Around him the buzz of voices ebbed and flowed, the light, eager tones of the women interspersed with the rougher, more gravelly tones of men who had drunk deep throughout the evening. Ribald laughter gusted upward to the smoke-blackened rafters.

A thin-faced serving girl appeared at his side with a jug of mead. She refilled his glass, holding herself away from him as if she expected him at any minute to grab, pinch, tickle, or slap. But Gareth to his surprise found that he had no interest in the women on sale in the house hard by the cathedral. All around him, men examined, women displayed, and when negotiations were completed, the pair would disappear into one of the many curtained niches ranging along the sides of the great hall.

The bawd who owned the whorehouse, a sharp-featured woman, richly dressed in orange damask, crossed the thronged hall purposefully toward the earl.

"You find nothing to tempt you, my lord?" She sat on a stool beside him, resting her cheek on her hand, regarding him with narrowed, calculating eyes and a smile that didn't deceive him for a moment. "Your friends seem to be perfectly satisfied."

Gareth nodded and drank from his tankard. "I find I'm not in the mood for play tonight, mistress."

"We can satisfy any tastes, my lord. My girls are always ready to oblige in *any* way." She winked. "Ellie." The bawd beckoned imperiously to a young woman who had just emerged from behind one of the curtains. "Ellie has some very *particular* specialities, my lord. Isn't that so, dear?" She smiled at the girl, a smile radiating menace.

Ellie immediately leaned over the earl, encircling his neck with her arms, and whispered into his ear. Her hair brushed his cheek and her skin exuded the scent he always associated with whores—a musky perfume overlaying the dirt and the smell of other men.

Once Charlotte had come to him smelling exactly like this. After one of her wild nights when she'd given herself to anyone who'd wanted her. As usual she'd been drunk, her eyes almost feral in their predatory hunger. She'd rubbed herself against him just as the whore was doing now, whispering lasciviously in his ear, inviting and yet taunting at the same time. Only her husband had ever refused the invitation of her lush body, her sharp little teeth, her ferocious hungers. Hungers that no one man could satisfy.

The whore purred her filth into his ear, moving sinuously around his body, rubbing and pressing herself against him. With a violent oath, Gareth pushed back his stool and stood up. The girl fell back, only just managing to keep her feet. The bawd rose, too, her narrowed eyes filled with anger.

"Stupid girl," she hissed at Ellie, who stood with her hand pressed to her mouth, utterly nonplussed by the client's reaction. "A little finesse, a little delicacy. Isn't that what I'm always tellin' you?"

"It's not the girl's fault." Gareth imposed his large frame between the bawd and her whore. "Here." He handed the bawd a guinea and swung on his heel, making for the door and the freshness of the night air.

"Gareth . . . eh, Gareth, m'boy. Where're you off to in such haste? The night is young, and there's some choice wares I've yet to sample." Brian barreled across the room, without his doublet, his shirt unbuttoned, his hose unlaced. He flourished a goblet in the air and beamed. "Kip's found himself a nice young thing, just what he likes."

"I'm going back to the inn," Gareth said brusquely. "I find I've no taste for this tonight. Enjoy yourself. I'll see you in London."

"Eh, but you won't journey with us on the morrow?" Brian looked as injured as it was ever possible for such a man to be.

"No, my friend. I'll be on the road at dawn. You'll not have opened your eyes by then."

Brian chuckled. "If I've closed 'em by then."

Gareth merely raised a hand in salute and plunged outside into the quiet street. He strode back to the inn under the bulking shadow of the cathedral. His head cleared in the fresh air and he began to feel clean again as the soiled memories retreated.

Since Charlotte's death he had satisfied his sexual need with simple, clean, unemotional encounters with willing women who wanted nothing more themselves—unsatisfied wives, lonely widows, the occasional whore. He was resigned to a lifetime of such satisfaction. Mary would be dutiful, of course, but there was no passion there. After Charlotte, he needed as wife a woman who would lie still, be glad when it was over, and grateful for each pregnancy that freed her from her marital duty.

The reflection brought a cynical twist to his mouth as he entered the inn beneath the lantern that threw his profile into harsh relief. He was unaware of the figure in the bedchamber above the door, kneeling on the window seat looking down at the street.

Miranda jumped off the window seat and dived under the covers on the truckle bed. She lay looking up into the darkness, listening for his footfall in the corridor outside. How strange he had looked. How cold, his mouth twisted out of shape so that he didn't look like the man she knew.

But then of course she didn't know him. How could she? After a mere two days in his company? He came from a world she knew nothing about, and she had sat up waiting for him because she was not used to sleeping alone and the bedchamber had seemed vast and gloomy and so empty. Even Chip's familiar company had not been quite enough. But now, as she heard the latch lift, her heart lurched as if the man who entered the chamber was a stranger.

She closed her eyes tightly, concentrated on breathing deeply, felt him approach the truckle bed, felt his scrutiny as he looked at her in the starlight from the unshuttered window. Only Chip stared back with his bright eyes as he curled in the crook of Miranda's neck.

Gareth bent and delicately adjusted the cover, drawing it up to her neck so the draught from the open window wouldn't chill her. He scratched the monkey's neck with a fingernail because somehow it seemed impossible to ignore the animal's presence, and then threw off his clothes, aiming for the chest at the foot of his bed.

He climbed into bed. A great wash of weariness swamped him, the melancholy fatigue that had dogged him since the end of his idyll with Charlotte, those few short months of happiness. He knew with familiar dread that in his sleep the dreams would return.

Miranda listened as the earl's breathing dipped into the even rhythms of sleep. Only then did she allow herself to sleep. And she awoke at some point in the darkest hour of the night, her heart thudding. She sat bolt upright, aware that Chip had left her and was on the window seat gibbering anxiously to himself.

The occupant of the big four-poster was thrashing around, the covers had fallen to the floor. His breathing was harsh and ragged, and half-formed words, rushed and nonsensical phrases, escaped from his lips.

Miranda thrust aside the covers and slid off the truckle bed. She approached the big bed tentatively. The earl's large frame was twisted among the sheets. But it was his face in the starlight that brought her heart to her throat. His mouth was hard and cruel, with a white shade about the lips, and deep lines scored his face alongside his nose.

Resolutely, she put her hand on the earl's shoulder, shaking him as she shook Robbie when the nightmares had him in thrall. She spoke softly, steadily, telling him who he was, where he was, that everything was all right, that he should open his eyes.

Gareth's eyes suddenly flew open. He stared unseeing at the small white face above him, dominated by huge blue eyes filled with anxiety. The sweet, melodious voice continued to wash over him and slowly the words penetrated and the horrors of the night receded. Her hand was warm on his shoulder and as the demons left his own eyes she wiped his sweat-soaked brow with a corner of the sheet.

"Are you awake now, milord?"

He sat up, aware that the sheet was tangled around his thighs, leaving the best part of his body exposed. He tugged the covers up to his waist and lay back against the pillows waiting for his heart to slow and his ragged breathing to ease.

"Did I wake you? Forgive me," he said after a minute.

"Robbie had dreadful nightmares, too, so I'm used to it," Miranda said, hovering by the bed. "Is there something I can get you?"

"In my saddlebag . . . a flagon of brandy . . ."

Miranda went to the corner to fetch the saddlebag.

"My thanks." He unscrewed the top and put the flagon to his lips. The fiery liquid burned down his gullet and settled warmingly into his cold belly.

"Do they happen often?" Miranda asked softly.

"No," he said curtly. He put the flask to his lips again.

What could this fresh-faced innocent know of a woman's madness, of all-consuming sexual appetites that had to be satisfied just as the body needed food and water to go on living? Miranda could never know what it had been like to watch helplessly as the cruel sickness destroyed the woman he had once loved . . . what it had been like to know that only Charlotte's death would free him.

What could Miranda know of such things? And what could she know of the dreadful moment when his cold, purposeful hands had felt for and failed to find the pulse of life and he had wanted to shout for joy that this beautiful, vibrant young life had been extinguished? How could she judge a man who had prayed daily for his wife's death to free him from torment; who knew whose violent hands had answered his prayer? How could she judge a man who intended to take that secret knowledge to his grave?

Miranda turned aside to pick up Chip, who was still looking alarmed on the windowsill. If Lord Harcourt didn't wish to talk of his nightmares, so be it. Maybe, like Robbie, he didn't understand them or know what caused them. Robbie could never even describe them afterward. All he could ever say was that he'd fallen into a black hole. She leaned out of the window to breathe the freshness of the night air, observing the very faintest pearly shadow in the east. "It'll soon be dawn."

Gareth set the flagon on the table. "I've a mind to try for an hour's peaceful sleep, then. Do you do the same, Miranda."

Miranda stayed at the window for a minute longer, then she returned to bed. But she was no longer sleepy and lay watching the darkness beyond the window lighten slowly, listening as the dawn chorus heralded the new day with all its jubilant song. Where would she be at the end of this new day? In some palace in London in a world she knew nothing about . . . a world she had never expected to know anything about. How could she possibly expect to play the part of this London lady, Maude? She was a strolling player, an acrobat. It was ridiculous to think she could pretend to be someone so very different from herself. But the earl seemed to think she could do it.

Chip, with a low chattering, jumped from the bed to the windowsill and vanished into the spreading branches of a magnolia tree.

It was no good, she was not going to be able to sleep again. Miranda flung aside the covers and stood up with a luxurious stretch. She dressed quietly then glanced around the chamber. Milord's clothes lay scattered on the floor, some half on, half off the chest at the foot of the bed where he'd thrown them. She bent to pick them up and her nose wrinkled at the familiar odor clinging to his doublet and shirt. It was one that clung to Raoul after one of his nighttime forays into town. He'd come back bleary-eyed, loose-lipped, disheveled.

"You smell like a whorehouse, Raoul," Gertrude had complained one morning when the strongman in a fit of alcohol-induced benevolence had attempted to lift her in his powerful embrace.

Men and whorehouses were one of life's natural conjunctions, but Miranda was oddly disappointed to think milord had taken comfort there.

She shook out the soiled garments vigorously. Something flew out of the silken folds of the doublet and fell to the floor. She bent to pick up the small velvet pouch. The laces had loosened and she caught the glitter of gold within.

She laid the doublet and shirt neatly on the chest and then shook the contents of the pouch into her hand. A gold pearl-encrusted bracelet most intricately worked into the undulating curves of a serpent lay on her palm. She held the object up to the light. A serpent with a pearl apple in its mouth. From the gold links depended a golden swan inset with perfect emeralds. The jewel was both beautiful and forbidding. There was something sinister about its exquisite sinuous form and yet the swan, glowing an almost liquid green in the rays of the early morning sun, had a curiously innocent quality to its beauty.

An involuntary shudder rippled down Miranda's back. There was something about the bracelet that filled her with a nameless dread. And yet she felt a shadow of familiarity, although she knew she had never laid eyes, let alone hands, upon such a precious object.

She was about to slide it back in the pouch when the earl's voice spoke from the big bed. "What are you doing, Miranda?"

She turned with a jump. "I was shaking out your clothes, milord, and this bracelet fell from the pocket." She slipped it back into the pouch, continuing almost in an undertone, "Judging by the reek of your clothes, you went a-whoring last even."

Gareth linked his arms behind his head. A smile quirked his mouth. "And what if I did?"

Miranda shrugged. "Nothing, I suppose."

Gareth's eyes gleamed with laughter. "Oh, so I've taken up with a prude, have I?"

Miranda didn't reply, but a slight flush warmed her cheeks. She wasn't a prude, and yet she felt very much like one at the moment.

Gareth took pity and changed the subject. "Bring the bracelet over here."

Miranda did so and he took the pouch from her, shaking the bracelet out into his palm. "Give me your wrist."

Miranda held out her hand and watched half mesmerized as he clasped the jewel around her thin wrist. She held it up to the light, and the emeralds danced deepest green and the pearls glowed softly against the rich gold. Again she felt that strange dread, that same little shiver of foreboding and familiarity. "It's very beautiful, but I don't like wearing it," she said, puzzled, fingering the charm, the pearl apple in the serpent's mouth.

Gareth frowned, reaching to take her wrist, to examine the bracelet himself. "You wear it well," he said, almost absently, and his eyes were distant, as if he were looking backward into some memory. Elena too had worn it well. Her wrist had been as thin as Miranda's, her fingers as long and slender. But where Elena's thinness had denoted fragility, Miranda's had a sinuous strength.

He remembered seeing the bracelet for the first time on the night of Elena's betrothal, when Francis had clasped it around her wrist. And he remembered how Charlotte later had coveted it. How shamelessly she had hinted to Elena, praising the bracelet, touching it, begging to be allowed to borrow it for an evening. He had scoured the streets of Paris and London for another such bracelet, but Charlotte had rejected with careless displeasure every substitute he had bought her.

"I don't like it," Miranda persisted, a note almost of desperation in her voice as she tried to unfasten the intricate clasp with her free hand.

"How strange," Gareth mused, unfastening it for her, holding it curled in the palm of his hand. "It's unique and very beautiful. You will have to wear it to play your part." *What if he told her the truth? Told her that it would not be a part?* For a moment he toyed with the idea. Would it make it easier for her or harder?

"I expect I'm just being fanciful," Miranda said. "Perhaps it's because I'm a little anxious about things."

It would come as too much of a shock, he decided. When she'd settled into this new life, then the truth would be easier for her to accept. The last thing he wanted was to frighten her off. And on the surface the story was so incredible, it would be more natural for her to disbelieve it and suspect some evil design, than embrace the truth.

"There's no cause to be anxious," he said bracingly. "Nothing will be asked of you that will not come easily. In a day or two, you'll be astonished that you could have worried."

Miranda did her best to believe him.

Chapter Seven

"WE'LL SEE how she likes a diet of black bread, gruel, and water!" Lady Imogen strode the length of the gallery, her gown of purple damask swaying over its massive farthingale. She smacked her closed fan into the palm of her hand in emphasis. Her ordinarily thin mouth had almost disappeared and her eyes beneath the well-plucked eyebrows were hard as small brown pebbles.

"Forgive me, my dear, but I believe Maude relishes the role of martyr," Lord Dufort ventured from the safety of the doorway.

"Nonsense!" was all he got for his pains as his lady wife swirled and came toward him, snapping her fan. "The girl will soon tire of being confined to her chamber without fire and without all the little delicacies she is used to commanding."

Miles was not convinced. Lady Maude seemed to thrive upon opposition; indeed, it seemed to him that she was looking more robust on her guardian's punishment regime than ever before. But maybe it was just the determined gleam in her blue eyes that enlivened the wan pallor of her countenance.

"I will have her submission before Gareth returns," Imogen declared. "But where in God's name is he?" She paused at one of the long, arched windows that looked down onto the courtyard formed by the two wings of the mansion and a high fence of sharp metal railings. The great iron gates set into the fence stood open to the street and its ceaseless traffic of horsemen, carts, iron-wheeled coaches, rattling over the hard-packed mud. A barge horn sounded from the river behind the house, mingling with the shrill cries of the ferrymen.

But Imogen saw nothing of the scene below. Her heart was filled with dread. Could something have happened to Gareth? His boat gone down on the Channel crossing? An attack by footpads? Or even soldiers? France was a country at war, and the highways were wild and lawless.

If disaster had befallen Gareth would it be her fault? She had sent him there. Gareth hadn't wanted to go, but she had pushed and prodded until he'd given in. But she'd forced the issue to give him a purpose, an aim in life. To try to drive out the cynical lethargy that had dogged him for so long. She was so desperate to see once again the old sharpness in his eyes, the vibrancy in his bearing, the crispness to his manner—all the characteristics that his marriage had destroyed.

Not once in the years before Charlotte had Imogen doubted that her brother would attain the heights of power and influence due a man of his ambition, character, wealth, and lineage. She had nurtured him, thought of nothing but Gareth, his happiness, the dazzling future ahead of him. He had been deeply enmeshed in the political life of the queen's court and intricately involved in the affairs of the Harcourt family in France suffering under the religious persecution of the Huguenots. And his sister had watched his advancement with pride, a pride that was utterly personal. Everything she had done since their mother's death had been for Gareth, all her thoughts and plans were directed toward her younger brother's interests. She knew his potential, knew what he was owed, and with every last fiber of her being, she had striven for his benefit. And she had watched her efforts come to fruition.

Until the slow poison of Charlotte's madness had seeped into him.

He had been so desperately in love, so deeply in thrall to his beautiful, deadly wife, and his sister had watched helplessly as he'd withdrawn inch by inch from the world he was beginning to dominate. Nothing she could say or do had had any effect. All her influence was as naught. She had understood his shame, but she hadn't understood why he would not disown the woman who shamed him. No one would have blamed him if he'd locked her away somewhere. Divorced her, even. Instead, he'd stood by as she'd destroyed him. And behind her stony countenance, Imogen had wept tears of rage and grief, her frustration a constant open wound as she watched the collapse of the man she believed she had created and the ambition that would serve them all.

Not even after Charlotte's death had he recovered his interest in anything but the idle games of the courtier. In fact, if anything he had become even more withdrawn. And Imogen's torment was increased a hundredfold. She had believed, she had had to believe, that once the irritation had been removed, Gareth's wounds would heal. She had done the only thing that would right the wrong done her brother. But in vain.

Miles regarded his wife's averted back, reading her thoughts with the long familiarity of their dreary marriage. He'd early on accepted Gareth's place as the single recipient of Imogen's affections and pride, and he knew exactly how anguished she was at her brother's prolonged absence. Unfortunately, her anguish tended to make life even harder for those around her.

He stretched out one foot and noticed with approval how the wedged heel of his cork-soled shoes gave a pleasing curve to his skinny calves, resplendent in black-and-yellow cross-gartered hose. He glanced up and met his wife's scornful gaze.

"I'm surprised you don't take up the new fashion in heels, dear madam," he said tentatively. "A little extra height adds consequence."

Lady Imogen's frown became less derisive, more attentive. If there was one area in which she trusted her husband's instincts and knowledge it was in the matter of fashion. "You think so, indeed?"

"Aye," he said decidedly, thankful to have diverted her thoughts, even for a moment. "I have heard it said that Her Majesty has ordered three pair . . . one in leather, one in rose damask, and one in blue satin."

Lady Imogen scratched the side of her neck reflectively, her long fingernail rasping against the yellowing parchmentlike skin. "Then I shall order a pair to go with my new black satin ropa. Crimson leather, I think."

"A perfect choice, madam." Miles bowed. "Are we expecting guests to supper?"

"You know perfectly well your sister and her boorish husband are coming. The man will drink himself insensible as always and your silly widgeon of a sister will witter and whine so that no sensible conversation can be held."

The moment of accord was clearly over. "You could seat my sister with the chaplain," Miles suggested.

"Of course. Whom else would I inflict her upon?"

Imogen returned to her morose observation of the court below.

"Ah, my dear Imogen, how glad I am to find you at home. And Lord Dufort, I give you good day, sir." Lady Mary Abernathy swept into the long gallery, offering a curtsy to Lord Dufort, and her cool cheek to Lady Imogen. "I can stay but a minute. The queen has returned to Whitehall Palace for the night, and while she's with Lord Cecil, I have a little liberty. I came straightaway to discover if there is news of Lord Harcourt as yet?"

She looked anxiously at Imogen. "I do begin to fear for him, so long has he been away."

Imogen shook her head. "No news as yet." She had chosen Lady Mary Abernathy as wife for Gareth not only because she was eminently suitable in birth and appearance to be wife to a man of power and influence, but because Imogen believed she could control the lady herself and ensure that she didn't usurp his sister's influence over Gareth. Gratitude was a powerful motivator.

She patted Mary's hand, saying in bracing tones, "It will do no good to fret, my dear. We must wait and pray."

Miles stroked his chin, reflecting that Lady Mary had good reason to fear. Gareth was her last hope of a triumphant marriage. In her late twenties, a childless widow whose husband had succumbed to smallpox after a mere year of marriage, the lady could be reasonably described as desperate. Her husband's fortune had been entailed on his brother, and her own jointure had immediately been claimed by her uncle ostensibly to be held as dowry for a second marriage. The queen had given her a lowly position in her bedchamber, and in the years since her husband's death, the widow had languished at the queen's side uncourted. No man on the lookout for a wife had quite trusted the lady's uncle to come up with the requisite dowry, and a dowerless widow was not an attractive prospect.

But then Imogen had hit upon the Lady Mary as a perfect wife for Gareth. Gareth had treated the proposition with amiable indifference and allowed his sister to make all the arrangements. It was as clear as day to Miles that after Charlotte, Gareth could feel nothing for another woman, but since he must have a wife, his sister's choice would do perfectly well.

"Lord Harcourt will surely send a messenger on ahead as soon as he reaches Dover." Lady Mary's voice now took on a slightly whining note that Miles had noticed before. He found it extremely grating.

"One would think so," Imogen said with a decisive nod. "As soon as I hear anything, I will send to you directly."

Lady Mary offered a wan smile from behind her fan. "I pray on my knees nightly for his safe return."

"As do we all," Imogen said. "Will the queen give you liberty to dine with us this evening?"

Mary brightened somewhat. An evening at the Dufort table was infinitely preferable to dining with the queen's ladies. They were all either younger than she and full of the gossip and high-spirited chatter of young women who saw the world through fresh eyes, or established ladies of the court, with husbands and influence of their own. Mary knew she was regarded by both groups with a degree of pity and some contempt.

"I'm sure I can arrange it," she said. "I should be delighted." With a curtsy to Lord Dufort and an airblown kiss for Imogen, Lady Mary hurried away to the water gate, where the barge waited to return her to Whitehall.

Imogen began to pace the gallery again and Miles decided to beat a prudent retreat before his wife looked for an outlet for her rising frustration. He turned to leave just as the gate sentinel blew a long note on his horn. Imogen stopped in mid-stride.

"It would appear, madam, that your prayers have been answered," Miles stated, going to the window, looking down at the grooms and servants scurrying forth from house and mews at the sound that heralded the return of the master of the house.

"It's Harcourt. Thank God for His mercy. Gareth has returned." Imogen stood for a minute, her hands clasped, her expression radiant with a relief that had little to do with piety. Then her expression changed, and Miles read the swift calculation in her eyes.

"Pray God his mission has prospered," she said, almost in an undertone. Then more strongly, "I must greet him at once." She turned and swept from the gallery, brushing past her husband, who was himself on his way out, as if he were no more than a spider clinging to a web in the doorway.

Miles decided that his own welcome couldn't compete with his wife's. He returned to the open window and looked down at the commotion below. His brother-in-law was riding through the gate on a large gray mare. Gareth looked very much as always, easy and relaxed in the saddle, not apparently as travel-worn as one would expect from a man who had been journeying for close on four months.

When the earl swung from the saddle, Miles's gaze sharpened. He rested his hands on the sill and leaned out. A small figure jumped down from a pillion pad behind the earl. A girl in a shabby orange dress. That was astonishing enough, but then Miles's jaw dropped even further. Unless his eyes were deceiving him at this distance, a monkey in a red jacket and a cap sporting a bright orange feather was perched on the girl's shoulder.

"Lucifer and all his devils!" Miles muttered, as his wife emerged from the house and sailed across the flagged court, hand outstretched to her brother. Miles watched, breath suspended with a mixture of anticipation and apprehension. Imogen's hand suddenly fell to her side as she saw her brother's companion.

Miles could hear nothing of what was said, but he saw Gareth take the girl by the hand and draw her forward as if to introduce her to Lady Imogen. The lady recoiled and the monkey leaped to the ground and began an impatient dance that had the fascinated onlookers sniggering behind their hands.

"Get that disgusting creature out of here!" Imogen found her voice at last. She turned to the chuckling grooms, who rapidly lost all desire to laugh. "Get rid of it. Wring its neck! Drown it!"

"Is that all the welcome you have for your brother, Imogen?" Gareth said with a wry smile, as Miranda swept up the gibbering monkey. "The animal's not going to do any harm."

"My lord, what can you be thinking of to bring such vermin into the house?" Imogen said faintly. "Indeed, I am overjoyed at your return, brother, but—"

"Chip isn't vermin," Miranda declared. She'd kept a prudent silence so far but this was too much.

"It'll be covered in fleas," Imogen said with a shudder, ignoring this interjection. "Gareth, it's hardly considerate . . . And I must say, brother, we would have welcomed a messenger from Dover alerting us to your arrival." She was recovering her equilibrium with her complaints, but then her gaze swung once more upon Miranda, and slowly the full impact of the girl's appearance hit her. "Dear God in heaven," she murmured. "It's Maude to the life."

"Precisely," Gareth said. "And I will explain when we are private. Come." He turned to the front door, drawing Miranda in front of him, pushing her forward gently with his free hand.

"I won't have that animal in the house!" Imogen's voice rose abruptly on a note of genuine hysteria. "In a civilized house, brother! Pray consider."

"I have considered," Gareth said and blithely continued on his way into the house.

Imogen blanched, then gathering up her skirts, she hurried after her brother.

"Damme, Harcourt, but what's that you've brought back from foreign parts?" Miles came down the stairs, almost bouncing on his toes, his eyes gleaming with something akin to malice. One look at his wife's expression told him that trouble was a-brewing.

"Dufort." Gareth greeted his brother-in-law with a brief nod and turned aside into a wainscoted parlor at the rear of the hall. It had long glass doors that opened onto a sweep of lawn leading to the river and the mansion's water gate.

Miranda lost interest in her companions in her awed contemplation of her surroundings. So much glass! She knew Lord Harcourt was wealthy, but he must be enormously rich to afford such a thing as glass doors. She stared around the parlor. The walls were lined with shelves and on the shelves were books. Dozens of them, representing unimaginable wealth. As many books as one might find in a monastery library. Two thick embroidered rugs, elegant enough to be wall hangings or bed coverlets, lay carelessly on the gleaming broad planks of the oak floor. Conscious of her dirt-encrusted pattens, she stepped off the rug and onto the floor.

"Miranda, let me make you known to Lord and Lady Dufort." The earl's voice brought her back to her surroundings and she turned with a start.

"Your pardon, but I have never seen so many books."

"Are you lettered?" Gareth was for a moment distracted.

"For a while we had a magician who traveled with us. He was very learned and he taught me to read, but I have not a fair hand at writing." She shook her head ruefully, before adding, "But he taught me to cast horoscopes, too. If you wish, I will cast yours, milord. And yours, too, madam . . ." she offered in Imogen's direction.

Any response to the offer was lost as Miles exclaimed, "Holy saints! She's the spitting image of Maude." He came over to Miranda. "May I, my dear?" He tilted her chin to the light. "Astounding," he murmured. "Apart from the hair, of course. And she looks rather too healthy and cheerful. But other than that . . ."

"Quite so," Gareth said with a nod of satisfaction. "When she's washed and dressed in some gown of Maude's, I swear you will hardly notice the difference."

"But Gareth, what is this all about?" Imogen was struggling with conflicting emotions, joy at her brother's safety, excitement at the certainty he had brought good news, disgust at the monkey, and utter bewilderment at the urchin.

"Lord Harcourt wishes me to take Lady Maude's place." Miranda decided it was high time she spoke up. "And I agreed to do so."

The statement produced a stunned silence. Miranda glanced at Lord Harcourt and caught the sardonic gleam in his eye, the cynical twist to his mouth that she disliked so much. Then he became aware of her gaze and instantly his expression changed. He smiled and one lazy lid dropped in a near-imperceptible wink. The glint of amusement returned to his eyes as if he was inviting her to share his enjoyment of the shocked reception his plan was getting.

Uneasily, Miranda smiled back. She didn't feel like an accomplice at the moment, more like a pawn.

Gareth reached for the bellpull beside the door. "Perhaps you'd like to take care of Miranda, Imogen. Arrange for her transformation," he suggested.

Imogen no longer looked like a ship that had lost its moorings. She regarded Miranda with undisguised distaste, but also now with a degree of calculation. For all her volatility, she was no fool when it came to scheming. She wasn't sure what possibilities her brother had seen in the girl, but she had sense enough to wait and see. "Is she to take Maude's place at the dinner table tonight? We're expecting guests."

"Who?" Gareth raised an inquiring eyebrow, not noticing Miranda's panicked expression.

"Just my sister and her husband . . . oh, and Lady Mary," Miles replied. "She's been haunting the house for weeks now, Gareth, desperate for news of her betrothed. She'll be in transports . . . veritable transports to see you back." That same slightly malicious smile touched his lips as he said this.

A betrothed? Miranda's ears pricked. It was the first

she'd heard of such a lady. She looked at Lord Harcourt and caught again that flicker of contempt in his eyes. But again she didn't know whether it was directed at himself or someone else. She began to wonder if the man she thought she knew—the easy, humorous companion of the road—was not the real Lord Harcourt, and if that was so, then what was she getting herself into?

"It'll provide a good introduction for Miranda," Gareth said.

"But . . . but . . . isn't it too soon?" Miranda asked. "I have but just arrived and how am I to—"

"You will manage beautifully," Gareth interrupted as a footman entered silently in answer to the bell. The earl took Miranda's hands firmly in his. "I will be there. Everyone in this room will be there to help you if you find yourself in difficulties. But you won't."

How could he be so confident? Miranda wondered.

"Send up hot water and a bath immediately to the green bedchamber," Imogen ordered the footman imperiously. "And I will need two of the serving girls. Come, you." She reached for Miranda's wrist as the footman disappeared.

Miranda snatched her wrist away, Imogen grabbed again. Miranda jumped backward. "For heaven's sake, girl, do as you're bid!" Imogen exclaimed. "Come with me at once."

Miranda looked at the earl. "Is she to talk to me in that manner, milord?"

"Saucebox!" exclaimed Imogen. "Of all the impudent—"

"Be quiet, sister!" Gareth interrupted with an upraised hand. "Miranda is here of her own free will. She's not a servant, and she's not to be treated as such.

If she's to take Maude's place, then she must be treated as a member of the family at all times."

Imogen frowned, clearly not liking this, but the logic was irrefutable. "I'll not have that monkey in the green bedchamber," she said eventually, seizing on this as a legitimate avenue for exercising her authority.

"Chip will remain with me." Gareth took the monkey from Miranda, who gave him up with obvious reluctance. "I'll have a dish of nuts and apples and raisins brought for him."

Miranda continued to hesitate. She had the sense that up to this moment, she could still back out. But once she'd allowed herself to be turned into a replica of Lady Maude, she would have crossed the Rubicon. She met the earl's quiet regard. "Very well, madam, let's get on with it," she said, turning to the door.

Imogen gasped and cast a look of outrage at her brother, who appeared not to see it. Tight-lipped, she preceded Miranda from the room.

Gareth poured wine into two goblets of Murano glass and handed one to his brother-in-law.

"I gather your business prospered," Miles observed, settling into a carved elbow chair, examining the lace of his shirtsleeve with a critical air. "You'd not be looking for an impersonator for Maude otherwise."

"A shrewd deduction, brother-in-law." Gareth sipped his wine, his eyes unreadable.

The green bedchamber was a large, sparsely furnished apartment in the east wing of the mansion. It was big and gloomy with its heavy oak beams and a bed enclosed in a massive oak-paneled cupboard. But the mullioned casement looked down to the river, which compensated somewhat for the gloom.

Imogen ignored Miranda at first: she was too busy supervising the filling of a copper hip bath, fussing that the cloths spread beneath it weren't thick enough to protect the floor, castigating and cuffing the serving wenches when they didn't obey her orders quickly enough.

The maids themselves had difficulty hiding their curiosity. Miranda offered a smile when she encountered one of their covert looks of wide-eyed incredulity, as if she were some creature from another planet. The smile was returned somewhat hesitantly but instantly disappeared when they felt Lady Dufort's baleful glare upon them.

"You . . . girl . . . what's your name? Miranda? Get out of those filthy clothes," Imogen commanded when the bath was prepared.

Miranda said nothing, but threw off her clothes and stepped without further instruction into the tub. The water was very hot and smelled of the rose petals and verbena scattered on the surface. She sat down gingerly. A full bath in hot water was an almost unknown luxury. She was accustomed to bathing regularly in the summer months, but in the streams and lakes and ponds along the road, using coarse soap made of rendered beef fat. The soap she was now handed in a small porcelain dish was white and smelled of lavender and lathered beautifully between her hands.

She settled back to enjoy the experience, allowing the girls to wash her hair while ignoring as best she could the critical and harshly appraising stare of milord's sister.

Imogen tapped one finger against her tightly

compressed lips as she examined the girl in the bath. What did Gareth have in mind? He hadn't said as much yet, but she was certain that his journey to King Henry's camp had borne fruit, and by the same token, that this creature with her extraordinary resemblance to Maude had something to do with that fruit.

And there was something different about Gareth, too. His previous dynamism had returned. And it could mean only one thing. Gareth had found a cause. He had a plan. And this unknown girl slowly emerging from the soap bubbles was definitely a part of that plan. Finally, all his sister's loving scheming had paid off and her brother had returned to himself.

Imogen's little pebble eyes narrowed. The girl's physical resemblance to Maude was certainly uncanny, disturbing even. In the right clothes and with the right bearing, she could easily pass as a member of court society. Dressing her would be no problem, but what of her bearing, her conduct? Where had she come from? What made Gareth think that some ragged gypsy, which is what she looked like, could pass for a member of the highborn d'Albard family?

The girl's wet hair clung to her well-shaped head, setting off her long white neck and accentuating her features—the wide mouth, small, straight nose, slightly rounded chin. But it was her eyes that drew Imogen's attention. Such an amazing deep blue, fringed with the longest eyelashes, and their expression, stubborn, challenging, was so powerful, so utterly self-determined, that it disturbed Imogen. They were not the eyes of a girl who could be easily manipulated.

But they were Maude's eyes. How many times had Imogen seen that look in her young cousin's cerulean gaze? A look that utterly belied the girl's invalidish pallor and dying airs. Not that there was anything invalidish about this girl. Her thick, creamy complexion, freed of dirt, and marred only by a few scratches, had a healthy pink tinge, and if the rounded muscles in her arms were anything to go by, her frame, although slight, had a compact strength to it.

Had Gareth dallied with the girl? Her appeal was becoming increasingly apparent as she rose and stepped out of the bath. She was not like Charlotte, not in the least, not physically. But there was something there, some disturbing current of physicality that set Imogen's scalp crawling with recognition.

"Who are you?" Imogen demanded without volition. "Where do you come from?"

Miranda took the towel held out by one of the maids and wrapped herself securely. It was thick and fluffy, unimaginably luxurious. "I met milord in Dover," she replied. "I belong to a troupe of strolling players."

Imogen's response to this reminded Miranda of a turkey gobbler. Her wrinkled chicken-skin throat worked and her eyes popped. *A vagabond! Gareth had brought home a vagabond! A criminal, like as not. A thief. Nothing would be safe in the house.*

As she stared, Miranda swathed her hair in another towel, then stood, regarding Lady Dufort calmly.

Imogen turned on her heel and left the chamber. The girl was a ditch-draggled harlot, but Gareth saw something else in her, and for all that she loathed to acknowledge it, Imogen too could see that there was a quality to the girl that belied her antecedents.

Imogen unlocked Maude's bedroom door, flung it wide so that it crashed on its hinges, and sailed in.

Maude was huddled in shawls on the settle beside the empty grate. She was alone. The present regime permitted Berthe's attentions but twice a day, in the morning and the evening. Despite the warmth of the day, Maude looked cold and pinched, her eyes blue-shadowed, her lips pale. But she regarded her custodian steadily, although she made no attempt to rise.

"I give you good day, madam." Her voice was as pale as her countenance but it was steady.

Imogen glanced around the room. Maude's dinner tray bearing the bowl of gruel, the hunk of black bread, and the flask of water sat on the table untouched.

She had come into the chamber merely to find a suitable gown for Miranda to wear, but now as she looked at her cousin's pale, stubborn countenance her anger rose. She was in a mood to do battle and she would not be defeated by this ungrateful whelp. There would be no need for Gareth's deception with the vagabond, if Maude did as she was bid.

"Lord Harcourt has returned," she announced, stepping farther into the room. "You will appear at the dinner table and make your reverence to your guardian."

"But of course, madam, I would not be lacking in courtesy to Lord Harcourt," Maude said, drawing the tasseled fringe of the shawl through her fingers.

"You will make your submission," Imogen stated, coming very close to the settle. "Your guardian has a marriage proposal from the French court and you will submit to his wishes."

Maude raised her head and Imogen almost drew back from the bright, triumphant clarity in her eyes. "No, madam, I will not. I have converted and was baptized in the Catholic church last week. No Huguenot of Henry's court would wish to wed me."

Imogen stared at her, her eyes seeming to bulge, her nostrils turning white, her mouth falling open, revealing the many toothless gaps. "You *hussy*!" She slapped the girl with her open palm and Maude reeled on her seat, but the triumphant, almost fanatical glitter in her eyes didn't waver.

"I am a Catholic, madam," she repeated with a ferocious satisfaction. "Father Damian conducted my conversion."

Imogen opened her mouth on a screech of rage. Her voice rose in a thrilling throb of wild fury, carrying through the open door and resounding through the house. Maude picked up the vial of smelling salts from the table at her elbow and silently proffered it. Imogen dashed the bottle from her hand so that it rolled into a far corner.

In the parlor below, Gareth paused, his goblet halfway to his mouth. Miles sighed. They were both accustomed to the sounds of Lady Dufort losing her temper. "Wonder what's upset her?" Miles asked vaguely into his goblet.

Gareth set his own on the table and left the room, his cloak swirling about him as he took the wide stairs two at a time. Chip abandoned the basket of fruit and nuts that had occupied his attention since Miranda's disappearance and bounded after his lordship. But when they reached the head of the stairs, the monkey paused, head cocked as he sniffed the air. Then he raced away in the direction his instincts told him he would find Miranda.

Chapter Eight

GARETH, who had expected sparks to fly at some point, assumed that Miranda was the cause of his sister's tantrum. But when he reached the landing, he realized the tumult was coming from Maude's bedchamber at the end of the corridor.

He hurried toward the sound, entering his young ward's chamber through the wide-open door. "For God's sake, Imogen, you'll wake the dead!"

Imogen turned on Gareth, hot color suffusing her cheeks then fleeing to leave them bloodless. "She . . . she . . ." A trembling finger pointed at Maude, who had risen from the settle at the earl's entrance. "She says she has converted. She's abjured. She's a Catholic!" With a little moan, she sank down onto a chair, for once too stunned by this disaster to continue with her diatribe, but she continued to stare at Maude as if the girl had suddenly sprouted cloven hooves and horns.

Gareth absorbed the implications of this piece of news in silence, his calm countenance revealing no indication of the furious whirl of his thoughts. It appeared his options were now reduced to one. Miranda, instead of being a second string to his bow, must now play first fiddle. At the back of his mind had been the possibility—no, more than a possibility, almost a certainty—that Maude could eventually be persuaded to accept the husband chosen for her. Miranda's part was merely to be a stopgap while Maude came to her senses.

Once Maude was safely betrothed to Henry of France, after a reasonable interval Miranda's surprising reemergence as the missing twin of the d'Albard family could be arranged. There would be nothing to connect her with the girl Henry had wooed.

He had thought that in time he would be able to arrange a secure marriage for her—one not quite as brilliant as her twin's, but one that would nevertheless bring wealth and consequence to her family as well as to herself. The duke of Roissy could well be interested in the connection. And if Miranda didn't wish for that future, then she could return to the life she had known, no one any the wiser for the deception, and she herself all the richer for her experience. Not that he gave the latter possibility any serious consideration. No one in their right minds, snatched from a rough and almost inevitably short existence on the streets, would seriously reject the new identity Miranda would be offered.

But Maude's conversion changed everything. Henry could not consider a Catholic wife and Maude had put herself way beyond persuasion. So now Miranda must be groomed in earnest to take her sister's place, to advance the cause and ambition of the d'Albards. Miranda must wed Henry of France.

His original plan had been audacious enough, had carried enough risks, but this . . . ? And yet excitement surged through him, the stimulation of challenge, the thrill of ambition. It was so perfect. Miranda carried the Harcourt birthmark. How could she fail to slip easily into her rightful place? How right and proper it was that she be returned in such spectacular fashion to her family.

But the risks were very great. Henry, a man once so dreadfully deceived, now so swift to see treachery, must never know of the deception. He must never know that the girl in the portrait was not the girl he made his queen. If he once discovered the lie, the earl of Harcourt would become the king's bitterest enemy. The queen of England would know of it, and the Harcourt family would be ruined for generations to come.

But it could be done. Gareth didn't know if Henry would remember the existence of the other d'Albard baby, but he guessed not. A young man of nineteen, whose mother had just been murdered, who was struggling in a web of politics and treachery of which he was the focus, would have had little interest in the domestic affairs of his advisors. And Francis d'Albard, so locked in bitter grief, had refused ever to refer to the missing infant after his wife's death.

The baby had remained a nameless victim of that night of horror, and not even Maude knew of her twin. Francis had barely been able to endure the sight of his surviving child. It was almost as if he blamed the babies for their mother's death . . . If Elena had not been hampered by her children, perhaps she could have escaped the mob. So the one child was lost to memory as completely as if she'd never existed and the other was orphaned in reality even before her father's death when she was two.

And now that was how it must remain if a d'Albard was to marry the king of France. If Miranda was to become Maude forever, then Maude herself must disappear. There would be no point now in a triumphant acknowledgment of a lost child. The real Maude would have her heart's desire and retire from the world to the seclusion of the convent, and her sister would take her place in the world.

It *could* be done.

When he finally spoke, his tone was equable. "So you've abjured, my ward."

Maude nodded. "I had to follow my conscience, my lord."

"Yes, yes, of course you did," he said with that swift glitter of amusement that Miranda would have immediately recognized but that astonished Imogen and Maude.

"I will not have her under my roof!" Imogen declared, her voice trembling with passion. "I will not have a Catholic under this roof. She's to be cast into the streets—"

"I can just imagine how that would look to the civilized world," Gareth observed with the same dry amusement that left his sister staring at him in silence.

Maude gathered her shawls more tightly around her. She was disconcerted by the earl's calm reaction to her heresy, although Imogen was behaving exactly to form.

"Is someone being murdered?" a low, melodious voice chimed from the still-open doorway. All three occupants of the chamber turned to look at Miranda, both head and body still swathed in towels. Chip, chattering happily, danced around her feet. Before anyone could say anything, however, Miranda had stepped into the room, her astounded gaze on Maude.

"It's like looking at myself," Miranda said in awe. She touched Maude's arm as if expecting to find an illusion that would dissolve into the air. But her fingers met flesh and bone.

Maude stared back. "Who are you?"

Gareth stepped forward, placing one hand lightly on Miranda's shoulder. "Miranda, this is the Lady Maude d'Albard. Maude, this is Miranda, until recently a member of a band of strolling players."

Maude's still-startled gaze found Chip, who was regarding her curiously with his head on one side. "Oh, goodness!" she said, bending down toward him. "And who are you?"

"This is Chip." Miranda remained still and the earl's hand on her shoulder was a warm presence. She was confused, confused by this girl who looked so exactly like her, confused about how it made her feel. Instinctively, she looked up at the earl, and he read the bewildered question in her eyes. He could give her no answers, at least not yet. He moved his hand up from her shoulder to clasp the nape of her neck, and he felt the slight quiver run over her skin, followed by the almost imperceptible relaxation of the taut muscles in the slender white column.

"But he's delightful." Maude held out her hand to Chip, who promptly took it, bringing it to his lips in a courtly gesture that sent Maude into a peal of laughter. A sound he had never heard before, Gareth realized with a small shock.

Imogen snapped out of her horrified trance. She saw her brother standing with his hand on the vagabond's neck, his posture so easy and relaxed; and the girl seemed unaware of the casual attention, as if it was something she was perfectly used to. Imogen's scalp crawled. She rose to her feet, forgetting Maude for the moment.

"It's unseemly that the girl should be standing here wrapped in nothing but a towel. Go back to your bedchamber immediately, girl. I'll bring clothes to you. It's disgraceful that you should know no better than to wander around the house half-naked."

"She's hardly half-naked, Imogen," Gareth protested, and indeed the towel was large enough to cover Miranda's small frame twice over.

Unbidden, the vivid memory of that slight body rose to fill his mind's eye. The rounded bottom, the slim, muscular thighs, the sharp bones of her hips, the tangle of fair curls clustering at the base of her flat belly. His loins stirred and his hand dropped from her neck as suddenly as if the pale skin were scorching his palm.

Abruptly he demanded, "Why is there no fire in here? I was under the impression my cousin required its heat at all times."

Imogen sniffed. "I have forbidden her a fire."

"And adequate victuals and the attentions of my maid." Maude straightened and cast a pointed glance at the unappetizing tray on the table.

Gareth followed her eyes and his expression grew grim. "I said I would not permit my cousin to be coerced."

Imogen sniffed again. "You are too soft, brother. And look what your lenience has produced. Overindulgence will never bring your ward to a proper sense of duty."

"My ward, it seems, has decided that her duty lies in the service of God," Gareth said dryly. "I doubt any of us could find fault with that."

Gareth strode to the armoire and began to go through its contents, drawing out silk hose, a lawn chemise, a lace petticoat, saying over his shoulder, "I trust you don't mind sharing your wardrobe in an emergency, cousin?"

"Not in the least, sir." Maude was still regarding Miranda with a rather wary interest. "I would think the gown of periwinkle blue would suit her." She frowned. "What color's your hair?"

For answer, Miranda unwound the towel turban and shook out her now nearly dry hair. "Your color."

"Why is it so short?"

"Long hair would get in the way when I was tumbling," Miranda replied. She returned Maude's stare with much the same wariness. "Does it make you feel peculiar to look at me and see yourself?"

Maude nodded slowly. She reached out a hand and touched Miranda's face, then touched her own. She shivered. "You don't think like me, do you?"

Miranda grinned suddenly. "I doubt that! You're a lady and I presume you think like one. I'm a vagabond, or so Lady Dufort says. And I suppose I think like one, although I'm not quite sure what that means."

"A sow's ear," Imogen pronounced, rising to her feet. "Give me the clothes, Gareth, but I warn you, you'll not make a silk purse out of this one." She reached for the armful of clothes.

Miranda moved first, however, taking them from him. "I could dress in here. I would like to become acquainted with Lady Maude."

"Very well." Gareth gave her the clothes. "I'll come to take you down to dinner in an hour."

"Am I to dine belowstairs, sir?"

Gareth turned back to his ward, his eyes grave. "No, cousin. You may live the life of a religious recluse, just as you've always wished to. For as long as Miranda is taking your place, you must not be seen in public."

"That will please me, my lord," Maude declared stoutly.

Gareth bowed in acknowledgment and followed his sister from the room.

The door closed behind them and Miranda and Maude stood in silence, examining each other again. Chip had retreated to the top of the armoire where he had a bird's-eye view of the proceedings. "So you're to take my place," Maude said finally. "Why?"

"I suppose because you won't take it yourself." Miranda threw off the wet towel with a shiver and began to dress. "What fine clothes," she murmured appreciatively as the soft silk and lawn caressed her clean skin.

"Don't you mind being an impostor?" Maude sat down again on the settle, huddling into her shawls. She was not at all sure she cared for the idea of anyone impersonating her, let alone this mirror image of herself. It made her feel as if she were somehow split in two.

"It's a job. I'm to be paid well for it." Miranda held up a thick canvas underskirt inset with wicker hoops. "I've never worn a farthingale," she said doubtfully.

"But what good will it do anybody?" Maude demanded.

"I've no idea." Miranda found Maude's slightly petulant insistence rather irritating. "Will you help me with this farthingale?"

Maude slid off the settle with an unusual burst of energy, losing several shawls as she hurried over to Miranda. But she didn't seem to notice. "How can you possibly expect to be me when you've never even worn a farthingale? Here . . . you step into it, then I'll tie it at the waist . . . There. Now we drop this underskirt over your head." She held out a starched linen skirt. "Like so." She smoothed it over the canvas farthingale. "See, it completely covers the hoops. And now we put on the overdress."

Miranda ducked her head, raised her arms, as Maude maneuvered the gown into place, shedding shawls as she did so. Miranda felt enclosed, confined, almost suffocated by the weight of the garments.

Maude deftly laced the bodice of the periwinkle blue gown. It had a stomacher of embroidered damask, a white silk partlet covering the throat and shoulders, and the skirt lay over the cone-shaped farthingale in straight lines, except for the back, where it was gathered in soft folds that fell to the ground in a train.

Miranda peered down at herself. "It feels dreadfully confining, but I think it must be very elegant. What do I look like?"

"Like me . . . more than ever." Maude shook her head. "I still don't understand it."

Miranda surveyed the other girl with a frown. "You're very pale. Are you ailing?"

"A little." Maude shivered and bent to gather up dropped shawls. "It's so cold in here."

"It seems warm enough to me. But why don't you light the fire? There's flint and tinder on the mantel."

"I don't know how to light a fire!" Maude exclaimed in shock.

"Lord love us!" Miranda murmured. "I suppose it would get your hands dirty." She laid kindling in the grate and struck a flame. The wood caught immediately and Maude with a sigh of relief moved closer to the heat.

"Can't you do anything for yourself?" Miranda asked in genuine curiosity.

Maude shrugged, holding her hands to the flames. "I don't have to."

"Seems to me, if you'd been able to light your own fire, you wouldn't have had to stay up here shivering," Miranda pointed out. Maude confused her more than ever. How could someone be so different from herself when she looked exactly like her?

Maude sat down on the settle again. "I suppose you have a point," she admitted reluctantly. She looked at Miranda in frowning silence. "Are you really a strolling player?"

"I was, and I suppose I will be again. But tell me what all that fuss was about."

"What religion do you have?"

Miranda shrugged. "Lord, I don't know. Whatever's convenient, I suppose. Does it matter?"

"*Matter?*" Maude stared.

"Ah, obviously it does." Miranda somewhat gingerly sat on the far end of the settle and was pleasantly surprised to discover that her skirts arranged themselves around her of their own accord. "Tell me why, then." She put an arm around Chip, who had jumped into her lap.

At the end of an hour, she understood a great deal more than she'd bargained for. "So they want to marry you into the French court to advance the family?" she recapitulated slowly.

"But I intend to be a bride of Christ."

"I always thought life in a convent would be rather dreary," Miranda mused. "You're really certain that's what you want?"

"I have the calling," Maude said simply. "And Berthe will come with me."

Miranda had heard about Berthe and guessed that the elderly nurse's influence had had as much to do with Maude's conversion and vocation as a spiritual calling, but she said nothing, merely sat staring into the flames.

"Why would it help them to have you substitute for me?" Maude asked the question again. "You can't *be* me, can you?"

"It's only for a little while," Miranda said. "Lord Harcourt didn't know how long, but he promised me fifty rose nobles at the end, so . . ."

"Then they're probably intending to try to make me convert back, but I will *never* do it. They can break me on the rack or the wheel before I will abjure."

"Very praiseworthy," Miranda murmured. "But not very practical." They were still no nearer to any answers, and as her confusion grew, she was beginning to feel even more like a pawn than ever.

In the parlor belowstairs, Imogen read for the third time the proposition from Henry of France. "Oh, it's beyond belief," she murmured.

"Not beyond belief," Gareth said, taking up his wine cup. "The d'Albards and the Harcourts are a fine match for Henry of Navarre."

"But such a marriage will put the Harcourts in the very fore of the French court. I shall go to Paris. We shall be cousins of the French king. Even here, at Elizabeth's court, our position will be advanced." Imogen's brown eyes glittered with a greedy anticipation.

"The wedding will be the most magnificent affair, of course. In Paris, once the king has the city's submission. Or should it be here?" She began to pace the small parlor as she debated this vital question. "And for your wife, what a splendid position. You will be bound to receive an ambassadorship, Gareth, or something equally important. Lady Mary will be over the moon." *And even more grateful to her sponsor.*

"But I don't see how the marriage can take place now. Henry of France won't marry another Catholic," Miles pointed out, having heard the dread tale of Maude's conversion.

"Maude will abjure!" Imogen declared, her fingers unconsciously closing over the royal parchment, crushing it in her palm. "I will have her submission, never you fear."

"If our cousin lets King Henry know that she's an unwilling bride, he'll not pursue his courtship. You might cow the girl into overt submission, Imogen, but you will not be able to prevent her telling Henry the truth in private."

Imogen stared at her brother. "You sound as if that pleased you!"

A slight smile touched Gareth's mouth. But it was neither pleasant nor humorous. His sister's greedy excitement reminded him unpleasantly of his own and he found the recognition nauseating. "Miranda will substitute for Maude during Henry's visit," he said deliberately. He was by no means ready to share Miranda's true identity, let alone his adaptive plan to his supposed accomplices. Miles was probably trustworthy, but he drank deep and in doubtful company; Imogen was too volatile to be trusted to keep her mouth shut in a fit of rage.

"Is Lady Mary to be apprised of this substitution?" Miles inquired, examining his fingernails intently.

"No," Imogen said immediately. "It must remain only among the family. I'm sure Mary is to be trusted," she added in hasty afterthought, "but it's unwise to spread one's secrets too far afield, particularly such a dangerous one. If Henry were to discover . . ."

"Quite," Gareth agreed, and the disconcerting, if not downright unpleasant, thought occurred to him that he couldn't imagine sharing anything of such vital importance to himself with his betrothed.

Gareth shook his head in a vain attempt to banish this distracting reflection. He continued briskly, "Miranda will take Maude's place at court and in this household. Maude may spend her days with her breviary and her psalter in the company of her maid, as she has always done."

Miles could not contain his shock. "Henry cannot marry some girl from the streets just because she looks like a d'Albard!" he gasped.

"Of course not," Gareth agreed smoothly. "He will marry a d'Albard."

"But how?" wailed Imogen.

"You may safely leave that to me, my dear sister," Gareth said calmly.

Imogen's eyes were hard and calculating. Perhaps her brother intended to lull Maude into a false sense of security, then at the last moment he would force her to do her family duty.

She nodded. "You have my full support, brother. I'll do my best with the girl, if you're sure that she can be trusted to do her part."

"I believe she will play it to the manner born."

"Can you really trust a hireling?" Miles asked.

"This one . . . most certainly, I can." Gareth drained his goblet. "Now, if you'll excuse me, I'll get out of my travel dirt before dinner. Oh, and have a decent dinner sent up to Maude, Imogen. And she's to have the attentions of her maid immediately." He departed in a swirl of crimson silk.

"Lord Dufort seems quite pleasant," Miranda observed, after she and Maude had been sitting in perplexed reverie for a few minutes.

Maude shrugged. "He's hagridden, but quite well disposed, I believe."

"What of his sister?"

"Lady Beringer." Maude's lip curled derisively. "She's a fool, and so's her husband. Why do you want to know?"

"Because they're to be guests at dinner and I'm to meet them. I might as well know what to expect."

"Well, they won't give you any trouble," Maude pronounced. "Anne Beringer doesn't see anything beyond her nose and Lord Beringer is always drunk and vicious with it. Who else is to be there?"

Miranda frowned. "A Lady Mary, Lord Harcourt's betrothed, I believe."

"You *will* enjoy yourself," Maude said with another derisive smile that reminded Miranda forcibly of Lord Harcourt in his less pleasant persona.

"You don't care for her?"

Maude laughed. "She's just like all the others. None of them have any conversation, any wit, any talent. They're empty . . . just like everyone in London."

"That's a bit sweeping, isn't it?"

"Just wait," Maude said direly. "You'll see."

"Then why would milord betroth himself to someone like that?"

Maude shrugged. "Expediency, convenience. Why else does anyone in society do anything?"

Miranda got up off the settle and wandered restlessly around the large bedchamber, noting the rich furnishings, the elegant carved furniture, the gleaming diamond-paned windows, the thick tapestries on the walls and floor. How could someone who had lived in such magnificence and luxury all her life ever understand what it felt like to sleep on straw, to huddle under haystacks out of the rain, to live for days on moldy cheese and stale black bread?

And by the same token, how could someone who had lived like that fit in with all this grandeur? How could she possibly sit at a table with all those lofty aristocrats, even if they were as stupid as Maude said they were? She was bound to do something hideously wrong. Drink out of a finger bowl or something? She'd never even seen a finger bowl on a table, but she'd heard they were used in palaces and mansions.

"The house chaplain will be at dinner, too, I expect," Maude said. "Lady Imogen always bids him to table when the Beringers are there. He's supposed to keep Anne occupied. He knows I have Catholic leanings, but he doesn't take them seriously . . . thinks they're the silly fancies of a young girl." She laughed bitterly.

"You'd better be prepared for Chaplain George to grill you in the most odiously teasing manner about making confession and showing an unhealthy interest in the martyrdoms of the saints."

"Well, I don't know anything about any of that." Miranda came back to the settle, a worried frown drawing her fine arched brows together. "Perhaps I'd better pretend to have a sore throat that makes it hard for me to converse."

They both turned at a light knock at the door. Maude bade the knocker enter and Lord Harcourt came in. He had changed into a doublet of midnight blue silk embroidered with silver stars and the short blue cloak clasped to one shoulder was edged in silver-fox fur.

"I was saying, milord, that if I pretend to have a sore throat I wouldn't have to say very much this evening." Miranda rose from the settle, regarding him with that same anxious frown.

But Gareth had other matters on his mind. He examined her appearance, lips slightly pursed in thought, then said, "That gown suits you beautifully, but the fit needs a seamstress's attention. However, it will do for this evening."

He slipped a hand in his pocket and withdrew the serpent bracelet with its emerald-studded swan. "You must wear this from now on. It's a betrothal gift from the man who would court you." He clasped it around her wrist.

Miranda felt the same shudder of revulsion as the delicate gold links lay against her skin. "I do dislike it so."

"May I see?" Maude, curious, peered at the jewel. "How strange it is. So beautiful, yet so . . . so . . ."

"Sinister," Miranda said for her. She held up her wrist. "Is it worth a deal of money, milord?"

"It's priceless," Gareth said almost carelessly. "It belonged to Maude's mother."

"Oh." Maude bent closer. Then she raised puzzled eyes. "Do you think that's why I find it familiar, my lord?"

"I don't see how," Gareth replied. "You were but ten months old when your mother died." The fanciful thought occurred to him that on that dreadful night of killing, the hideous death of the mother while she held them in her arms had burned into the infant brains of her twin daughters. That somehow the bracelet carried for both of them the deeply buried memories of that terror.

Abruptly, he changed the subject. "What are we to do about your hair, Miranda?" He ran a hand over her head, pressing the dark auburn-tinted crop against the shape of her skull. "Cousin, a cap or a snood, perhaps."

Maude correctly interpreted this as a request that she find the article herself. She riffled the drawers in the big chest and drew out a dark blue snood, bordered with pearl-strewn lace. "This would go with the gown."

Gareth took it from her with one of his quick smiles and slipped it over Miranda's head. Maude was so astonished at her guardian's smile—one she had never seen before—that she found herself smiling in return.

"It doesn't quite disguise the shortness of your hair," Gareth mused. "When were you last in company, Maude?"

"Not for several months," Maude replied.

"Capital! Then we can safely say that you have been abed with a fever and it was necessary to cut your hair. No one will question that."

"They might wonder why she looks so healthy," Maude remarked.

"Oh, I expect I made a swift recovery," Miranda said, deciding it was time she had a voice in this discussion. "But now I have a very sore throat and my voice is so hoarse I am really unable to speak."

"Let us go then, my ailing ward." Gareth offered his arm.

Maude watched them go and was astounded at how she felt. Lonely, almost envious. But that was nonsense.

Chip was chattering forlornly at the firmly closed

door and Maude called him. He came over to her with some reluctance, examining her with clear puzzlement in his bright beady eyes. It seemed the monkey was as confused as they all were by these mirror images.

Maude held out her arms to him and, with a little very human-sounding sigh, he jumped into them and patted her cheek.

Chapter Nine

"WHAT SHOULD I call your betrothed, milord? And how will I know who she is? There will be Lord Dufort's sister, too, won't there?" Miranda tried to keep her anxiety out of her voice but everything was happening too quickly, before she'd had time even to accustom herself to her surroundings.

You'll recognize Lady Beringer by her resemblance to Miles," Gareth said. "And you'll call my fiancée Lady Mary, as everyone else does."

"There is one thing, though." Gareth paused at the head of the stairs and looked quizzically into her immediately upturned face. "I have a name; it would be appropriate for you to use it." Without conscious thought, he lightly pressed a fingertip against her small nose. It was a silly little caress, but the feature seemed to invite it, and it instantly gave birth to Miranda's ready smile, chasing the anxious shadows from her eyes.

The parlor seemed full of people although sense told her there were only six. Miranda's heart was pounding uncomfortably against her ribs as she stood in the doorway beside the earl.

The chaplain was there as Maude had said he would be. He was easy to identify as much by his demeanor as by his dark clothes. He stood slightly apart, an expression of alert willingness to please on his rotund countenance that sat rather oddly with an air of self-consequence.

Chaplain George was very conscious of his position as a man of the cloth, God's representative on earth, who was responsible for the good consciences of the Harcourt household. But he was also aware that his position in this gathering was more employee than guest. He tended to be invited to the dinner table only when Lady Imogen considered he might be useful.

"Maude is feeling well enough to join us this evening," Gareth said calmly. "Although her throat is still a trifle sore. But the news of her suitor has cheered her up considerably. Isn't that so, my dear cousin?" He smiled and casually raised her hand so the bracelet caught the light. "The duke of Roissy will be as honored by such a wife as my cousin will be by such a husband."

The chaplain bowed, an obsequious little smile on his mouth. "Lady Dufort was telling us of the offer you brought back from France, my lord. Magnificent. You're to be congratulated, Lady Maude."

"Oh, my lord, I have been so anxious for your return." A lady moved out of the shadows and crossed the room with stately step. "Your dear sister and Lord Dufort have grown positively tired of the sight of me."

"I find that hard to believe, madam." Gareth took the lady's hand and raised it to his lips. "I trust you have been well in my absence."

Miranda, standing for the moment ignored, regarded Lady Mary with covert interest. She was tall, very pale, very stately. Her face was long, her features somewhat sharp, her eyes a grayish green beneath a very narrow brow. Her hair, smoothed back from her forehead, was a pale brown beneath a small lace-edged cap. She looked to Miranda exceedingly well-bred, and the set of her head, the slight lift of her nose, seemed to indicate an awareness of this fact. Her gown was of rather modest cut, in a neutral shade of pale lavender, contrasting dramatically with Lady Imogen's gown of vermilion velvet and Lady Beringer's turquoise ropa over a gown of golden silk banded with purple.

"Ah, Maude, how happy I am to see you in company." Lady Mary turned with a kind smile to Lord Harcourt's ward. "You're looking remarkably well, my dear."

"Thank you, madam." Miranda curtsied, keeping her eyes lowered.

"Indeed, my dear, it is a real pleasure to see you in such health." Lady Beringer smiled from her chair beside the Lady Dufort. "And may we offer our congratulations."

"My thanks, Lady Beringer." Miranda smiled as she spoke very softly, with a slight rasp.

"Cousin, I hadn't realized your throat was still troubling you." Lady Imogen rose from her chair and came over to Miranda. She took her chin and examined her face with an expression of concern that to Miranda looked more like a butcher inspecting a carcass. With a tiny frown, she adjusted the snood.

"I was shocked to discover that it was necessary to cut my cousin's hair during her fever," Gareth observed.

"Indeed," Imogen said, responding with swift comprehension. "But it was considered wise." She moved away from Miranda, deflecting attention from the girl. "And how is your son, my dear Anne? Returned from his little holiday in the country, I trust." Her smile was malicious and Miranda watched with interest as Lord Dufort's sister blushed.

"The lad's a wastrel," boomed an immensely fat man whose belly strained against the lacing of his doublet. His thighs wobbled in tight pink stockings below red trunk hose that could barely contain his backside. "It's the second time the queen has banished him from court, and if there's a third, she'll not let him back. If he weren't my son, I'd blame it on bad blood!" He glared for a minute at Lady Beringer, whose color fled at this implication, a white shade appearing around her mouth.

"He's the spitting image of you, Beringer," Miles observed, his voice unusually taut. "And with the same fondness for the bottle."

Miranda was becoming so absorbed in this developing scene that she lost her nervousness.

"Maude, do come over here and show me the bracelet," Lady Mary said in her sugary tones.

When Miranda failed to answer, Imogen spoke sharply. "Maude!"

"Forgive me, madam," Miranda murmured, realizing with a start that she'd missed her cue. "I think the fever must have affected my ears as well as my throat."

"A glass of wine, cousin? It might soothe your throat."

"Why, thank you, mil . . . Gareth." She took the goblet he handed her and became aware of the sudden silence in the room. The earl was regarding her with a frown and Lady Imogen was glaring at her.

"D'ye care for one of these lobster patties, m'dear?" Miles came over to her, extending a salver of tiny tartlets. The silence was broken, Gareth moved away from her, and she took a patty from the salver.

Miles gave her a little smile of encouragement. "Don't worry, it'll be forgotten in a minute," he whispered.

What would? Miranda was completely nonplussed. She approached Lady Mary, whose eyes were sharply disapproving.

"You've become remarkably familiar with your guardian, my dear," she said as Miranda reached her.

"My cousin has been so little in company just recently that I daresay she forgot that this evening we are rather more than an intimate little family gathering," Imogen said, her icy gaze shivering Miranda into silence. She felt the ground shifting beneath her feet, her earlier confidence collapsing.

"I'm surprised Lord Harcourt would consider it appropriate in any circumstances for his ward to call him by his given name," Mary said, her disapproval sugar-coated, her smile uncomfortably searching.

"He . . . he told me to use his name . . ." Miranda fell silent, cursing her stupidity. He had meant simply that she should call him Lord Harcourt, not milord. Of course a ward would not have the freedom to use her guardian's Christian name.

"Dinner is served,my lady." The chamberlain bowed in the doorway, bringing the scene to a merciful close.

"Come. Let us go in. Chaplain, you will escort Maude." Imogen gestured to the chaplain. In an undertone she said to Miranda, "You had best keep silence as much as possible from now on."

Miranda was so mortified she didn't think she'd open her mouth again.

Gareth, with Lady Mary on his arm, followed his sister and Lord Beringer into the dining room across the hall. It was a vast chamber with a vaulted ceiling, a massive oak refectory table in the middle, long benches on either side, X-shaped chairs at head and foot. Great mahogany sideboards stood against the walls, and a massive iron chandelier hung from the rafters, ablaze with myriad wax candles.

From the gallery running the width of the chamber, a group of musicians played softly.

Gareth seated Lady Mary on his right before taking his own place at the head of the table. His sister sat upon his left, the remainder of the guests taking their places on the benches on either side. Miranda and the chaplain, as the least important, were almost below the salt. The small party took up a fraction of the table's length.

Miranda momentarily forgot her mortification in her awed astonishment at the size and grandeur of the chamber. Her place setting bore a silver platter, a silver knife, spoon, and a three-pronged fork. This was not an implement she had used before and she glanced covertly around the table.

Instead of using bread as trenchers, her companions were placing food from the communal pots onto their silver platters. Well, that was easy enough. When the tureen of turtle stew came to her, she took a ladleful and fished around for some of the succulent turtle meat. The liquid sloshed on her plate, which seemed rather flat for soup. However, no one else appeared to find it unusual.

"May I pass you the bread, Lady Maude?" Her neighbor held a wooden breadboard.

"My thanks, sir." Miranda took a piece of soft white bread and hastily sopped up some of the liquid on her plate before it could slurp over the edge. She looked around again. There were no warning glares or horrified glances in her direction although no one else seemed to be doing the same thing.

Her companion picked up his spoon and attacked his soup. Miranda followed suit.

Gareth watched Miranda closely. That had been a

telling slip. What other such errors was she likely to make?

"How well your cousin looks, my lord," Mary said to Gareth. She gave a little laugh. "But I confess it shocks me to hear her so familiar with you. But then perhaps I spend so much time at court in the queen's company that I've grown rather old-fashioned in my ways."

"I doubt that." Gareth took up his wine goblet. "But you forget perhaps that I have known Maude since she was two years old."

"But to hear her call you Gareth in public!" Lady Mary fanned herself vigorously. "I would consider it inappropriate in private, I must confess, but in public . . ." She shook her head, tutting. "Forgive me for speaking my mind, sir, but perhaps I might be forgiven for anticipating the moment when such confidences will be commonplace between us." She smiled and lightly brushed his hand.

Gareth's answering smile was a mere flicker of his lips. His eyes remained cool and distant.

"Why, even *I* wouldn't make free with your name," Lady Mary continued.

"No, I'm certain you wouldn't, madam," Gareth replied. "It's inconceivable to imagine that you might let your feelings run away with you."

"But of course not." She patted his hand again. "You may rest assured, my dear lord, that you will have nothing to be ashamed of in your wife."

Her slightly protuberant eyes were fixed upon him with speaking intensity. His betrothed knew all too well what shoes she was stepping into but flames would consume her before she was indelicate enough to speak openly of that dreadful history.

"I don't doubt it, madam," Gareth said with another

bland smile, looking away from that unnerving stare, his gaze returning to Miranda. She was tense, he could tell, her eyes darting around the table, observing, taking note. Her complexion was paler than usual, her mouth rather taut, and although she didn't look in his direction he knew that the blue of her eyes would be deeper than ever with the power of her concentration.

Mary glanced sideways at him. He was smiling to himself, and unobservant though she was, Mary could see how soft his mouth had become. She followed Gareth's gaze down the table. He was looking at his ward and there was a most peculiar glow in his eyes. She was certain she had never seen anything like it before. Indeed, he had frequently been quite open about his irritations with Maude. But something had changed. Was it simply that the girl had submitted?

Mary stared fixedly at Maude. There was something different about her. It was indefinable, yet it was there. Perhaps it was just that she was livelier. She had never been lively before, lying around in a miasma of medicinal preparations and a cocoon of shawls. But now there was something akin to a sparkle in her eyes, although she was still pale, but even her pallor had an underlying color to it, it wasn't the gray and lifeless pallor of an invalid.

"So, my dear Lady Maude, have you been studying the lives of the saints again?" The chaplain's smile was jocular.

"I find my interest in martyrs has diminished, sir." Miranda regarded the baron of beef that was being carved at their end of the table, praying that that didn't mean it would come to her first.

"Good heavens!" the chaplain exclaimed in mock

astonishment. "Can it be that your fascination with the rites of our Catholic brethren grows less?"

Miranda didn't immediately reply. She watched from beneath her lashes as the salver of beef was carried to the head of the table and presented to Lord Harcourt. The earl forked meat onto his platter.

"Come, come, my dear Lady Maude," the chaplain persisted in the same jocularly teasing tone. "It's nothing to be ashamed of. Reflection can lead one back to the true paths. And one has no need for public confession to receive redemption."

Maude had said the chaplain was tedious and she clearly knew what she was talking about, Miranda decided. Carefully, she forked meat onto her own platter and surveyed the compote of mushrooms presented by a servant at her elbow. There didn't appear to be a serving spoon. Should she use her own spoon and thus risk contaminating the contents for her fellow diners? The mushrooms were sliced too small for fishing with a fork. Should she dip her bread in as she was accustomed to doing?

The mushrooms smelled delicious but Miranda decided they were a trap for the unwary. With a regretful smile, she waved the bowl away. It was presented to the chaplain, who without hesitation used his own spoon to help himself.

Miranda took a sip of wine, only half listening as the chaplain continued on his merry prattling way, obviously convinced that he was being both benignly amusing and extremely tolerant.

"Indeed, sir," she said, interrupting what had become a sermon on the miseries of convent life, "I do assure you I have seen the error of my ways." Her voice sounded very loud and without the slightest rasp of hoarseness. Eyes turned toward her and the chaplain looked both astounded and offended.

"My dear cousin, the error of what ways?" Gareth inquired with a lifted eyebrow. "I find it hard to believe one so young and sheltered should find herself with too much to confess." The remark produced chuckles and Miranda felt her cheeks warm slightly. He was making game of her, and she knew it was designed to distract attention from her impatient dismissal of her ncighbor.

She cleared her throat, lowered her eyes, said with becoming hesitancy, "I had once a desire for the religious life, but as I was trying to explain to the chaplain, I no longer have those leanings." She speared a piece of beef with the point of her knife and was about to put it in her mouth when she remembered the fork.

Her cheeks grew hotter. She placed the knife on her platter and drank from her wine goblet, before surreptitiously transferring the meat from knife to fork.

"The religious life, indeed!" boomed the unpleasant Lord Beringer. "What girl would go for that when she has a husband in the offing? And such a husband. That's a devilish fine bracelet you're wearing, Lady Maude."

"A gift from Roissy," Imogen reminded him. "An earnest of his intent to court my cousin."

Miranda felt all eyes on the bracelet as her arm rested on the table. They were all assessing its worth. All but the chaplain, who was clearly still offended and offered little in the way of conversation for the remainder of the meal. Miranda was able to sit in silence, keeping her eyes on her plate while the conversation hummed around her. It seemed safest to refuse all unfamiliar dishes and her generally healthy appetite was barely satisfied when the interminable dinner drew to a close.

"Let us return to the parlor." Imogen rose from the bench. "The musicians shall play for us there. My lord brother, will you accompany us, or will you and the gentlemen stay over your wine?"

Gareth caught Miranda's glance of anguished appeal and said, "We'll join you, madam. I'm loath to be parted so quickly from my betrothed."

Gareth picked up the brandy decanter. "Come, gentlemen, we shall drink as well in the parlor as here."

Lord Beringer brightened somewhat and hefted two flagons of fine canary, as he tottered after his host, his wobbling thighs rubbing together like pink blancmange.

The chaplain didn't accompany them to the parlor and his bow to Miranda was distant, but she didn't think Maude would mind particularly if her future relations with the man of God were a little cool.

Miranda's head was aching, whether from too much wine or strain she didn't know. She sat on the window seat, away from the group of women who gathered together on one side of the empty grate, while the men congregated beside the sideboard, where the bottles were placed. The musicians plucked their strings plaintively.

"Are you fatigued, my ward?"

At Gareth's question, Miranda jerked herself out of her rather miserable reverie. "A little, sir."

He laid a hand on her brow, saying solemnly, "Perhaps you have a touch of fever again. I do believe you're a little warm. Imogen, I believe Maude should retire to her chamber. We don't want her to try her strength before Roissy arrives to do his courting."

"No, indeed not, brother," Imogen replied with a

credible appearance of concern. "Maude, my dear, I should ask your maid to prepare you a tisane. It will help you sleep. Or perhaps you would prefer a sack posset."

"You're very kind, madam," Miranda managed as she rose with alacrity at the prospect of escape. "I give you good night, my lord Harcourt," she said formally, before curtsying to the room at large.

She hastened to the green bedchamber, where Chip was waiting for her, clutching her orange dress and chattering distressfully. He leaped into her arms, flinging his own scrawny ones around her neck.

Miranda cradled him. "Oh, Chip, what a dreadful evening. I don't think I can endure to do this. I didn't realize how difficult and how horrible it would be." She held him tightly for a minute, then wandered over to the window. The garden below was in darkness, except for a gravel pathway that wound from the house to the river wall. Torches flared from posts set at intervals along the path, and as she leaned out, Miranda could hear the sounds of the river traffic, voices carrying on the night breeze. She could see bow lamps flickering from the wherries crisscrossing the river highway and hear the plash of oars and the rhythmic calls of the bargemen.

"How was it?"

Miranda turned from the window. "I thought perhaps you'd be asleep."

"I don't sleep much," Maude said, closing the door behind her. "Do you like this chamber? I've always thought it very gloomy."

"It is," Miranda agreed. Chip jumped onto her head and perched there, regarding Maude with customary alert intelligence.

"So, how was the evening?" Maude shivered into her shawls, curling into a carved wooden armchair. "The night air is very bad for you."

"I've slept outside in a thunderstorm," Miranda said, but she drew the shutters partly closed out of courtesy to her visitor. "And to answer your question, the evening was detestable."

"Told you it would be." Maude sounded remarkably cheerful about it to Miranda.

"So you did, I was forgetting." It occurred to Miranda that she sounded as dry as Lord Harcourt. "You were certainly right about the chaplain, and Lady Mary is . . . is so stately and proper." She shook her head and perched on the broad windowsill, enjoying the slight riff of the breeze coming through the small aperture, the river smells, the faint sounds of the world outside this dark, confining chamber.

"Why would milord wish to marry her?"

It was Maude's turn to shake her head. "He has to marry someone. He has to have an heir, and his first wife didn't give him one."

"What happened to her?"

"An accident. No one talks of it. I never knew her because I was living with Lord and Lady Dufort in the country when it happened. After she died, we all moved here."

"Oh." Miranda frowned. "But why would he pick Lady Mary as his second wife? I admit she's quite well-looking, and has an elegant figure, but there's something so . . . so forbidding about her. There must be hundreds of women who'd give their right arms to wed Lord Harcourt. He's so charming, and amusing, and . . . and . . . well-favored," she added, aware that she was blushing.

"Do you think so, indeed?" Maude looked doubtful. "You don't find him rather cold and unapproachable?"

"No, not in the least."

"You don't think his eyes are very sardonic and intimidating?"

Miranda was about to deny this, then she said slowly, "Sometimes, they are. But mostly they seem to be laughing. He seems to find a lot of things very amusing."

"That's interesting," said Maude. "I've never thought he had a vestige of humor, which is why I always assumed Lady Mary was the ideal partner for him. I'm sure he has friends, but they never come here."

She rose from the chair with a yawn. "I'd better go back before Berthe comes looking for me."

She drifted toward the door, shawls dangling, then paused with her hand on the hasp, struck for the first time in her life by a sense of hospitable responsibility. "I don't suppose Lady Imogen's assigned you a maid. Is there anything you'd like Berthe to get for you? Hot milk, a hot brick for the bed, or something else?"

"No, thank you." Miranda was touched by the offer.

"Will you be able to undress yourself?"

At that Miranda grinned. "I believe so."

"I suppose if you're accustomed to sleeping out in the rain and lighting fires, there's very little you couldn't do for yourself," Maude observed. "Well, I give you good night." She wafted from the room, leaving the door just slightly ajar.

Miranda went to close it. She stood with her back against it, frowning into the middle distance. There was something so barren, so purposeless about Maude's existence, and it began to seem as if she too were getting sucked into this cavernous void. The outside world, the world she knew, where the aroma of freshly baked bread mingled with the reek of sewage, the world where shouts of joy competed with wails of loss and pain, a world of blows and caresses, of hatred and love, of friends and enemies, seemed to have receded, leaving her beached on a hard, featureless shore.

She began to unlace her bodice, shrugging out of the unfamiliar garments, stripping off the confining farthingale. It went against the grain to leave such finery in a heap on the floor, and yet she did so with a defiance directed only at her own conscience molded from years of thrift. Clad only in the chemise and stockings, she went back to the window, flinging wide the shutters, breathing deeply of the fresh air, the promise of freedom.

How could she survive in this place, for as long as it took before milord decided she had earned her fee? She couldn't breathe.

She didn't know how long she'd been sitting lost in miserable reverie when she heard gravel scrunching beneath the window. Lord Harcourt moved out of the shadows into the light of one of the torches. He wore a dark cloak, but his head was bare, and once again Miranda recognized the hardness of his profile, the curl of his lip. The face that Maude knew but that Miranda had seen only rarely.

She ducked back into the chamber. She didn't stop to think, but pulled on her old orange dress, and ran back to the window. Out of the corner of her eye, she saw a pile of soft blue wool. Maude had dropped one of her innumerable shawls. Miranda picked it up and flung it around her shoulders, drawing it up over her head.

The earl was a dark figure now, almost at the water gate at the bottom of the garden. Miranda threw one leg over the sill, feeling for the thick ivy with her bare foot. She curled her toes around the thick fibers, and swung herself over the sill. Hand over hand, she climbed down the ivy as surefooted as if she were on the balance beam.

Chip, chattering gleefully, raced ahead of her, reaching the ground several minutes ahead. She jumped down beside him. There was no sign of Lord Harcourt in the garden. Miranda ran across the grass to the water gate, Chip leaping ahead of her. The gate was closed but unlocked. She could hear the earl's voice exchanging pleasantries with the gatekeeper on the other side.

" 'Ave a good evenin', m'lord."

"Don't expect me back before dawn, Carl." Lord Harcourt was moving away from the gate. "Good even, Simon. Blackfriars, if you please."

"Aye, m'lord."

Miranda eased through the gap in the gate. The keeper was standing foursquare on the bank, a pipe of tobacco in his hand. Lord Harcourt was entering a barge from a short flight of stone steps. An oil-filled cresset swung from the stern of the barge. The gatekeeper untied the painter that held the barge to the steps. The four oarsmen took up their oars.

Chip leaped into the waist of the vessel a minute before Miranda jumped from the bank onto the stern, ducking beneath the cresset.

Chapter Ten

"WHAT THE DEVIL . . . ?" Gareth spun around at the light thud on the decking behind him. Chip jumped excitedly onto the rail, taking off his plumed hat and waving it merrily at the receding bank. Miranda stood under the oil lamp. The yellow-and-black pennant flying the Harcourt colors cracked back and forth from the bows in the freshening breeze. She threw back the shawl and lifted her face, taking a deep breath of the cool air.

"Miranda, what the devil are you doing here?" Gareth stared at the slight orange-clad figure in astonishment. She seemed to have come out of the blue, once more the urchin of the road; the elegant young lady in the periwinkle gown might never have existed.

The oarsmen in the absence of orders to the contrary continued to ply their oars, pulling the barge into midstream, where the current flowed strongly.

"I saw you from the window. I was feeling so breathless, so confined in that gloomy chamber. It's like being in *prison*!"

She came over to the rail beside him, the light from the lamp setting the auburn tints in her hair aglow. "I needed fresh air. That was the most . . . most *suffocating* evening." She looked up at him, her eyes grave. "I beg your pardon for making all those stupid mistakes. I can't think why I called you Gareth."

"It is my name," he observed. "But it wouldn't be appropriate for Maude to use it in public."

"But in private?"

Gareth considered this with a wry smile. "No," he said. "It would not be appropriate for my ward to use my first name under any circumstances. Not until she ceased to be my ward."

"But for one who is not your ward?" Miranda's voice was a little muffled, and her head was lowered as she flicked at a moth on the rail. Her hair fell forward, and the faint silvery crescent mark on her neck was visible in the light from the cresset.

She was clearly referring to herself and it posed an interesting question. Was this unacknowledged scion of the d'Albards as much his ward as her twin? Acknowledged, she would certainly be. "It would depend on the circumstances," he said carefully. "But one would not wish to become so accustomed to using it that it would slip out again by accident."

"I don't believe this charade is going to work," Miranda said after a minute.

"*What?*" Gareth looked down at her, startled. She was now looking out over the stern rail and kept her eyes averted.

"I don't think I can do it," she said simply. "Tonight was hideous and I made so many mistakes, and that was just among your family and friends in your own house."

"Don't be silly," he said brusquely. "Of course you can do it. You did very well in the circumstances. You were thrown into the middle of the situation without any preparation."

At least he was prepared to acknowledge that, Miranda reflected. It was the first time he'd shown the slightest recognition of the difficulty of the task. "I still think it would be best if you were to find someone else to do it," she said, perversely aware that it was actually the last thing she wanted, even though the thought of more evenings like the past one made her queasy. She waited for her companion's response, not knowing what she wanted him to say.

Gareth braced his legs against the motion of the craft, distantly aware of the freshness of the breeze that not even the wafts of cesspits and rotting river garbage could sully; the swish of the dark water; the wavering lights from passing river traffic. It was a clear night, the skies above London brilliant with stars and a great golden harvest moon. His senses seemed particularly sharp and clear.

Her body was very close beside him at the rail. Close enough that he was piercingly aware of every breath she took. Her hands were curled loosely around the rail, her mother's bracelet a gold glimmer, a pearl and emerald glow beneath the lamp. Her hands were thin, the bones clearly delineated beneath the delicate blue-veined skin. And yet he knew how much strength they contained, just as he knew how the seeming fragility of her small frame was belied by its tensile muscular power.

"Milord?" she said hesitantly, when his silence had continued for an eternity.

"There is no one else who could play the part as well," he said with perfect truth. "If you will not do it, then I shall have to give up something that's very dear to my heart. But the choice is yours."

Miranda looked up at him. He was staring out across the water so she couldn't see his eyes, but his jaw was set.

"Why is it so important that Maude marry this French duke?"

At that he turned and looked down at her, standing with his hands resting on the rail behind him. And now she saw again that slightly contemptuous curl of his lip, the mocking sardonic glitter in his eye.

"Ambition, Miranda. My ambition, pure and simple. Selfish, if you like, but it's very important to me that my family are returned to the sphere of power we enjoyed before the persecution of the Huguenots in France. A connection with Roissy and thus the French court will do that."

"It will make *you* powerful?"

"Yes." He turned back to his contemplation of the water, adding almost in an undertone, "Very." What he did not say, because he couldn't, was that achieving his ambition, setting his feet firmly on the rungs of power, was the only way he could bury Charlotte's legacy—the dreadful deadening inertia of shame, and the guilt of a knowledge that would never be shared.

Miranda nibbled at a ragged fingernail, frowning. "But if Maude really doesn't wish it, you would compel her to sacrifice herself for your ambition?"

"I believe that Maude will come to her senses," Gareth replied. "But until she does, it's essential that her suitor be welcomed by a willing prospective bride."

Miranda swallowed. Maybe she could do it; but could she bear to? Even for fifty rose nobles? Money that would help Robbie, would enable the troupe to find winter quarters without the annual misery of the hand-to-mouth struggle in the long bitter months. Money that would, if carefully harvested, give her a measure of security for years to come. Did she even have the right to deny her friends such relief? People who had taken her in as a baby, shared what they had with her, cared for her, the only family she had ever known, or would ever know.

Gareth, aware of her eyes on him, looked down at her again and met her questioning and speculative regard. "I need you to do it for me, Miranda."

Her misgivings faded. Her expression cleared and slowly she nodded. "Very well, milord. I'll try my best." She had no good reason to refuse him, and many to oblige him. He'd been kind to her, even before he'd wanted her to do this thing for him. And more than anything, she liked him. She liked being with him, liked feeling his eyes on her, the warmth of his smile, the easy way he touched her, the companionable way he talked to her.

He smiled, and the mask that she so disliked vanished, showing her once again the merry, lazy-lidded eyes, the flash of his white teeth as his mouth curved. "I shall be eternally in your debt, firefly." Catching her chin on his finger, he bent his head and kissed her mouth.

It was intended as a light expression of gratitude, a sealing of a bargain, and Gareth was not prepared for the jolt in the pit of his stomach as her mouth opened slightly beneath his. The scent of her skin and hair filled his nostrils, his hands came to cradle her face, her skin exquisitely soft beneath his fingers. She moved on the shifting deck and her slight, supple body brushed against his, a tentative, fleeting pressure that nevertheless brought his loins to life, his blood to sing in his ears.

He drew back, swung round to face the water again. His hands closed over the stern railing and he shook his head in an effort to free his mind of the rioting tangle of confused images.

Miranda touched her mouth. Her lips were tingling although there'd been no pressure to the kiss. But her heart was thumping and she was suddenly hot, feverishly hot, perspiration gathering on her back, in the cleft of her breasts. And they too were tingling. Her nipples were hard, pushing against her bodice, and there was a strange liquid weakness in her belly and her thighs.

The barge bumped lightly against the steps of Blackfriars. Narrow lanes led up from the river to Ludgate Hill and to the right the dome of Saint Paul's Church rose over the jumble of close-packed roofs.

"The bargemen will take you back," Gareth said, his voice sounding hoarse in his ears. "Simon, I'll make my own way home."

"Aye, m'lord." The bargeman reached out to grab the pole at the head of the steps, pulling the barge alongside. " 'Tis said, m'lord, that the new church is almost finished," he commented. "Quite a sight it is."

"Aye," agreed Gareth, stepping ashore. "I've a mind to stroll up there now and see how it's progressed since the spring." He glanced back at the barge. Miranda was still standing at the rail, frowning, her hand still unconsciously pressed to her lips.

"I give you good night, Miranda," Gareth said, then turned and strode off toward Carpenters' Street, which would take him into Whitefriars and an abundance of taverns and houses of pleasure. His hand rested on his sword hilt, where it would remain throughout his walk through the lanes of London.

Miranda didn't hesitate. She couldn't just return as if nothing had happened . . . not until she'd understood exactly what *had* happened. She jumped ashore just as the bargemen pushed off. Chip leaped after her, cramming his hat back on his head.

Despite the early morning hour, people still scurried about their business. A merchant in a fur-trimmed cape strode past, two liveried footmen clearing the path for him, two more watching his back. A litter borne by four stalwart porters was carried along at a trot toward the Temple. A white hand drew back the curtains and Miranda glimpsed a small sharp face under a jeweled bonnet before the conveyance turned into an alley.

"Need a light, m'lord?" A small boy darted out of a doorway on Carpenters' Street, holding aloft a lantern, as yet unlit. He offered the noble lord a gap-toothed grin but his face was thin and pale, his eyes sunken.

"Light your lamp," Gareth said, reaching into his pocket for a coin. "Lead the way."

The boy pocketed the farthing, struck flint on tinder, lit the precious wick of his lamp, and set off ahead, holding the lamp high, his little shoulders stiff as if he were truly proud of his mission.

"Milord . . . milord."

Gareth turned. Miranda and Chip were running toward him. "Do you mind if we accompany you, milord? I've never been to London." Miranda brushed her hair out of her eyes and regarded him gravely, but her confusion was easily read.

"I'd prefer my own company tonight," Gareth said. If he made nothing of the kiss, then they could both forget it. It hadn't meant anything, after all. How could it have? "Go back to the barge and they'll take you home."

With a smile that he hoped would soften the rejection, he set off again. Miranda hesitated. She couldn't see how she could bring up what had happened on the barge if the earl wouldn't give her an opening, and he certainly wouldn't give her one if she went meekly home.

She caught up with him again, and although he appeared not to notice her, she kept at his side, never falling back despite the length and speed of his stride.

After a few minutes, she broke the silence. "Are you going a-whoring again, milord?"

Gareth sighed. He'd already recognized that this d'Albard twin had as strong and persistent a will as her sister. "If I was, I'm not now, it seems. Must you accompany me?"

"If you please," Miranda said. "I might get lost on my own."

"You'll forgive me if I have a rather better opinion of your natural resourcefulness," Gareth remarked.

Miranda felt an immense sense of relief. She knew that tone and the confusion of the barge receded as the ease in his company returned. If Lord Harcourt wasn't troubled by it, then she shouldn't be.

Presumably he kissed Lady Mary in the same way. But for some reason, that reflection brought her no comfort, only a sense of revulsion. She couldn't imagine it somehow. That haughty, impeccable, perfectly composed woman in an embrace that Miranda had experienced as vivid scarlet, bright crimson, hot as hellfire.

The alley was narrow and dark, the roofs of the opposing houses meeting overhead, the top stories so close a man could sit on one windowsill and fling his leg over the sill opposite. But as they emerged into Whitefriars, the lane broadened and light spilled from open doorways and windows with the sounds of raucous laughter, music, singing.

At the sign of the Golden Ass, Gareth said to the lampboy, "You may leave me here." He gave the lad another coin and the boy carefully extinguished his lamp to preserve both oil and wick and trotted back to the waterfront.

Gareth stepped through the wide-swinging gates into the cobbled courtyard of the Golden Ass, Miranda at his heels. The inn formed three sides of the courtyard; doors to the various downstairs rooms stood open to the night air and the procession going in and out was ceaseless. A railed gallery ran along all three sides on the second floor and men and women hung over the railing, shouting down to those beneath, while music and laughter poured out from the open doors behind.

Horses, carts, and carriages stood on the littered cobbles and the smell of spilled ale, tobacco smoke, manure, rotting matter, and night soil was as thick as clotted cream on the air that was so much warmer and closer than on the river.

Miranda followed the earl through the drunken revelers, their progress causing barely a stir in the ceaseless tide of humanity. She was not in the least shocked by the sight of women with bared breasts soliciting custom, or men with their hose unlaced, doublets unfastened, lurching from dark corners with a satisfied leer. She had roamed such places as the Golden Ass all her life.

Gareth climbed the outside stairs to the second-floor gallery with the air of one who knew precisely where he was going. Miranda, at his side, peered with unabashed interest into the various chambers. On two sides of the gallery, they were for the most part drinking rooms, but on the third side something different was happening. Women hung on the railings, leaned out of low windows opening onto the gallery. They were half-naked, bodices unlaced, and the ill-lit rooms behind them were sparsely furnished.

But Gareth turned into a low-ceilinged drinking room and called to the potboy, "Malmsey, lad." He pulled out a bench at the long drinking table and swung himself astride it. Miranda cheerfully sat beside him, perfectly at home, and Chip, equally at home, pranced down the table, flourishing his hat and inviting pennies.

Miranda sniffed hungrily. A group of men and women were crowded around a stewpot at the top of the table. "I smell venison. I'm ravenous."

"But you've just had dinner."

"I didn't really feel like eating," she confessed with a grimace. "I'm not criticizing your table, milord, but . . ."

He nodded. "You'll become accustomed to our ways." He gestured to the potboy. "Bring a bowl of that stew and some bread, lad."

There were no implements, just a bread trencher. Miranda used her fingers in the pot, sopping up the liquid with the bread. But she was careful to eat as daintily as possible, and to avoid spilling gravy on anything but the bread. It was, however, the most delicious meal she thought she'd tasted since she'd left Dover quay. And she was under no illusions that it was the familiar surroundings that made it so.

With a comfortably full belly and the spreading relaxation from her own tankard of malmsey, she found herself asking the question that had been dogging her for hours. "Do you have strong feelings for Lady Mary, milord? For your betrothed?"

Gareth's expression changed and she regretted the question immediately. But she still waited for his answer.

"Lady Mary is to be my wife," he said after a minute. "She will be an admirable wife and, God willing, will give me heirs."

"Your first wife—"

"What do you know of her?" he interrupted, his voice both soft and very cold.

"Nothing." Miranda took a sip of her wine. "Maude said that there had been an accident . . . I didn't mean to pry." She didn't like the look on his face at all.

An accident. As far as the world knew, it had been an accident. That shadowy figure behind Charlotte, the instant before she fell, could have been a figment of his overstretched imagination. He'd been standing on the gravel, three stories below. He could easily have been mistaken. But Charlotte had been up there with her lover—that poor besotted youngster whose torments of jealousy Gareth had watched with something akin to sympathy as Charlotte tortured him with her indifference, her sudden wild passions, and then the casual dismissal when she cast him aside for someone fresher, better able to satisfy her. John de Vere had been with Charlotte on that fateful afternoon. Gareth had heard his desperation, seen it in the white face and wild eyes as the young man had pushed past the husband of his mistress as blindly as if Gareth didn't exist. Had pushed past him and raced up the stairs. The door had slammed. Gareth had left the house, unable, despite the many times it had occurred, to stay under the same roof while his wife made the beast with two backs with another man. He'd stood beneath the window. And he'd seen Charlotte fall. And he'd seen the shadow behind her the minute before. A shadow that had stayed, watching, until Charlotte's body had crashed to the gravel, and the blood had clotted beneath her head. And then it had gone, and he, Charlotte's husband, had checked her pulse, closed her eyes, and his heart had sung with joy. A crime of passion, it was not his place to judge such an act. And if that shadow had not been de Vere . . . then Charlotte's death had still been a crime of passion, but passion of a different breed.

"Milord . . . milord?"

He became aware of Miranda's voice, her hand on his sleeve, and her face swam into focus. Her eyes were wide and frightened.

"What is it, milord?"

"Nothing. Come, let us go. It's near dawn." He swung himself off the bench, threw a handful of coins onto the warped planking of the table, and headed for the river.

Miranda got up more slowly. Just so had he looked in his nightmare. She clicked her fingers at Chip and followed the earl back to the river. There were things here a wise woman would leave well alone. But Miranda wasn't sure how wise she was.

A jagged fork of summer lightning split the black sky, illuminating the dark mass of the walls of Paris looming above the Seine's high banks. The almost simultaneous crash of thunder set the still air reverberating and the heavens opened to let loose a torrent of stinging rain, slashing down onto the parched earth, great drops bursting against the greasy steel-gray surface of the river.

Pickets huddled into their cloaks as they marched the line at the foot of the walls, and within the besiegers' camp Henry of Navarre stood outside his tent, raising his face to the rain, greedily catching the drops in his open mouth. His hair and beard were drenched and his soaked linen shirt clung to his sinewy chest.

Within the shelter of the tent his advisors watched him as he grew increasingly bedraggled and the ground beneath his boots turned into a mud-thick swamp. To a man, they were bemused by this strange behavior. Henry was a hard campaigner and a little water wouldn't trouble him, but to put himself in the way of a drenching was most unlike their pragmatic and deliberate commander.

It was too much finally for the king's physician. "My liege . . . my liege . . . this is madness. You'll be sick of an ague." The old man ventured into the rain, drawing his thick cloak tightly around him, stepping gingerly through the mud. Water dripped from his long beard as he came beside his king. "Come into shelter, sire. I beg you."

Henry looked down at him and laughed, clapping the old man boisterously on a frail shoulder. "Roland, you're an old woman. It'll take more than a few drops of rain in a summer storm to bring me to my knees." He flung his arms wide as if he would embrace the tempest.

An arrow of lightning, vivid white, hurled itself at the ground behind the king. It touched with a dazzling flash of bright light. A poplar tree split, opening slowly like a peeled fruit before it crashed to the ground, the sound lost in the violent bellow of thunder immediately overhead. The air was filled with the stench of scorched earth and burning wood.

"My liege!" Men ran from the tent, seizing the king by his arms, dragging him under the rough protection of canvas.

"Indeed, *sieur,* it is madness to expose yourself in such fashion," the duke of Roissy chided. King Henry encouraged free speech from his close companions and it never occurred to the duke not to speak his mind.

"One bolt of lightning could bring an end to everything." He gestured toward the city walls beyond the tent, speaking with an edge of anger. "You are king of France, my liege. No longer mere Henry of Navarre. We are your subjects and our fortunes rise and fall with yours."

The king looked rueful. "Aye, Roissy, you do well to take me to task. That strike came a little too close for comfort. But in truth the heat has tried us all sorely these last days and there's something irresistible about defying such a spectacular display of the elements . . . Ah, my thanks, Roland."

He took the towel handed him by the old man and vigorously rubbed his head and beard dry, before stripping off his shirt. He rested a hand on Roissy's shoulder and raised one foot and then the other for a servant to pull off his muddied boots, before peeling off his sodden britches and drawers.

Naked, he strode across the beaten-down grass floor of the tent to where a flagon of wine stood on a table. He raised the flagon to his lips and drank deeply, before wiping his mouth with the back of his hand and regarding his assembled court with an air both quizzical and faintly mocking.

"Gentlemen, gentlemen, you're looking at me as if I were a freak in a traveling circus. When have I ever done anything without good reason? Gilles." He snapped his fingers at his servant, who hurried over, his arms filled with dry garments. Henry shrugged into the proffered shirt, clambered into clean drawers and britches, his movements swift, clean, economical. He sat on a stool, extending his leg to the servant who eased stockings and boots over the royal feet.

"Let us to table, gentlemen. I intend to leave at dawn." The king rose as soon as his boots were laced and gestured to the table where bread, cheese, and meat accompanied the flagons of wine.

"You *are* going to England, then? Despite our advice?" Roissy made no attempt to disguise his anger.

"Aye, Roissy, I am." Henry stabbed at the joint of beef with the point of his dagger, hacking off a substantial chunk. "It's time to go a-wooing. I would have me a Protestant wife." He carried the meat to his mouth then gestured with the point of his knife to the other stools at the table.

The invitation was a command and his companions took their places, only Roissy holding back for a second, before sitting down and reaching for the wine flagon. "My liege, I beg you to reconsider. If you leave here morale will suffer. The men will lose heart in the enterprise and the citizens of Paris will gain heart," the duke said finally.

Henry tore at a quartern loaf of barley bread. "My dear Roissy, as far as the men are concerned I *will* be here. As far as the Parisians are concerned, I will still be at their gates." He gave the duke a sweet smile that didn't deceive any of his audience. "You, my friend, will substitute for me. We are much of a height, you will wear my cloak in public, we will put it about that my antics in the rain this evening have made me a trifle hoarse and feverish, so I will in general keep to my tent and any strangeness in my voice will be explained." He shrugged easily and crammed bread into his mouth.

Roissy took another swig from the flagon. That crazy dance in the rain was thus explained.

"I have absolute faith in you, Roissy," Henry continued, his voice now grave. "You will know exactly how to conduct the siege just as if you were me. We have it on good authority that the city will not yield before winter and I will be back in plenty of time to receive its surrender."

Roissy nodded dourly. Their spies in the city had given them ample evidence of the burghers' steadfast refusal to yield up the keys while there remained an edible rat alive in the city sewers. The city still had some grain supplies, but when those could not be replenished by the new harvest, then matters would grow grim indeed.

"If you wait overlong in England, my liege, you may find the return crossing impossible to make before spring," he demurred.

"I'll not protract my wooing of this maid," Henry stated. "If she be as comely as her portrait and not doltish . . . and if she be willing . . ." Here he chuckled and even Roissy couldn't disguise a grim smile at the absurd idea that any girl would refuse such a match.

"Then," Henry continued, "I will conclude my business with Lord Harcourt with all speed and return by the end of October to put in train my divorce from Marguerite, which should, I think, take place before my coronation?" He raised a questioning eyebrow in the direction of his chancellor.

"Undoubtedly, my liege," the man agreed, taking out a scrap of lace from his pocket and dabbing at his mouth with a fastidious gesture that seemed out of keeping with the rough surroundings, the coarse fare, the uninhibited manners of his fellow diners who, like their king, were soldiers before they were courtiers and sported wine-red mouths, grease-spattered jerkins, dirt-encrusted fingernails.

"Who will accompany you, *sieur*?" Roissy made no further attempt to dissuade his king; he'd do better to save his breath to cool his porridge.

"Deroule, Vancair, and Magret." Henry pointed at the three men in turn. "I shall take your identity, Roissy. Since you will be taking mine." He frowned and all traces of lightheartedness had vanished, he was once more the implacable commander.

"We shall change clothes and I shall wear your colors and bear your standard. It's imperative that no one but the girl's family know the true identity of her suitor. The duke of Roissy will be visiting Elizabeth's court, while his sovereign continues to lay siege to Paris. The queen herself must not suspect for a second the true identity of the French visitor. She professes to support my cause, but Elizabeth is as tricky as a bag of vipers."

He leaned back, his thumbs hooked into the wide belt at his waist as he surveyed his companions. "I doubt even her right hand knows what her left is doing, and if she thought that Henry was not besieging Paris, there's no telling what she might decide to do with the knowledge."

"Exactly so, my liege." Roissy leaned over the table, his tone urgent. "Consider the risks, *sieur*. Just supposing you were discovered."

"I will not be, Roissy, if you play your part." The king reached for the flagon of wine and raised it to his lips again. "Let us drink to the pursuit of love, gentlemen."

Chapter Eleven

MIRANDA WAS AWAKENED the next morning by the sound of her door opening. "I give you good morning, Miranda." Maude came over to the bed, her face pale in the gloom.

Miranda hitched herself up in the bed and yawned. "What time is it?"

"Just after seven." Maude hugged herself in her shawls. "It's so cold in here."

"It's certainly cheerless," Miranda agreed with a shiver of her own, glancing toward the window. It was gray and overcast outside. The clouds must have rolled in over the river soon after she'd gone to sleep. "It looks like it's going to rain."

Maude examined her with undisguised interest. "I'm sorry if I woke you, but I had the strangest feeling that perhaps I'd dreamed you, and you wouldn't look in the least like me when I saw you again."

Miranda grinned sleepily. "And did you?"

Maude shook her head with something approaching a smile. "No, you're just the same as last night. And I can't get used to it." She stretched out a hand and lightly touched Miranda's face. "Your skin feels just like mine."

Chip bounced onto the coverlet with his own morning greeting and Maude obligingly scratched his head. "What happens today?"

"No one's told me." Miranda kicked off the covers and jumped out of bed. She stretched and yawned.

"Your body's not like mine," Maude observed almost critically. "We're both thin, but you have more shape."

"Muscle," Miranda responded. "It comes from acrobatics." She bent to pick up the finery she had so carelessly discarded the previous evening, saying guiltily, "I suppose I'd better wear this again. I should have hung it up, it's all creased now."

"Leave it," Maude said casually. "The maids will pick it up and press it. Wait here and I'll fetch you a robe." She disappeared with a speed that was most unusual, reappearing within minutes with a fur-trimmed velvet chamber robe.

"Put it on and we'll go back to my chamber where there's a fire and Berthe is heating spiced ale. I have to be bled today, so I have the spiced ale first to keep up my strength."

"Why must you be bled? Are you ailing?" Miranda thrust her arms into the robe. The silk lining caressed her skin and she ran her hands in a luxurious stroke over the soft velvet folds that floated around her bare feet. There were certainly compensations for life in a cocoon, she thought as she followed Maude from the room, Chip perched on her shoulder.

"I have to be bled to prevent falling sick," Maude explained with a grimace. "Every week the leech takes at least a cup from my foot so my blood doesn't get overheated and give me fever."

Miranda stared at her. "How can you bear it? Bleeding is worse even than purging."

"It's not very pleasant," Maude agreed, opening the

door to her own chamber. "But it's necessary if I'm not to fall ill."

"I should think it's more likely to make you ill," Miranda observed.

Maude didn't respond to this ignorance. She moved to the settle drawn up against the blazing fire and sat down, thrusting her feet in their thin slippers as close to the flames as possible, saying with a careless gesture, "This is Miranda, Berthe. I told you about her last night. Lord Harcourt is employing her to take my place, but we're not sure quite why or what good it will do me in the end."

The elderly woman stirring the fragrant contents of a copper kettle on a trivet over the fire looked up. Her pale eyes widened and she dropped the wooden spoon. "Holy Mother! May the saints preserve us!" She struggled to her feet and bobbed across to Miranda. Only then did she see Chip. "Oh, my Lord. It's a wild animal!" She recoiled in horror.

"Chip isn't in the least wild," Maude assured. "He won't hurt you."

Berthe looked far from convinced, but her reaction to Miranda far surpassed her fear of the monkey. She reached up to clasp Miranda's face between both hands. "Mary, Mother of God! It's hard to believe one's eyes. It's my babe to the life."

Miranda was growing accustomed to this reaction and made no response.

"It's either the work of the devil or the work of God," Berthe muttered, stepping back to get a better look. "It isn't natural, that's for sure."

"Well, there's no need to fret about it, Berthe," Maude said with a touch of impatience. "Is the ale ready? I am in sore need of warming."

"Oh, yes, my pet. Yes, you mustn't get chilled, running around at this hour of the morning." Tutting, Berthe returned to her kettle, but she kept glancing up at Miranda, who had drawn up a stool a little away from the blazing heat of the fire. "Sainted Mary! Maybe it's heaven-sent," the old woman continued to mutter. "If you've come to save my pet from the evil they would do her, then it's assuredly heaven-sent."

Miranda took the mug of ale handed her by Berthe with a word of thanks, and gratefully buried her nose in the fragrant steam.

"Berthe, I would like coddled eggs for my breakfast," Maude announced. "Since I no longer have to live on bread and water, thanks to Miranda."

"Thanks to milord Harcourt, I would have said," Miranda amended. "He was the one who wouldn't have you coerced."

"I'll fetch them directly, my pet." Berthe hauled herself upright with alacrity. Then she frowned. "But the leech is coming to bleed you and the eggs may overheat you. It's best to eat light before bleeding."

Maude's mouth turned down at the corners. "I'm feeling quite strong today, Berthe. I'm certain the leech will only need to take a very little blood."

"Maybe he shouldn't come at all," Miranda suggested, looking up from her ale.

Berthe ignored this interjection. She bent over Maude, laying a hand on her forehead, peering into her eyes. "Well, I don't know, my pet. You know how suddenly you begin to fail."

"I don't feel in the least like failing, and I want coddled eggs," Maude declared crossly. "And if I don't get them I shall quite likely fall into a fit."

Miranda stared in surprise and more than a degree

of disapproval at this display of petulance. However, it seemed to have the desired effect, because Berthe with a cluck of distress hastened to the door.

Maude smiled as the door closed behind her nursemaid. "That's good. Sometimes she can be very obstinate and I have to bully her a little."

Miranda made no comment, merely returned her attention to the spiced ale, which was really very good.

"Why are you frowning?" Maude asked.

Miranda shrugged. "I don't know. I suppose because it was suddenly very uncomfortable to watch someone who looks just like me behave in such an unpleasant fashion."

"What can you know of my life?" Maude demanded. "Of how confined and constricted it is? Of how no one except for Berthe cares a groat what happens to me? Only now, when Lady Imogen can see a use for me, they start to take notice of me. But it's not *me* they're interested in. It's what I can do for them." Maude's eyes burned, her cheeks were flushed, her whole body upright and pulsing with all the energy of anger.

Miranda was startled, not by Maude's words but by the heartfelt passion that she recognized as if she herself had been speaking. Suddenly she saw Maude's life as clearly as if she herself had lived it. Immured in this vast mansion, sickly, because what else was there to be, without friends or companions of her own age, without any real sense of the vibrant world beyond the walls. Her life held in abeyance all because someone someday expected to have a use for her.

Wouldn't she too learn to rely on petulance, defiance, opposition? Miranda thought. Maude knew that she was merely tolerated by the people who had responsibility for her and her reaction had been to defy and oppose. It must have given her some sense of satisfaction, some sense of purpose. At least life in a convent was something she could fight for as a viable alternative to the life her family had designated for her.

Before she could respond, however, Berthe returned with a footman, bearing a laden tray, whose contents he set upon the table, casting a curious glance at Miranda, who didn't look up from her unseeing stare into the fire.

"Come and eat, my pet. See the eggs I've made especially for you." Berthe fussed over Maude, shaking out a napkin, ladling eggs onto a platter. "But don't eat too hearty now."

"There's enough for you, too, Miranda." Maude gestured with her spoon to the stool next to her. "If you like coddled eggs."

"I like everything," Miranda said with perfect truth, taking the stool. "You don't develop finicky tastes when you don't know where the next meal's coming from."

Maude looked up from her plate, her eyes sharply comprehending. "I wonder whose life has been worse."

"Yours," Miranda said without hesitation. She broke bread, buttered it thickly. "Freedom is more important than anything, even if it's hard. I couldn't live like this." She gestured with her knife around the room. "It's all rich and luxurious and soft, but how do you bear never going out without permission, never being able to walk around without someone knowing where you are all the time?"

"I suppose you get used to it if you've never known anything else," Maude observed, pushing aside her empty platter and taking up her spiced ale again.

The door burst open as if under pressure of a whirlwind and Lady Imogen entered. Her gown of black damask filled the doorway like some great black cloud. Miranda swallowed her mouthful and rose with Maude to curtsy.

Imogen gave them both a cursory glance before going to the linen press. "You will have little use for your wardrobe, cousin, since you'll be remaining in seclusion, so your gowns can be put to good use, made over to suit Miranda. There's no point wasting money." With compressed lips, she began to riffle through the contents of the press.

"Your coloring is so similar, almost everything will be suitable," she declared. "Berthe, remove Lady Maude's gowns and have them taken to the green bedchamber. I'll make my selection there."

"Am I to be left with nothing to wear, madam?" Maude inquired, her voice once more faint and reedlike.

"You will have need of little but chamber robes," Imogen told her, stepping back from the linen press, yielding her place to Berthe, whose indignation at her orders was visible in every movement. Imogen watched as the maid pulled out gowns, draping them over her arm.

"Isn't today the day you are to be bled, Maude?" Imogen stood aside as Berthe, with her arms full of silks, velvets, damasks, marched from the chamber.

"Yes, madam."

"Then I suggest you take to your bed . . . Ouch!" She put a hand to her head, her eyes wide with surprise. "What was that? Ouch!" Her hand flew to the back of her neck. "I'm being stung."

Miranda knew better. Ambushing the unsuspecting was one of Chip's less popular tricks. Her eyes flew guiltily to the armoire, just as another missile struck the lady. Chip was sitting there with a handful of nuts from the breakfast table, lobbing them gleefully at Lady Imogen.

The lady's eyes followed Miranda's and she hissed with fury, retreating all the while to the open door. "By the Holy Rood, I'll have the beast's neck wrung!" she declared, her voice throbbing with fury.

Chip, hearing the tone, let loose a torrent of hazelnuts, aimed with devastating accuracy at his helpless victim. Imogen shrieked, covered her face with her hands, and backed out of the room.

Miles, just emerging from his own bedchamber across the hall, received the full impact as his wife reeled against him, her eyes still covered.

"God's bones, madam! What is it? What's happened?" He steadied the lady as best he could. She was a good three inches taller than he and her bulk was considerably augmented by her immense farthingale and cartwheel ruff.

"Attacked!" Imogen gasped. "That wild beast is attacking me!" She pointed a trembling finger back into Maude's chamber.

Miles peered around his lady wife and a nut struck his forehead as he emerged from the protection of his wife's body.

"Ouch!" He jumped back, rubbing his forehead, ducking behind the armor of black damask.

"Oh, Chip, stop!" Miranda cried, jumping on tiptoe to reach the monkey on top of the armoire. "Come down!"

But Chip was impervious to her pleas. He was enjoying his game far too much; it didn't ordinarily have such satisfying results.

The earl of Harcourt chose this moment to enter the

scene. He looked over his sister's head, ducked a nut himself, and said somewhat wearily, "Can't you call him off, Miranda?"

"I'm trying," she said, half laughing, half weeping with frustration, under no illusions that if she couldn't control Chip's less friendly antics, he could quite justifiably be banished from the household, or at least confined in some way that would make him miserable.

"He'll run out of ammunition in a minute," Maude observed, her eyes brimming with suppressed laughter, cheeks bright pink.

Fortunately, she was right. Chip, hands finally empty, began to dance and jabber from the safety of the armoire. It was very clear to anyone halfway observant that he was hurling simian insults.

"Look at him!" Imogen cried in outrage. "What's he saying?" Then she realized the absurdity of the question and took a deep breath, calming herself with visible effort. "Gareth, I insist that that creature be got rid of immediately."

Miranda finally had Chip secured in her arms. She looked pleadingly at Lord Harcourt. "It's a game he plays sometimes. I'm truly sorry, but I think he knows Lady Imogen doesn't care for him, and he's taken offense."

Gareth moved a foot and crunched on a hazelnut. He looked around at the littered floor, then he looked at Chip, who, from the safety of Miranda's arms, put his head on one side and winked one bright eye. Miranda was a study in contrast. She was swathed from neck to toe in the elegant and luxurious velvet robe, but her narrow feet peeping from the hem were bare and curiously vulnerable. The long, slender neck rising from the fur-trimmed collar was surmounted by the small head with its urchin crop. Part lady, part vagabond. And extraordinarily appealing.

For a moment he forgot what had produced the scene, forgot the fulminating presence of his sister, the laughing Maude, the hapless Miles, all standing around him, all waiting for his next move. He was lost in the contemplation of this small figure, this wonderfully paradoxical creature. And he felt the strangest sense of opening inside him, as if some part of him that had been kept closed and dark was reaching for the light.

"Do try to keep him under control, Miranda," he heard himself saying.

"Oh, I will," she said, her face breaking into a radiant smile of relief and pleasure. "Of course I will."

Lady Imogen made a disgusted sound, then turned and sailed away down the corridor. Miles hesitated, then he too scurried away, his long-toed slippers slapping on the wooden floor.

"My lord, is it right that I should have taken all Lady Maude's gowns to the green bedchamber?" Berthe, her voice throbbing with indignation, returned from her errand.

"What's that you say?" Gareth glanced across at Maude's maid, who stood in the doorway, hands folding against her skirts, her mouth pursed, her gray eyes glittering.

"My lady's clothes. Lady Dufort said they were to be given to the other one." Berthe nodded toward Miranda. "My lady's to be left with only her chamber robes."

"Don't be absurd," Gareth said. "You must have misunderstood Lady Dufort. In the short term, Miranda will borrow some of Maude's gowns that will be suitable for formal social occasions, until we can have a wardrobe made up for her. I expect her ladyship wishes to look through them all in order to make a selection."

"That wasn't what I heard," Berthe mumbled, going to the fireplace where she began to stir the coals with jerky stabs of the poker.

Gareth frowned, then decided to let it alone. He turned to leave just as the door opened and a man in a rusty black doublet and old-fashioned striped hose bustled in with a cracked leather bag.

Gareth recognized the household's physician. "Are you ailing, cousin?" He glanced over at Maude.

"I am to be bled, my lord." Maude lay back on the settle, while Berthe hastened to take off one of her slippers.

"Do you have the fever?"

"My lord, it is Lady Maude's day to be bled," the physician announced, taking a sharp knife from his bag. Berthe fetched a pewter bowl from the cupboard beside the fireplace.

"Do you make a habit of it, cousin?" His frown deepening, Gareth approached the settle.

"I believe regular bleeding is necessary for her ladyship's health, my lord," the physician intoned, bending to take Maude's foot in one hand, his knife in the other. "It thins the blood and prevents overheating." Berthe knelt beside him, positioning the bowl to catch the blood.

Gareth raised an eyebrow. The prescriptions of physicians were always a mystery to the layman but he assumed the man knew his job best.

"It seems foolish to be bled if you're not ill," Miranda declared. "Mama Gertrude held that cupping and leeches weakened the body."

"Who's Mama Gertrude?" Maude inquired, turning

her head against the cushions at her back just as the physician opened the vein in the sole of her foot. Blood spurted into the bowl.

Miranda flinched just as Maude did. She could feel the sharp sting of the knife in her own foot, the sensation of welling blood.

"Does the sight of blood bother you?" Gareth asked, seeing how white she had become.

Miranda shook her head. "Not usually."

Interesting, Gareth thought, glancing between the two girls. Maude was lying back, her eyes closed, face as pale as Miranda's, no longer interested in the answer to her question. Miranda abruptly turned away and began to fondle Chip, murmuring to him.

"I'll leave you to the physician's ministrations, cousin," Gareth said, striding to the door. "Miranda, I believe Lady Imogen wishes you to try those gowns without delay. We shall be attending court this evening and you must have something suitable to wear. Some adjustments may well need to be made."

"Court?" Miranda gasped.

"Aye, I've been bidden to the queen's presence after dinner." Unconsciously, Gareth's voice took on an oily mimicry of the queen's chancellor's tone. "Her Majesty protests that she has seen nothing of my lord Harcourt for so many weeks." He smiled briefly, the smile that Miranda so disliked, and she saw that the sardonic light was back in his eye. Gareth knew perfectly well the queen was simply curious. He had had to get her permission to leave court and travel to France and Her Majesty had been very interested in his errand, and fortunately willing to give it her blessing. Now she would be impatient to hear the outcome.

"Couldn't it wait for a few more days, milord?" Miranda asked. "I don't feel ready yet."

"There's nothing to fear," Gareth said, lifting the hasp on the door. "The presentation will be brief. I have more faith in you than you do, firefly." And now he smiled at her in the way that warmed and steadied her. "You will learn on your feet, never fear." The door closed again behind him.

"I wish I could be so sure." Miranda glanced toward the settle, absently rubbing the sole of one bare foot against her calf. It stung and itched for some reason. The physician was now binding Maude's foot with a bandage while the invalid lay back, eyes closed. "Have you ever been to court, Maude?"

"No. But I know something of it," the other said faintly.

"Will you tell me what you know?"

"For goodness' sake, girl, can't you see her ladyship needs to be quiet and rest?" Berthe demanded, depositing the bowl of blood on the table for the physician's examination.

"I'll come back later, then." Still holding Chip, Miranda left the room and returned to the green bedchamber.

The pile of garments Berthe had transferred from Maude's linen press lay heaped on the bed. For someone who rarely left her bedchamber, Maude had an extraordinary array of elaborate gowns, Miranda reflected, examining the richly embroidered stuff. Most of them looked and felt as if they'd never been worn.

Chip suddenly yattered and launched himself at the open window. He paused on the sill, assessing the fine rain now falling, then disappeared from sight, climbing down the ivy to the garden beneath.

Miranda was only puzzled for a second. A rustle of stiff skirts heralded the appearance of Lady Imogen, who, tight-lipped and grimly silent, entered the chamber with the two maids who had helped with the bath the previous evening.

Imogen stood on the threshold of the room for a minute, glancing warily around. There was no sign of the monkey. She stepped inside, grimly prepared to do her brother's bidding, but at first, after her earlier mortification, quite unable to bring herself to talk directly to the girl herself.

She issued orders to the maids, using them as mediums for communication, but as she watched the transformation some of her bitterness dissipated in awe at her brother's scheme. The resemblance between Maude and this girl was more than a resemblance. It was almost frightening, almost magical.

Miranda yielded herself up to the attentions of the maids, who stripped her, dressed her in clean petticoats, chemise, and a new and very wide farthingale, and then proceeded to try on the gowns in quick succession, buttoning, lacing, tucking, pinning, as if she were a wooden doll. The gowns needed very little adjustment. Her bosom was a little fuller than Maude's, her hips a little rounder. But the difference was barely noticeable.

Imogen walked all around Miranda, now standing in her undergarments waiting for another gown to be put upon her. "It's a pity neither of you has much stature," she mused, almost to herself. "Stature lends grace to the most ungraceful figure."

Miranda flushed, feeling vulnerable and exposed before this critical scrutiny.

"But by all that's good," Imogen continued in the

same self-reflective tone, "you're Maude to the life. It's unnatural."

The maids laced Miranda into a gown of peach velvet with a scarlet taffeta stomacher. Imogen unfurled her fan and again walked around Miranda. "Straighten your shoulders. No girl of good standing would slouch in that way."

Miranda had never given her posture a moment's consideration. She believed she was standing perfectly straight, but now doubts assailed her. If something as simple as how she stood and walked would give her origins away, what chance did she have of convincing people face to face? And the queen? She was to be presented to the queen of England tonight! It was absurd, totally ridiculous. A nightmare. She was a vagabond, she'd spent nights in gaol for vagrancy. She'd starved and slept under haystacks. She'd been found in a baker's shop!

"Lucifer!" A wave of nausea swept through her and she dropped onto the side of the bed, heedless of the row of pins sticking out from the side seams of the gown as the girls fitted it to her body.

"What's the matter?" Imogen demanded.

Miranda stood up again. She had promised Lord Harcourt that she would try her best, and she would not back down on a promise. "Nothing, madam."

Imogen frowned at her for a minute, then said to one of the maids, "You, wench, go in search of Lord Dufort. Ask him to attend me here."

Lord Dufort? What did he have to do with all this? Miranda wondered. But not for long. Lord Dufort appeared in a very few minutes, just as the second maid had removed the peach velvet and Miranda was standing once again in her undergarments. "You wanted me, dear madam?"

"Yes. Decide which gown she should wear this evening." Imogen gestured toward Miranda and the array of gowns on the bed. "Maude's shoes are too small for her, unfortunately. She'll have to put up with pinching until the shoemaker can accommodate such big feet."

That at least didn't trouble Miranda. She knew that she didn't have big feet, although they were long and narrow, and the soles were somewhat rough. "I think I look best in the peach velvet," she said firmly. "Are you experienced in matters of wardrobe, sir?"

"I have some small reputation," he said modestly, lifting the peach gown from the bed. He held it up against her and shook his head. "No, it does nothing for your coloring, my dear. It didn't do anything for Maude's, either."

"Oh," Miranda said, disappointed. She'd thought the peach velvet embroidered with gold thread quite enchanting.

"But we all make mistakes in taste on occasion," Miles continued, warming to his subject, as he examined the other gowns. "It's very easy in a particular light to think something will look well and then in another setting to see how perfectly dreadful it is."

Miranda glanced toward Imogen, wondering how her ladyship was taking this discourse from her husband. To her surprise, she saw that the lady was paying close attention, her lips pursed as she nodded in agreement.

"What about the emerald green?" Imogen suggested, and again to Miranda's surprise, the suggestion sounded almost tentative.

Miles lifted the gown, examined it in the light, held

it up to Miranda's face, then said with a considering frown, "Put it on, my dear. The color may be right, but the style might drown you. You're so very small."

Miranda stepped into the gown and peered down at her front as the maids laced the stomacher that was of plain apple-green silk, contrasting with the rich emerald brocade skirt embroidered all over with a pattern of vine leaves.

Lord Dufort walked all around her, tapping his lips with one finger, his expression grave. "Oh, yes," he announced finally with an approving nod. "Yes, it will do very well. The color is excellent and the style is simpler than I thought at first sight. If I might just . . ." He twitched at the pads beneath the high shoulders, smoothed the close-fitting sleeves over her upper arms, then adjusted the small ruff that circled her throat and brushed her earlobes.

He stood back and took another look, still tapping reflectively at his mouth. "Very nice," he pronounced. "Do you not think, dear madam?"

Imogen nodded, that same startled look in her eyes. "If she can carry the part . . ." she murmured, half to herself. "Gareth was quite right. Maybe we'll pull the coals out of this fire after all.

"But what of her hair?" she continued, a deep frown furrowing her brow. "It's all very well to say it was cropped for a fever, but it looks quite dreadful, perfectly ugly."

Miranda ran a hand over her head, thinking of Maude's auburn-tinted locks. Maude's hair was a trifle lifeless, but it was enviably long. She'd never thought about her own crop, but now she could imagine how ugly and unfeminine it must look.

"The snood worked quite well last even," Miles said,

pulling at his almost nonexistent chin as he pondered the question. "But I believe a cap and veil will work even better. With her hair drawn back from her forehead beneath a jeweled cap and the falling veil at the back no one will see the deficiency." He smiled apologetically at Miranda as he made this comment.

"In a few weeks, of course, you'll have an abundance of lovely thick, dark hair, my dear, and then we can dress it properly. It will be a delight to do so."

"In a few weeks it's to be hoped the girl will be long gone," Imogen said tartly. "By that time, my cousin will have been brought to a proper sense of her duty." She swept toward the door, commanding the maids, "Take the gown off her and have it pressed and made ready for this evening. Do the necessary alterations on the others and have them ready to wear by this afternoon."

"I believe Lady Mary is belowstairs, Imogen," Miles said. "I heard the chamberlain letting her in through the front door as I crossed the hall."

"Oh, for goodness' sake, Miles, why could you not have said so before?" Imogen demanded crossly.

"We were a little busy, my dear," Miles said apologetically.

Imogen paused in the doorway, surveying Miranda with the same frown. "You had better put on that turquoise gown again and present yourself downstairs to pay your respects to Lady Mary. You had as well get used to being in company." Without waiting for a response, she swept from the room.

"You'll do very well, my dear, I have every confidence in you," Miles said, seeing Miranda shiver suddenly in the thin undergarments. "Put on the chamber robe, before you catch cold." He draped the garment around her shoulders and she gave him a grateful if slightly wan smile.

"There, there," he said awkwardly, patting her shoulder. "Everything will work out, you'll see." He hastened after the maids, leaving Miranda to her own reflections.

Chip, with impeccable timing, bounded back onto the windowsill. "Ah, Chip!" Miranda held out her arms to him and received his scrawny little body. "How did I get myself into this?" She buried her nose in his damp fur. "You smell like a compost heap!"

Chip grinned and patted her head, stroked her cheek.

Chapter Twelve

"Lord love us! Is this it, then?" Mama Gertrude pulled her shawl closer over her head to protect her velvet hat and its golden plumes that were becoming a little bedraggled in the fine drizzle.

"Bleedin' palace," Bertrand declared in awe, taking another step backward to gain a more complete view of the Harcourt mansion across the road. "Don't look like no brothel."

"I 'eard tell the stews is all in Southwark, t'other side of the river," Gertrude said. "This ain't no brothel, it's a gentleman's residence."

"But what's our Miranda doin' in a gentleman's residence?"

"She's been taken by that lord, fer 'is own pleasure," Jebediah said, relishing as always his doom-laden prophecies. "An' 'e's 'oldin' 'er in his 'ouse, till he's tired of 'er." He rubbed his cold hands together, the rough, dry skin rasping. "There's nowt we can do if she's in there. 'Tis a fool's errand, pissin' in the wind . . . I always said so."

"Oh, you're such a naysayer, Jebediah," Luke protested. "If this lord is holding Miranda against her will, then we have to rescue her."

"And just 'ow would you be a-doin' that, young feller-me-lad?" Jebediah hunched into his threadbare cloak. "You look crosswise at this Lord 'Arcourt, and 'e'll 'ave ye locked up quick as a wink, an' 'anged afore ye can say Jack Sprat."

"Is M'randa in that 'ouse?" Robbie finally caught up with the troupe, his little face squinched with the pain of his dragging foot. Wet weather always made the ache worse.

"Don't know fer sure, laddie." Raoul looked down at the child. "But the carter said this was the 'Arcourt mansion, so, unless we're on the wrong track, this is where we'll find 'er."

"The man in the livery stable in Dover seemed very sure it was a Lord 'Arcourt what 'ad taken 'er," Gertrude mused. "Isn't that so, Luke?"

Luke nodded vigorously. "A right noble lord, he said, and he described our Miranda to a T. Didn't like her one little bit. He said she was an interfering doxy."

"There's some as would agree." Raoul chuckled, a rumble deep in his throat.

"But 'e didn't say this lord 'ad taken 'er agin 'er will," Jebediah reminded them, shivering. "Let's get outta this mizzle. It's gettin' into me bones."

"Aye, we need to find lodgin' afore the city gates is closed, Gert," Bertrand said. "An' Jeb is right. We don't know that Miranda was taken agin 'er will."

Gertrude's mouth pursed. "I tell you, she'd not 'ave gone with 'im of 'er free will wi' out a trick or summat. Our Miranda's not goin' to sell 'er virtue, an' if it's been taken from 'er by a trick, then we got to get 'er back."

"She's one of us," Luke affirmed with uncharacteristic fierceness. "We can't abandon her."

"No one's suggestin' any such thing, laddie." Raoul put a comradely arm around Luke's skinny shoulders and Luke's knees almost buckled beneath the weight. "We've done good work for today. We've found the 'ouse an' we'll make inquiries tomorrow. Let's find some lodgin' now. I'm fair famished fer me dinner."

Reluctantly, Luke bowed to the majority opinion, and the small group moved away from the Harcourt mansion toward the city gates, Raoul pulling the cart with their belongings. The bells would soon be tolling for curfew and if they wanted to be inside the walls for the night they had to hurry.

Robbie dragged along in their wake, but he couldn't take his eyes off the house. Was Miranda in there? He missed her with an ache that was almost as bad as the one in his foot. She used to rub his foot when it hurt. She put him in the cart when he was tired. She always made sure he had enough to eat. The rest of the troupe were not unkind, indeed they cared for him in a casual way, but they didn't look out for him as Miranda did, and sometimes, when he was far behind, he was desperately afraid of losing them, and he wasn't confident they would come and find him the way they were searching for Miranda. Miranda was much more important to them than a cripple, who cost more than he earned.

A commotion in the courtyard made him pause. The great iron gates were thrown open and four stalwart men trotted out bearing a sedan chair. Despite their burden, they overtook Robbie very quickly. A woman's hand drew aside the curtain and Robbie's heart beat fast as he tried to see in. A long, sharp-featured face peered out, greenish gray eyes skimmed over Robbie as if he weren't there, then the woman withdrew and the curtain fell back.

Robbie hobbled faster after the troupe. The woman had looked cold and unfriendly, coming from the house where Miranda was kept. What did she have to do with Miranda?

Lady Mary had not noticed the small boy hobbling along the road, and she didn't notice the troupe of strolling players with their cart. Her litter passed through the city gates without challenge; the bearers wore the queen's livery as Lady Mary was one of Her Majesty's ladies of the bedchamber. Not a very important one, but the position gave her free board and lodging and one new gown a year. Not insignificant benefits when her own money was held in the tight-fisted hands of her uncle, ostensibly in trust for her, although Mary was under no illusions that she would see much of it, even as dowry in her approaching marriage.

Her hands in their silk mittens curled into fists in her lap. Now that Gareth was returned safe, nothing could prevent her becoming countess of Harcourt by next May Day. A woman of consequence, a woman of wealth. And now the prospect was even more dazzling. With Gareth's ward married to the king of France's closest advisor, Gareth would be sure to gain advancement and influence, and his wife, his consort, would share in it. There were so many slights she had to avenge, so many rebuffs, so many whispers. She would watch the tattlers eat their words, the smiles of malice turn to the ingratiating smiles of supplicants. She would have favors to give.

Oh, it was a delicious prospect. And yet for some reason this afternoon it didn't fill her with the usual delicious anticipation. She couldn't put her finger on what was bothering her, but something was definitely tarnishing the gilt of her elation at Gareth's safe return from a successful mission.

Every time she tried to identify the unease, she thought of Maude. But that was ridiculous. She'd known Maude for two years, she knew that Gareth found her irritating and had little sympathy with her megrims and many ailments. She had always thought of the girl as a nonentity. Even as the duchess of Roissy, Maude would still be unimportant except as a conduit for her family's advancement. But Maude had somehow changed. Her eyes were as large and blue as always, but they held a sparkle, a glint that was new, and her wide mouth, instead of its customary downturned corners, was more often smiling. And then there was the laughing ease she showed in Lord Harcourt's company.

Earlier, Gareth had come into the parlor where Mary and Imogen were talking, waiting for Maude to join them. He had come in with Maude and Mary could still hear their laughter, could still see Gareth's smile, the soft glow in his eyes that had lingered long after he had turned his attention away from Maude and greeted his betrothed.

But Mary knew that the glow was not for her. She'd never caused it before, and she didn't expect to. She expected the same dutiful attention from her husband-to-be that he would accord her after their marriage, but anything stronger than that was unthinkable. Theirs was a connection of convenience and duty. She would do her duty by her husband as he would by his wife. She would give him heirs, God willing, because that was part of her duty, but her whole being shrank from anything as vulgar as expressed emotion.

So why did it trouble her that Gareth seemed to take such sudden and unusual pleasure in his ward's company?

Mary uncurled her fingers slowly, aware that the nails were biting into her palms. She was accustomed to the cool, composed Gareth, a man who smiled rarely, who never said anything that was not rational and carefully considered. And now he had taken to talking and laughing and teasing a chit of a girl in the most inappropriate fashion, and the girl responded with lamentable lack of the deference due her guardian, the supreme authority in her life. And instead of putting his ward in her place, Gareth seemed to encourage it. Mary couldn't begin to understand such a complete turnaround in her betrothed's attitude, she only knew she distrusted it as much as she disliked it.

The litter turned into the outer courtyard of Whitehall Palace and the bearers stopped at the farthest staircase where Lady Mary shared cold and inconvenient lodgings with two other ladies, lesser members of the queen's train.

Lady Mary hurried up the stairs as the clock struck three. She needed to make adjustments to her dress. Her Majesty was holding court at Greenwich this evening and the barge transporting her ladies from Whitehall would be leaving from the water gate within the half hour.

"So what do you think?" Miranda turned around before the tiny mirror of leaded glass, trying to get a look at her back view.

"You look every inch the courtier," Maude commented from her bed, where she lay pale and weak after the morning's bloodletting. The comment had a slightly acidic tinge and Miranda frowned.

"Is that a bad thing?"

"Not if that's what you want to be."

"Why wouldn't I?" Miranda asked curiously. "A life of luxury, fine clothes, dancing, feasting . . ."

Maude's expression was answer enough. "It's empty, pointless, nothing but hypocrisy," she said scornfully.

Miranda perched gingerly on the edge of Maude's bed, arranging her skirts around her. "So, tell me about it. Lady Imogen has been bombarding me with instructions about how to stand, how to curtsy, who to talk to and who not to, when to speak and when not to. She makes me as nervous and cross as two sticks, so I forget to listen.

"And milord just seemed to think that it'll come naturally and I don't need any instruction." She opened her palms in a helpless gesture. "I'm terrified, Maude. I have no idea what to expect."

Maude hitched herself up on the bed with a rather livelier air. "There's no need to be frightened. They're all silly and empty-headed. Just remember that they can't see anything beyond their noses. They'll believe you're me because they've been told so, and because you'll look like me and be wearing the right clothes and be vouched for by the right people. It wouldn't occur to any one of them that someone might have the audacity to perpetrate a fraud."

"A fraud . . . you mean like foisting a traveling player on them as an honest-to-God noble lady?" Miranda's eyes sparkled, some of her trepidation disappearing.

"Precisely." Maude smiled, a touch maliciously. "Just think of how easy it is to deceive them, and you'll see how stupid they are and you won't be in the least intimidated."

"But what of the queen?" Miranda said soberly now. "Don't tell me she's stupid, too."

Maude shook her head. "No, but it would never occur to her that anyone, let alone Lord Harcourt, could do something so . . . so *treacherous* as to foist an impostor on her. Even if she disapproves of you a little, even if you make a tiny mistake, she still wouldn't suspect anything."

"But if she disapproves of me, milord will be disappointed," Miranda said, almost to herself.

"You won't have to say anything. Just curtsy, look sufficiently humble, and wait until she dismisses you."

It sounded simple enough . . . too simple. "Tell me if I'm curtsying correctly. Lady Imogen made me so confused this afternoon, I can't remember about all the different depths. But at least I should get it right for the queen."

She slid off the bed, took several steps back, pointed one toe, and sank gracefully onto her rear, her emerald skirts settling in a corolla around her.

Maude examined her critically. "You need to lower your eyes, keep your head down for a few more seconds, then rise slowly, lifting your head at the same time."

Miranda did so. "But was the depth right? Was it low enough? Any lower and I'm afraid I'd sit down."

Maude chuckled. "That really would cause a stir. One's not permitted to sit unbidden in the queen's presence, and if she does tell you to sit, you have to rise the minute she stands up."

"That seems logical."

"Yes, and it won't happen anyway. I've heard it said that the queen delights in keeping ambassadors and courtiers on their feet for hours because she doesn't care to sit herself. So she stays upright, walking around, until the people in her presence are dropping with fatigue. She particularly enjoys doing it with men,"

Maude added with another little chuckle. "I believe she likes to prove that she's stronger than men in every way."

Miranda, with a piercing stab of loss, thought of Mama Gertrude. It was she who held the troupe together. She who made the decisions, kept up their spirits, managed the finances. Raoul was physically stronger, but then so was a cart horse. Where were they? Were they thinking of her? Worrying about her?

"Why do you look sad?" Maude asked.

Miranda shook her head. "I'm just wishing my feet didn't hurt so. I don't know how I shall bear it all evening." She bent again to the little mirror. "Can you tell how short my hair is?"

She touched the high front of the delicate jeweled cap that sat low on her forehead, leaving visible only an inch of smoothed-back dark hair. A narrow pale green veil depended behind, falling down her back to form a train.

"Not at all," Maude assured her, her eyes narrowed slightly. "But you did look sad." She frowned, a little puzzled. "In fact I *felt* that you were sad about something. As if I was feeling it myself."

Miranda looked at her, a frown in her eyes, then she said, abruptly changing a subject that made her feel confused and uncertain, "Are you certain you don't wish you were coming to court? It must be so dreary lying here while other people are listening to music and dancing and feasting."

"I have my psalter and my breviary," Maude said stoutly. "And Berthe and I shall say our rosaries together. In fact . . ." A light flared in her eyes. "Can I trust you . . . yes, of course I can. Father Damian is to come when you've all left. He'll hear my confession and say mass."

"How . . . how . . ." Miranda searched for a suitable adjective, but came up short. For all their uncanny similarities, even the strange moments of connection when they seemed to be thinking the same thing, she could not begin to imagine how Maude could find pleasure and satisfaction in the miserable prospect of confessing sins and receiving penance.

"Until you answer God's call, you will continue to live in darkness," Berthe pronounced with what seemed to Miranda like a degree of satisfaction. The elderly woman looked up from her mending, her eyes glittering with near-fanatical conviction. "But our Holy Mother is waiting for you. You must open your heart, my child, offer yourself in all humility, and give yourself up to the Madonna's intercession."

Miranda doubted she had sufficient humility to accept anyone's intercession, but she didn't say so. "Will you be able to look after Chip while I'm gone, Maude? Will Father Damian mind, do you think?"

"No, he loves all God's creatures," Maude responded, stroking Chip, who was sitting on her pillow, nursing Miranda's old orange dress and looking very forlorn. He was well aware he was about to be abandoned again.

The clock struck three and Miranda stiffened her shoulders, her nervousness returning. "I had better go down."

"Just remember whose tender reputation you hold in your hands," Maude said. "Don't do anything I wouldn't do." Then she looked astounded, realizing that she had made a joke, the first she could ever remember making.

Miranda grinned, bent to kiss Chip, who stroked her cheek and muttered under his breath.

"There, there," Miranda said. "Maude will look after you."

"Yes, see what I have for you, Chip." Maude slipped a hand under her pillow and drew out a folded lace handkerchief. "Sugar plums and almond comfits."

Chip, with an excited jabber, reached out a hand and delicately selected a sweetmeat from the palm of Maude's hand. Miranda smiled and slipped quietly from the chamber.

Maude stared at the closed door. The room seemed lifeless all of a sudden. The prospect of Father Damian's arrival took on a gray cast, and she felt as leaden as the gray sky beyond the window. It was the bleeding, she told herself resolutely.

Miranda's smile faded when she reached the head of the stairs leading down to the raftered hall. The maids who had dressed her in her finery had told her she was bidden to present herself in the hall at three o'clock. Her heart was beating uncomfortably fast. She wiped her palms on her skirt, flicked open her fan and waved it vigorously to cool her suddenly burning cheeks. Then, swallowing her trepidation, she descended, one hand holding the wooden banister, feeling its smooth coolness grounding her.

Three people stood in the hall at the foot of the stairs and they turned as one to look up as Miranda reached the bend in the staircase.

For a minute Gareth almost doubted what he knew to be the truth. Surely this was Maude. It could be no one else. Beside him Imogen's breath whistled through her teeth as she too stared, astounded. Lord Dufort, however, saw no more than the success of the costume he had selected.

"Ah, how charmingly you look, my dear," he said warmly, clapping his hands softly together. "Is she not charming, Harcourt? Is not the gown perfect for her?"

"Perfect," Gareth agreed. This was Miranda, not Maude. Her coloring was too robust for the wan invalid, her frame too supple. But that morning, he'd enjoyed the wonderful contrast of the lady and the vagabond contained in the one person. Now the vagabond had disappeared completely and only the lady remained, the perfect courtier. And for some perverse reason, he found himself disliking the very perfection of the imposture.

Miranda paused three steps from the bottom. Lord Harcourt wore a short cloak of silver cloth lined with peacock blue. His doublet was of silver embroidered with turquoise, his very brief trunk hose of darker blue slashed to reveal bands of silver from his underhose. A jeweled belt clasped his hips, and one gloved hand rested on the gem-studded hilt of his sword.

Her color rose, pure delight was pouring through her veins, all her trepidation vanquished by the same turbulent sensations she'd experienced in the inn at Rochester, when she'd watched him washing, changing his shirt, every simple movement filling her with the strangest hungers.

She raised her eyes to meet his and read the shock of recognition in the lazy-lidded brown eyes. She moistened her lips, tightened her thighs, trying to control their quivering.

"Do I please you, milord?" But she knew the question asked much more than it appeared to.

"It is a most remarkable transformation," Gareth responded deliberately. "Is she not most amazingly transformed, sister?"

"Yes, indeed," Imogen said. "I congratulate you, brother. I would never have seen such a complete match in the girl when I first laid eyes on her."

Gareth extended his hand in invitation and Miranda laid her own in it, descending the last three steps. The serpent bracelet glittered on her wrist. Gareth turned it around with one finger. "Are you more comfortable with this now?"

"Good heavens, why should she be uncomfortable with it?" Imogen exclaimed. "It's the most beautiful piece."

"I don't care for the bracelet," Miranda said firmly, "but the swan charm is exquisite." She lightly traced the shape of the emerald swan.

"Well, how very fortunate that you should find it so," Imogen said waspishly. "I daresay you've seen many such jewels and are well qualified to judge of their quality."

Miranda flushed and Gareth said, "Come, it's a good hour along the water to Greenwich and we have no time to waste."

Miranda said no more until they were all seated in the barge. Two liveried footmen accompanied them and two of Imogen's maids. Lady Imogen took one of the two chairs in the stern and the maids arranged her skirts, settled the cloak around her shoulders, and then backed off to stand in the bow.

"Sit with me, Gareth." Imogen gestured imperatively to the chair beside her.

"I believe my ward has some questions for me and they will be best asked quietly," her brother responded.

"We shall sit on the bench amidships. Miles, do take the chair beside your wife."

Miles didn't look too happy about the arrangement, but hastened to seat himself, examining the duck-boards before carefully placing his feet in the soft red leather slippers neatly side by side. "Do be careful of your shoes, my dear madam. I believe there is some moisture just beneath your chair and kidskin stains so badly."

Imogen glanced down, her nose twitching. "You . . . man . . . come here and wipe the boards," she commanded one of the menservants, who rushed over with a canvas cloth, sliding on the slick boards as he dropped to his knees to mop up the few errant drops.

Miranda took her place where the earl indicated on a wide bench in the middle of the barge. The bench was thickly cushioned and a canopy had been erected although it was no longer raining and a fitful sun now flirted with the clouds. The black-and-yellow pennants flew the Harcourt colors from both stern and bow, and the four boatmen wore black-and-yellow livery, plying their long poles as the barge slid into the middle of the river, weaving through the traffic.

"Will Maude's suitor come soon?" Miranda asked as Lord Harcourt sat beside her, swinging his sword to the side.

"I imagine so. He intended to start off from France soon after me."

Miranda played with the bracelet. "The queen will approve this match?"

"Most certainly."

"And people will believe me to be Maude?" Despite Maude's reassurances, she needed to hear it from the earl's lips.

"They have no reason to believe otherwise." He confirmed Maude's reasoning. "My cousin has not yet made her debut at court. You are making it for her this afternoon."

"Will the queen wish to talk with me?"

"She will talk *at* you, if she notices you beyond a mere nod," he told her. "You will have no need to speak, indeed, it will be considered unseemly for you to do so. You will curtsy, keep your eyes lowered, and speak only if asked a direct question. And you will keep your answer very short and simple."

This was just as Maude had said, but her apprehension would not be stilled. "Will you stay beside me, milord?"

He glanced at her. "Lady Imogen will be your chaperon."

"But I think I will need you beside me. For confidence . . . to tell me what to do if I'm in doubt." She wondered if she sounded as desperate as she felt.

"You will not be in doubt," he said in bracing accents. "You will find that you'll know exactly what to do. But remember to call me by my name."

Why was he so impervious to her fears? Just what made him think this was all so easy? "Gareth?" she inquired innocently.

Gareth looked momentarily startled, then annoyed, then slowly he smiled. "Touché, firefly. I'll stick closer than your shadow."

Miranda was satisfied.

It was close to five o'clock when the barge arrived at the water steps of Greenwich palace. A long line of barges waited to unload their passengers, and boatmen, jockeying for position, shouted out their employers' names as they asserted their rights of precedence.

Gareth, much more unconcerned at being kept waiting than his servants, stood in the bows, assessing the crowd, looking for familiar faces, for anyone who might, having seen Maude, look askance at the present embodiment of Lord Harcourt's ward. Maude had been seen by so few people and was intimately known to none but their own household, so he was not expecting any difficulties, nevertheless he was aware of a quickening of his blood as his eyes raked the throng.

"This is disgraceful," Imogen declared. "Who is ahead of us? We must take precedence over almost everyone here."

"Not over the duke of Suffolk, madam."

"Nor His Grace of Arundel," Miles put in.

Imogen subsided but Miranda jumped to her feet with such energy that the barge rocked alarmingly. Gathering her skirts, she picked her way to stand beside Lord Harcourt.

"Sit down, girl!" Imogen exclaimed. "Sit down until we are ready to disembark! It's most unseemly to gape and gawk in that fashion."

Miranda hesitated, resenting Lady Imogen's tone. It would have been so simple to have asked her to return to her seat, but the lady didn't seem to know how to ask.

"Come," Gareth said pacifically. "Let us both sit down. We'll be in the way when the bargemen have to tie up."

Miranda couldn't see that this would be so, but she recognized the compromise. She'd noted before that milord chose to avoid direct conflict with his sister. "Coward," she whispered, but with a catch of laughter in her voice.

"On occasion, discretion is the better part of valor,

firefly," Gareth observed in the cool, dry tone that always made her laugh. He placed a hand in the small of her back, urging her return to the bench.

Miranda felt the warm pressure through the layers of gown and petticoats. The fine hairs on her nape lifted, little prickles of sensation ran down her spine, and a jolt of something akin to fear shivered in her belly. Without volition, she looked over her shoulder, up at his face.

Gareth met the deep blue gaze. Her eyes were always open and honest, easily read by whoever chose to do so. And they were no different now. He inhaled sharply at the naked desire they contained. A desire mingled with confusion and apprehension. A curiously innocent desire that stirred him to his core. Miranda didn't know exactly what it was she was feeling.

But Gareth knew what he was feeling. His hand dropped from her back. Miranda sat down again, aware of the rapid pattering of her heart, trying to control her speeding blood, the confusing sensations that set her emotions tumbling wildly so she didn't know whether to laugh or cry.

The minute the craft was securely tied, Miranda jumped up. She leaped lightly to dry land, disdaining the bargeman's offered hand, and caught Imogen's sudden hiss of indrawn breath.

First mistake! She must concentrate, forget this confusion and remember where she was and whom she was supposed to be. Hastily she composed herself, adjusting her skirts, opening her fan with a casual air as she glanced around, hoping no one had remarked her less than decorous disembarkation.

Gareth came up beside her. "Step aside so my sister

and her husband can go before us. They take precedence over you at the moment."

Miranda stepped off the narrow path and Imogen swept by on her husband's arm.

When she was married to Henry of France, this waif and stray would take precedence over all but Elizabeth of England. Gareth looked down at Miranda, noting her supple grace, the elegance of her posture, the natural confidence, almost arrogance, in the tilt of her head, the assured gaze, the set of chin and mouth.

They walked up from the river along the red-tiled path running between clipped yew trees. Although it was still light, lampboys at regular intervals held pitch torches to illuminate the heavily shadowed path. The Harcourt party walked behind a footman who proclaimed their presence and approach to the palace in a continuous cry of "Make way for my lord Harcourt, Lord and Lady Dufort, Lady Maude d'Albard."

Miranda was aware of the interest her name caused among their fellow courtiers in the long procession to the palace. Curious glances came her way, whispers were exchanged. She felt another surge of stage fright, her palms dampening, her heart beating fast.

The path emerged from the high hedges, opening onto a gravel sweep before a wide terrace. The terrace was thronged with courtiers, and the incessant chatter of voices fought and won the battle with the groups of musicians positioned on the terrace and on the lawns below.

Imogen moved forward, her husband bobbing at her side, like the buoy attached to a vessel in full sail, Miranda thought. And then she had no more time for irreverent thoughts as they were engulfed in the crowd. Her three companions were greeting and being greeted and she was being drawn forward and introduced. She curtsied, murmured responses, tried for a modest demeanor but found it impossible to keep her eyes lowered. She was far too fascinated with the sea of faces, the gorgeous apparel, the effete mannerisms of those surrounding her. But she was instantly aware when Lord Harcourt moved away.

She took a step after him but Lord Dufort laid a hand on her arm, gently restraining her. She looked startled and he said in an undertone, "You must stay with us. Gareth will be back. He has just gone to let the chamberlain know that we're here." Then, still holding Miranda's arm, he greeted a passing acquaintance and introduced his wife's cousin, Lord Harcourt's ward, and Miranda found herself once more back in her role.

Imogen was astonished. The girl looked the part to perfection, but Imogen hadn't expected her to act it with the same natural ease. And yet the impostor seemed much more at home in this society than the real Maude, who would have glowered and sighed, and responded with faint and fading murmurs to all communications. Imogen's respect for her brother's scheme was growing by the minute.

Miranda was beginning to relax when she saw two gentlemen pursuing a very deliberate path in their direction. She recognized them immediately as the two men from the livery stable in Rochester. They hadn't seen her then, but Lord Harcourt had said they knew Lady Maude rather better than most people beyond the immediate family circle. Her heart speeded. How was she supposed to respond to them? She didn't even know their names.

"Lady Dufort." Kip Rossiter bowed deeply. "And my lord." Brian, looking even more immense than usual in a violently embroidered lavender doublet and scarlet trunk hose, bowed in his turn.

"Sir Christopher, Sir Brian." Imogen acknowledged the greeting with a stiff curtsy, her stately tone holding more than a hint of disapproval. She thought both men vulgar and socially unworthy of her brother's friendship.

"Lady Maude." Kip bowed in Miranda's direction. "I haven't seen you before in society, my lady."

"No, indeed not." Brian bowed in turn, swaying slightly, a miasma of strong ale wafting around him. "And may I say how cruel of you to have deprived the court of such an enchanting presence." With a jocular chuckle, he took her hand and raised it to his lips. "Indeed, I must take Harcourt to task for permitting such a flower to bloom in the dark."

Miranda had an urge to laugh at this large gentleman's extravagant compliments. She curtsied, keeping her eyes demurely lowered to hide the laughter. At least she knew their names now.

"My cousin is of an unfortunately weak constitution," Imogen said in freezing accents.

Kip Rossiter's gaze was sharp as it rested on Miranda's face. "Lady Maude, I am delighted to see you've regained your strength."

"I thank you, sir." Miranda spoke in carefully measured tones. There was something in Sir Christopher's eyes that made her uneasy. He looked as if he was searching for an elusive memory.

"I must compliment you, my lady, on your cousin's looks," he said to Imogen. "She is blooming with health. Your care of her must be commended."

Imogen's lips moved in the travesty of a smile. "You

will excuse us, sirs. We are expecting a summons to the queen's presence. Ah, here is my brother now."

"Kip . . . Brian . . . I give you good day." Gareth greeted his old friends carelessly. There was nothing to fear here, they hadn't seen Miranda before.

"We was just complimenting Lady Dufort on your ward's good health, Gareth," Brian boomed, punching his friend's shoulder in merry fashion. "Such a peach . . . such a pippin . . ."

"You're making the lass blush," Gareth protested.

"Nay, I believe you're making the Lady Maude laugh," Kip observed, his sharp eyes still resting on Miranda. "And rightly so. No sensible young lady would pay a farthing's attention to your extravagances, Brian. Isn't that so, Lady Maude?"

At this Miranda was forced to raise her eyes from their sedulous scrutiny of the ground at her feet. Her azure gaze was brimming with laughter. "Indeed, Sir Christopher, I believe so," she managed, a choke of mirth in her deep, melodious voice.

Kip's gaze grew yet sharper. He seemed to remember that his friend's ward possessed a rather faint and reedlike voice, and he'd certainly never before seen so much as a smile enliven her somber, almost sullen countenance.

"My lord Harcourt, Her Majesty will see you and Lady Maude d'Albard." The chamberlain, resplendent with his gold chains of office, his black rod, and crimson-and-silver suit, appeared through the crowd.

"If you will excuse us." Gareth nodded pleasantly to his friends. "Come, my ward." He offered his arm.

"Her Majesty does not summon Lord and Lady Dufort?" Imogen demanded of the chamberlain.

"No, madam." The man bowed.

Imogen's little mouth pursed, and she turned with a sniff to continue her progression along the terrace. Miles stood back to examine Miranda's appearance. It took a little tuck of the ruff and some fussing with the fall of her skirts before he was satisfied. "There, my dear. Not even the queen could find fault." He smiled, patted her cheek, then scurried away in his wife's billowing wake.

"Will she be looking for fault?" Miranda asked, her voice sounding very small.

"I don't imagine so," Gareth replied in bracing tones, laying her hand on his arm.

"But I am *terrified,*" Miranda whispered frantically. "A few days ago I was turning somersaults to please the crowd and now I'm to have an audience with the queen of England!"

"Just don't turn any somersaults to please Elizabeth and all will be well."

The familiar dryly humorous tone immediately restored her composure. Miranda straightened her shoulders, looking fixedly ahead as they passed through a series of rooms, lined with courtiers who looked enviously at them as they followed the chamberlain, who swept a path before him with his rod of office. Audiences with Her Majesty were highly prized and the jostling crowds at the doors to the presence chamber were all trying to catch the chamberlain's attention. But that august gentleman looked neither to right nor left.

Chapter Thirteen

A FOOTMAN FLUNG OPEN a pair of double doors and the chamberlain announced in ringing tones, "My lord Harcourt, the Lady Maude d'Albard."

Gareth eased Miranda past the bowing figure and stood with her at the threshold of the room. As he bowed, Miranda curtsied.

"Come, come, my lord Harcourt," an imperious voice cried from the far side of a room that struck Miranda as astonishingly small and intimate for a queen's audience chamber. "Bring the child to me."

Gareth stepped forward, bowed again. Miranda curtsied. Another three steps and the obeisances were repeated. Only then did Gareth straighten properly and walk forward, his arm rigid beneath Miranda's hand.

"Your Majesty, may I present my ward, Lady Maude d'Albard?" He moved his arm from beneath Miranda's hand and stepped slightly to one side, leaving her feeling terribly isolated, almost as if she'd lost a part of her body, some protective shell.

She curtsied again, wondering if she would ever dare to look up. All she had seen of this queen so far was the hem of a gown of silver gauze and a silver satin slipper. But a hand caught her chin, lifted her, and she found herself looking straight into a long, thin, and very wrinkled face, and a pair of small black eyes that were regarding her pleasantly.

"Quite a pretty child," the queen declared. "Has His

Grace of Roissy acceded to the proposal of marriage?" Her hand dropped from Miranda's chin as she addressed this question to Lord Harcourt.

"Yes, Your Majesty. With alacrity."

"Good . . . good. It will serve well to have such an alliance with the French court when King Henry has subdued his rebellious subjects." She moved toward a carved chair and sat down, gesturing to the chair beside her. "Take a seat, my lord, and tell me how that business is prospering. Is Paris any nearer to capitulation?"

Gareth sat beside her without so much as a glance for Miranda, who still stood in the same place. She understood that if the queen now considered her no more worthy of notice than a piece of furniture, then Gareth must do the same. She was perfectly happy to be ignored, taking the opportunity to examine the room and its occupants, while she tried surreptitiously to ease her throbbing feet. Only now that she was free of attention was she aware of the pinching shoes.

Lady Mary Abernathy sat with four other ladies a little way from their queen, all busy with tambour frames. Several silky haired lapdogs were nestled in their skirts. The paneled room was furnished more as a private parlor than a formal audience chamber and the mullioned windows stood open to the river, catching the faint evening breeze, damp with the day's rain.

Miranda wondered why Lady Mary didn't look up from her embroidery. Surely a smile of greeting was in order. It wasn't as if they were strangers; they'd spent two hours together that very afternoon. The other ladies glanced somewhat indifferently at her as if she were of no particular interest, but one of them gave her a fleeting smile, and finally Lady Mary raised her eyes.

She looked across at Miranda standing still and alone in the middle of the room, but there was a frown not a smile on her face. Miranda wondered if something was wrong. If her cap had slipped, or her skirt was caught up on the farthingale. She shifted her feet uneasily, and grimaced as her numb toes came back to life with a shriek of protest.

Then Lady Mary inclined her head in unsmiling acknowledgment before returning to her embroidery. Miranda, who would have given anything for a friendly gesture even from a woman she instinctively disliked, forced herself to think of something other than her hurting feet. She allowed herself to examine the queen in covert little glances.

Her Majesty was dressed with such magnificence that it almost dazzled the eyes. The silver gauze overgown allowed the brilliant crimson of the gown itself to show through with a diffused glow. The slashed sleeves were lined with red taffeta and the high collar rising above her head was lined with rubies and pearls. Thousands of them, it seemed to Miranda, all glittering and winking. Around the queen's thin, wrinkled neck hung a massive chain of rubies and pearls, and atop her reddish wig she wore a circlet of the same stones.

But the queen seemed very old to Miranda. Old and very wrinkled, the skin of her bosom crepey, pleached with fine lines. She used her hands constantly while she was talking. They were very small hands, with very long fingers smothered in rings. And she seemed to talk all the time, Miranda noticed. She would ask Gareth a question, then barely wait for his answer before interrupting him with another question or a disagreeing comment. Gareth seemed accustomed to this style of discourse, and showed no dismay at the constant interruptions.

Every now and again, the queen would rise with an impatient gesture and Gareth would immediately follow suit. Her Majesty would walk about the room, her hooked nose seeming to lead the way, while opinions, questions, interpretations, poured forth, before she sat down again, waving to Lord Harcourt to do the same. But she never remained seated for long, reminding Miranda of Maude's exposition on Her Majesty's habits.

"So, Lady Maude, do you like what you see?"

The question so startled Miranda that she stared blankly and very rudely at Elizabeth, who was regarding her with a degree of amusement. "I'm flattered at your scrutiny, my dear," she continued, with a flicker of her narrow lips.

Miranda was at a loss. Should she deny her examination, defend it, or abase herself? She could feel the eyes of Her Majesty's ladies upon her, and she didn't need to look to know that Lady Mary would be regarding her with shocked disapproval. Why didn't Lord Harcourt come to her rescue? But he remained silent, looking not at her but at some point beyond her shoulder.

"I didn't mean to cause offense, madam," she said with a deep curtsy. "But I have never seen a queen before, and since Your Majesty seemed occupied, I thought you wouldn't notice."

There was a moment when the air seemed to stand still, the occupants of the room holding their breath. Gareth's face lost all expression. And then the queen laughed, showing blackened teeth amid a great many gaps.

"I have always appreciated honesty, and it's a rare quality among courtiers. Come closer, child." She beckoned.

Miranda realized with a shock that the worst had happened. In her anxiety, she had sunk so low in her curtsy that she was precariously close to overbalancing, her rear a bare inch from the floor. All the acrobatic skills in the world wouldn't help her to rise without steadying herself with her hands on the carpet. If it hadn't been so desperate, it would have been laughable. She was never clumsy. Then suddenly, Gareth was beside her. His hand was beneath her elbow and she rose gracefully to her feet.

"My ward is somewhat overawed, madam," he said.

"Indeed, I thought her remarkably at her ease," the queen observed with another flicker of her lips, and Miranda wasn't sure whether Her Majesty had guessed her predicament. Had anyone else? She shot a swift sideways glance at Lady Mary. It was not reassuring; the lady was looking stunned.

Miranda approached the queen. Elizabeth took her right hand. "So tell me, Lady Maude, how does the duke of Roissy please you?"

"I cannot say, madam. I have not seen a likeness of His Grace, although he has seen one of me."

"Dear me, Harcourt. That is an omission." The queen, still holding Miranda's hand, turned to Gareth and tapped his arm playfully with her closed fan. "You can't expect the poor child to regard her nuptials with enthusiasm if she has no picture of her intended."

Lucifer! Matters were going from bad to worse. It was a veritable hornet's nest. Why oh why hadn't she simply said yes to the queen's question with a shy smile? Lord Harcourt had told her not to volunteer anything and here she was chattering with the queen as if they were old friends. "Oh, please do not blame mil . . . Lord Harcourt. The duke was unable to furnish a likeness and I know mi . . . Lord Harcourt will give me a verbal description if I asked it of him."

"I shall draw you a portrait, my ward," Gareth said gravely. "I hadn't realized it was important to you. But I do assure you there is nothing displeasing in your suitor."

"No . . . no, I'm sure there's not," Miranda said fervently. "I know that you would not have me wed to someone displeasing."

"My . . . my. What a champion you have in the child!" the queen declared with another laugh. "I could wish more wards regarded their guardians with such respect and favor . . . And indeed had such good reason to do so," she added.

Gareth's only response was a bow of acknowledgment. The queen turned her attention back to Miranda, who was desperately wishing the floor would open and swallow her. "I understood the girl to be of a frail constitution, Lord Harcourt. She seems hale and healthy enough."

"I believe my ward has grown out of the indispositions that haunted her childhood."

"Ah, yes. It does happen." Her Majesty nodded again, then her eye was caught by the bracelet on Miranda's wrist. She lifted the wrist. "Why, this is a pretty bauble. Most unusual."

"A gift from Roissy, madam. As earnest of his intent," Gareth said smoothly. "It belonged to Lady Maude's mother. A betrothal gift from Duke Francis."

"Oh, how appropriate." The queen bent closer over the bracelet, examining it with a frown. "We should be quite delighted to find such a bauble for ourselves."

Miranda instantly moved to unclasp the bracelet. "If Your Majesty would be so kind as to—"

"Goodness me, no, child!" the queen interrupted, although she was clearly pleased. "Your suitor would be deeply offended, and rightly so, to have his gift so carelessly given away." She released Miranda's hand.

"I give you good day, Lord Harcourt. Bring your ward to me again. I find her refreshing."

Gareth moved immediately. He bowed himself backward to the door, Miranda curtsying in synchrony, and then they were beyond the doors.

Miranda straightened, blowing out a relieved breath. "I nearly fell over," she said as the full horror of the near-disaster hit her.

"I noticed," Gareth said with a tiny smile.

"Thank goodness you did. But how could it have happened? I'm *never* clumsy!" She stood still, heedless of the crowded antechamber. "I told you I couldn't do this, milord. Why did I say all those things?" She looked up at him in frustration. "Why couldn't I have kept quiet?"

"You were certainly more forthcoming than most young girls on their presentation to the sovereign," Gareth observed gravely. "Ah, Imogen." He greeted his sister as she sailed through the crowd toward them.

"Well?" she demanded. "How did it go?"

"Without disaster," Gareth returned with a noncommittal smile. "We may congratulate ourselves that the worst is over."

"Yes, indeed," Imogen said with a flourish of her fan. "Come now, Maude. Lord and Lady Ingles are anxious to renew their acquaintance with you. They haven't seen you since you were a child." She took Miranda's arm and swept her away.

The rest of the evening was one of interminable torture for Miranda. She seemed to be curtsying, nodding, smiling, meaninglessly and without cease. Names and faces blurred and although Lord Harcourt stayed always in her vicinity, she had no conversation with him.

Lady Mary, released from attendance on the queen, joined them after an hour. "My dear Maude, whatever were you thinking of?" she demanded immediately. "Talking to the queen in that impertinent fashion. I was never so shocked." She shook her head. "My lord Harcourt, were you not shocked?"

"Not in the least," Gareth responded.

"Goodness, what did the girl do?" Imogen asked. "My brother said the presentation had gone well." She looked accusingly at Gareth.

"So it did," Gareth said.

"Oh, come, sir, you must admit your ward was unpleasingly forward," Lady Mary said.

"Her Majesty didn't appear to mind, madam. I thought her quite taken with Maude's unusual candor."

Mary didn't know what to make of this defense. It vexed her and yet, in honesty, she had to admit that Maude's forwardness had not done her any harm in the queen's eyes, for all that it had shocked her ladies. But she had not expected Gareth to come to his ward's defense. Gareth was as much a stickler for the conventions and ceremonies as she herself was. Or so she had believed.

"Tell me exactly what transpired, Mary. Tell me at once!" Imogen demanded.

Miranda listened in silence as Lady Mary recounted every detail of the interview. But she didn't seem to have realized how close to disaster Miranda had come with the curtsy, and for that she supposed she should be grateful. There didn't seem to be anything for her to say in her defense, and even the earl had turned aside as if the subject no longer interested him, leaving the two women to an animated discussion that quickly moved from Lady Maude's sins to other gossip.

Miranda was dreadfully thirsty but there seemed nothing to drink. No refreshments seemed on offer, not even a glass of water. Surreptitiously, she pried off her shoes, releasing her feet from torment.

"Lady Maude, what do you think of Greenwich?"

Miranda didn't register the question at first, until it was repeated. She came to with a start, responding to Kip Rossiter, "I like it very much, sir. The gardens are delightful."

"Perhaps you'd care to walk down to the river. There's a very pleasant path through the shrubbery." He offered her his arm. He was smiling but his eyes were shrewd and watchful and Miranda felt immediately uncomfortable. But she could think of no polite way of refusing. He was clearly an old and valued friend of Lord Harcourt's.

She took his arm and moved away with him.

Behind her, Lady Imogen gave a little shriek. Miranda's discarded shoes, hidden by her gown for as long as she stood still, lay revealed in the grass. Lady Mary stared in disbelief. Miranda glanced over her shoulder, then paled, aghast. Her escort appeared not to have noticed the commotion, and swallowing hard, she continued on her way, barefoot across the grass. No one would know as long as she kept her feet concealed in her skirts.

Gareth, in conversation with Miles, turned idly at his sister's little scream. His astonished gaze fell on the pair of kidskin slippers lying side by side in the grass, as if in expectation of their owner's return. He cast a swift glance to where Miranda was strolling on Kip's arm, her head held high, her back very straight. Gareth didn't know whether to laugh or emulate his sister's scream. Surely Miranda was aware of being shoeless. But perhaps not. It was probably a very familiar condition.

"What are we to do?" Imogen hissed, stepping back so that she had covered the evidence with her own skirts. "She's *barefoot*."

"Ignore it," Gareth advised in an undertone. "Kick the damn shoes under a bush and pretend it hasn't happened."

"But she's *barefoot*."

"So you said."

"Gareth, whatever is your ward thinking of?" Lady Mary recovered herself somewhat. "She took off her shoes."

"Maude's physician encourages her to walk barefoot to correct a problem in her arches which gives her some trouble," Gareth heard himself saying with the utmost gravity to his astounded and horrified betrothed. "I daresay she . . . she . . . um . . . slipped out of her shoes for a moment, on his instructions."

"But . . . but this is the queen's palace." Mary was clearly far from mollified or convinced by this explanation for such incredible, aberrant behavior.

"But Her Majesty is not here to see it," Gareth pointed out a shade tartly. "I see no point in further discussion, madam. The lass is shoeless and we'd do well to ignore the fact."

Mary stepped back, a flush mounting from her neck to flood her cheeks. She turned her shoulder to Lord Harcourt, saying distantly, "You'll forgive me, my lord, but I must return to Her Majesty."

Gareth's response was a formal bow. "I bid you farewell, madam."

Mary walked away without a word for anyone and Imogen chided, "How could you be so sharp, Gareth? You've offended her sadly and she spoke only the truth. It seemed as if you were taking the girl's part against your fiancée."

Gareth brushed aside his sister's anger with a casual gesture. "The deed is done, Imogen, our task is not to draw attention to it. Now, kick those shoes away while I retrieve Miranda and you may take her home out of harm's way."

He strode off after Kip and Miranda, exasperated, but not, he realized, by Miranda's mistake. His sister and his fiancée had made a mountain out of a mole-hill. It was quite ridiculous, and Imogen, at least, should have known better than to draw attention to the situation. It was only to be expected that Mary would be horrified, given her etiquette-bound, court-oriented outlook on life.

Prudish was probably the word, he caught himself thinking, increasing his speed as he spied his quarry some fifty yards away.

Kip was making casual small talk, but all the while Miranda was aware of his occasional glances. His eyes were shrewd but also slightly puzzled, and she adopted once more the slight rasp in her voice, keeping her eyes lowered whenever possible, and answering only in monosyllables. She greeted Lord Harcourt's approach with undisguised relief, despite her barefoot condition.

"Ah, there you are, milord." She bit her lip at the earl's instant frown. She coughed, rubbing her throat. "The night air is in my throat, my lord," she said.

"Lady Imogen is ready to take you home." He offered his arm.

"So soon," Kip lamented. "I was enjoying your ward's company, Gareth."

"There will be many other occasions," Gareth said with a smile. "Now that Maude has made her debut, she will be often in society."

Miranda shuddered at this promise, but she turned to make a polite farewell to Sir Christopher, still massaging her throat as if to emphasize a hoarseness that might reasonably have made *my lord* sound rather more French than English.

Kip didn't accompany them as they returned through the shrubbery. He was frowning, wondering what it was about Lady Maude that puzzled him. She looked just as he remembered her, but there was something indefinably different. A sense of the unexpected was the nearest he could come to identifying it. But what could possibly be unexpected about Lord Harcourt's ward?

Lord Harcourt's silence as they walked back to where Lady Dufort and her husband awaited didn't encourage breaking, and Miranda said nothing, wondering what had happened to her shoes, and how she could put them on again without drawing attention to herself. They were too tight to slip into even when her feet weren't swollen.

But there was no sign of her shoes and no one said anything about them as they returned to the water steps where the barge was waiting. She stepped into the barge with barely a flutter of her skirts so that only the most observant eye would have caught a glimpse of a white foot, and took her place on the middle bench, tucking her feet well beneath her.

"You will return with us, Gareth," Imogen stated,

settling into a chair just as Brian Rossiter came barreling out of the shadows.

"Gareth, m'boy. We've been waiting this age. Here's Warwick and Lenster, eager for some gaming." The lords emerged into the torchlight, full of boisterous laughter and the pressing invitation to join them for a night of cards and dicing.

"Aye, I've a mind for some sport," Gareth said easily.

"But my lord . . ." Imogen protested. She was bursting with the need to discuss the evening and all its near-disasters with her brother. "Surely you can play some other time."

There was a short silence, then Gareth said, "I believe I'll play this night, madam. Lord Dufort will escort you and my ward safely home. You can have no need of my escort in his company."

Miles looked longingly at the party on the riverbank but kept silent. Imogen compressed her lips and Miranda watched forlornly as the earl disappeared arm in arm with his friends.

Imogen didn't speak to her on the return trip and Miles's occasional well-meaning conversational gambits fell into a black well of silence until the boat touched the water steps of the Harcourt mansion.

"Well, that was a trial and a tribulation," Imogen declared as she stepped ashore. "But I suppose we should be grateful it didn't become a complete disaster. Miles, give me your arm! What are you waiting for?" She turned with a querulous frown. "I have the headache. It has been a most trying evening."

"Yes, yes, my dear madam. I'm right here." Miles, who had been waiting to hand Miranda from the barge, rushed to his wife's side, leaving Miranda to fend for herself. Not that that troubled her in the least. She was so absorbed in her own dark and turbulent mood she barely noticed anyway.

The waiting porter stood at the wicket gate with his lantern held high and moved ahead of Lord and Lady Dufort to light their way up the path to the house. Miranda, ignored, followed behind, curling her sore toes in the soothing coolness of the damp grass.

The glass doors to the wainscoted parlor were opened as the small party approached and the Duforts passed inside as the porter stepped back. Neither Imogen nor Miles acknowledged the sleepy footman who had let them in, but Miranda gave him a quick smile as she padded past him.

He stared stone-faced at the ground where her bare feet left wet prints on the oak boards.

Lady Imogen swept up the stairs without so much as a farewell and Lord Dufort with a quick good-night scuttled away into the shadowy reaches of the house. The footman, however, was waiting by the door, holding the long candlesnuffer. He cleared his throat expectantly as Miranda walked back to the glass doors.

"Oh, I suppose you want to go to bed. I'll snuff the candles and close the doors."

"It's my task to see that all's closed up for the night, madam. And I must snuff the candles," he said woodenly.

"But his lordship is still out."

"His lordship uses the side door at night. Light is left for him." The man spoke into the air, not meeting Miranda's eyes.

Miranda wondered exactly what the household made of her presence. She guessed that none of their employers had vouchsafed an explanation. The servants could gossip and speculate to their heart's content about the strange situation and the Lady Maude's look-alike, but servants' gossip wouldn't affect the plans of their masters.

There was nothing for it but the gloomy mausoleum of the green bedchamber. At least she'd have Chip for company. With a nod to the footman, she left, gathering up her cumbersome skirts so she could move more quickly through the dark house, lit only by the occasional candle in a wall sconce.

The green bedchamber was empty. No sign of Chip gibbering his delight at her return. Miranda felt even more forlorn than ever. She made her way to Maude's chamber, knocking quietly at the door. There was no answer but it was opened with prehensile fingers and Chip, still clutching the orange dress, jumped into her arms.

Firelight flickered on the wooden paneling and the beamed ceiling but the only sound was Maude's deep breathing from the enclosed bed. Miranda slipped out again, closing the door softly behind her. Chip chattered into her ear and stroked her cheek and patted her head. It wasn't until they regained her own chamber that he noticed the bracelet on her wrist. With a gleeful burst of chatter, he tried to take it off.

"I suppose there's no harm in giving it to you." Miranda unclasped the bracelet and held it out to him, not sorry to take it off. If it had belonged to Maude's mother, a betrothal gift from her husband, how then had it come into the hands of Maude's suitor? Had he been a friend of Maude's father? But it was a strange bequest to make to a male friend. Unless it had some deeper significance.

Chip had bounded over to the candlelight and was holding the bracelet up, gibbering with delight at the rich, swirling hues of green and blue in the emerald, the glitter of gold, the roseate glow of the pearls. He slipped it onto his own wrist and bounced back to Miranda, holding up his arm so that the ornament wouldn't fall over his scrawny hand.

"Yes, it looks very pretty on you," Miranda said, laughing, but she took it from him nevertheless, clasping it once again on her own wrist, knowing that if she put it down anywhere, Chip would find it and run off with it. She looked around at her surroundings, the great empty bed in its wooden cupboard, just like a coffin that would swallow her as soon as she climbed into it. She shuddered with distaste and remembering her earlier thirst went to drink from the ewer on the washstand.

All around her the house seemed to be settling for the night, the woodwork creaking, a shutter banging somewhere in the strengthening night wind from the river. She heard a soft footfall in the passage outside. Chip pricked up his ears.

Miranda went to the door and opened it a crack. A servant was walking down the corridor toward Lord Harcourt's bedchamber. He carried a covered tray on the palm of one hand and an oil lamp in the other. He entered milord's chamber at the end of the passage without knocking. It was a full fifteen minutes before he reemerged, without his burdens. He closed the door and came back down the passage, pausing to extinguish all but one of the candles in the sconces. The passage was plunged into darkness, only one pool of pale light fighting the shadows.

Miranda waited until he had disappeared into the yawning depths of the house, then without thinking, in the grip of some powerful compulsion, she hurried on tiptoe along the passage to the earl's chamber. Chip ran soundlessly ahead of her. He knew when to keep silent. The door opened without a creak of its well-oiled hinges, and Miranda and Chip slipped inside.

The oil lamp burned on the dresser, the wick lowered to conserve the fuel. Milord's fur-trimmed chamber robe lay ready on the bed, the heavy curtains had been drawn over the windows, and a tray with a flagon of wine, a basket of savory tarts, and a dish of fruit stood on the table.

The chamber offered a much warmer welcome than her own. Miranda looked around, her heart thudding. She had never felt the urge to trespass before. Never felt the urge to pry, and yet she couldn't help herself. She had to explore this private space, to see what secrets it would yield. The earl's presence was almost palpable, she could almost scent him in the air.

She opened the linen press and inhaled the fragrance of his clothes, all neatly hung, sachets of dried herbs sweetening the air and discouraging moths. His shirts and smallclothes were laid in the deep drawers of the armoire, lavender sprinkled among the layers. She knelt to touch his boots and shoes, pair upon pair of gleaming leather or soft embroidered silk. They were molded in the shape of his foot, as if they had been made on him. But they would have been fitted on him, she knew—the leather or silk cut and shaped to his foot before it was sewn.

She examined the array of vials and jars on the dresser, taking out the stoppers and inhaling the perfumes, dipping a finger into the unguents and fragrant oils, knowing how precious was each drop yet unable to resist the temptation to rub them into her throat, the cleft of her bosom, the bend of her elbow.

The clock striking two shocked her out of her guilty

absorption. Her heart hammering against her ribs, she fled to the door, Chip on her heels, and scampered back to her own chamber as if pursued by Lucifer and his fallen angels.

In the safety of her own room, she leaned against the door, the back of her hand pressed to her mouth as she recovered her breath. The reckless compulsion that had prompted her illicit exploration of the earl's possessions left her weak and shaking now. And filled with guilt and confusion. She passed the back of her hand over her forehead. The skin seemed to burn and her blood was a river in flood, storming through her veins, pounding at her pulses.

"I can't stay in here," she said aloud and Chip jumped onto the windowsill, regarding her with his head on one side, a question in his bright eye. "Yes, but I'll have to change," she answered. "I can't climb down the ivy in this gown."

Chapter Fourteen

LORD HARCOURT leaned back against the tavern wall, tipping his stool on its hind legs. He blew a ring of smoke up to the blackened rafters, narrowing his eyes as he took up his tankard of mead. He was drinking deep but it seemed to have no effect on him tonight.

"Your throw, Gareth." Brian leaned forward, squinting against the smoke to push the dice across the upturned ale keg that served as a table.

Gareth took a long swallow from his tankard, set it down, and scooped up the dice. He cradled the bones in his palm, then threw them in a lazy arc across the table.

"Hah! You have the luck of the devil tonight, my friend." Brian swung round on his stool. "Hey, potboy. Over here with that ale jug!"

Gareth brought his stool back onto its four legs. "Nay, I'll drink no more and play no more this night. I've a feeling my luck's about to change for the worse."

"Come, now, Harcourt, you'll not desert us before we've had a chance for our revenge?" Lord Lenster cried. " 'Tis most unsportsmanlike to walk off with your winnings."

Gareth merely smiled. "I'd challenge any man to accuse me of lack of sportsmanship, Lenster. But, indeed, I've a mind to seek my bed." He scooped up the shining pile of guineas, dropping them into the leather pouch he wore at his belt.

"You'll not be rushing back at your sister's behest, I trust?" Brian fished a moth out of his tankard, shaking it free in a shower of ale drops. "You give your sister too much rein, m'boy," he continued, peering into his tankard for any more foreign bodies drawn by the candle. " 'Twas the same with Charlotte."

Gareth's nostrils flared, and a muscle jumped in his cheek. He said nothing and Brian, who had spoken without thought, looked up amiably. Then his already drink-raddled countenance suffused with bright crimson. He looked appealingly at their companions, but they all, including Kip, sat stone-faced, staring into the distance, refusing to meet his eye.

"Beg pardon, Gareth, if I spoke out of turn," Brian mumbled.

Gareth stood up and strode out of the low-ceilinged room, away from the tavern and down to the river.

"It's the truth," Brian said to the table at large, half in defense, half in appeal.

"Aye," Kip responded dourly. "And d'ye think Gareth doesn't know it?"

"He seemed less melancholy tonight," Lenster observed, gathering up the dice. "Until you spoke your mind, Rossiter."

Brian mumbled and held out his tankard to the potboy for a refill.

"This marriage between Roissy and Lady Maude means much to him," Kip observed. "It's subject to viewing, of course. But that'll provide no problems."

"No, indeed, a toothsome wench," Warwick muttered into his mead. "Thought she was supposed to be an invalid. Looked very healthy to me."

"Yes, very," Kip responded, tracing the pattern of an ale spill on the tabletop with a finger. "As if she's never known a day's illness in her life."

"Her marriage to Roissy will put the Harcourts back in the forefront of power in the French court."

"Aye, and by the same token, he'll have Elizabeth's most attentive ear here," Kip murmured, as if to himself. "She's ever one to milk those best placed for information from abroad."

"I've long thought it strange that Gareth should choose to stand idle these days, when he used to be so much a force, used to wield so much influence," Lord Lenster mused.

"It was meat and drink to him," Brian agreed. "Before . . ."

There was no need for him to finish his sentence, and Kip said obliquely, "It's to be hoped his marriage to Mary Abernathy will prove fruitful."

"Aye. And that one'll give him no trouble," Warwick declared. "Pure as the driven snow and dutiful as a nun."

"She'll need to breed strong if his sister's line is not to inherit."

"But his sister has no line. Lady Imogen shows no tendency to breed. I doubt Dufort has the balls." Brian grinned cheerfully, his earlier tactlessness forgotten.

"To mount her or sire an heir?" Lenster inquired with a ribald chuckle.

"Either or both." Brian tossed the dice. "What's with you, Kip? You're half asleep in your cups, man!"

"Your pardon, I find myself a trifle preoccupied tonight." Kip smiled but his shrewd eyes remained absorbed and puzzled.

• • •

Gareth strode down to the river, his eyes darting from side to side on the watch for footpads. He held his sword half unsheathed in readiness but he heard only the hollow ring of his booted feet on the filth-encrusted cobblestones. A wavering light shone ahead from the Lambeth water steps and he increased his pace, emerging from the muddy lane into the pool of light thrown by a lantern lashed to the bows of a waterman's wherry.

Gareth stepped into the small craft, drawing his cloak about him as he sat in the bow. "Harcourt mansion beyond the Strand steps."

"Aye, m'lord." The waterman plied his oars and the boat moved into the center of the river to catch the running tide. It was close to four in the morning and the water was black, the sky even blacker, and few lights showed from the riverbanks. The small boat swung around a reach and a muffled curse came out of the darkness, sounding to Gareth so close as to be almost in the wherry.

"A pox on ye," the waterman muttered, pulling away from the raft from which two men were fishing for eels. "Why can't ye show a light?"

The only response was a grunted "God rot ye!"

Gareth huddled into his cloak, wishing he'd thought to bring a warmer, longer outergarment. But he hadn't expected to be out on the river at this late hour. And he hadn't expected to be returning in this mood.

Brian had spoken only the truth, but he had no idea, how could he, of the reasons behind the truth. How could Brian know that Gareth recognized in Imogen the same obsessional love for himself that he had felt for Charlotte? Imogen's every waking minute was devoted to her brother's concerns. She lived in and for him. And because he knew the power of such an exclusive love, he could not reject it, as his had been rejected.

The bump of the wherry against the Harcourt water steps broke into his grim reflections. He jumped lightly ashore, handed the waterman a shilling, and rapped at the wicket gate. The porter stumbled from his hut, yawning prodigiously, cramming his hat on his head with one hand, trying to trim the wick of his lantern with the other.

"Beggin' yer pardon, m'lord. Must 'ave dropped off."

Gareth merely grunted and took the lantern. "I'll see myself to the house."

The first gray streaks of light now showed in the eastern sky; the torches lining the path to the house had burned low and one or two had gone out altogether. Gareth caught a glimpse of orange, flickering on the path ahead, then Miranda came running barefoot toward him, Chip bounding along beside her.

"Milord?"

Gareth frowned, trying to shake himself free of the black cloud of memory. "What are you doing here, Miranda?"

Her face was a pale glimmer in the darkness, her eyes dark in contrast. "I couldn't sleep and it was so lonely in that miserable chamber. I was feeling so mortified! I can't believe I just took off my shoes like that. And on top of everything else! And Lady Mary was so shocked, and you didn't say anything at the time, so I thought I'd come out and wait for you."

Her smile was slightly hesitant. A torch flared suddenly in a gust of wind from the river, casting light over their faces. Her smile faded. "Oh, what is it?" she said. Instinctively she reached up to touch his mouth with the pad of her thumb as if she could smooth away the harsh pain on his countenance. "What is it? What has happened? Is it the nightmare again?"

He looked down into her face, into the great blue eyes so filled with concern, so open, so straightforward, so honest; perfectly accurate reflections of a character with less guile than any he had ever known.

What could she know of the black snaking tendrils of obsession? Of the flames, hotter than hellfires, of guilt and shame that scorched in its wake? And the desire, the need, the desperate longing to lose himself, to purify the nightmares in the simplicity of this untainted soul, engulfed him.

His hands moved to span her narrow waist and she rose on tiptoe, her thumb pressing against his lips, an urgency flaring in her eyes, an instant's bewilderment that gave way to pure passion the second before she moved her thumb, reached for his face, and her mouth opened hungrily beneath his.

The lamp above them flickered, the wick wavered and guttered. The garden was in darkness, clouds once more obscuring the moon, and the damp night air was filled with the rain-fresh scents of roses and stock. And now, in the darkness, Miranda seemed to exude an air of mystery and allure. The simple orange gown clung to the slender body he held between his hands, the small head with its shining auburn-tinted helmet brushed against his cheek as she moved her mouth on his and excitement stabbed into his loins, contracting his belly.

She tasted sweet and fresh as new-baked bread, her lips were warm and pliant and eager, but he knew her mouth was virginal, that it had not opened in this way for another man, and through his mounting desire a great tenderness welled within him. His fingers unlacing her bodice were gentle although they quivered with urgent need to lay his hands upon her breasts.

They were small breasts, but perfectly formed, fitting neatly into his palms. Her mouth against his pressed harder and he heard her soft moan as he caressed the silky roundness, stroking the nipples until they rose hard against his fingertip.

He raised his head, looking down at the pale oval of her face in the dimness. Her head fell back, exposing the bare white column of her throat. He kissed the hollow of her throat and the little pulse beat fast against his lips and slowly he trailed his lips down her throat to her right breast.

Wickedly, he flicked the small, hard nipple with his tongue. And when he drew it between his lips, suckling, grazing with his teeth, the girl moaned again, so softly it was as if she were afraid to make any noise. He moved his mouth to her left breast, while his hand covered the right one and he felt the nipple press into his palm.

It was dreamlike, magical, here in the richly scented shadows of the garden, and this lovemaking took on an ethereal quality. Neither of them spoke, this was not a time when words were needed. Miranda in rough haste pushed her unlaced gown off her hips so that it fell in a dark puddle to her feet. Beneath she was naked.

Gareth's hands moved over the slim frame, feeling the cool softness of her skin, the little tremors of her body beneath his exploring fingers. He could feel her hesitancy, her apprehension, just as he could feel the power of her spiraling excitement, and his own mounted with each brush of his fingers over her flesh.

He felt her hands sliding up beneath the back of his doublet and shirt, feeling for his skin. The same tentative hesitancy was in her caressing strokes, but with each touch, she grew more confident.

He took her rib cage between his hands, marveling at how narrow she was, at how he could feel her heart racing beneath the thin skin. Holding her waist now, he knelt in the grass, bending his head to kiss her belly. A shudder rippled through the lean little body. A fine dew misted her skin as his tongue dipped into her navel, his hands moving down now to hold her hips, his thumbs pressing into the sharp bones as he painted her belly with his tongue.

Her skin had a wonderful scent, like vanilla and cream. Her legs parted, her feet shifting on the grass, as his tongue stroked lower and his fingers slid between her thighs, seeking the untouched secrets of her body. He opened her gently and the rich folds of her center resisted an unfurling that had never before been done to this private flesh. As her lower lips opened to him a deep shudder ripped through her.

Her hands were on his head, palming his scalp, curling and gripping his hair as the vital tumult in her loins tumbled and roared and she didn't know what was happening to her only that she couldn't bear it to stop, that she couldn't bear it to continue, that it was tearing her apart. And then her body seemed to burst asunder and she couldn't breathe, couldn't speak, as the wildness flooded her core, filled every inch of her, and then slowly, oh, so slowly, receded.

Gareth held her for a minute, his own breathing

ragged, his need now a powerful, all-consuming force that couldn't be denied. He drew her down to the grass and she came eagerly, aware on some periphery of her mind and body that it wasn't over, that this was not a pleasure to be taken alone.

She leaned over him unbuttoning his doublet, unlacing his shirt, as he sprawled on the grass. Her unpracticed caresses were sweet and fleeting, a fingertip brushing his nipples, tracing the line where his neck curved into his shoulder, tiptoeing over his ears, smoothing down his chest. So fleeting, so tentative, were her movements that it was as if she was trying to discover how to touch a man to pleasure him, and Gareth found her hesitation another delight, even more delightful because it began to mingle inextricably with the renewal of her desire. A desire he could feel in every ripple of her dampening skin when he touched her, could read in her heavy, languorous eyes, her eagerly parted lips.

He guided her hands to his hose, and with a tiny frown of concentration, she unlaced him, freeing the hard, erect shaft. She touched him with a fingertip, the same fleeting, tentative caress of before.

Gareth smiled and drew her down beside him. Once again he opened her thighs, she shuddered again, and when he placed his hand over the soft mound of her hot sex her body jumped against him. But her body was damp, pulsing, ready for his touch. He slid a finger inside her and she tensed against him. So small, so tight, he thought, kissing the silky inner skin of her spread thighs. He slipped his hands beneath her, cupping her bottom, and he smiled with delight at how neatly the round cheeks fitted into his palms.

He rose above her in the darkness, lifting her on his

palms as he eased into her. Her gasp was almost a cry. She was so small and tight he was afraid of hurting her, but the juices of her arousal flowed freely and her body opened around him. He pressed deep within her, holding her hard against him, so that as his flesh moved within her he could feel her sensation as part of his own.

She was moving with her own rhythm now, rising to meet his thrusts as they grew more urgent, pressed ever deeper within the tight, silken sheath. Little sounds came from her, surprised little gasps and cries. They made him think of some small woodland creature startled by an unexpected intruder.

He wanted to laugh with the sheer astonishing joy of this encounter, and when his seed burst from him in an endless pulsing climax he did so, his laughter ringing through the dark night as he clutched her against him, his fingers curled into the tight, contracted muscles of her bottom, her damp belly pressed into his as if he could meld her skin with his. And he held her thus as her own body contracted around his throbbing flesh, as spasms of pleasure convulsed her and her little cries became gasping sobs. And only when she went limp in his hold did he let her fall back to the damp grass, closing his eyes as a wave of sated exhaustion washed over him.

Miranda lay still as stone. Her loins and belly felt empty and yet filled at the same time, and the place between her legs was hot and stretched and still jumping with little needles of pleasure. She thought the earl slept. His breathing had deepened and his body beside her was heavy with relaxation. She gazed up at the sky, watching the clouds thin a little so that the moon showed as a diffused silver light. Now, in the stillness she could hear the water lapping against the water steps beyond the wall, but all else was silence, the river traffic ceased for the moment, the inhabitants of the dark bulk of the mansion looming across the garden asleep in their beds.

It felt as if only the two of them were awake in the whole of London, that the world belonged only to them, that the fuzzy light of the moon was theirs, the scudding clouds, the grass that was so damp beneath her bare back, the sweet fragrance of the laurel bush above her.

Then she heard Chip. He was muttering somewhere in the darkness and he sounded frightened. She rolled onto her side, propping herself on an elbow, and called him softly. He approached hesitantly, teeth bared, his eyes darting to the still figure lying beside Miranda.

"It's all right," she whispered, holding out her hand. "Nothing bad has happened."

Gareth came to with a jolt. He sat up and then closed his eyes briefly as a wave of shock rocked him to the core. How had it happened? How had he allowed it to happen?

Miranda touched his shoulder. "Milord?"

He turned slowly. She was smiling at him, the lines of her face still smudged with the aftermath of passion. "Dear God, what have I done?" Gareth muttered.

Miranda reached for the crumpled orange shadow of her dress. She knew as if he'd spoken the words that she had to go, had to leave him immediately. And in truth she was not sorry to do so. What had happened between them was something she too had to come to terms with. Her entire life seemed to have changed, everything she had ever believed in thrown back into the melting pot.

She pulled the dress over her head, but her hands

were shaking too much to allow her to lace the bodice. But no one was awake to see her in this disarray, and an unlaced bodice wouldn't impede her climb up the ivy to her chamber. For some reason it didn't occur to her that there must be an open door through which she could gain entrance.

She looked back at Gareth. He had risen to his feet and stood with his head thrown back staring up at the sky. His shirt and doublet were still open but he had laced his hose while she was dressing. He didn't move as she left him, hurrying up the path, Chip, for once silent, jumping at her side.

Gareth ran his hands over his hair, over the back of his neck. His fingertips pressed against his mouth. *What had he done?* But he knew well enough, just as he knew that it could not now be undone.

King Henry of France and Navarre stood in the bows as the vessel ran before the wind across the bar at the entrance to the first of the deep basins that made up the quiet waters of Paradise Harbor. The white cliffs rose from the long stretches of sandy beach ahead and to either side of the harbor. The gray fortifications of the castle stood out against the bright blue sky and he could see sheep grazing on the green clifftops.

The town of Dover nestling at the foot of the cliffs seethed with life, the three basins were thronged with ships, naval and commercial, and his own vessel was only one of a long line of craft waiting to drop anchor.

"Will you announce yourself to the constable at the castle, my liege?"

"Watch your tongue, Magret." Henry spoke the reproof barely moving his lips as he stretched casually, his plain leather jerkin straining across his broad chest with the movement.

The count flushed but knew better than to apologize for his lapse. Just as he knew he wouldn't be making it again.

"Shall I send a courier to the castle, Your Grace?"

Henry stroked his chin, considering the busy yet peaceful scene. One typical of Elizabeth's industrious nation, he thought enviously. While his own land was locked in civil strife and the economic miseries that that produced, the English were busily feathering their nests, building their navy, expanding their empire. One cursory look around the harbor told even the most ignorant eye that this island nurtured a nation of shipbuilders and sailors.

"I suppose you had better," he said reluctantly. Henry had never been comfortable with ceremony, and even less so now after so many months of campaigning. "Although I'd prefer to journey to London without notice. But Roissy would be expected to claim hospitality on his arrival, particularly on such happy personal business."

"Indeed, my lord duke." Magret flicked with his handkerchief at a seagull who had settled on the rail beside his hand. "They are busy, these Englishmen," he commented, echoing his king's thoughts.

"Mmm." Henry gazed toward shore. Despite the sun, the wind was quite sharp with the first hints of autumn. Roissy would manage the siege impeccably, of course, but Henry disliked leaving his affairs in the hands of others. He must ensure that he returned to France before the weather made sea travel difficult if not impossible. There would be no time to linger on this wooing of the Lady Maude.

He drew the miniature out of his doublet pocket and examined it for the first time since his decision—one that his advisors thought had been impulsive, not knowing that their king had been waiting for just such an opportunity for many months.

The pale, grave face looked up at him, the azure eyes most beautiful, the full lower lip promising a sensual nature, the smooth dark hair glowing faintly with auburn tints. A Huguenot of impeccable lineage. A perfect successor to Marguerite de Valois during these changed circumstances. And more than that. He traced the face of Maude d'Albard with a callused fingertip. It would make a change to have an innocent, a virgin in his bed. Marguerite had been debauched long before their wedding night, by her own brothers it was rumored, not that Henry had particularly cared one way or the other. It had been a marriage of royal alliance, designed to achieve the impossible, and it had failed, bringing him the ultimate humiliation.

He had hoped to unite Protestant and Catholic with his marriage to Marguerite, and he had been betrayed, plunging his own people into death and destruction. Now there would be no unity offered. He would give Catholic France a Huguenot queen, one whose mother had been murdered in the massacre of Saint Bartholomew. And thus it would come full circle and the price would be paid.

His rugged mouth thinned, and his hawk nose was suddenly pinched. He had not forgiven and these people would learn that, when he had the crown of France upon his head and an infant son in the cradle.

He replaced the miniature in his doublet pocket and moved away from the bow as sailors raced to lower the foresails and the vessel dropped anchor against the harbor wall. His servants hurried up from below with trunks and portmanteaux. A man couldn't visit Elizabeth's court without a suitable wardrobe, although to look at the supposed duke of Roissy at this moment one wouldn't know it. Henry could still have been in the besieging camp outside the walls of Paris. He wore his buff leather jerkin over knee-length britches and thigh boots. His head was bare. His sword was unadorned, as was his poignard. They were a soldier's weapons and the steel was pitted with use but the edges could saw through metal.

Henry was less interested in his personal luggage than he was in the horses that were being led up from the canvas shelters in the stern. His own charger was in the personal care of the royal head groom.

"Has he borne the voyage well?"

"Aye, my li . . . my good lord," the man said, touching his forelock.

Henry stroked Valoir's nose and the horse whickered into his palm. "He has always traveled well."

"Will you disembark, Your Grace?" The English captain of the sloop came across the deck to his passenger. He was a lean and leathery sailor who ordinarily had little time for the French and even less for their noblemen, but in this case he had found his passenger congenial, unaffected, surprisingly knowledgeable about seafaring, and a most excellent drinking companion. He would be sorry to part company.

"The skiffs are ready to row you ashore, sir. And the rafts will soon be in position to take the horses."

"My thanks, Captain Hall." Henry extended his hand in farewell. "A most enjoyable voyage."

"Helped by a good wind and clement weather," the captain said jovially, taking the hand. "It's been a pleasure, my lord. When you return to France, I hope I'll be able to serve you again."

"If you're in harbor in about two weeks, then I should be delighted to make the return voyage with you." Henry drew on thick leather gauntlets that reached his elbows.

The captain bowed and moved to the rail to see his ducal passenger down the swaying rope ladder and into the skiff. The duke and his noblemen made the descent with the agility of hardened soldiers and the oarsmen pulled away from the sloop toward the narrow entrance to the inner basin.

"We'd best send the messenger to the castle at once, Magret," Henry said, stepping ashore. "We will await his return in the Black Anchor." He gestured to an inn on the pier.

In the gloomy taproom, the king of France waved expansively to the landlord at the ale keg. "Fill the tankards, mine host. I've landed safe after a voyage and I've a mind to give thanks in company."

There was a roar of approval from the company gathered in the tavern, and within a few minutes Henry was surrounded by men of Dover, laughing and jesting.

Magret regarded his sovereign with resignation. Henry drank with his own soldiers and his own countrymen in the same careless fashion. He was suspicious to the point of obsession, and yet one would never guess it, looking at him now, merry as a grig in the company of strangers, his face growing ruddy with good-fellowship. But Henry trusted the common man, it was only his peers he suspected of treachery, and God knew, he had reason enough.

The constable of Dover Castle rode down himself to welcome the duke of Roissy and his entourage. He seemed momentarily stunned to find his noble visitor consorting in the public taproom with the fishermen and laborers of Dover, but there was something about his guest, something in his presence, that kept any comments stillborn.

He escorted his guests to the castle and immediately sent a courier to London with the duke's reverence to Her Majesty and his request to attend her at court, and a second letter to the earl of Harcourt, announcing the duke's arrival and containing the implicit claim of hospitality under the Harcourt roof.

Chapter Fifteen

MIRANDA SAW ROBBIE the next morning. She was walking in the long gallery, alone with her thoughts, which were as confused as they had ever been. Confused and yet infused with excitement, with a sense of physical wonder that filled every cell and pore of her body. She longed to see Gareth, and yet deliberately kept herself out of his way. She didn't know whether that was because she was afraid, or because she wanted to treasure this glorious feeling alone for as long as possible. It was a feeling centered not just on the wonders of their lovemaking but on the deep certainty of her love. She knew what it was to love her family, but this feeling was very different. There was no obligation, no rationality, it was a fact, a huge golden ball of conviction that both filled her and encompassed her. And she knew her life would never be the same again.

So now she walked alone, while Chip watched her from the mantelpiece, his entire demeanor expressing his unease and disapproval. Miranda hadn't even visited Maude that morning. She cherished this newborn emotion, sensing that once it was exposed to the outside world, it would be altered in some way, and for as long as she could keep it pristine and secret she would.

It was warm and muggy in the gallery. The day was still overcast but close and thundery. Miranda dabbed at a bead of sweat gathering in the cleft of her bosom and went to open one of the long windows overlooking the front courtyard.

And then she saw the small figure standing across the narrow roadway that ran past the Harcourt gates. Her heart jumped with shock. How could it be Robbie? The troupe would be safe in France by now. Then with a wave of delighted surprise, she knew that it was. Even at this distance, the small figure was unmistakable. Her family were not in France, they were here, in London.

She ran from the gallery, lifting her skirts clear of her feet, Chip bounding at her heels.

Imogen emerged from the parlor as Miranda hurried across the hall to the front door. "Where are you going, girl? You can't go out without an attendant."

Miranda barely heard and paid her no attention. She wrestled for a minute with the great double doors, then flung one of them wide and leaped down the steps to the courtyard. She flew across to the gates, demanding of the porter even as she ran, "Open the wicket for me."

The porter stared at Lady Maude. It was Lady Maude, despite the strangely short hair and the oddity of the monkey at her feet. Her voice was imperious and impatient, her eyes snapping. He hastened to open the wicket gate and she slid through before he'd opened it wide. He stared in astonishment as she ran across the roadway, dodging a carter's wagon, narrowly avoiding a porter with a laden basket on his head, then she was lost to view behind a knot of traffic and he didn't see the reunion.

Robbie gazed upward at the magnificent figure that was and was not Miranda. She swept him into her arms, heedless of his grubby hands grabbing the crisp lace partlet at her bosom, or his filthy bare feet curling into the folds of her richly embroidered tangerine damask skirts.

"Robbie . . . Robbie." She laughed as she kissed him. "Where did you spring from?"

"We come lookin' fer ye," the child said, when he could manage to speak. "They said in Dover that you was taken by a lord to Lunnon and we come lookin' fer ye."

"Everyone's here?"

"Aye, we got lodgin's above a cobbler's in Ludgate. Oh, there's Chip." He struggled to get down and when Miranda set him on his feet he embraced the dancing monkey. Chip chattered excitedly, clearly delighted, as he wrapped his scrawny arms around the boy's neck.

"Oh, I must go and see them. There's so much I have to tell you all." Miranda examined Robbie as he whispered to Chip, and some of her elation faded as she absorbed his pinched white face, sunken eyes, the lines of pain and fatigue around his little mouth. "Has no one been looking after you, Robbie?"

"Luke 'as."

Miranda nodded in comprehension. Luke would do his best but it wasn't enough in this instance. "Come," she said, hitching him onto her hip. "We'll go into the house and get you some breakfast."

"In there?" Robbie squeaked, his eyes opening wide. "In that lord's 'ouse? We can't go in there, M'randa."

"I've just come out of it," Miranda said with a laugh. "So I see no reason why we can't go back in it."

"But 'e'll 'ave me taken up and 'anged," Robbie whimpered.

"Who will?"

"Lord 'Arcourt. Jebediah says so."

"Oh, pah!" Miranda dismissed Jebediah with an indignant gesture. "What does he know about anything?"

She plunged back into the roadway, expertly dodging and weaving until she gained the safety of the Harcourt gates just behind Chip.

The porter's jaw dropped, but he opened the wicket again and Miranda hurried across the courtyard to the house. Robbie clung tightly to her. "Is it an 'orehouse, M'randa?"

"What?" She tilted her head to get a good look at his face. "Don't be absurd, Robbie."

"Mama Gertrude said it don't look like one," the child said. "But Jebediah—"

"Oh, fiend take Jebediah!" Miranda marched into the hall and ran straight into Imogen, who was still standing in the parlor door, trying to decide what to do about Miranda's sudden disappearance.

"God in His heaven! What have you got there?" She flung up her hands in horror. Robbie began to cry and buried his head in Miranda's neck.

But before Miranda could reply, Gareth came down the stairs. "What in the world—"

"Oh, milord, see who I found. It's Robbie." Miranda hurried across the vast hall to the foot of the stairs. "My family are here. They didn't go to France and leave me behind after all. They came looking for me and they're here, in London." Her eyes shone as she looked up at him, and he could see that she was thinking of nothing but this new development. And then consciousness flooded her gaze, and she smiled at him, a smile of such devastating candor and joy that it rocked him to his core.

"Gareth, what is going on here?" Imogen demanded. "What's that filthy vagrant doing here? He's ruining the girl's gown."

Miranda ignored this. "I'm going to take him up to

see Maude. Is it all right if I have breakfast sent up for him, milord? I haven't been there to look after him and I don't suppose he's had enough to eat."

"Of course." What else was there to say? Miranda raced up the stairs, her speed unchecked by her burden, leaving Gareth struggling with this new complication.

His carefully constructed scheme was already tottering on the verge of collapse; it didn't need another attack on its foundations. He hadn't slept, hadn't even attempted to go to bed, remaining instead in the garden until day was full broken, wrestling with the consequences of what had surely been no more than a fit of madness. He'd fallen into some trap sprung by his overstretched mind, and he had to find a way to mitigate the consequences. It was as simple as that, wasn't it? But his thoughts had circled without cease, nothing clear coming out of his desperate searching for a way out of the ghastly tangle.

His eyes felt full of sand, his limbs aching, his head too thick and muzzy to wrestle further . . . and now this. Miranda's family had returned to her life just when it was vital that she see herself as a d'Albard, that she become a d'Albard, that she forget as far as possible her previous life and immerse herself in the one that was to be her future. But Gareth knew Miranda well enough to know that she wouldn't forsake her friends now that she'd found them again.

"Gareth!" Imogen's voice took on an edge of desperation. She couldn't read her brother's expression but it filled her with unease. "Gareth, what is going on? Who was that boy she was carrying?"

Gareth shook his head as if to clear it. "Someone from Miranda's past. Leave it to me, Imogen, I'll sort it out." He swung away from his sister and made for the peace of his own privy chamber at the rear of the house. Flinging himself in a chair at the document-strewn table, he rested his aching head in his hands.

He had taken the virginity of the woman destined to become the wife of Henry of France. That need not be a disaster in itself. Henry was too lusty and pragmatic himself to mind overmuch if he discovered the bride in his bed was no virgin. And it would be obvious to her husband that Miranda was still far from experienced. If nothing was said, Henry would say nothing.

As long as there was no child. Gareth thrust that hideous possibility from him. It was not a useful anticipation.

The cold, calculating part of his brain told Gareth that if the simple loss of virginity was the only issue, then the situation was retrievable. But he knew that he had taken more than Miranda's virginity in that wondrous, magical encounter in the garden. He'd taken her soul. He had seen it in the way she'd looked at him before she'd left him last night, and again this morning, just before she'd taken Robbie upstairs. She didn't know how to conceal her emotions, even if she wanted to. And his trespass on her honesty and her innocence was unforgivable.

And yet . . . and yet he could feel no shame. When he thought of those moments of joy he felt only a vibrant surge of renewed joy. Miranda had given him something he had thought would never be his. She had touched his own soul. Their physical fusion had been but the expression of a deeper, almost mystical union. And his entire being throbbed with the longing to repeat it.

Gareth pushed back his chair, and reached for the flagon of wine on the sideboard behind him. He put the flagon to his lips and drank deep, hoping it would clear his head. There was Mary, too. He'd betrayed Mary, not by the carnal act, she would never consider that in itself a betrayal, not even after their marriage, but by that other connection, the knowledge that in Miranda he had found something so precious he couldn't bear to contemplate letting it go.

But he must.

He scowled as someone knocked at his door. He had no wish to talk to anyone but he bade the knocker enter and tried to look neutrally at his sister, who was bursting with excitement. She flourished a rolled parchment. "A letter, Gareth. It bears the seal of the constable at Dover Castle. It must mean that Henry has landed."

"We should find him some new clothes. These are all rags." Maude hovered over Robbie. "Berthe, see what you can find. There must be a spare set of clothes that would fit him in the servants' quarters. I'll pay well for them." Berthe left with an audible sniff that Maude either didn't notice or chose to ignore. She sat on a stool beside Robbie and stirred a spoonful of jam into the contents of a silver porringer. "Try some of this with jam, Robbie. It will make you strong."

Robbie shook his head; his little belly was tight as a drum. "Can't eat no more." He gazed in continued wonderment at this pretty lady who was so exactly like Miranda he couldn't tell them apart.

Maude looked disappointed, but she set the spoon down. "We shall keep him here, Miranda. Don't you think we should?"

"I'd like to," Miranda said doubtfully. "At least while I'm here." She bit her lip. Until last night, she had seen this episode in her life as just that, a brief interlude that would bring her financial security for years to come. But now things had changed. How could they not have done? She couldn't leave here now. Gareth would know that as surely as she did. Wouldn't he?

The image of Lady Mary Abernathy rose unbidden to her mind's eye. That perfect lady of the court. The perfect wife for the earl of Harcourt. But men had mistresses as well as wives. She could not be a wife, but she could be a mistress.

"Miranda . . . what's the matter, Miranda? You seem miles away this morning."

"I didn't sleep very much last night," Miranda offered in partial explanation. "I suppose I was too excited about seeing the queen."

"The queen!" Robbie's mouth fell open. "You saw the queen, M'randa?"

"Mmm," she said with a smile. "And I didn't just see her, I spoke to her as well."

That was too much for Robbie. He stared, open-mouthed, trying to imagine his Miranda, the acrobat who sucked lemons to make Bert's mouth go dry and squabbled with Luke, actually talking to the queen.

"Have you finished eating, Robbie? We must go into the city and see the others." Miranda lifted the boy off his stool. "You can remember the way?"

" 'Course."

"How will you go?" Maude inquired.

"Walk, of course."

"*Walk!*"

"Yes. What's wrong with that?"

"But you can't possibly walk," Maude said in the patient tone one might use to the completely misguided.

Miranda frowned. In her present guise, perhaps she

couldn't. Lady Maude d'Albard certainly wouldn't walk anywhere, and most particularly not into the city.

"You can go in a litter," Maude said. "It's how I take the air."

"Why don't you come with us?" Miranda said suddenly. "I'll introduce you to my family."

"What? Acrobats?" Maude's eyes widened.

"They're as good as you," Miranda declared with a dangerous glitter in her eye.

"Yes . . . but . . ." Maude shook her head.

"Come on," Miranda coaxed. "You've never seen anything of the real world. I'll show you the streets, the way people live on the streets. We can eat pies and gingerbread from a stall. Mama Gertrude will die of shock when she sees us together." Her eyes sparkled. "You've shown me your world, Maude, now come and see mine."

Maude's gaze wandered between Miranda and Robbie, who was regarding her with interest, following the conversation and yet not really understanding it. In fact, he understood little except the wonderful sensation of satisfied hunger.

"Shall I?" Maude murmured, glancing almost guiltily to Berthe's empty chair. Then she said, in wonder at her own audacity, "All right, I will. But let us go quickly before Berthe comes back." She hurried to the linen press and pulled out a cloak, flinging it around her shoulders, drawing up the hood. "We'll leave by the side door and go directly to the mews and tell them to ready the litter for us. Then no one will know."

"I think we have to tell someone," Miranda said. "They'll be frantic if you disappear without a word. Berthe will go into hysterics."

This was too strong a possibility to be ignored. Maude

hastily scribbled a note for her maid. "Quickly," she said. "Before someone stops us."

"Come, Robbie." Miranda swung the boy into her arms again and whistled for Chip, who was trawling through the breakfast dishes in search of goodies. The monkey leaped from the table with an excited jabber and followed the procession from the room.

The liverymen looked askance at Lady Maude's companions. But Maude could produce a satisfactorily arrogant demeanor when required and they obeyed her orders without comment. Robbie burbled with excitement at finding himself in a litter, just like the one he'd seen emerging from the house the previous day. He pulled back the curtains and thumbed his nose at passersby. Chip caught on quickly and began to imitate him. The litter bearers, in the black-and-yellow Harcourt livery, had no idea why they were followed by yells of indignation as they trotted along.

"Robbie, come in," Miranda said, stifling her laughter. She hauled on the back of his britches, pulling him back inside the litter. "You'll give Lord Harcourt a bad name, throwing insults when you're traveling under his livery."

They entered the city gates without challenge and Miranda leaned out of the litter, calling to the bearers to stop and set them down. "You may leave us here, and wait for us."

The head bearer looked askance at Lady Maude as she stepped from the litter. "That all right, m'lady?"

"Yes," Maude said with a lofty wave of her hand. "Wait here." In truth, as she looked around at the chaotic scene and her senses were assailed with the smells and sounds of the streets, she wasn't sure it was all right, but when she glanced at Miranda, who seemed completely at home, despite her fine clothes, she felt better. It was the first adventure she had ever had, and might well be the last, so she would embrace it.

"Come." Miranda linked her arm through Maude's. "You'll be quite safe with me." Robbie hobbled beside them, unerringly directing them through the warren of narrow cobbled alleys.

Maude felt like a freak and wondered how Miranda could be so heedless of the glances they drew from carters, barrow boys, country folk heading for the city markets with flat baskets of produce balanced on their heads. Maude had never entered the city except in a carriage or litter, with Harcourt heralds going ahead, clearing the way. And such a lofty method of transport, enclosed in the carriage, isolated from the hurrying throng, was very different from being on foot. Down here, she was engulfed in the immediacy of the crowds of pedestrians, the sounds and smells of laboring humanity. She was aware of the uneven, pebble-strewn, mud-ridged cobbles beneath her thinly shod feet.

She so rarely walked anywhere, even in the gardens, that her feet encased in their silk hose and satin slippers soon began to ache. Around her, bare feet slapped heedlessly on the stones, surefooted feet in crude clogs and pattens clattered along, and she felt unbearably clumsy, as out of place in this world as if it existed in another realm.

Chip, on the other hand, was clearly in his seventh heaven. He sat on Miranda's shoulder, chattering cheerfully, taking off his hat to all and sundry, and when they reached a grassy triangle at a crossroads where a group of men with a dancing bear were entertaining a crowd, he jumped down expectantly and raced forward.

"No, I don't like working around dancing bears," Miranda said. "They're so sad and ill-used."

"Besides, you're not dressed for it," Maude put in with a touch of acidity. She didn't want Miranda disappearing from her side, losing herself in a world that for her was so utterly familiar.

"I'll not leave you," Miranda said, instantly comprehending. "Just relax and enjoy yourself. There's so much to see."

That was certainly true. Reassured, Maude allowed her curiosity free rein. They climbed the hill toward Saint Paul's, pausing to examine the wares in the little shops lining the street, buying apples and gingerbread. Music came from an alley at the back of the church and Miranda instinctively followed the sound, drawn to it as by a magnet. The trio of musicians was playing in a doorway, the lute player accompanying his music with a ballad in a deep tenor. An upturned cap lay on the cobbles before them.

"Let's listen for a while," Miranda said, and they stopped in a doorway. Chip instantly jumped from her shoulder and began to strut in front of the musicians, his face assuming a long and mournful expression as he adapted his movements to the lyrical sadness of the music.

The musician playing the viol chuckled. "Let's see if he can dance properly, Ed." He strummed, struck a note, and the three men launched into an Irish jig.

Chip paused, listened, then began to dance. A crowd was gathering and Miranda sighed, but she was smiling. "I'll never get him away now."

"Anyway, we're almost there," Robbie said, sitting down in the doorway, nursing his foot.

The crowd applauded the monkey's performance

and the musicians grinned. At the end, when they ceased to play, Chip dived into the crowd with his hat.

"Eh, we'll have our share of that!" the lute player declared, his eyes narrowing as he saw how successful the monkey was in his fee collecting. He jumped to his feet and went after Chip, who dodged him expertly, returning to Miranda's side, proudly proffering his coin-filled hat.

"Eh, that's ours," the man announced, his eyes widening as he took in Miranda's costume. Beside her Maude drew back into the doorway, terrified, convinced that this man was going to cut their throats for the contents of Chip's hat.

But Miranda was quite unperturbed. "You may have it all," she replied, taking the hat from Chip and bending to empty its contents into the musicians' cap on the ground beside them. "He was only having fun."

The lute player scratched his head, looking bemused, then he said, "No offense meant, m'lady."

Miranda grinned. "None taken." She linked arms with Maude again. "Lead on, Robbie."

They were halfway along a slightly wider thoroughfare when a voice shouted from ahead of them. "Miranda . . . Miranda . . . !" A young man was galloping toward them, as ungainly as a new-foaled colt.

"Luke! Oh, Luke!" Dropping Maude's arm, she raced toward the youth.

"We've been so worried about you!" he exclaimed, hugging her with one arm, reaching the other to receive Chip, who leaped into the crook of his elbow. "But I'd never have recognized you in those clothes, if it wasn't for Chip and Robbie." He stared at her in awe, seeming not to see Maude, who had approached cautiously and stood slightly to one side.

"I saw Chip first. I was leaning from the window looking along the street and I knew it had to be Chip, it looked so like him with the coat and hat and all, and then I saw Robbie, and I rushed downstairs and managed to open the door . . . it was locked, you see, and I couldn't find the key . . . but then I found it on a hook by the kitchen, which I suppose I should have thought of, but anyway . . ." He paused. "Anyway, here I am, and Mama Gertrude and Bertrand will be so pleased."

"I found 'er," Robbie put in. "I went to the 'ouse an' I found 'er and brought 'er back." He glared at Luke. "You didn't find 'er, Luke."

"No . . . no, I know I didn't," Luke said impatiently, then his eye fell on Maude. He stared in disbelief.

"Oh, this is Lady Maude," Miranda said, drawing Maude forward. "She's Lord Harcourt's ward."

Luke couldn't manage to do more than bob his head. "Is she coming to see the others?"

"Yes, so let's go. Come, Maude, don't look so bewildered."

"We're lodging in the house with the gray shutters," Luke said, accepting Maude now as just another of Miranda's frequently puzzling appendages. "Above a cobbler's shop and it's very cramped with all of us, but it's very cheap and we can work the streets . . . only there's so much competition," he added with a sigh. "Since you and Chip left, the takings have gone down dreadfully. And it didn't help to spend a night in gaol, and we had to pay the fisherman a guinea to look after our belongings."

"Gaol?"

"We were picked up as vagrants because of some hue and cry over you and Chip."

"Oh, how dreadful. And I thought you'd taken the tide and left me behind."

"Never mind, you're back now," Luke said cheerfully, leading the way through the dusty cobbler's shop and up a narrow, creaking staircase.

The single room above the cobbler's shop was so full of the troupe's clutter that it would be hard for anyone unaccustomed to such conditions to imagine how twelve people could squeeze themselves into the space. But Miranda had no such difficulty. She stood on the threshold, Luke grinning behind her like a retriever who's brought home the dinner.

Faces looked up at the opened door. Looked, blinked, then as Chip leaped into the middle of the room jabbering wildly, there was a collective exclamation. Miranda was engulfed. Mama Gertrude scolded, alternating slaps and pinches with kisses. Others demanded explanations, Bertrand complained at all the trouble she'd caused, even as he beamed at her and patted her head.

And Miranda began to feel that she had never left them. She slipped into the welcoming maw of her family, swallowed up in the babble of their familiar voices, the richness of familiar scents, the aching comfort of familiar faces. Then with a guilty start, she remembered Maude.

"Maude." She fought her way out of the combined embraces and turned back to the door. Maude was looking both forlorn and distressed but she couldn't resist Miranda's apologetic smile, her warm, "I didn't mean to neglect you. Come and meet my family."

"Holy Mother!" Mama Gertrude said, finally taking in both Miranda's clothes and her companion. "It's unnatural, that's what it is. Unnatural."

Maude didn't know what to do or what to say. She

felt as if she'd strayed into some totally alien world. She couldn't imagine how all these people could get into this one small space; they all seemed both larger than life and bursting with life.

"So, who are you, child?" Mama Gertrude demanded above the renewed cacophony as the impact of Maude's presence was felt. She stood back, holding Maude by the shoulders, examining her. "Lord love us," she murmured, then turned back to Miranda. "Lord love us, but look at those clothes!" Suddenly she laughed, her massive bosom quivering beneath the loose and rather dingy linen robe she wore over her chemise and petticoat.

"Ah, but it's a heap o' trouble she's caused us, an' I'd like to know what's goin' on 'ere," Bertrand declared.

"Well, I'll tell you as best I can." Miranda perched on the corner of a rickety table and recounted her adventures to a rapt audience. "And when I've completed the task, Lord Harcourt will fee me with fifty rose nobles," she finished.

"That's a fortune, by God!" Jebediah exclaimed, for once without a hint of pessimism.

"Yes," Miranda said simply.

"And what else does this Lord 'Arcourt want of ye?" Bertrand demanded.

"Nothing," Miranda said stoutly. What was between herself and Gareth had nothing to do with the task she was performing for him.

"Don't be a fool, girl!" Bertrand suddenly leaned forward and boxed her ears, not hard but with a degree of emphasis. "Don't talk rubbish! You've no experience of the nobility, girl. He'll have his way with you and discard you when he's had enough."

Maude cried out in shock, but Miranda merely

rubbed her ear, not in the least surprised or put out by the blow. Bertrand was always one to act first and reflect later. "You're wrong," she said flatly.

"He hit you," Maude said, her voice almost a whisper. "He hit you, Miranda."

"A flea bite," Miranda said cheerfully. "It's Bertrand's way."

"I think I want to go." Maude backed toward the door, regarding the room's occupants as if they were caged lions.

"When are you coming back to us?" Luke asked in a bewildered tone.

"I don't know." Miranda spoke the truth quietly.

"So you don't know 'ow long it'll take fer you to do this job?" Raoul asked, heaving himself away from the wall where he'd been leaning, massive arms akimbo, his bare chest gleaming with perspiration in the close room.

Maude shrank back as the strongman approached. She didn't think she'd ever seen such a giant before.

"No," Miranda said. "But if you stay in London, I'll come and see you often."

"We're 'ard-pressed without you. Takin's are down summat chronic," Bertrand declared. "An' they'll not get better 'angin' around the city. Competition's too strong."

"Aye," Mama Gertrude agreed, "but the girl's got another job to do. An' a right good un, if what she says is truth, an' our Miranda's never one to lie." She took Miranda's face between her large hands. "Finish the job you're doin', child. Earn your fifty rose nobles, then come back to us."

Maude coughed and Miranda said suddenly, "Maude,

how would you like to see us earn our bread? In fact, you can help."

"Help?"

"Yes, you can play the tambourine while Bertrand's trying to get an audience together. You'll be such a draw, a real lady playing for us! Come on, it's time you saw something of the world outside your bedchamber, and if you're going to spend your days in a nunnery, you might as well have some memories to take with you."

Maude looked around the circle of faces. And suddenly they didn't seem so alien. They took on their own individual characteristics and she saw the person behind the features. They were smiling at her with good-natured acceptance, all except for the old man they called Jebediah, who looked dour and miserable, as if expecting Armageddon at any moment.

"Oh, yes, play the tambourine!" Robbie piped up. "I'll play the castanets. I'm good at that, but they don't make good music alone so someone has to play something else and usually everyone's too busy."

Maude looked at the small face, transformed by excitement and anticipation, and a warmth bloomed in her belly, spreading through her veins. She could help this child, give him pleasure, do something useful. Miranda was watching her with a strange little smile as if she could read her thoughts, and when Maude said, "Very well, if you wish it," Miranda merely nodded.

"You'd best get outta that gown," Raoul pointed out, flexing his massive biceps. "Can't tumble in that, stands t' reason."

"Yer clothes is all in 'ere." Gertrude rummaged in an osier basket. "Try them boy's garments. Folks like the britches."

Maude giggled when Miranda pirouetted in front of her, clad in a lad's britches and jerkin. "It's shocking, Miranda."

"It draws the men," Miranda said with a shrug. "Once they realize I'm a woman, it has 'em salivating like a rutting stag." She grinned at Maude's expression. "Forget you're a lady for an hour or two, otherwise you won't enjoy it."

And Maude to her astonishment found it very easy to forget. While Bertrand stood on his box and began to harangue the passersby, she played the tambourine, Robbie beside her clicking his castanets. Various members of the troupe offered examples of the entertainment to come and as people slowed, paused, Maude felt a surge of pride at her part in drawing the audience. Chip danced in front of them, mimicking Bertrand with such wicked accuracy that the audience began to laugh, to settle their feet, adjust their postures, with the telltale signs that they were prepared to stay put for a while.

Miranda judged the moment, then began her turn, with Chip adding his mite, tumbling with her. She was constantly criticizing and assessing her performance as she moved, was conscious that she was less than perfect, and aware that if she hadn't religiously practiced in the confines of her bedchamber she would be even less so. But it was so exhilarating to be back doing what she'd done ever since she could remember, feeling the blood racing in her veins, the stretch of her muscles, the supple snap of her body, hearing the heady approval of the crowd.

She walked on her hands among the audience, blatantly tantalizing the eager, laughing men with the lines of her body in the tight-fitting britches and jerkin.

And then a hand grasped her ankle, halting her progress. Her eyes at ground level took in a pair of thigh-length riding boots, the folds of a long riding cloak brushing the boots. But it was the feel of the fingers around her ankle that told her.

"Milord?" she whispered.

"The very same," the earl of Harcourt said, as dry as sere leaves.

Chapter Sixteen

BERTHE HAD TAKEN her panicked response to Maude's uninformative scribble to Lord Harcourt. Enough sense remained despite her near-hysteria to keep her from running to Lady Dufort with such a tale.

Gareth had allowed the woman's shrill words to tumble around him . . . Something had happened to Lady Maude since the arrival of the imposter, the changeling. Never before would she have done something like this, left the house without attendants, without even saying where she was going. The other girl had persuaded her, had probably even *forced* her to go with her. Lady Maude would never have done such a thing of her own free will.

Gareth read Maude's hasty script. It certainly didn't tell him much, but it wasn't difficult to fill in the blanks. The lad, Robbie, would have taken Miranda to her family in the city, and for some cockeyed reason she'd taken Maude with her.

He sent Berthe back upstairs with the calm injunction to keep Maude's absence to herself, then donned riding clothes and went to the mews for his riding horse and the information that the Lady Maude and two companions had taken a litter into the city.

He found his liveried litter bearers taking their pleasure and ease on an ale bench outside the Dog and Partridge at the bottom of Ludgate Hill. From them he learned the direction his quarry had taken, and he rode up the hill toward the church. The sounds of music, applause, and laughter drew him to the grassy square behind the church.

Horseback gave him a vantage point and he could see over the heads of the crowd. He recognized Gertrude, Bertrand, Luke and his little dog, but his gaze was riveted by the sight of his ward, flushed and laughing, her hair escaping its pins to fall in untidy ringlets to her shoulders. She seemed to be playing a tambourine! Holding it above her head, shaking it with all the rhythmic gusto of a gypsy!

For the moment, he could see no sign of Miranda. There was a lad turning cartwheels . . . But no, it wasn't a lad, it was Miranda. He'd know that lithe body anywhere. He could see even from this distance that she was inflaming the men in the first ranks of the audience, and he knew damn well that it was deliberate. She was playing with them, throwing that wickedly defined body at them, then withdrawing just when it seemed they couldn't help but touch her.

Gareth dismounted, handed the reins to an eager urchin, and pushed through the crowd. Miranda was walking on her hands through the front rows of the audience, flaunting her entrancing little rear tightly encased in those damnable britches. With a leisurely movement, Gareth grasped one slender ankle, halting her progress.

There was a rumble of laughter.

"Milord?" Miranda said.

"The very same." He opened his hand and she flipped upright, shaking back her hair, giving him the wonderful private smile that filled him with mingled apprehension and the deep delight he didn't dare to acknowledge. The crowd began a slow handclapping, expressing their disappointment at the abrupt end of the show. The tambourine player ceased her music, and the performers were for a moment stunned into inaction.

Then Gertrude prodded Luke with the end of her parasol and he jumped forward with Fred, who gleefully began to go through his routine. Chip leaped into the crowd with his hat, collecting for Miranda's performance, and the show picked up again.

"Come and meet my family," Miranda said. "I was helping them out because takings haven't been very good." She slipped a hand into his arm and drew him with her toward the troupe. "Did you see how well Maude played the tambourine? She could have been born to it." She laughed, still exhilarated by her performance.

Gareth realized that it never occurred to her that he might take exception to her morning's work. But Maude was another matter. She was white as a sheet as he approached, her eyes wide with dismay.

"L-Lord Harcourt" was all she managed to say.

"My ward, I see you have some hitherto unrecognized musical talents," he said with an equable smile. "Don't let me stop you."

Maude was astounded. She looked at Miranda, who was smiling, completely unperturbed, then back at her guardian. His lazy-lidded brown eyes were crinkled with amusement, his mouth quirked in a smile. With an expansive gesture, he suggested she take up her instrument again.

"You all right, girl?" Bertrand's gruff voice spoke from behind Gareth. He didn't look at the earl, strolling players didn't address noblemen without invitation, but the oblique question referred to the lord's intimidating presence.

"Yes, of course. This is Lord Harcourt. Milord, this is Bertrand. You probably remember seeing him at Dover. I feel so bad. They were thrown into gaol because of the hue and cry."

Bertrand bowed but his eyes were wary. "Pleased to meet yer 'onor."

"What's goin' on 'ere?" Gertrude sailed over, the plumes in her hair waving frantically. "There's no touchin' of the performers, sir."

"This is Lord Harcourt, Mama Gertrude," Miranda said hastily. Gertrude was no respecter of persons and would think nothing of taking a lord to task if she believed she was in the right.

"Ah." Gertrude examined his lordship closely. "You'll be doing right by our Miranda, m'lord?"

"Gertrude!" Miranda exclaimed.

But if Gareth was taken aback by such a question from such a one as this mountainous lady of the road, he didn't show it. "Of course, madam," he said gravely. "Has Miranda told you of our agreement?"

"Aye, that she has, m'lord," Bertrand said. "An' fifty rose nobles she said you promised 'er." There was a questioning, challenging inflection to the statement.

"That's so," Gareth agreed as gravely as before.

"An' there's no conditions?" Mama Gertrude demanded. "None what 'er family ought to know about?"

Gareth glanced at Miranda, who was looking deeply mortified at this catechism. "None," he said.

"No offense taken, I trust, m'lord," Bertrand mumbled.

"On the contrary. Miranda should consider herself very fortunate to have such a caring family."

Gertrude and Bertrand looked gratified, Miranda

taken aback. Maude, her tambourine forgotten, had listened in stunned disbelief to this exchange. The earl was plainly amused by their adventure, not in the least disapproving of the company in which he'd found his cousin. Not even vexed at finding his ward, the Lady Maude d'Albard, playing a tambourine in the streets for the entertainment of a common rabble. It was astounding, a side of her guardian she would never have believed existed. In fact, at this moment, he even looked different. His eyes were laughing, his features softened, no sign of the harsh cynicism that normally stamped his countenance.

"However," Gareth was continuing, "if you could spare Miranda now, she should return to the house. She still has a job to do there."

"Oh, aye, m'lord. She'd best be off straightaway," Bertrand said. "You'd best go back to the lodgin' and fetch that fine gown o' your'n, girl. Gertrude, you'd best go with 'er. An' if 'is lordship would take a drink with a workin' man, then I'd be glad to buy ye a tankard, sir, while we're waitin'. " Beaming, he indicated a tavern across the street.

"The pleasure will be all mine," Gareth said easily. "And the drink's on me." Without a backward glance at Miranda, he strolled off with Bertrand.

"My cousin is going to drink with him," Maude said in awe.

"Bertrand's as good company as anyone else," Miranda said, although she was as astounded as Maude. She was less surprised than Maude at Gareth's easy acceptance of the troupe, she'd seen that side of him often enough, although it was new to Maude. But acceptance was one thing, friendly drinking quite another.

Gareth found himself in the company of Raoul and

Jebediah as well as Bertrand and, while he guessed that Mama Gertrude was the one he really needed to charm, he set about putting the men at their ease. He needed their absolute trust and acceptance if he was to succeed in what he had determined to do. And if he had the men on his side, then Mama Gertrude might be easier to persuade when he made his appeal.

When Maude and Miranda reappeared, Miranda once more in her tangerine damask gown, they found the earl sprawled nonchalantly on the ale bench, a tankard at his elbow, listening with apparent amusement to one of Raoul's riper stories.

Miranda's puzzlement increased. Lord Harcourt had no need to be so very friendly with the troupe; no need to put himself out so much. And yet he seemed perfectly at ease. Perhaps he just enjoyed low company, perhaps he was entertained by them. That explanation didn't amuse Miranda in the least, but neither was she really convinced by it. It took a mean spirit to make fun of those less fortunate than oneself and Gareth was too generous, too openhearted, for such meanness.

Gareth rose to his feet, tossing a shower of coins onto the stained planking of the ale bench. "Drink hearty, gentlemen. I wish I could stay but I must escort the ladies home before their absence draws any more remark." Amid a chorus of farewells, he offered Maude and Miranda his arms with a courtly bow.

Miranda hung back for a minute. "I'll come back soon," she said. "I'll bring some new clothes for Robbie. Luke . . ." She sought out Luke, who was standing a little way away from his elders. "Luke, look after Robbie. He gets so tired."

Gareth waited with Maude while Miranda made her farewells. He gave no indication of his impatience, of his cold determination to separate Miranda from these folk as soon as he could. Those links, both emotional and physical, had to be broken if he was to succeed. They would do Miranda no good in the long run, their time was over; she had to forge new links in a new world.

She was preoccupied when she finally joined them and they made their way back to where the urchin still held the earl's horse. Chip pranced ahead of them and Gareth didn't attempt to puncture Miranda's absorption. He felt that she was confused, and if that was so, he was willing to let the confusion do half his work for him.

Indeed, Miranda didn't know what she felt. Pleasure in finding her family again was muted by the feeling that she no longer really belonged to them. She couldn't understand how such a short separation should have worked such changes in her, but she felt so different from them now, so removed. It was as if last night in the garden she had been remade. But the troupe were her family, she loved them, and she owed them her loyalty and her help. Yet she was so powerfully aware of Gareth beside her, of his body, his skin, every hair on his head, as powerfully as if he were a part of her own body, a part of her soul.

How to reconcile two such loyalties? The emotional demands of two such worlds?

"I can't believe my cousin was so agreeable," Maude said, when she and Miranda and Chip were once more ensconced in the litter. "He seemed to be amused instead of vexed. I'd never have believed he could be so pleasant, such good company."

Miranda only nodded. She too was surprised that

Gareth had shown no disapproval of Maude's adventure. It was all very well for herself to take part in a street performance, but for the Lady Maude d'Albard, ward of the earl of Harcourt . . . it was outrageous. So much so that Miranda was only just realizing it herself. Gareth had had every right to be angry, and yet he'd taken it in his stride.

When they reached the mews, Gareth was waiting for them. "Maude, you had best enter the house by the side door. My sister may have visitors and it would be awkward if you encountered them."

He laid a restraining hand on Miranda's arm as she made to follow Maude. "We shall go in together." Tucking her hand under his arm, he strolled with her out of the stable yard. "I realize that you were trying to give Maude some amusement, but if anyone who knows the family had seen the two of you together today, it would have ruined my plans."

"I thought you had to be a little vexed," Miranda said, sounding almost relieved.

"I'm not vexed exactly. The sight of Maude playing the tambourine was worth a great deal," he said with a light laugh. "Of course it could have been inconvenient if the two of you had been seen."

"Yes, forgive me, I didn't think," she said with a rueful smile. "I don't seem to be able to think clearly at all after . . ."

It had to come sometime, they couldn't go on pretending it had never happened. Gareth spoke quietly, as desperate to convince Miranda as to convince himself. "Miranda, you have to forget what happened last night. We *both* have to forget it. God knows, I'd been drinking long and late and was less than clearheaded . . ."

"I cannot forget," she said, softly but definitely. "It

was the most wonderful thing and I could never forget it. I don't want to forget it."

Gareth clasped the back of her neck, holding her hard, speaking with fierce intensity. "Listen to me. It was a dream, Miranda. No more than that. Just a dream. A beautiful dream, but daylight brings an end to all dreams. This one too will fade with the sun."

Miranda pressed her head back against his palm. "No," she said. "No, this one won't." She broke away from him, walking into the house.

"God's blood!" Gareth swore, running a hand distractedly through his hair. She didn't know what she was saying, didn't know what she was doing to him.

"It is astonishing to me that the wench should have such facility in formal dance," Imogen murmured. "Where could a strolling player have learned to perform such intricate steps with such grace?"

"She's a natural dancer, madam," Miles offered.

Imogen muttered tartly, "I'm wondering if she's not a natural whore. Have you seen how she flirts? And she treats my brother with uncommon familiarity. And he permits it. I don't understand it at all."

Miles stroked his chin thoughtfully, watching Miranda in the galliard. She was exceptionally light on her feet and it was true that her ready smile and melodious voice were bringing her quite a circle of gallants. And Imogen certainly had a point about her familiarity with Gareth. But he couldn't imagine that Gareth was dallying with her.

"Sometimes I think Gareth has no more sense than a baby when it comes to women!" Imogen said, her face dark. "You'd think after Charlotte that he'd have learned to recognize a whore when he saw one."

"I don't think that's just, my dear," Miles said, stung into Miranda's defense. "Miranda is lively and friendly. But she's not like Charlotte."

Imogen looked ready to bite, but to Miles's relief Lady Mary was seen approaching the dance floor. "Imogen, Lord Dufort." She curtsied, her eyes more gray than green this evening against her gown of dove-gray silk. "I was watching Lady Maude. I hadn't realized what a good dancer she is. I seem to remember seeing her at the Christmas revels only last year hardly caring where she put her feet. As lifeless and . . . well, perhaps not graceless . . . but certainly lifeless." She fanned herself.

"I daresay Maude's recovery from her various ailments makes a difference," Miles offered.

Lady Mary turned sharp eyes upon him. "It is a most miraculous recovery, my lord."

"You refer to Lady Maude?" Kip Rossiter moved away from the group beside them. "It is indeed a miraculous recovery. And astonishing to me that one who was bedridden or confined to her chamber for so many months of her life should spring forth with all the agility and energy of a butterfly out of its chrysalis. You must give me the name of your physician, Lady Dufort. A man surely to be cultivated."

Imogen's color rose. Kip frequently made her feel confused, as if he was poking fun at her, and yet she could never quite see the joke. But there was danger here, very obvious danger.

"Such bounce she has," Mary commented with less than approval. "Have you noticed, Sir Christopher, how Lady Maude bounces around the floor?"

"*Bounce* is not the word I would have used, madam," Kip said. "There's a deal more grace in the lady's movements than that implies."

Mary looked a little sour. "I wonder that you don't suggest she cultivate a little more modesty, Imogen. It's hardly becoming in a debutante to be so forward."

"Perhaps she's anticipating her suitor's arrival," Kip suggested. "It is tomorrow that you expect the duke, madam?"

"Yes, by sunset, I believe," Imogen returned from behind her fan.

"I would hate to think that Lord Harcourt's ward could be so immodest as to display herself in such fashion because she's expecting to make a grand match," Mary said. "Indeed, I can't believe that Gareth would permit such a thing."

"I don't believe there's anything immodest in Maude's behavior." Miles spoke up. "She's young, high-spirited, enjoying her first forays into society. I've heard no adverse comments from anyone about her behavior, and, indeed, I understand the queen finds her quite refreshing."

"Bravo!" Kip applauded softly, but his eyes were penetrating. "And I meant no criticism, Dufort, none whatsoever. I was merely struck by how the Lady Maude whom I used to know could become quite so . . . so . . . delightfully outgoing," he finished. His bland smile circled the group, then with a bow, he walked away.

"I wonder where Harcourt is," Lady Mary said, a touch plaintively. "I barely see him these days. He's forever talking politics." She laughed, but it was a brittle sound.

"Be thankful, my dear Mary, that your future husband has his interest well in hand," Imogen said. "It's a fortunate wife whose husband looks to his own advancement." Here she cast a baleful look at her own husband.

Miles was too accustomed to such attacks to attempt a defense. With relief he addressed a newcomer to the circle, a battleship in saffron velvet, with a cartwheel ruff that held her head rigid. "Lady Avermouth. How charmingly you look," he said warmly. "That particular shade of yellow suits you so well."

The lady bridled with pleasure. Such favorable comment from an acknowledged arbiter of fashion was always welcome.

Imogen smiled with faint skepticism. As far as she could see, the color merely increased the lady's jaundiced pallor. But Miles was an accomplished hypocrite when it suited him and she knew better than to denigrate that particular social skill. Lady Avermouth made a bad enemy.

Miles, duty done, excused himself with a bow and walked away, his skinny shanks covering the distance between his wife and the haven of the card room with remarkable speed.

"Your young cousin is causing quite a stir," the countess observed, looking back to the dance floor. "She has a grace in the dance."

"She has had all the best teachers," Imogen said.

"But even the best teachers cannot instill grace and rhythm in those who don't have it."

"The girl is accomplished enough," Imogen said neutrally.

"I understand the duke of Roissy arrives on the morrow to press his suit?" The countess's eyes gleamed as she prepared to glean as much tittle-tattle as she could.

"He is to visit us for a week or so," Imogen replied. "To complete negotiations for the betrothal contract."

"Such a connection, my dear madam. You are to be congratulated." The countess raised her eyebrows, no mean feat since they had been plucked to a fare-thee-well. "If, of course, it comes off." She tittered behind her fan.

"I can see no reason why it shouldn't," Imogen said haughtily. With a stiff curtsy, she excused herself and moved away with an imperative glance at Mary, who followed her at once.

"Odious woman!"

"Envy, my dear Imogen," Mary said, laying her hand supportively on the pale cream sleeve of the gown that Lady Dufort wore beneath her black silk ropa. Then her voice took on a slight edge. "Entertaining the duke under your roof for two weeks will be an arduous task. I trust Maude realizes how fortunate she is to have guardians who take such pains for her future."

She glanced toward the dance floor again. Maude was smiling up at her partner, but suddenly her head swiveled. Mary followed her gaze to where Lord Harcourt, with a group of men, was emerging from a small chamber off the vaulted hall of Whitehall Palace. Maude's expression was for a moment rapt, her attention entirely devoted to the knot of men, then she turned back to her partner with a distracted smile.

Mary frowned, cast a quick sideways glance at Imogen, and saw that the lady too was watching Miranda, and her expression was far from sanguine. "Has your cousin always been so devoted to Lord Harcourt, Imogen?"

Imogen's mouth pursed. "Maude shows dutiful respect to her guardian."

"Indeed?" Skepticism infused the single word.

Imogen's mouth grew smaller yet. "Gareth is not one to insist on formality with his family," she said. "As you will no doubt discover."

"No doubt." Mary smiled thinly.

As the galliard came to its stately end, Miranda curtsied to her partner. "I beg you to escort me to my guardian, sir." She smiled warmly at the young man who had partnered her. "There is something I most particularly wish to say to him."

The gentleman looked reluctant to yield up his partner, but he gave her his arm and they moved across the floor where couples were gathering for the next dance.

Gareth felt Miranda's approach before he saw her. The fine hairs on his nape lifted, the skin of his back rippled as he sensed her coming up behind him. Casually he turned. She was enchanting in a gown of apricot silk, with a high ruff embroidered with sapphires that set off her eyes and framed her face, accentuating the high cheekbones, the small well-shaped chin, the wide mouth with its long, sensuous lower lip. Her throat, white and slender as a swan's, rose from the lace partlet at the neck of the gown.

Once again, he experienced a paradoxical sense of dismay, of loss almost. The gypsy acrobat had vanished beneath the poised elegance of the courtier as thoroughly as if she'd never existed. He should be delighted at how successfully she was playing her part, should be delighted at the way eyes followed her approvingly, should be delighted at her escort's besotted simper as he displayed his prize on his arm, but instead the attention she was drawing annoyed him. What did this simpering, affected crowd of courtiers know of the true

Miranda? And he had a most unreasonable urge to wipe the silly grin off her partner's face.

"Milord." Miranda curtsied as she reached him. They hadn't spoken privately since returning from the city that morning, and her eyes held a hint of challenge as they met his. She had no more time for his talk of dreams now than she had had then.

"My ward." He took her hand and bowed over it, his own gaze neutral and calm. The emerald swan on the serpent bracelet swayed gently as he lifted her hand. "You are acquainted with His Grace of Suffolk."

"Yes, indeed, sir." Miranda turned to the duke with another curtsy. "But perhaps His Grace does not remember me."

The duke's thin mouth twitched appreciatively. "I would deserve the pillory, madam, if such were the case."

"Brother . . . my lord Suffolk." Imogen's thin tones shattered the small smiling circle. She curtsied with rigid back. "I have it in mind to return home. My cousin has need of her rest."

"Oh, but indeed, madam, I am not in the least fatigued," Miranda protested.

Imogen's chilly smile ignored her and remained fixed upon her brother. "Do you accompany us?"

"No, I don't believe so," Gareth said. He caught Miranda's look of chagrined disappointment and deliberately turned away from it, before he could yield.

"Well, I'm afraid there are preparations to be made for our visitor's reception," Imogen continued with a slight sigh, managing to imply a martyr's sense of duty. "So, I must bid you good night, my lord Suffolk. Come, cousin." She flicked her fan at Miranda, rather in the manner of one calling a dog to heel, and moved away, summoning a servant with a lift of her finger.

Miranda hesitated for only a moment, then she curtsied demurely and followed her ladyship.

"Inform Lord Dufort in the card room that his wife bids him attend her," Lady Imogen was saying as Miranda reached her side.

The servant scurried off and Imogen stood tapping her foot, flicking her fan. They were standing in the long corridor outside the dancing chamber, and Miranda with desultory interest examined the design on a tapestry wall hanging that closed off a small chamber.

A rumble of voices came from behind the screen and Imogen, her expression suddenly alert, stepped closer. Miranda cocked her head. She recognized Sir Brian Rossiter's booming bass, and his brother's lighter, more reasoned tones. It took her a minute to realize they were talking about her. Or at least about Lady Maude.

"You don't see anything untoward in Lady Maude, Brian?" Kip asked.

"Good God, no. What could be untoward about such a dainty little thing. So bright and lively—"

"Exactly," Kip interrupted. "Bright, lively, full of smiles, and a damnably quick wit. She's not the Lady Maude I last saw. And look how Gareth is in her company. Positively delights in it. Yet he's always said his cousin is a tedious nuisance with her megrims and ailments, her petulant obstinacy and whining complaints. Does that description fit this lass?"

"Well, no, I grant you it doesn't. But devil take it, Kip, if the lass is feeling well again, then maybe she's showing her true colors. Chronic sickness can weigh a body down, y'know."

"Aye" was the monosyllabic and unconvinced response.

Miranda looked quickly at Imogen. Her attention was riveted on the tapestry, and she almost had her ear pressed to it. Her expression was grim.

"Ah, my lady, are you—"

"Shhh." She waved imperatively at Miles as he approached. "Listen!"

He cast a puzzled, slightly comical look at Miranda and came to stand beside his wife. "They're talking of the girl," Imogen hissed.

"Mayhap the girl's excited about her wedding," Brian went on. "Y'know how young ladies get with talk of nuptials. And Roissy is a brilliant connection. I expect that's what's livened 'er up."

"No, it's not that simple," Kip said, his voice low and thoughtful. "It's ridiculous, Brian, but I'd almost swear it was a different girl."

Imogen's breath whistled through her teeth and even Miles looked startled.

"Funny you should say that," Brian declared. "That Lady Mary Abernathy said almost the same thing to me. Something about what could possibly have wrought such a change in Gareth's ward. A changed character altogether, she said. But that's just a woman's fancy. She's probably a bit watchful with Gareth being so fond of the wench and all. Probably a touch of the green eye, wouldn't you say?"

"I told you so," Imogen whispered, moving back from the tapestry. "Didn't I tell you so, husband?"

Miles was unsure what his wife had told him but he judged it expedient to murmur an affirmative.

"I knew this would never work. The whole court is talking about the wench . . . and now here's her suitor due tomorrow." She seemed to have forgotten all about Miranda. "What's to be done, I say? What's to be done?" She set off down the corridor muttering vigorously to Miles, who skipped a little to keep up with her.

Miranda shrugged and followed them from the palace out into the great courtyard where the heavy iron-wheeled coach awaited them.

Sir Christopher was certainly uncomfortably sharp-eyed and it was awkward that Lady Mary should be making such remarks, but Miranda couldn't see that any great harm was done. So long as she continued to play her part, people would become accustomed soon enough to the new Lady Maude d'Albard.

But it became very clear on the way home that Imogen had a different view.

Miranda sat back in a corner and listened at first idly to Imogen's monologue. But after a while, she began to pay closer attention. Lady Imogen's diatribe was going somewhere.

"Something has to be done," the lady muttered into a momentary silence. "Gareth has no idea what he's doing." She looked toward Miranda, shadowed in the corner. "That imposter will never pass for Maude."

"But she has already done so," Miles ventured. "Rossiter's questions will cease soon enough . . . once the novelty wears off."

"Now that's where you're wrong!" Imogen sat up in triumph, jabbing a finger at her husband. "If they're asking questions *now*, how do you think people are going to react when they actually see the real Maude? Even people who haven't been asking questions are going to notice the difference. And Rossiter and his like will start prodding and probing . . . you just see if they don't.

"And if the Frenchman sees her first, then sees Maude, he'll never be deceived. Just look at the girl. How could anyone ever truly mistake a vulgar vagabond for someone as gently bred as Maude?"

"Maude is certainly paler."

"Paler! Is that what you call her whey-faced complexion and her dieaway airs!"

"But I understood you to mean such attributes indicated gentle breeding, my dear madam."

Miranda, despite being the subject of such an unflattering discussion, choked back her laughter.

Imogen didn't seem to have heard, however. "Everything will be for naught!" she muttered, tapping her mouth with her gloved hands, glowering into the dimness. "The betrothal contract will be voided. I can't understand why Gareth doesn't realize this. Why does he persist in this pointless charade?"

Miles prudently kept his opinion to himself and Miranda knew that her own would hardly be welcomed. The carriage rattled through the gates of the Harcourt mansion, drawing up before the front door. Imogen didn't immediately move to alight, however. She sat still tapping her mouth with her fingers, then she announced, "I shall have to take matters into my own hands. Gareth is too soft and I'll not stand by and see him make the same mistakes he made with Charlotte. If he'd taken a stand there, then it wouldn't have been necessary . . ."

Her voice trailed off and then picked up again. "I always have to rescue him from the consequences of his blindness. And I don't suppose he'll be in the least grateful, but if this venture is to succeed, then it's up to me to do something before it's too late."

She alighted from the coach and sailed into the

well-lit house. Miles looked apologetically at Miranda then said, "I think I'll return to Whitehall, my dear. It's rather early to call it an evening." He leaned out and instructed the coachman to turn around as soon as Lady Maude had been seen into the house.

Miranda was very thoughtful as she entered the house and made her way upstairs to Maude's chamber

Chapter Seventeen

MIRANDA ENTERED Maude's chamber without a knock and was for a moment too occupied with Chip's ecstatic greeting to speak to Maude. But finally she had Chip perched on her shoulder, patting her head and whispering into her ear, and she could concentrate.

"You're back early?"

"Yes, Lady Imogen decided to leave court in a hurry." Miranda perched on the edge of the table, well away from the blazing fire. "She says she has preparations to make for when the duke of Roissy arrives tomorrow." Her frown was somewhat abstracted. "I'm just wondering exactly what preparations she has in mind."

"What do you mean?" Maude leaned forward on the settle, eyes alight with interest.

"Well, she seems to think that this charade isn't working. And it does appear that there are people who are noticing that I'm rather different from what they remember of you." She told Maude what they'd overheard behind the arras, then said thoughtfully, "I think she intends to compel your obedience somehow."

"She has often threatened thus," Maude said with an obstinate turn of her mouth. "But I have told her that she could break me on the wheel and I will not abjure. And if I do not abjure, I cannot marry a French Protestant."

"No, I'm sure that's so," Miranda said a touch impatiently. "But I wonder if you really know what pressure can be brought upon you if the woman is determined. And I do believe she is utterly determined. Milord is not here at the moment to take your part, and I believe Lady Imogen is ever one to strike while the iron is hot." Her clear blue eyes held the other girl's twinned gaze and after a minute uncertainty crept into Maude's eyes.

"I cannot know what I can endure until I am put to trial," Maude said with a clear effort at bravery. "It was so with the saints."

"Yes, but I don't think you're ready to be canonized," Miranda returned with energy. "I think we should change places tonight. Just in case your cousin has some mischief in mind. You sleep in my chamber and I will sleep here."

"But why should you suffer my cousin's wrath?"

"Because I will not." Miranda grinned. "Believe me, Maude, I will prove to be more than a match for Lady Dufort."

Maude looked doubtful, but already Berthe was gathering up her chamber robe and slippers. "Come, my pet." She bustled over to her, enfolding her in the robe. "It's a good plan. The girl was sent here for a purpose and it's not for us to question the Almighty's arrangements. You know that you're far too frail to withstand Lady Dufort's ire. You'll be quite safe in the green bedchamber and I'll kindle the fire. We'll make it quite cozy, you'll see."

"But I can't leave Miranda to face the consequences of *my* defiance!"

"Yes you can." Miranda bundled her to the door. "You can, because I will not. I understand that you wouldn't wish anyone to suffer in your place, but you must believe that I won't. If anyone is going to suffer it'll be Lady Imogen."

"What of Chip?"

"Oh, yes, he'll give the game away if he stays in here with me." She reached up and detached the monkey from her shoulder. "Chip, go with Maude, just for a little while."

The monkey allowed himself to be handed over, tucking himself into a fold of Maude's chamber robe and regarding his mistress reproachfully. She tickled his chin. "It won't be for long."

"Come, come, my pet. We mustn't linger," Berthe said urgently. "Her ladyship could come at any minute." She looked anxiously over her shoulder into the dimly lit corridor. Maude, after another hesitant look at Miranda, allowed herself to be hurried away with Chip.

Miranda unlaced her gown and removed the farthingale and petticoats, bundling them under the bed where they wouldn't be noticed. She extinguished all the candles and climbed into Maude's bed in her chemise, leaving the curtains open so that she could see the door in the firelight. If Lady Dufort *was* going to arrive bent on mischief, she wouldn't catch her prey napping. Maude's nightcap lay on the pillow and Miranda slipped it over her cropped hair as a final artistic touch.

The clock struck eleven, and then midnight. Miranda was growing sleepy in Maude's cozy feather bed and the fire was burning low. She began to wonder if she was mistaken. Maybe Imogen had thought better of her plan. Maybe her brother had already returned from court. But Miranda was fairly certain that the earl was not in the house. Somehow she was sure that she would know if he was.

The last strokes of midnight had faded into the night when the door burst open and Lady Dufort entered like an ill wind, accompanied by what to Miranda's startled gaze seemed a positive army of women.

Imogen had removed her black ropa and pushed up the sleeves of the cream gown in businesslike fashion. Her little eyes flashed venomous determination as she swept up to the bed, the phalanx of maids at her back. In her hand she hefted a thick blackthorn.

Miranda was still taking stock of the numbers of her potential attackers when her ladyship loomed at the bedside. With one thrust of the blackthorn, Imogen swept aside the covers.

"Seize her to the bedposts," she commanded in throbbing accents.

The maids fell upon Miranda, grabbing arms, legs, lifting her bodily from the bed.

Miranda let out an unearthly shriek and allowed her body to go limp as if she were overcome with shock. Her eyes darted to the door but it had been firmly closed, although she didn't think it had been locked.

"Bind her securely," Imogen ordered. "Arms and legs. You, woman, you have the tapes." She pointed with her stick to the oldest of her minions, a rat-faced woman who attended closely upon Lady Dufort.

"Yes, m'lady." The woman came forward with what struck Miranda as unbecoming eagerness, thin strips of linen in her hands.

The maids had set Miranda on her feet at the foot of the bed and she hung limply in their hold, offering no resistance. It seemed that Maude was to be tied by wrists and ankles to the bedposts so that Lady Dufort could wield her stout blackthorn without hindrance.

Poor Maude, it would have gone hard with her, Miranda thought, the instant before her body jackknifed in her captors' now-slackened grip. Her arms jerked up, breaking their grasp. Two scissor kicks sent two of her assailants tumbling into the corner of the room. She spun on the balls of her feet, her arms windmilling in a wide arc, catching the rat-faced woman with the bindings across her midriff. With a faint breathy sound of astonishment, the woman fell backward onto her skinny rump.

Miranda bounced onto the bed out of reach, backing up against the headboard, where she stood at bay surveying the general carnage.

Imogen was so startled she gave vent to a banshee's scream of outrage, competing with the cries of the fallen maids.

Footsteps raced down the corridor as servants hurried from all corners of the house, emerging from the closets and attics where they slept, white-faced with terror at a noise that could only herald fire or violent intruders set to massacre the inhabitants of Lord Harcourt's mansion.

The chamberlain didn't pause for a second's reflection at the door to Lady Maude's chamber. The noise was coming from within, and with the air of one about to confront a hostile army he flung up the latch and burst open the door. Behind him, men and women crowded into the doorway, staring at the scene in Lady Maude's bedchamber, their eyes slowly, disbelievingly, following Lady Dufort's wild-eyed gaze and pointing finger to the small figure standing on the bed, arms akimbo.

Gareth, entering the house through the side door, expected to find a sleeping household. He had left the palace earlier than he'd intended. All his attempts to distract himself at the card table and in the usually congenial company of his friends over a decent bottle of burgundy had failed miserably. He ached with fatigue, his temples throbbed, and his mouth tasted of ashes. The previous sleepless night was the obvious reason and the remedy equally obvious. Miranda would be long abed and his household quiet, his own chamber a peaceful, welcoming haven of solitude.

As he emerged from the side passage into the central hall, a confusion of noise billowed down the great staircase. Male and female voices shouting, exclaiming, and above it all his sister's unmistakable rage-driven screaming. It wasn't often these days that Imogen completely lost control, but Gareth knew that sound of old. Imogen was beside herself.

He mounted the stairs two at a time and strode down the corridor toward the noise. Unless he was much mistaken, it was coming from Maude's chamber. The milling crowd at the door parted as he swept through them. "What the devil is going on?"

Imogen turned at his entrance, her finger still stabbing toward Miranda's motionless figure. "It's . . . it's . . . the oth . . . the other one!" she stuttered. "It's not Maude. How did she get in here? She's the devil's tool! A changeling, suckled at a witch's tit!"

At the accusation, the noise around Gareth swelled and people fell back, gasping, staring fearfully at the girl standing on the bed. Gareth said quietly, "Don't be absurd, Imogen. Take a grip on yourself. You can't go around throwing accusations of witchcraft. You *know* you can't."

Slowly sanity returned to Imogen's wild eyes. She shivered, clasped her arms across her breast, suddenly cold as ice. Her gaze focused finally on the room, on the gaping crowd in the doorway, on her shocked maids. And the realization that she had created this scene penetrated her befogged brain.

Gareth spoke as quietly to the chamberlain. "Send the household back to their beds, Garrison."

"Aye, m'lord." The chamberlain in his furred bed robe turned to the gawping servants. "Be off to your beds. There's nothing here for you to gape at. Be off now." He shooed at them as if they were chickens escaped from the henhouse and with obvious reluctance they obeyed, but their voices, though muted, continued to carry their excited speculation down the corridor.

"Oh, what is happening?" Maude, her eyes fixed and resolute in her white face, ran into the room. "I can't let you suffer for me, Miranda!" Chip, with a high-pitched squeal, leaped from her arms and up onto the bed, where he crouched on Miranda's shoulder and glared down with eyes like black pinpricks.

Imogen gave a low, defeated moan and covered her face with her hands.

"Lady Dufort, I believe your business is with me." Maude stepped in front of Imogen.

"Your heroics are a little late, cousin," Gareth said calmly. "Miranda, please would you get down from there?"

"I'd prefer it if you'd disarm your sister first, milord." Miranda braced her hands against the headboard. "She was going to beat Maude into submission with that great thick stick."

"*What?*" Gareth took in the blackthorn for the first time.

"You could break bones with it," Miranda continued with something akin to relish. "And she was going to tie her to the bedposts to do it. See the tapes that rat-faced woman has."

Gareth found the object of this accurate description without difficulty. The woman was sitting on the floor with a bemused expression on her countenance, but the strips of linen were still clutched between her hands. As Lord Harcourt's fierce gaze fell upon her, she scrambled to her feet with difficulty, her farthingale swinging wildly as she caught a toe in her petticoat with a harsh, tearing sound.

"She assaulted me, my lord," she declared as if in explanation, her voice frightened, as well it might be under the harshness of his lordship's stare. "She struck me, knocked me over."

"Well, what else would you expect?" Miranda demanded reasonably. "When someone's going to tie you up so you can be tortured, of course you defend yourself."

Maude, her moment of heroism over, gazed in astonishment at Miranda. Her eyes began to brim with laughter as she glanced sideways at Imogen, and with a stifled little sound, she sank onto the settle, burying her face in a cushion.

With a curt gesture, Gareth dismissed Imogen's maids. There was little point blaming them for obeying their mistress's orders. Then he turned back to Imogen.

Imogen, her hands shaking, was sitting on the window seat. Her eyes were blank with shock and the aftermath of hysteria. She looked at her brother. "I did it for you, Gareth," she said in a low voice. "Only for you. I did it for you."

"I know, Imogen," he said, and there was both sadness and a great weariness in his voice. He came over to her, took her hands, and gently drew her to her feet. "When will you realize that I don't need . . ." Then he shook his head. "Never mind. What is, is. Go to bed, now." He touched her cheek with his fingertips as if in benediction, then escorted her to the door.

"Were you sleeping in Miranda's chamber, Maude?"

Maude raised her head from the cushion. "I wasn't sleeping, sir. I couldn't possibly sleep when I was waiting for something to happen."

"No, well, perhaps you can now. I suggest you return there for tonight."

"Why, do you think Lady Imogen will try again?"

"No, but I wish to have private speech with Miranda, so do as I ask, please."

Maude cast a startled look at Miranda, then she turned and left the chamber.

Gareth walked to the high bed. Reaching up, he hooked Miranda's waist and lifted her down. He held her off the ground and away from him, looking into her face. She regarded him gravely, trying to read his expression, but it was completely impassive, offering no clues to his thoughts.

"God help me," he said finally, sounding perfectly affable. "If I'd known how you were going to turn my life upside down, firefly, I'd have run from Dover as if all hell's hounds were on my heels."

"You wouldn't have expected me to stand aside and let your sister do her worst, though. Not when I knew she was planning to force Maude."

He shook his head equably. "No, I wouldn't have expected you to do that. Knowing you as I do. I wouldn't even have expected you to have stayed with Maude as protection until I returned." A fleeting smile tugged at his mouth. "That would have been really too simple."

Miranda wondered if he was ever going to set her on her feet again, but she made no protest. His hands were warm and firm at her waist, and there was an intensity in his eyes that belied his casual tone. "In truth, milord, I didn't think of that."

He nodded. "Of course you didn't." There was silence again. Chip, who was now sitting on the pillows, began to comb his hair with his fingers, but despite this absorbing activity, his eyes darted watchfully toward the two figures in the middle of the room. A green log flared in the fireplace. The clock chimed the half hour.

Miranda touched Gareth's mouth with her little finger. It was a light, delicate little brush that brought a tingle to his lips. He snapped at her finger, drawing it into his mouth, and she laughed softly, bringing her other hand up to trace the line of his jaw, before moving her head and kissing his eyelids. She fluttered her eyelashes against his cheekbones and her breath was a warm rustle on his skin. She kissed the point of his chin, her tongue rasping over his nighttime beard.

Slowly, he allowed her to slide through his hands until her feet were on the floor. Cupping her face, he brought his mouth to hers. With a delighted little sigh, Miranda closed her eyes and yielded to the leisurely arousal of a kiss that engulfed her so completely that her mouth became the focus of all sensation, a warm crimson pool of pleasure.

Gareth finally raised his head. His eyes, where reason and passion fought for supremacy, were almost black. Then Miranda moved against him and he could smell her hair, her skin, the powerful fragrance of arousal mingling with the delicacy of rosewater and jasmine. And reason lost the battle. He tucked her neatly beneath his arm and strode from the chamber, Chip scampering after them.

Gareth raised the latch on his chamber door, pushed it open, marched in, and kicked it shut behind him. Chip gave vent to an outraged jabber on the far side of the door.

"Your pardon," Gareth muttered, opening the door again. The monkey leaped inside and jumped onto the mantelpiece where he resumed his grooming, bright black eyes darting around the room.

Gareth tossed Miranda onto the bed and stood looking down at her, his hands on his hips. "My sister may have had a point about witchcraft," he mused. "I can think of no other explanation for this madness."

Miranda smiled up at him. The atmosphere was very different from last night, when everything that had happened had taken place in a mystical, dreamlike circle of enchantment. Here, in the earl's chamber, there was no mystery and no magic. He was a man of flesh and blood, intent and desirous, and she was more powerfully aware of her body and its hungers than she would have believed possible. Last night, she had had no words to describe what had happened to her or what she wanted, but tonight she knew with a wondrous, shameless clarity.

Gareth began to throw off his clothes, his movements deft and economical, but his eyes burned and his breath came fast as if he had been running.

Miranda pulled her chemise over her head and tossed it aside. She kneeled up on the bed, regarding his movements with candid curiosity. Her tongue touched her lips as his hands unlaced his hose and Gareth almost laughed at a gesture that was as salacious as it was innocent. He propped a foot on the edge of the bed and rolled down his netherstocks. Miranda followed every movement as intently as if her life depended upon it. She had seen naked men many times, but never this one. And naked, he was so very beautiful.

She reached for his lean hips, sitting back on her heels as she brought her mouth to the spike of flesh jutting in a slight curve from the black curly hair between his legs. She inhaled his dark male smell as her mouth moved along the shaft, her tongue stroking, teeth grazing lightly, as assured as if the knowledge of how to pleasure him had been hers from birth.

Her fingers curled into the hard, muscled contours of his buttocks and she felt his hands move to her head and shoulder, the quickening in his flesh against her tongue, the ripples in his belly.

"Not so hasty, sweeting." His voice was a low throb as he raised her head, stepped back slightly.

Mischievously, her tongue followed him, darting to lick the moist, salty tip. "Why not?" She kneeled up again, running her hands over his chest, pressing her belly to his, feeling his hardened flesh quiver against her loins. She parted her knees, taking him between her legs, pressing tightly, enclosing him in the soft, satiny inner skin of her thighs.

His hands moved to the small of her back, supporting her. Her body bent backward as she worked her thighs, pressing, releasing, until his soft groans of delight filled the room. Her head fell back, the white column of her throat arched, and her eyes were closed beneath paper-thin blue-veined lids. He bent his head to take her parted lips with his, tasting himself in her mouth.

Sliding his hands down to cup her bottom, he lifted

her on his palms from the bed. Unerringly, she curled her legs around his waist, her arms holding his neck, her body opened to receive him.

Her eyes opened and she laughed joyously into his transported face as he slid within her and her loins joined with his in a fusion so complete, it felt that nothing could ever separate them. Her body rode the thrusting shaft and she laughed again.

Gareth smiled, his fingers curling into her backside, watching her face. He was filled with a great joy, a sweeping tenderness, a profound astonishment that this inexperienced innocent could so unerringly play the game of love. She caught her lower lip between her teeth and her eyes took on the dark and misty hues of a dusk sky. She was suddenly very still in his hands, all movement concentrated on the ridge of her inner muscles tightening around him. Her lips were slightly parted, her eyes widening as the spiral coiled ever tighter in her belly.

He was buried deep in her body, every ripple of the enclosing sheath translated into his own flesh. The world shrank to the small space containing their fused bodies. He felt himself slipping away into the waiting maelstrom, and as he clung for a minute longer, a deep shudder ran through her and her body convulsed around him in waves of ever-deepening intensity.

He held himself taut, unable to breathe until her climax peaked and finally drove him over the edge with a great and savage cry of astonishment and joy.

Her head dropped onto his shoulder, her arms clinging to his neck as her now-limp body relaxed and he took her slight weight.

"Dear God, sweeting, where did you learn such wicked magic?" he murmured against her damp neck.

"I don't know," she muttered. "But it *was* magic, wasn't it?" She uncurled her legs and he let her slip to the floor. She tossed her head back so that her disordered hair fell once again into its shining cap and regarded him with such an air of smug triumph that despite the languor of fulfillment he gave a shout of laughter.

He scooped her into his arms again and kissed her, brushing her hair back from her forehead, smiling down at her. Then a shadow chased the smile from his eyes, his mouth lost some of its softness.

"I'm very hungry." Instinctively, Miranda shattered the stretched silence with the banal comment. "There was no supper at court. Why is it that there are never any refreshments?"

"The queen is somewhat frugal," Gareth responded. "Some might say parsimonious. But there's food on the tray." He gestured to the tray that as always awaited him. He watched her pad across to the table, bend over the offerings. He ran his hands through his own hair, absorbing the smooth, pale lines of her back, the nipped-in waist, the slight flare of her hips, the taut contours of her bottom, the long, muscled slimness of her thighs.

His nostrils flared as desire grew again, overpowering the moment of regret, the shadow of foreknowledge that had just gripped him. She turned with a cold chicken leg between finger and thumb. Her eyes darted down his body, widening in mock astonishment.

"Goodness me, milord. Are you something of a satyr? I think that's the word I want." Gnawing on the drumstick, she padded back to him, her eyes glinting with her own quickly stimulated passion. "Is there a different way to do it, perhaps? Just for variety, you understand." She tore off a piece of meat with her teeth and offered it to him, placing her fingers right into his mouth.

Gareth took her wrist and very slowly drew her hand from his mouth. He licked each finger with long strokes of his tongue, before leaning over her shoulder. He filled a wineglass with the deep red burgundy from the flagon, took a deep draught, then caught the back of her head, bringing her face close to his. His mouth took hers and the warm red wine flowed over her tongue, mingling with the juice and taste of him.

She savored the liquid, her tongue dancing with his as the wine swirled around her mouth before lingeringly she swallowed it. "More."

He nodded, took another drink, and repeated the process, drawing her down onto his lap as he sat in the armchair, feeding her the wine in sips as she selected succulent morsels from the tray and pushed them between his lips with delicate, dawdling fingers.

It was cockcrow before they tired of the game. Miranda leaned back against his shoulder, her legs shifting on his lap as he covered the soft mound of her sex, indolently playful fingers stroking the little nub of passion, fingertips delicately nipping the soft lips. She lay sprawled on his lap as his hand brought a wonderful, spreading, languid pleasure, and offered only the sleepiest of satisfied smiles when he lifted her against him and carried her to the bed, laying her down before climbing in beside her.

"I hope we wake up before the duke arrives," Miranda mumbled with a sleepy chuckle, turning onto her side, fitting her bottom into the curve of his hip.

Gareth did not respond. But he was no longer

sleepy. He lay looking up at the brocade canopy, following the familiar pattern of interlocking vine leaves as the room lightened with the dawn and Miranda's breathing deepened.

All his misgiving returned in full measure, bringing with it bitter guilt and anger. What kind of weakling was he, yielding to temptation like this?

He lay sleepless for a time, his body aching and restless, as acid self-recrimination turned his stomach.

Finally he slept, restless and fitful, his sleep punctuated with erotic dreams that were flavored with loss.

Chapter Eighteen

IT WAS CLOSE TO eight o'clock when Gareth left the house. Miranda was back in her own chamber, her nighttime's absence undetected by any member of the household, and now he had one task to perform, one door to bolt, before Henry of France arrived.

He found the cobbler's shop without difficulty. It was a stone's throw from where he'd come upon the troupe putting on their show. The cobbler was already at work at his awl but he looked up with an inviting smile when the nobleman entered the small dark shop, ducking his head beneath the low lintel.

The man jumped to his feet. Such customers were few and far between. "What can I do fer ye, m'lord?" He bowed, his nose brushing his leather apron.

"My business is with your lodgers. Are they abovestairs?"

The cobbler looked disappointed, but he hastened to the bottom of the narrow staircase leading to the upper floor. "I'll fetch one of 'em down, m'lord."

"No . . . no, I'll go up." Gareth gave him a nod and brushed past him. The cobbler hesitated, then he took three silent steps until he reached the tight bend in the stairs. There he waited, listening.

Gareth knocked at the door at the head of the stairs but received no response. A burble of voices swelled through the oak, interspersed with thumps and bangs and the occasional curse. With a shrug, he raised the hasp and pushed open the door.

The crowded room seethed with activity. Its occupants were rolling up bedding, repairing the precious individual tools of their trade, tending to their personal needs. Mama Gertrude, her shift pulled down and bundled at her waist, was washing her massive torso in a bowl of water. She dropped the washcloth with an exclamation.

"Lord love us! It's Lord 'Arcourt." Her huge breasts flopped over the rolls of flesh at her waist as she straightened from the basin. Her face was concerned. "Is summat the matter with Miranda, m'lord?"

"No, not as of half an hour ago," he said, discreetly averting his eyes. "Forgive me for disturbing you, but there is something very important I need to discuss."

"Concerns Miranda, does it?" Raoul demanded, setting a leather tankard down on a coffer and wiping his mouth on the back of his hand.

" 'Course it does," Bertrand rumbled.

"Where is M'randa?" Robbie piped up from the stool where he was grooming Luke's little dog. "She said she'd come back." He struggled to his feet. "She is comin' back, in't she, sir?"

This was going to be more difficult than he'd anticipated. Gareth became aware of Luke's eyes fixed upon him in a less than friendly fashion. The youth set down the horsehair hoop he had been replaiting and waited for the earl's answer.

"I think this is a discussion I should have with Bertrand and Gertrude," Gareth said, with an interrogative glance toward those two, noting with relief that the latter had hauled up her shift and was busily settling her breasts beneath the dingy material.

"You say she's all right?" Gertrude demanded, eyes suddenly very sharp.

Gareth nodded. "I have a proposition—"

"We'll not be sellin' the girl into whoredom . . . Beggin' yer pardon, m'lord, fer speakin' me mind, but she's good as me daughter an' I'll not—"

"Madam!" Gareth held up a hand. "I assure you that that's not what I am proposing."

"Best take this to the tavern," Bertrand declared, laying down the flute that he'd been cleaning. "You comin', Mama?"

Gertrude was lacing the bodice of her puce gown. "There's nothin' to be discussed about our Miranda wi'out I'm there. She's good as me daughter." She glared at Lord Harcourt, who tried a placatory smile.

He opened the door. "After you, madam."

Gertrude moved past him in a rustle of puce and scarlet. "Eh, you there. Can't keep yer big ears to yerself!" she cried as the cobbler, caught off guard, made haste to retreat down the stairs. Gertrude swept him ahead of her as if he were so much dust to her broom. "Right cheek ye've got, listenin' to what don't concern ye."

The cobbler scuttled back to his awl. To add insult to injury, he hadn't heard anything of interest anyway.

The Cross Keys tavern was quiet at this hour of the morning. Gareth ordered a flagon of best canary and Bertrand nodded with approval as they sat down in a secluded corner of the taproom. Gertrude looked suspiciously into her wine cup as the earl filled it to the brim.

"We celebratin' summat, m'lord?"

"In a manner of speaking," he said, taking a leather pouch from his doublet pocket. He laid it on the table, then casually lifted his wine cup to his lips.

"What's this, then?" Bertrand poked at the pouch.

"Fifty rose nobles."

Silence greeted this. Bertrand ran his tongue over his lips. Mama Gertrude stared at the earl with something akin to hostility. "What d'ye want from us, m'lord?"

"I want you to leave London today and return to France." Gareth drank his wine.

"Wi'out Miranda?" Gertrude demanded, turning suddenly on Bertrand, whose hand was now protectively covering the leather pouch, although he hadn't quite picked it up. "Eh, Bertrand. Leave it alone. It's blood money."

Bertrand moved his hand, coughed, spat on the sawdust at his feet, and picked up his wine cup again.

"Not quite," Gareth said. "I have a tale to tell you."

His audience listened, rapt and incredulous, to the story of the night of Saint Bartholomew, twenty years earlier. "So you can see that it's in Miranda's best interests for you to leave her to her new life," he finished.

"Aye," Gertrude said slowly. "So the other lass is 'er sister." She shook her head. "Like as two peas they are. But why 'aven't ye told Miranda the truth?"

"Because I'm not sure how she'll take it," Gareth said frankly. "And I need her cooperation. Once my plans for her future are in place, then I'll tell her, and I'm hoping that by then she'll be so used to living the life of a noblewoman it won't come as quite such a shock. But . . ." He leaned over the table, his expression intent. "You must understand that while her old life is still here for her to slip into whenever she feels like it, she won't get used to her new life."

" 'Is lordship speaks sense, Mama," Bertrand said, his hand once more covering the leather pouch. "Ye can't say 'e doesn't."

"Aye," Gertrude agreed. "But we can't just go wi'out a word to Miranda."

"She thought you were in France before. She thought you'd left her at Dover," Gareth reminded her. "It saddened her, but she'd accepted it until you reappeared. She'll accept it again."

"It don't sit right," Gertrude said stubbornly.

"Eh, come on, Mama," Bertrand muttered. "Fifty rose nobles, woman! Think on't."

"I am!" Gertrude snapped. "I'm no fool, I know what it means."

"Think what this means for Miranda," Gareth pressed, his voice soft and persuasive. He had almost won. "You wouldn't want to stand in her way, not if you care for her."

"No," Gertrude agreed. "But it jest don't sit right to up and go wi'out a word."

"I swear to you that I will tell her the truth as soon as it's appropriate. She will know soon enough that you didn't just abandon her."

"There y'are, Mama. Can't say fairer than that." Bertrand slid the pouch closer to the edge of the table. "It's a deal, m'lord. Far as I'm concerned." He looked at Gertrude. "Come *on,* woman! Sentiment don't put bread on the table. The girl's set fair, an' we've a chance fer a bit o' luck ourselves."

Gareth waited, his face impassive but his nerves stretched taut. Bertrand's agreement was worth nothing without Mama Gertrude's stamp of approval. If she said so, they would walk away from his bribe—magnificent though it was.

"Ye'll tell 'er the truth. Your word on it, m'lord?" Gertrude regarded him closely now, her eyes narrowed and as intense as if she were reading his soul.

Gareth laid his hand on his sword hilt. "My oath, madam."

Gertrude sighed gustily and drained the contents of her wine cup. "Well, if it's for the girl's good, then I suppose we'd best do it."

The leather pouch slipped over the edge of the table into Bertrand's cupped palm. He stood up, beaming. "Nice doin' business wi' ye, m'lord." He extended his hand across the table. Gareth shook it, then rose and bowed to Gertrude.

"Jest tell 'er we're 'er friends. We didn't desert 'er," Gertrude said, unimpressed by the reverence. With a nod, she made her sweeping exit from the taproom, Bertrand on her heels.

Gareth sat down again. He called for another flagon of wine. It had been a bad morning's work, and even the knowledge that it had been essential didn't make him feel any cleaner.

The duke of Roissy was a most attractive man, Miranda decided from her vantage point on the gallery overlooking the great hall of Westminster. Their first meeting an hour earlier had been so wrapped around with formality, she had had little time to take him in properly. Now, he was talking with the queen sitting enthroned on a dais at the far end of the hall and Miranda had a clear view of his profile. Lean, the chin jutting sharply, the prominent nose curved like an eagle's beak.

It was an uncompromising profile but nonetheless attractive for that, she thought again, moving along the gallery to the staircase leading down to the hall.

Not that he could compare with the man standing beside him.

She paused again to look down across the brilliant-hued crowd of courtiers. Her eyes rested greedily on Lord Harcourt. His doublet and hose of dove-gray velvet were subdued among the rainbow throng, the contrast made even more noticeable by his short scarlet silk cloak that hung from one shoulder, clasped with a diamond-and-ruby brooch that glinted richly even from such a distance.

Miranda glanced down at her own gown of silver cloth embroidered with seed pearls. Over it she wore a white velvet ropa. A circlet of seed pearls held the white lace snood that concealed her still-short hair. Very suitable for a maiden on her first introduction to the man who was to be her husband, she thought with an inner chuckle. The very picture of virginal modesty. Maude would look very well in it.

She was unaware that she was smiling as she descended the stairs. Unaware too that her step was swift, her cheeks softly pink with secret amusement.

The two men, bowing, backed away from the queen, and then turned as one as if sensing Miranda's approach.

"She is everything her portrait promised," Henry said softly. "Everything and more. I was not prepared for such liveliness. The artist portrayed a rather more serious side to the lady."

"A mere paintbrush can rarely capture all attributes," Gareth replied, wondering what had amused Miranda. Her eyes were alight, her cheeks aglow, her mouth curved in a private smile. It was no wonder Henry was already captivated. As they watched, Miranda was waylaid by a trio of young bloods, pressing close to her, vying for her attention. They couldn't hear what was said, but Miranda clearly enjoyed it. She laughed, tossed her small head, and plied her fan with all the flirtatious skill of one accustomed to the adoration and devotion of impressionable young men.

"It's to be hoped the lady won't find the prospect of an old soldier as suitor too repellent," Henry said, his mouth suddenly thinning. "I make a poor gallant, Harcourt, and your ward is clearly accustomed to devoted attention."

How wrong you are. But he couldn't speak the truth aloud. Instead Gareth shook his head in vague disclaimer. In truth he was as surprised as anyone at the ease with which Miranda was swimming in these rich waters. She still slipped up occasionally, but her technique of ignoring her slips, just as she'd ignored her abandoned shoes the other evening, had rebounded in her favor. The opinion of the court appeared to be that Lord Harcourt's young cousin was a delightful eccentric.

It was not, however, Lady Mary's opinion. Gareth's heart sank as he saw his betrothed leave the queen's side. Mary was seriously put out these days, and her perturbation seemed centered upon Gareth's ward. She never missed an opportunity to criticize the girl, and clearly found Gareth's responses less than satisfactory.

She approached Harcourt and the duke, a fixed smile on her face. "My lord duke." She curtsied. "Her Majesty requests that you join her for dinner tomorrow. And Lord Harcourt, of course." She turned her smile upon Gareth, but it lacked warmth.

"Pray convey our thanks to Her Majesty. We shall be honored to join her," Henry said with a bow. "Perhaps Her Majesty could be persuaded to include Lady Maude in the invitation? I have such little time for wooing, I'm reluctant to lose an entire afternoon." Lady Mary looked at him in startled shock. One didn't respond to a royal command with one's own guest list.

"Don't look so shocked, madam. The duke was jesting," Gareth said swiftly, clapping Henry on the shoulder.

Henry laughed, but it was a little late for true conviction, and his dark eyes glittered with annoyance at his lapse.

"Aye," he said. " 'Twas but a jest. But, in truth, from what I see of my bride-to-be, she's breaking hearts all around her and I'd best not waste time pressing my suit."

"Lady Maude is somewhat high-spirted, my lord duke," Mary said with sugar-coated malice. "One must make allowances for her youth. But it's to be hoped Lord Harcourt's ward knows where her duty lies." She glanced pointedly at Gareth.

"Do you doubt it, madam?" Gareth raised an eyebrow, his voice cool. Chagrin flashed across Mary's pale eyes.

But the girl certainly looked radiant, even to Mary's disenchanted gaze, watching as Lady Dufort approached the girl and drew her away from her admirers. Maude was a vision in silver and white, with her blue eyes as lustrous as a summer sky, and her creamy complexion pink-tinged, her warm red mouth smiling. Mary knew she was jealous, knew her jealousy made her say mean-spirited things, knew that Gareth didn't like it. And yet she could not help herself, but she forced a smile as Imogen and Miranda joined them.

Lady Dufort was subdued, paler than usual, two telltale furrows above her temples that told her brother she was suffering one of her vicious headaches. They almost always followed Imogen's bouts of hysteria, one reason, Gareth believed, why she had learned to control herself so much better in latter years. But occasionally, she lost the fight, and then suffered for it.

"Lady Dufort, I must congratulate you on your protégée." Henry bowed over the lady's hand, but his eyes flickered sideways to Miranda. "She is a jewel, a shining credit to your care." He saw the girl's radiance just as Mary had. But he also recognized the freshness, the tenderness, of her youth and it made him smile. She was trying her wings, reveling in the attention, well aware of her entrancing appearance. And Henry felt rough and clumsy, despite the unfamiliar elegance of his courtier's silk and velvet.

"You are too kind, Your Grace." Imogen smiled faintly.

Miranda curtsied, demurely unfurling her fan and peeping at Roissy over the top. It was a little trick she was perfecting this evening. The duke's keen eyes beneath very thick, bushy eyebrows responded with a glint and his rather thin mouth curved in a smile. He stroked his well-shaped beard reflectively. His hands were hard and callused, square and businesslike. Involuntarily Miranda's eyes darted to Gareth's lean, elegant white hand. The skin of her back lifted as her body responded to the memory of those hands moving over her, playing upon her sometimes with all the delicacy of a musician, at others branding her with the searing assertion of their possession.

"Will you take a turn with me around the room, my lady?" Henry offered his brown-suited arm. "I have your permission, Harcourt?" He raised one of those bushy eyebrows in question.

"Most certainly." Gareth took Miranda's hand and gave it to Henry of France.

"Ah, I see you're wearing the bracelet, my lady." Henry lifted her wrist, holding it up to the light. "It becomes you."

"Thank you, my lord." Miranda curtsied. "It is a most generous gift, sir."

"Not at all," he said. "It belonged to your mother. As I see it, it is merely returned to its rightful owner."

"You had it from my father?" Miranda lightly touched the emerald swan, setting it swinging.

"Aye." Henry was suddenly somber. "Your father was my dear friend. He treasured the bracelet after your mother's murder. On his deathbed, he gave it to me in remembrance of that night . . . as a symbol of all we lost . . ." Then he added in a voice so soft it was almost to himself, "and of all we must avenge."

There was a short silence, then Henry shook his head, as if dispelling grievous memory. "Come, my lady. Let us walk a little and you shall tell me all about yourself."

Miranda couldn't resist casting Gareth a quick, impish look over her fan at this, but he studiously ignored her, although she could have sworn she'd seen his lips twitch.

"If you would prefer to speak French, sir, I would be quite happy to do so," Miranda ventured to her escort. He seemed to be leading her most deliberately toward the far side of the hall, to where a heavy tapestry hung over what Miranda guessed to be an exit.

"Ah, you speak my language, then?" Henry was surprised and gratified.

"Passably," she replied, continuing in French. "How

was your voyage? The Channel can be rough at this time of the year."

"You have crossed to France?" His surprise became astonishment. "Your guardian didn't mention that you had ever returned to the country of your birth."

"No . . . no, my lord, indeed I have not," she said hastily. "But I've heard tell of the roughness of the sea on occasion."

"Ah, yes." He nodded and picked up his pace again, but there was a slight frown in his eye. "You've been in England since you were a mere infant, and yet you speak my language as if it were your native tongue."

"I had an excellent French tutor," she improvised. "He and I spoke only French for days at a time. Lord Harcourt considered it necessary that I should be fluent in both tongues."

"As indeed he is himself," Henry commented. It was an entirely reasonable explanation and her facility in his language would be a great advantage when she arrived in France. It would endear her to his people as well as to his court.

"But we'll use English while I am here. It is only courteous to adapt to one's hosts, and I could use the practice." He smiled with a touch of self-deprecation.

His smile was one of the most attractive things about him, Miranda thought. She had a feeling he used it sparingly. There was a coiled force to his physical presence that made the smile all the more appealing. Would Maude find him pleasing? Impossible to say just yet.

"Let us see what lies through here." Henry pushed aside the heavy tapestry as they reached it. "Ah, an embrasure," he declared. "A place where we may be private in our discussions."

Miranda glanced over her shoulder. "But, my lord duke, will it not be considered immodest of me?"

"We have Her Majesty's blessing on my suit," he said with a chuckle. "I approve of a modest maid, but have no fear, you'll receive no censure while the queen and your guardian smile." He swept Miranda before him with an arm at her waist and the heavy tapestry swung back behind them.

It was a small window alcove, curtained presumably to keep out the drafts. A plain wooden bench was set against the paneled wall beneath the window.

"Ah, it's so stuffy!" Henry went to the window and flung it wide. "I cannot abide being indoors for long." He turned back to Miranda, again with that somewhat self-deprecating smile. "I am a rough and rude soldier, my lady Maude. Not very domesticated. I'm happier under canvas than slate or thatch."

"Indeed, my lord duke, I prefer the outdoors myself," Miranda said. "There's nothing so . . ." She caught herself just in time as she was about to launch into a description of the pleasures of sleeping under the stars on a fine summer night.

"So?" he prompted, regarding her with interest.

"So pleasant as a walk in the woods," Miranda said hastily. "But I expect you'd consider that tame, sir."

"But perfectly suitable for a gently bred maid," he responded. "Come, sit down beside me." He sat on the bench and drew her down next to him. "Tell me honestly now. Are you content for this match?" His expression was very serious as he turned her face toward him with a finger beneath her chin.

"My lord, I am obedient in all things," she murmured, veiling her eyes.

"No . . . no . . . little maid, that is not what I asked

you." He tilted her chin further; his voice was very grave. "I will not pursue a match where the maid is unwilling. I would have a wife who came to me willingly this time, and not at the behest of politics."

His eyes were shadowed now with anger, his mouth thinned to a bare line. God help them all if this man ever discovered the deception, Miranda thought with a little shiver.

"You've been married before, my lord?" she inquired, moving her head away from his hand, dropping her eyes to her lap. "I was unaware."

"A man of thirty-nine summers, *ma chère,* does not come without a history," he replied, shrugging his shoulders with an impatient gesture. This doublet fitted him too well, tight across the shoulders and chest, and the silk shirt beneath felt soft and clingy like a snake's skin. He yearned for the easy comfort of his buff leather jerkin and the coarse linen shirt beneath.

"Are you uncomfortable, my lord?" Miranda looked at him in puzzlement. He had the pained air of a man sitting in a nettle bed.

"This damn doublet is too tight," he muttered. Then realizing how inappropriate such a complaint must seem in the circumstances, he returned abruptly to the previous subject. "My wife died."

The cynical lie was easily spoken. At this moment, Marguerite was probably locked in passion with one of her many paramours. But she'd give him her blessing on this endeavor. Marguerite, although loathing the match that her mother and brother had forced upon her, had not known she had been the bait for the massacre at their wedding. She had saved her husband's life despite her unwillingness for the match and they had remained friends over the years. But she would be as relieved to be rid of the burden of their marriage as he would. In fact, he thought, she would probably like this girl.

The demurely lowered eyes and protestations of dutiful obedience were a sham, he was convinced of it. There was a lot more to her character than she was letting him see. He had seen the way she moved when she thought she was unobserved, and he had noted the intriguing glint in the azure eyes. No complete innocent played the coquette with quite the skill of this lady, and he guessed he was being treated to another example of her skill. No, there was definitely something about her that would speak to Marguerite.

He took her hand, played with the fingers. He felt her stiffen and her hand lay limp and unresisting in his. "There's no need to be afraid," he reassured, willing to play the game for a while longer. He raised her fingers to his lips.

Miranda tried to withdraw her hand. There was only one person she could respond to as the duke of Roissy so clearly wished her to respond.

Henry felt a stab of impatience. His fingers closed more tightly over hers and he brought his other hand to her throat. He stroked with a fingertip down to the pulse. The skin of the finger was rough and callused against her flesh and she raised a hand in a fluttering gesture of protest. But he ignored it, moving the finger down over the soft white skin of her breasts. The décolletage was low, accentuated by the high collar of the ropa rising stiffly at the back.

His finger dipped into the cleft between the small mounds. Miranda moved abruptly, pushing aside the exploring finger. "My lord duke, you must not."

"Is it too soon for a little loverly attention, *ma*

chère?" He laughed. "But I know full well that you enjoy the game of coquette." He had felt the quickening of her skin beneath his touch, the speeding of the pulse. A swift and delightfully passionate response.

"We have but newly met, sir," Miranda offered.

"But of course, and you would be wooed and gentled as any maid," he agreed with a bluff laugh. But the frown had returned to his eyes. Games were all very well if one had the time for leisurely wooing. He must be back in France within the month and he would have his future bride coming softly to hand before he left. He would be assured that this time he had no unwilling bride.

"Will you take me back to Lady Dufort, sir?" Never had Miranda expected to wish for Imogen's company . . .

"I would take one small earnest of your consent first." This time, the fingers on her chin were very firm as he turned her face up. She saw his eyes, dark, sharp, and keen as a falcon's, coming closer. The thin-lipped mouth within its neat beard hovered above her. She steeled herself for the kiss, reminding herself that she was playing a part. She was Maude, a shy virgin, obedient to the dictates of her guardian, but not repelled by this suitor, not reluctant for such a marriage.

But when his lips brushed hers, she jumped, jerked her head away. "Your pardon, sir. I . . . I . . . am not accustomed . . ."

Henry stared at her in frustration. Certainly he was taking the game of flirtation a big step further, but the girl knew what was expected of her. And yet he had the feeling that her panicked response had not been feigned, was not part of a maidenly game of sham decorum.

"Very well," he said, not troubling to disguise his disappointment. "Come, I will return you to your chaperon. We shall have other opportunities in the next few days to get to know each other better." He rose to his feet and offered her his arm.

Gareth had watched their disappearance behind the arras and despite all his efforts to absorb himself in the conversations around him could think only of what was happening between Miranda and Henry.

"By God, Gareth, you're as distracted as a moonstruck calf!" Brian Rossiter boomed in his usual larger-than-life fashion. "Come to the card room."

"Your young cousin seems to please the duke of Roissy," Kip observed. "The queen likes the marriage?"

"Very much." Gareth's eyes returned to the arras. Henry had made it clear he had little time to spend on this wooing. He would not linger over the niceties of courtship if he didn't have to.

"Then what's worrying you, dear fellow?" demanded Brian. "The wench is willing and able, Roissy is willing and able. The queen smiles. All's right with the world, seems to me."

"Maude is new to court life," Gareth offered. It sounded inadequate even to his own ears. He excused himself and moved away, aware of Kip's eyes resting on his back.

Miranda moved out from behind the arras as Henry held it aside for her. Gareth felt it like a blow to his chest. What had they been doing behind the arras? Had Henry been touching her, making whispered love to her? Had he kissed her? And why did it matter so much to him?

Miranda stood still, her eyes darting around the room, searching for him. And his own eyes pulled her gaze to him. He could do nothing to prevent it. The connection between them was suddenly as vibrant and palpable as a fine chain of spun gold.

Gareth turned on his heel and stalked away through the crowd.

Chapter Nineteen

LADY DUFORT staggered up the stairs to her own bedchamber, almost blinded by her headache, and if she was aware of Miranda's steadying hand on her elbow she gave no sign of it.

Miranda saw her into her bedchamber and into the hands of the rat-faced maid, then made her way to Maude's bedchamber. Chip greeted her with his usual passion, as if welcoming her back from the dead. However many times she left him with Maude and returned, he could not get used to it, and each time his welcome was one of ecstatic relief.

"So, tell me all." Maude put aside her embroidery needle with an air of expectancy. She was in her usual place on the settle, but these days she had largely abandoned the shawls and rugs, and instead of lying back with lavender-soaked handkerchiefs and burned feathers to hand, she tended to sit upright, busy with some employment. Reading, sketching, or as in this case, working on a large tapestry.

"You're really getting on with that," Miranda observed, teasing Maude with the delay. She peered at the canvas on the frame. It was of a pastoral scene, with shepherds and shepherdesses gamboling beside a broad green river among the lambs.

"I've been working on it for five years," Maude said with a grimace. "But I do believe I've done more in the last weeks than in the whole previous time."

"It's a very boring scene."

"Yes, it is, isn't it?" Maude's small nose wrinkled. "Perhaps I should start another. A battle or a hunt or something a bit more exciting."

Miranda shook her head. "It's always better to finish what you start, otherwise you get into the habit of leaving things half-done, I find. It's not at all tidy."

Maude shrugged, accepting this piece of wisdom as she did most of Miranda's pronouncements. Anyone who had lived Miranda's life had to know what she was talking about. Which reminded her. She reached to the end of the settle. "See the clothes I have for Robbie. Do you think he'll like them? They'll fit him, I believe." She held up for Miranda's inspection nankeen britches, a linen shirt, holland drawers, and a pair of striped socks. "I didn't know what to do about boots. Because of his poor foot."

"I'm going to have a special pair of boots made for him as soon as milord pays me my fifty rose nobles," Miranda said, examining the garments. "These are wonderful."

"Oh, and best of all, there's a jerkin. It'll keep him warm." Maude proudly displayed the dark woolen jerkin. "It's practically new. They're the cook's nephew's Sunday clothes, but she was very pleased to take five shillings for them."

"I'll pay you back as soon as I have money." Miranda folded the clothes neatly.

"No, they're my gift to Robbie," Maude said. "I only wish I could do more for him." She leaned back against the cushions again with the air of one settling in for a chat. "So, tell me about the duke. Is he personable?"

Miranda hooked a stool over and sat facing Maude

at a reasonable distance from the fire's blaze. "Yes, very. I think you would like him very much. He's not elegant, the way milord is. He's rather rough in his ways, I think. He says so himself. It comes from having been a soldier all his life." She paused, frowning, tickling Chip's neck so that he rolled his head in bliss.

"I have the feeling, though, that he's not a man one would want to cross."

"But you liked him?"

"Mmm." Miranda nodded, a slight flush mantling her cheeks. "Most of the time I found him very pleasant."

"Why only most of the time?" Maude's eyes sharpened and she leaned forward.

"He tried to kiss me," Miranda said candidly. "And I didn't care for it. I'll have to find a way to persuade him to keep his distance."

"But I believe kissing and suchlike is part of courtship," Maude said with a little frown. "When you read the lays of the minstrels they're very detailed about the little games of courtship. There's always kissing and sweet words."

"Mmm, maybe so," Miranda agreed vaguely. "But then it's not really me he's courting. Perhaps it would be different for you. You might find it quite pleasant. I'm sure you'll like him—"

"Miranda, I am not going to marry him!" Maude interrupted, leaping up with an agitated shake of her head. "I don't know what Lord Harcourt's intentions are, but I will not marry the duke. I will not marry anyone!" She began to pace the room in increased agitation. "I am going into a convent with Berthe." But even as she made this declaration something felt wrong with the words. She'd spoken them many, many times before, so why didn't they sound right now?

Maude flung herself onto the settle again and stared fiercely into the fire. Everything seemed muddled suddenly. She knew she didn't want to get married. She knew she couldn't marry a Protestant. She knew she wanted to enter a convent, to give her life to Christ. She did know that, didn't she?

"What's bothering you?" Miranda asked.

"I'm not sure," Maude replied. "Everything seems so confused since you arrived."

"Your pardon, madam," Miranda said dryly.

Maude shook her head. "I didn't mean it as a bad thing necessarily. Maybe I'm too young to have settled my future so completely. What do you think?"

"You mean you don't want to go into a convent?"

"I don't know what I mean," Maude said on a note of despair. "But I do know that I'm not going to marry the duke of Roissy."

"You don't think it would be a good idea just to meet him before you make up your mind?" Miranda suggested.

"What possible good would that do anyone?" Maude reached out to a side table for a chased silver basket of sweetmeats. She settled the basket on her stomach and selected a marzipan comfit, popping it into her mouth.

"I think you're afraid to," Miranda stated. "And your teeth will go black if you eat so many sweets." Nevertheless she reached for the basket herself, her fingertips trawling the contents until she found a honeyed raisin. Chip chattered, extended his palm. Miranda gave him the sweet.

"Why would I be afraid to meet the duke?" Maude demanded crossly.

"Because you might like him." Miranda jumped up.

"Isn't there anything else to eat? I'm hungry for more than sweetmeats. There's never anything at court." She went to the door. "I'll go to the kitchen and fetch something. What would you like?"

"You can't go to the kitchen. Ring the bell." Maude was scandalized.

Miranda just chuckled and whisked herself out of the room, Chip bounding at her side.

Maude leaned back again, idly popping sugared almonds into her mouth as she stared into the fire. Was Miranda right? Was she afraid to meet the duke? Afraid to put her convictions to the test? What if she did like him? What would it be like to be duchess of Roissy? Her own household; her own place at court; no one to interfere with her or tell her what to do. She'd be subject to her husband's authority, of course, but as long as he wasn't a tyrant, it needn't be too much of an imposition.

"See what I have." Miranda bounced into the room, breaking a train of thought that wasn't going anywhere anyway. Maude glanced idly at the tray Miranda hefted aloft on the palm of her hand.

"There's venison pasty, larks' tongues in aspic, and a mushroom compote. Oh, and I took the liberty of borrowing a bottle of milord's canary wine from the butler's pantry."

Miranda set her booty on the table, expertly drew the cork on the bottle, and filled two pewter cups. "I couldn't find the Venetian crystal, so I hope you don't mind lowly pewter, madam."

Maude laughed. Miranda's high spirits were so infectious it wasn't possible to brood for long in her company. Indeed, Maude had almost forgotten what it was to be melancholy. In fact, on occasion, she even forgot what it was to be pious. She confessed these lapses to Father Damian, of course, but he didn't seem to regard them as any great matter and handed down paltry penance.

It was the sound of their laughter that, half an hour later, brought Henry of France to a halt in the passage outside. "That sounds like the Lady Maude."

"I daresay it is," Gareth said truthfully. He could distinguish Maude's laughter from Miranda's and she certainly seemed to be as merry as her twin.

"She seems to be amusing herself. I had not thought she would be so late abed. Does she have a female companion?"

"Yes, a distant relative my sister brought into the household to provide companionship for Maude and to share her education," Gareth said carelessly. "Your chamber is this way, sir." He gestured that they should continue down the corridor. Henry, with an accepting shrug, followed his host.

Behind him, the door to Maude's chamber opened a fraction and a pair of bright blue eyes peeped around. Feeling something at his back, Henry turned. The eyes met his and then abruptly were withdrawn and the door closed rather less quietly than it had opened.

"I believe he saw me." Maude leaned against the closed door, her hand at her throat. "He turned around just as I was looking."

"Well, did you like what you saw?" Miranda mumbled through a mouthful of venison pasty.

"I didn't have long enough to judge," Maude replied. "Anyway, I'm not really interested one way or the other."

"No, of course not," Miranda agreed equably. "I'm

sure you had some other perfectly good reason for wanting to spy on him."

Miranda left the house at dawn, to walk into the city, Robbie's new clothes tucked into a bundle beneath her arm. Chip, expressing his approval at being out and about in the wide world on such a fresh, sunny morning, danced ahead of her, tipping his hat to their fellow travelers, maintaining a nonstop cheerful chatter.

Miranda was wearing her old orange dress, a shawl tied over her head, wooden pattens on her feet. She was once more a gypsy vagabond and mingled with the crowd of folk going into London for the day's business without drawing so much as a sidelong glance.

She had slept badly and it hadn't taken much insight to know the reason. For a very long time, she'd lain awake hoping for, expecting, the sound of the door latch lifting. But nothing had disturbed her night. The earl had remained in his own chamber and she had tossed and turned at the mercy of unresolved longings that left her body taut and stretched like a violin string, waiting for someone to wield the bow.

She told herself that with the duke sleeping under the same roof, Gareth would have to be particularly careful. But she also knew that she could have crept undetected into his chamber and out again if she'd had the faintest hint of an invitation. But they'd had no contact since he'd turned and walked away from her so abruptly when she'd emerged from the arras with the duke.

She turned into the street where the troupe had their lodgings. Chip bounced up to the cobbler's shop ahead of her. He hadn't needed to be told where they were going.

"Good morning." Miranda greeted the cobbler, who was unbarring the shutters.

He yawned and looked at her sleepily and with some suspicion, but quite without recognition.

"I have business with your lodgers," Miranda explained, moving past him into the interior of the shop.

"They've up an' left," the man said, following her in. He picked at his teeth with a grimy fingernail, trying to dislodge a stringy strand of bacon from between his front teeth.

"But they can't have." It was so absurd, Miranda laughed. She made for the stairs.

"Eh, I tell yer, they ain't there no more."

And Miranda now knew it. The silence from the chamber at the head of the stairs was deafening. Her heart beating fast, she raced upward, lifted the latch, and flung open the door. The small chamber was deserted, the window still shuttered. Chip leaped in and then jumped into her arms with a distressful chittering, covering his face with his hands and peering through his fingers at the empty space.

"They can't have gone," Miranda whispered, still unable to believe the evidence of her eyes. She opened the shutters, flooding the room with sunlight. Something caught her eye in the corner and she picked it up. It was a scratched wooden top that Robbie played with. Jebediah had fashioned it for him in an unusually mellow mood.

Tears started in her eyes. Tears of betrayal, of disbelief, of loss. She turned to the cobbler, who had followed her up and was now standing in the door.

"Why did they go?"

" 'Ow should I know?" He shrugged. "Paid up and left yesterday mornin'. "

"But they didn't say anything to me. They couldn't go without saying anything to me." She realized she was almost shouting, as if trying to convince the cobbler of something she knew for a fact but that he persisted stubbornly in denying.

"Don't take on so, lassie," he said, softening at her obvious distress. "Per'aps the gennelman what came to see 'em 'ad summat to do wi' it. Mebbe he drove 'em away in an 'urry."

"Gentleman!" Miranda stepped closer to him. "What gentleman?"

"Dunno 'is name, but a right proper lord, 'e was. Come straight up 'ere as if 'e knew 'em right well. Then 'e went out wi' two of 'em. The big woman and one of the men . . . That's the last I saw of 'im. T'others come back after a while, an' they pays me an' off they goes. The littl'un was wailin' summat awful."

"Robbie," Miranda whispered. She had a dreadful pain in her chest and she was finding it hard to breathe properly. "This gentleman. Did he have black hair? No beard? Brown eyes?" She knew the answer but it was still impossible to believe.

The cobbler frowned and sucked his front teeth. "Can't say as I remember 'im. Tall, 'e was. Aye, black 'air, an' no beard."

Why?

Miranda pushed past the cobbler and stumbled down the stairs, Chip still clutched in the crook of her arm. Why would Gareth send her family away? He knew how important they were to her. He'd heard her telling them she was coming back with clothes for Robbie. *Why?* And where had they gone?

She ran back through the streets to Ludgate. The pain in her chest was growing fiercer, tighter, as if she'd been stabbed; and it was like a stab wound, this dreadful knowledge of betrayal. So unfair, so unjust, so without reason.

She raced through the gates and down the road to the Strand, heedless of the startled glances she drew. She was sobbing for breath, sobbing with anger, sobbing with pain.

The gates of the house stood open to admit a drayman's cart laden with wine barrels for Lord Harcourt's cellars. Miranda darted into the courtyard, heedless of the watchman's shout behind her, up the stairs, and into the house. She ran up the great staircase, along the corridor, and flung open the door to Lord Harcourt's chamber.

Gareth was barefoot, dressed only in his britches. He spun from the washstand, razor in hand, lather smothering his face. "God's blood! What are you doing in here? What are you doing in those clothes?" He grabbed a towel and wiped his face. "Get out of here, Miranda."

"Why?" she demanded. "Why did you send them away? It was you, wasn't it? You sent them away!"

Gareth glanced over her shoulder at the door she'd left open. He strode past her and slammed it. He spoke softly, yet with fierce intensity. "Now, listen, you are about to ruin everything. Go back to your chamber. Get dressed properly. Then we'll talk about this."

Miranda shook her head, her eyes glistening with angry tears. "I don't care what I ruin. I want to know what you said . . . what you did . . . why you sent them away. I *demand* to know."

Her usually melodious voice was harsh with pain

and she made no attempt to speak quietly. Gareth, with a sense of desperation, took her by the shoulders and shook her. "Hush. For Christ's sake, be quiet a minute! Hen . . . the duke is in the next-door chamber. The entire household is up and about and you'll have them around our ears like a swarm of hornets in a minute."

"I don't care," Miranda said, trying to twitch away from his hands. "I don't care, damn you!" A tear finally broke loose and rolled down her cheek. He had betrayed her. She loved him and he had stabbed her in the back and now his only concern was that in her unhappiness she'd ruin his plans.

Angrily, she grabbed the towel from his hand and swiped at the tears that were now falling as if a dam had broken. The towel was damp and fragrant with the soap he'd been using to shave and for some reason this made her cry all the harder.

Gareth was stunned by her tears. Anger he could have dealt with, but this bitter distress was so unlike Miranda, so painful to watch that he forgot all the urgency of the moment. Gathering her into his arms, he sat on the bed with her, rocking her as if she were a hurt child.

"Hush, sweeting. Don't weep so. Please, don't weep so." He took the towel from her and mopped at her drenched face, brushing her hair back from her forehead with his palm.

"They're my family," Miranda gasped, pushing against his bare chest, struggling to sit up. "What did you say to them to make them leave me?"

"They knew it was for the best. They did it for you." He heard the note of desperation now in his voice and knew immediately that it would achieve nothing. He had to take back the situation, had to prove to Miranda that he was in control, that he was in the right. He drew her back against him and when she twisted in his hold, trying to free herself, he tightened his grip, enclosing her in a fierce embrace that was as much a vise as a hug. "Stop struggling and listen to me. How can I explain anything when you won't be still?"

Miranda ceased a struggle that for all her sinuous strength was clearly futile. She found she was breathless, that her chest ached, that her throat was scratchy and her eyes stung. But she no longer felt like weeping. She remained very still, but her body was taut as a bowstring in his arms.

Gareth ran the pad of his thumb over her mouth, moving his open hand upward to caress the curve of her cheek against his chest. She didn't move or respond in any way. Her eyes remained open, but they were not looking at him.

"All I said to your friends was that I didn't believe you could substitute for Maude with proper conviction while they remained in London and you were likely to run off and join them whenever the mood took you." He spoke firmly. "I explained that it was difficult for you to have divided loyalties, and while you felt that you could help them, then you would want to be doing that and would find it hard to concentrate on playing the very different part you play here."

Miranda listened to the quiet, level tones, feeling his breath rustling across the top of her head. His hand continued to caress her mouth and cheek. The bare skin of his chest pressed warm through the thin material of her dress.

"Mama Gertrude and Bertrand both agreed that it would be easier for you if they left town."

"They decided that for themselves?" She spoke and looked up at him for the first time.

Gareth nodded and moved his caressing thumb to her eyelids, stroking delicately. "After I'd pointed the situation out to them."

"But why didn't they say goodbye? Where are they going? Where will I find them again?"

"Everything will be all right," he whispered, tilting her face further. His mouth hovered over hers, and when her lips parted on another question, he closed them with his own.

His hand moved down her throat and he raised his mouth from hers just long enough to murmur, "Trust me, little one. That's all you have to do."

Miranda's eyes closed involuntarily as she tried to fight her body's insidious yielding to the practiced caresses. Her mind told her that his explanation was logical, but the less rational part of her brain screamed that something still wasn't right. She wanted to trust him, wanted to believe in him, wanted to surrender to the deft fingers unlacing her bodice, the hard assertion of his mouth on hers. But deep inside her the darkness of hurt still stirred.

She tried to push away, to turn her jaw against the fingers that held her face to his, but his free hand now globed one bared breast and its crown rose hard, totally independent of wish or will, against his palm. Prickles of arousal jumped across her skin and her belly jolted with the now-familiar current of lust. But still she struggled to resist, holding her mouth closed against him as if somehow it would protect her from this slow, sensuous assault on her hurt and her anger and her mistrust. But he explored the curve of her mouth with the tip of his tongue, not forcing entrance, but simply tasting the sweetness of her lips, even while his fingers on her jaw held her immobile.

Throughout the long, lonely reaches of the night she had ached for just this and now slowly her body was betraying her, refusing to acknowledge anything but its own hungry need. Her mind's protests grew ever fainter until they were little more than a vague and incoherent echo.

As he sensed this, the gentleness of his kiss changed, became a searing, insistent invasion that forced her lips apart. Her breasts were flattened against his chest and she could feel his heart beating hard almost in rhythm with her own. He lifted her, turned her sideways on his lap, and now she could feel the hard shaft of flesh pressing against her hip. With one last effort, she tried to push away again, but his hand had slid up beneath her skirt and now gripped her bottom tightly, clamping her against him as his tongue continued to plunder her mouth.

And Miranda was aware of a glorious sweetness in this captivity. The deep, instinctive knowledge that the very force that was battering against her defenses would bring her peace and the dark hurt would die in the light.

Gareth felt her surrender, her overpowering need for his strength and his loving. Her skin was hot to his touch, almost feverish, and her eyes were huge, luminous with desire, as they rested on his face. He released his hold on her jaw but his other hand remained firm and warm on her bottom. He pushed the unlaced gown from her shoulders, moving his mouth to the hollow of her throat, pressing his lips against the beating pulse before they burned a tantalizing path to her breasts. His tongue painted the soft curves, teased the small, hard nipples, and a soft moan escaped her.

He let her fall backward on his lap, the orange gown twisted beneath her, her body open and still in offering. He drew the gown away from her, tossing it to the floor, then spanned the slender indentation of her waist with his hands.

"Do you trust me, little one?"

For answer, she reached up to touch his face, cupping his cheek as he had done hers, tracing the taut angle of his jaw, the strong column of his neck. The urgency of his own passion was clear in the dark pools of his eyes, in the tendons that stood out in his neck, and yet she knew he was in complete control . . . in control of both of them. And Miranda knew she could yield her own defenses and he would not take advantage of her surrender. She could trust him to bring her joy and peace. In this, she could trust him.

He began to move over her body with delicate, sweeping caresses, whispering softly his delight in the sensuous glories he unfolded. He drew from her the murmured responses he required, obliging her to reveal for him the places and caresses that gave her greatest pleasure. She was adrift in enchantment, no longer alone with her hurt and her confusion, and she embraced the glorious obliteration of her body, her soul, her mind, with a cry of joy.

She was still lost on the shores of delight when Gareth lifted her and laid her on the bed. He stripped off his britches with rough haste and came down on the bed. He knelt between her widespread thighs, drawing her legs onto his shoulders, slipping his hands beneath her bottom to lift her to meet the slow, sure thrust of his entry. She was penetrated to her very core, filled with a sweet anguish that she could barely contain yet couldn't bear to lose.

This time they shared the wild, escalating spiral of glory, the tornado that caught them and swept them into the void, and when it was over Miranda lay awash in languor, limbs sprawled around his body just as they had fallen, aware of nothing but the ephemeral bliss of that joining. Gareth's head was on her shoulder, his body heavy on hers, pressing her into the feather mattress.

Sun fell in a dust-laden arc across Gareth's back and he came to his senses with a groan. "Christ and his saints!" he muttered, rolling away from her. His hand rested on her damp belly as he looked down at her, shaking his head with a rueful little smile. "You're keeping me from my guests, wicked one." He sat up, swinging his legs over the edge of the bed, one hand massaging the back of his neck. "How are we going to get you out of here without being seen?" He stood up and began to dress swiftly.

Miranda sat up. The magic was over, shattered by his words. And with it went her peace. After that wondrous loving, all Gareth could think about was how to ensure that she wasn't seen leaving his chamber. He had healed her . . . she had *believed* he could heal her hurt . . . but he hadn't. Nothing had really changed. Nothing mattered to him but his ambition. And why had she ever thought it could be otherwise?

She remembered so clearly the moment on the barge when he'd confessed to the driving power of his ambition. His mouth had taken the cynical, bitter curve that she always shrank from. She was a fool not to have taken heed then. He had made no promises, he had freely admitted that he wanted to use her. And she had surrendered her soul in exchange for a few moments of physical pleasure.

She had only herself to blame for the hurt. "Don't worry, no one will see me leave." She picked up her orange dress, hauling it over her head, and went to the window.

"Hey! Where are you going?" He stepped quickly toward her, reaching for her.

"Out . . . this a-way." She gestured to the window.

"Don't be ridiculous, sweeting." He laughed at her, gently tipped her chin to kiss her, but his eyes were distracted. "Leave by the door. I'll check that the coast is clear."

"This is safer," she said stubbornly.

Gareth stared in half-laughing disbelief as Miranda flung her leg over the sill. Chip, with an eager jabber, leaped onto the sill beside her.

"Miranda, get back in here!" But she had gone, swinging herself over the sill. Gareth lunged for the window, knowing he was too late. Chip was already clambering sideways along the wall in the ivy, heading for Miranda's bedchamber window. Miranda, clinging to the wall like a fly, edged her way along until she could hook her fingers over her own windowsill. The bright orange splash against the lush green ivy disappeared.

Gareth drew his head back into the chamber. He finished dressing, reflecting that he would never have expected such an extreme reaction from Miranda to the troupe's departure. She was such a rational, pragmatic soul. So ready to flow with the tide, to laugh at inconveniences; so quick to search out the benefit to be found in apparent setbacks. He had expected her to be a little hurt when she found her friends had gone, just as she'd been in Dover. But he'd assumed she would decide that they had good and sufficient reason. Of course, he hadn't expected her to discover that he'd had a hand in it. Stupid of him not to expect the cobbler to let something slip.

It was to be hoped he'd settled the business now. Reassured her, regained her trust. He couldn't bear her distress. And even more, he couldn't bear her accusations of betrayal.

But he didn't have time now to pursue this train of thought. He was playing host to Henry of France. He looped the sheath of his dagger over his belt, settled it on his hip, and went downstairs, composing his expression to one of genial hospitality.

Imogen was in the dining room with their guests, looking much restored, and playing the attentive hostess to perfection.

"I give you good day, Lord Harcourt." Henry waved a mutton chop in greeting. "Did you promise me a stag hunt in Richmond forest today?"

"Most certainly, if you wish it, my lord duke." Gareth bowed before helping himself to the covered dishes on the sideboard. He was ravenous. Lovemaking did much to stimulate the appetite. He brought his filled platter to the table. "When do you wish to ride out, sir?"

"Oh, at your command, Harcourt," Henry said affably, gnawing contentedly on his chop. "Does your ward hunt?"

"Maude is not a comfortable horsewoman." Gareth filled his tankard from the ale pitcher.

"And she does not partake of breakfast, either?"

"She should be here," Imogen said. "Perhaps she

overslept. If you'll excuse me, my lord, I'll go and summon her."

Miranda was dressing in her borrowed plumage because she couldn't think what else to do. Her mind whirled in confusion. She thought she had accepted the earl's assurances that she could trust him, that all would be well. But now she knew she hadn't . . . *or did she mean, couldn't?* She needed to know where her family had gone. She needed to know that she could find them again. Gareth hadn't seemed to understand that. Maybe it was expecting too much to think he would understand it. After all, they came from such very different spheres, and family feeling wasn't too obvious around the Harcourt mansion.

It should be easy enough to track down the troupe while their trail was still fresh. They would be making for one of the Channel ports: if not Dover, then Folkestone. Once she discovered their destination, then she would send a messenger, asking them to wait for her. She would be bringing fifty rose nobles with her so any expenses incurred in a prolonged wait could be settled when she arrived.

When Imogen entered the green bedchamber, as usual without knocking, Miranda looked at her as if she didn't recognize her for a minute, she was so absorbed in her planning.

"You must come down to breakfast," Imogen announced. "The duke is asking for you."

"Very well." Miranda adjusted the kerchief in the neck of her gown and tucked her hair into the jeweled cap. She was a performer and the show must go on regardless of personal dilemmas. "Let us go, madam."

She descended the stairs, crossed the hall, and entered the dining room. Her smile was gracious, her voice soft as she greeted the gentlemen. She had no appetite and toyed with a piece of bread and butter, trying to make it look as if she were eating it.

"No appetite, Lady Maude?" Henry boomed. His dark eyes were shrewdly assessing as he helped himself liberally to a dish of stewed eels. "Your guardian keeps a splendid table."

Miranda smiled faintly. The duke's mouth was glistening with mutton fat. Oddly enough, it wasn't repellent. It seemed in keeping with the powerful physicality of his presence. His doublet was tight over his shoulders, seemed to strain across his chest, as if his clothes couldn't contain him. He was not a man with the nice habits of a courtier; he was, as he'd said, a rough-hewn soldier, happier on a battlefield than making pleasant conversation in an elegant dining hall.

"I have little appetite in the morning, my lord duke," she said.

"We're riding out to Richmond to hunt stag. Will you not accompany us?"

Miranda shook her head. "I do not care to hunt, sir."

Henry frowned and his gentlemen read the flash of displeasure in his eyes. The king couldn't endure to pass a day idly in and around the house, but he had come to woo the Lady Maude, and riding to hounds in Richmond forest without her wouldn't advance that cause.

"We shall return well before dinner, sir," Gareth said.

"But we're bidden to the queen's table," Henry muttered, stabbing at a heel of bread with his knife, bringing it to his mouth.

"I had it in mind to request the Queen's Majesty to accept an invitation to my house instead," Gareth said.

"And Her Majesty will accept?" Henry looked rather less put out.

"I believe so," Gareth said with one of his sardonic smiles. The queen was never loath to accept invitations that would save her the expense of entertaining her own guests. "I will send my herald with the invitation straightaway." He rose, bowed, and strode from the hall.

Henry looked rather more cheerful. He considered the Lady Maude. She could be taught the arts of a horsewoman, she didn't strike him as a fainthearted maiden. She looked up as if aware of his gaze and her eyes stunned him with their beauty. Her long hands rested on the table, the serpentine bracelet glistening around her wrist. With a faint smile, she turned her head to answer a question from Lord Magret, and the pure white column of her swan's neck stirred Henry with the urge to kiss her nape, to plant his lips against the pulse at her throat.

Lord Harcourt's ward was everything her portrait promised. And an impeccable alliance for the king of France. He remembered hearing her laughter through the door the previous night. A lusty, joyful sound. And one filled with promise for a hungry man.

He took up his tankard of honeyed mead, a smile now flitting across his glistening lips. "I have a better idea, my lady, than hunting at Richmond. We shall go on the river, you and I. The sun's shining, the river is sparkling. And we shall have time to get to know each other a little better. What say you, Harcourt?" He waved expansively at the earl, who had just returned to the chamber. "A river excursion with your ward. Do we have your permission?"

"Willingly, my lord duke," Gareth replied.

Chapter Twenty

"TAKE YOUR PLACE?" Maude was stunned. "Why? What's the matter with you?"

"I have something else to do." Miranda paced Maude's bedchamber. "I went into the city this morning to see my family and the cobbler said they had had to leave in a hurry. I'm afraid they're in some kind of trouble and I have to find out where they've gone." She turned back to Maude. "You understand that, don't you?"

"Well, yes," Maude agreed. "But I can't take your place with the duke."

"It's just a river trip. If I say I'm ill, everyone will ask questions and . . ." Her voice trailed off as she looked at Maude. "You could do it, Maude."

The intensity in her voice startled Maude into considering the question. "Take your place, pretend to be . . . Pretend to be me!" She fell back on the bed with a whoop of laughter. "You want me to pretend to be *me*."

Miranda managed a responding smile. "Put like that it sounds ridiculous, but there's no reason why it shouldn't work." She came over and sat on the bed. "You mustn't speak French, though, not unless you speak it flawlessly, as if it's your native tongue. Do you?"

Maude shook her head. "I speak it well enough, but anyone would know I'm not French."

"Then you mustn't speak anything but English." Miranda frowned. "We'll have to make sure your hair is piled on top of your head so there's not the slightest chance of its falling down."

Maude looked doubtful. She didn't think she'd agreed to anything and yet Miranda was talking as if it was all settled. "What will he talk about?" She was sobering rapidly.

"Oh, this and that. Nothing that you won't be able to manage. Just be yourself and don't say much. I was very quiet at breakfast, so he won't expect you to be dancing a jig or anything."

"But I've never been alone with a man." Maude realized that somewhere along the line she had implicitly agreed to this mad substitution.

"You won't be alone. There'll be the watermen and a maidservant as chaperon." Miranda took Maude's hands. "You *know* you could do it, Maude. And you can satisfy your curiosity about the duke at the same time."

Maude chewed her lip. The idea terrified her, but it also excited her. She looked around her chamber and suddenly it seemed confining instead of comfortingly familiar, boring instead of reassuring. She wouldn't be exposing herself to any risks. She wouldn't be compromising her position in any way. She was just doing Miranda a favor . . . and satisfying her curiosity. One might as well take a look at what one was rejecting.

"I don't know how good I'll be at deception," she murmured.

"But it's not a deception," Miranda pointed out. "*I'm* the deception, you're the real one."

Maude stared down at her feet swinging clear of the floor as she still sat on the bed, then suddenly she looked up with an air of resolution. "All right, I'll do it. I've never done anything truly daring in my life, and if it will help you, then I'll do it." She jumped off the bed and went to the linen press. "What should I wear? What would be suitable for a morning upon the river? What do you think of cherry stripes?"

"Perfect," Miranda said, trying to enter into Maude's enthusiasm. But she felt as if a great leaden weight was in her chest, a weight of unhappiness, a whole ocean of unshed tears, and keeping that from Maude was one of the hardest acts she'd ever had to perform.

Maude, arrayed in the cherry-striped silk gown, her hair concealed beneath a jeweled coif, examined her wavery image in the beaten-steel looking glass. "Come here and stand beside me. Let's see just how alike we are . . . Oh, it's uncanny." She put her hand to her mouth, staring at her twinned images. "No one could ever tell us apart if we were wearing identical gowns."

Miranda felt a strange shiver run up her spine as she stood beside Maude and stared with her into the mirror. It surely wasn't natural. "You're to meet the duke belowstairs at ten o'clock," she said, moving away from the disturbing image. She unclasped the serpentine bracelet from her wrist and held it up to the light. "The duke will expect to see his gift on your wrist."

She fastened the bracelet around Maude's slender wrist. Maude held up her wrist to examine the bracelet more closely. "I don't like it," she said with a puzzled frown. "I don't like wearing it."

"Perhaps because it belonged to your mother," Miranda said. "But I own I don't like wearing it, either. It's very beautiful . . . or perhaps that's not quite the word for it. But it's unique, I'm sure." She reached to touch the emerald swan. "The charm *is* beautiful, though. But it doesn't seem to make the bracelet any the less sinister, does it?"

"No," Maude agreed. "It feels strangely familiar, but how could it be?"

Miranda frowned. "I thought that, too. How very odd." Then she shook her head, dismissing what she had considered from her own point of view to be a fanciful if powerful reaction to the piece of jewelry.

"The duke's courtship seems to be going very well, my lord. He tells me he's to take Maude on the river this morning."

Gareth looked up irritably at his betrothed's sugary tones. She had penetrated his own private sanctum, something that even Imogen did sparingly. "This is an unexpected pleasure, madam."

Mary had been about to step farther into Gareth's privy chamber, but changed her mind and remained in the doorway. "Have I disturbed you, sir?" She gave a tinkly little laugh. "Forgive me. I was so anxious to have private speech with you. We've hardly had a moment to ourselves since you returned from France."

Gareth forced himself to smile. He rose from behind the table to bow.

"Goodness, what a muddle," Mary said, indicating the paper-strewn surface of the table. "You need a wife, my dear lord, to keep you tidy. When we are married, I shall ensure that all your documents are filed away where you can easily lay hands upon them. I should think this must drive you to distraction."

"On the contrary," Gareth said. "If you tidy them away, I assure you that that will drive me to distraction."

Mary laughed again, but a little uncertainly this time. "I was saying that the duke's courtship is going well. You must be feeling very pleased." Now she stepped into the room, lowering her voice confidingly. "I do trust that Maude will not do or say something indiscreet when she's alone with His Grace."

"Why would you think she might jeopardize her chances for such a splendid match?" Gareth inquired, taking up his pipe from the mantel.

Mary closed her eyes against the smoke and wafted it away with her fan. "Such a terrible habit, my lord."

"I smoke only in the privacy of my own sanctum," he said pointedly.

"I am disturbing your privacy," Mary tittered uncomfortably. "But I feel there is so much we have to talk about. The wedding arrangements, for instance. You haven't said when you wish the ceremony to be performed. I had hoped before May Day, maybe even in the new year. If we were married before Maude, then I could assist Imogen with the arrangements . . . help to prepare your cousin."

Gareth rather doubted that Imogen would welcome Mary's collegial assistance. He allowed Mary's chatter to wash over him, but he heard little or none of it. His thoughts for some reason were circling endlessly around Henry's river excursion with Miranda. But they weren't circling to good effect. For some reason, he couldn't settle on what was troubling him about the expedition. But something was.

"So, I shall ask Her Majesty for leave to celebrate our nuptials on Twelfth Night, then?"

Gareth came back to the room with a start. "What? I beg your pardon?"

"Twelfth Night?" Mary repeated. "We have agreed to celebrate the wedding next Twelfth Night."

Four months away. A mere four months away.

Mary took an involuntary step back at the look in

Gareth's eye. He seemed to be staring at her, and yet she was sure he couldn't be seeing her. He had the air of one who'd come face to face with the devil.

"Let us wait until I've drawn up the betrothal contracts between the duke of Roissy and my ward," Gareth said, his voice distant and discordant. "Once Her Majesty has given her leave, the arrangements will be set in stone. I must take care of Maude's future first."

"But surely our marriage needn't wait upon Maude's?" Mary's tone was suddenly acidic. "The girl cannot expect her life to take precedence over her guardian's."

"My ward is my responsibility." Gareth set down his pipe. "You would not have me renege on such a responsibility, madam. It would not bode well in a future husband."

Mary was stymied. She managed a stiff smile and an even stiffer curtsy. "I'll leave you to your privacy, my lord. Perhaps we can discuss this again when Maude's betrothal contracts are signed."

She left Lord Harcourt and went in search of Imogen, hoping that the earl's sister would say something, offer some reassurance to combat Mary's growing unease, this creeping sense of foreboding. The ground was suddenly very slippery beneath her feet and she didn't know why. But she looked with ill-concealed venom at Lady Maude, who was crossing the hall on the arm of the duke of Roissy, on the way to the waiting barge at the water steps.

Maude had been feeling very sick as she'd descended the great staircase when the clock chimed ten. She knew that even to her own eyes, her resemblance to Miranda was complete, and yet her knees were still knocking, her palms still damp. Only the length of he hair would betray the deception, but her coif was fas tened securely enough to withstand a midwinter gal on the river. Nothing could go wrong. There was noth ing that *could* go wrong.

Instinctively, she touched the bracelet at her wrist a if, despite its sinister qualities, it could give her courag to face the small knot of people in the hall. Her cousi and her husband, two of the French lords, and th duke, whom Maude immediately recognized from he brief peep the previous night. But she hadn't bee aware then of the sheer physical power of his presence He seemed to be too big for the hall. He towered ove the others, and yet she could see that he was not tha much taller than his French lords. It just seemed as i he were. He appeared to be paying scant attention to the conversation but slapped his gloves into the palm of one hand with an air of impatience that made Maude's heart jump painfully.

He glanced toward the stairs and smiled. "Ah, there you are, *ma chère.* I grow impatient for the sight of you." He came with quick step to the bottom of the stairs and extended his hand to her.

Maude's heart lurched again in panic. But she laid her little hand in the duke's large, square one and smiled shyly. "My lord duke, forgive me if I've kept you waiting."

"No, not at all. I sadly lack patience, I'm afraid." He smiled rather ruefully. "I trust you'll not take it to heart if I seem unreasonably fretful at delay . . . but how well you're looking now. I thought you a little peaked at breakfast, but you have recovered your looks."

Maude couldn't help a smile of pleasure at the compliment. It was couched in such terms as to deny any hint of flattery; indeed, she rather thought this rough-hewn man would be incapable of flattery.

"The prospect of a morning on the river in Your Grace's company would bring out the best in any young woman," Imogen said with an obsequious smile.

The duke raised an eyebrow in such comical fashion that Maude was hard-pressed to keep a straight face. It was no wonder Miranda liked the man. She laid her hand on the duke's arm and they proceeded through the garden to the river. It was only as they passed through the wicket gate that Maude realized they were unaccompanied. Her foot faltered and she looked behind her.

"Is something amiss?" the duke inquired, pausing as he was about to hand her onto the barge.

"I . . . I was wondering where our companions are, sir. My . . . my chaperon?"

"Ah. I thought we could dispense with chaperons and companions on this occasion. My time is too short to spend overlong on formalities. I have your guardian's permission to be alone with you . . . although we are hardly alone." He gestured with a laugh to the bargemen, who stood at their oars.

Maude's heart was beating very fast. Miranda had assured her she would not be alone with the duke, and for all his jocular references to the boatmen, it was as clear as day that they would not be looking at their passengers. She hung back and the duke, with a laugh, caught her around the waist and lifted her bodily onto the barge.

"My lord duke!" she protested with a squeak. He'd said he was an impatient man. He clearly knew himself very well.

"Such a delicious little packet you are," he murmured

with another of his rumbling laughs. "And I have to tell you that, while I'm sure you are virtuous as the Virgin Mary, you are not as demure and shy as you make out."

Maude gripped the rail, unable to find her voice. The duke laid a hand over hers but when she jerked it free with a little gasp, he smiled and rested his hand on the rail beside hers as the boatmen pulled the barge into the middle of the river.

Maude had very rarely been on the river. Her life as a reclusive invalid had granted few opportunities for such outdoor activities and for a moment she was able to forget the duke and enjoy the sights as they glided past the mansions lining the riverbanks, and the city of London passed slowly before her eyes. The cupola of Saint Paul's, the palace of Westminster, the great gray hulk of the Tower, the dreaded Tower steps, thick with green river slime, leading up to Traitors' Gate. Maude knew that very few people who entered the Tower through that grim portcullis ever emerged.

The sun shone on the river although there was an almost autumnal chill to the breeze and she was glad of her cloak. The sounds of the river entranced her—the shouts and curses, the ribald exchanges from craft to craft, the flap of sails, the smack of oars hitting the water, the watery sucking as they emerged dripping. And the variety of craft. Barges flying the pennants of the rich and noble, or the queen's standard as they went about Her Majesty's business between the palaces of Westminster, Greenwich, and Hampton Court. Flat-bottomed fishing boats, the wherries ferrying people across the river and from steps to steps along the city, the rowboats laden to the gunnels with fish and meat going to the great markets.

Henry leaned beside her on the rail, his eyes resting on her profile. The wind was whipping pink into her cheeks and there was something about her rapt expression that he found peculiarly endearing. "You're very quiet, Lady Maude," he said after a while. "Something more than usual is interesting you?"

"It's all so busy and so alive," Maude confided. "I hadn't realized how many people there are in the world and how much there is to do."

Such a curiously naïve observation puzzled him. "But you have been on the river countless times. It's always thus in the daytime."

"Yes . . . yes, I realize. But each time I see it as if for the first time," Maude improvised, cursing her unruly tongue. She must be more careful.

That made Henry smile. She was quite enchanting. "How delightful you are, *ma chère*." He laid his hand over hers, and this time, when she tried to withdraw it, he tightened his hold. "Let us sit in the bow and talk. We have much to talk about, I think."

There seemed nothing for it but to accede. When they were seated, the duke kept hold of Maude's hand and she began to think that it was rather pleasant to sit in this fashion with a companion whom she had to admit was as pleasant and congenial as anyone she had ever met. She let her head fall back against the cushions behind her and closed her eyes against the warmth of the sun, listening to the soft plash of the water against the bow, the rise and fall of the oars, the distant calls of the river traffic. Her hand continued to lie passively in the duke's.

Henry smiled to himself, surprised to find that he was perfectly happy to leave things as they were. His impatience to press ahead with his wooing had abated.

There was a sweetness to this maid that he found refreshing and moving. Marguerite was lusty, powerful, manipulative, magnificent. His many mistresses had satisfied his physical needs, sometimes they'd provided mental companionship also, but his emotions had always been untouched. And he couldn't remember ever feeling protective before.

He looked down at her and wondered if she was sleeping. Gently, he moved her head onto his shoulder. Nothing happened. The breeze fluttered the wispy strands of dark hair escaping from her coif and her eyelashes were thick crescents against the creamy pallor of her cheeks. He drew her cloak closer around her throat. Still she slept on. It was a very charming passivity, he thought, tracing the line of her jaw with his thumb. Her eyes shot open, blue as a cloudless sky, and she jerked upright, snatching her hand from his grasp.

"What were you doing?" Her voice again came out as a squeak.

"Nothing," he replied with a smile. "I was enjoying watching you sleep."

Maude touched her coif, praying it was still straight. She blinked vigorously to banish the last treacherous strands of sleep. It was terrifying to think that she had been lying there, unconscious, her head resting in that shameless fashion against his shoulder, and all the time he'd been observing her as she lay defenseless.

"Forgive me, sir. I didn't mean to be discourteous. It was just that the sun was so warm," she stammered. *Had she revealed anything in her sleep? Had he noticed anything different about her while he was observing her so closely and without hindrance?*

"It was very charming and not in the least discourteous," he responded. "But now you're awake, I wanted to talk some more about the discussion we were having last night."

Last night? What had he and Miranda been talking of last night? Miranda hadn't told her, and the duke was waiting for Maude to say something and her mind was a blank.

"Yes, my lord?" she said, tilting her head invitingly. "Please continue."

"I wish to be certain that you have no reservations about this union," he said. "You understand what it means to marry into the court of Henry of France?"

"I understand that only a Protestant could marry into that court, sir."

He nodded. "That is certainly the case." Then he laughed and it was a bitter sound. "But there are always circumstances when a man's religious convictions must be massaged to suit a certain end." He was thinking of the dreadful night when, at Marguerite's pleading, he had forsaken his Protestant heritage and converted to Catholicism. Her brother's sword had been at his throat. The conversion had saved his life, and ultimately had brought him the crown of France. And it had been simple enough to refute when circumstances permitted.

Maude swallowed then said vigorously, "I could not imagine the circumstances in which I would change my religious allegiances, my lord duke."

"Ah, you are fortunate in never having had to face such circumstances," he said after a minute.

Maude looked up at him. "Could you imagine converting to Catholicism, my lord duke?" There was a strange, deep throb in her voice.

Henry laughed again, but it was the same bitter sound. "Paris would be worth a mass," he said, with a cynical twist of his thin mouth.

"I don't understand, sir?"

Henry the king had spoken, not the duke of Roissy. Henry, who would do anything to secure the crown of France. He cleared his throat, said, "An idle joke. But I am very pleased to find that you hold so strongly to our Protestant beliefs."

Maude began to cough. It was a trick she had perfected over the years when she didn't care for the turn a conversation was taking, or she wished to cause a distraction. It was a dreadful hollow cough and she buried her face in her cloak, her shoulders quivering with the spasms.

"My poor child, you are ailing," her companion declared with concern. "I should never have exposed you to the river airs. There's no knowing what contagion they may carry. Bargemen, turn back and return to Harcourt at once."

Maude's coughing ceased almost as soon as the barge had been turned and was on its return journey. She raised her head from her cloak and delicately wiped her streaming eyes with her handkerchief. "It's nothing, sir." The hoarseness of her voice was not feigned after the violence of her coughing. "I suffer from the cough now and again, but I assure you it's not in the least serious."

"I am relieved to hear it. I trust it's an infrequent affliction."

Miranda, of course, wouldn't have exhibited the slightest tendency to coughing fits. Maude said, "Oh, yes, sir, very infrequent."

He nodded and once again took her hand. She didn't dare take it back but sat stiffly upright beside him, saying nothing except murmured monosyllables to his various attempts at conversation, and when they reached home, she parted from him with a curtsy and a blushing farewell.

"Until dinner, *ma chère.*"

"Yes, indeed, sir." Maude fled up the stairs to the safety of her own bedchamber.

Chapter Twenty-one

MIRANDA WALKED over London Bridge. The shops lining both sides of the bridge were crowded with customers, women haggling over material, ribbons, thread; merchants in fur-trimmed robes examining gold and silver; men arguing over the price of chickens, ducks, geese, squawking in their overcrowded cages; a man and a boy leading a ragged dancing bear by a rope through the ring in its nose.

The houses were rickety, leaning at all angles as the wooden bridge rode its pylons, the top stories beckoning to each other across the street. Chip rode on her shoulder, crouching close against her neck. There was a volatility to this crowd that disturbed him. The voices were too loud, too argumentative, and when a scuffle broke out in the doorway as they passed, he leaped into Miranda's arms and clung to her neck.

She stroked him to quiet him as she hurried on her way. If the troupe were heading for one of the Channel ports, they would have crossed the bridge to the south bank of the Thames. She would find news of them in one of the taverns. They would have stopped for the midday meal and they would have chatted with the innkeeper and his customers over their ale. Once she knew what port they were making for, she could send a message. The carriers who carried letters as a side business lined up at the gates of London advertising their destinations. They'd have no trouble finding the troupe for the right coin. And coin she would have to beg or borrow from Maude.

This determination kept at bay the great waves of unhappiness, but the dikes were fragile and she knew that it would take very little for them to collapse. She tried to strengthen them with common sense. But then everything would become muddled under the invincible memories of that morning. She had lost all her mistrust in the joy he had given her. But it had returned in full force the minute he had spoken words outside the charmed circle of that loving.

Bitterly, she blamed herself for being so gullible, for thinking that a nobleman could ever really care a farthing for a vagabond, a strolling player. He had simply bought her services. It was as simple as that, and only a fool would think that there had been anything else.

And like a fool, she had forgotten that. She'd allowed herself to see something else. *She'd allowed herself to love him.*

Miranda laughed aloud as she threaded her way through the narrow streets of Southwark. She laughed at the absurdity of someone like herself falling in love with a nobleman at the court of Queen Elizabeth.

She drew amused glances from the men hanging on street corners, waiting for the brothels to open up for the day's business. But apart from calling insults after her no one bothered her. A girl in a ragged orange dress, laughing aloud to herself, must be crazed. And, indeed, she had to be as mad as any bedlamite.

Stupid . . . stupid . . . stupid. But no more.

She found news of the troupe at a tavern on Pilgrimage Street. They'd stopped for dinner here but to Miranda's surprise hadn't paid for their dinner by performing for the tavern's customers as they so often did.

Instead, they'd paid in silver. The tavernkeeper remembered the little dog, and the crippled lad, and the large woman with the gold plumes in her hat. But she hadn't noticed whether they seemed cheerful or downhearted. Only that they'd talked of going to Folkestone.

Miranda made her way back over London Bridge. Where had the silver come from? The only explanation was so terrible she had to force herself to think about it. They couldn't have sold her for Judas's thirty pieces of silver? It wasn't possible. Unless the earl had told them some lie . . . that Miranda herself wanted them to go, to leave her. Had he told them that Miranda herself no longer wanted to be associated with them? That she was moving up in the world and believed herself too good for her old associates?

Could he have done something as dastardly as that? But perhaps he'd threatened them. Threatened to have them arrested for vagrancy. He could do that easily enough. An earl's power was enormous when compared to the puny hand-to-mouth struggles of a troupe of strolling players. He could have threatened them, then bribed them with silver. Not even Mama Gertrude would have been able to resist that particular carrot and stick. They were powerless.

Miranda flew on wings of rage through the streets back to the Harcourt mansion. And she arrived just as Her Majesty, Queen Elizabeth, and her retinue landed by royal barge at the water steps.

Miranda had forgotten that the queen was to dine at Harcourt mansion. The guests were already gathered in the hall to make their obeisance to their sovereign and the musicians were already playing in the gallery of the dining hall, when she slipped into the house through a side door. She took a flight of back stairs and emerged into the upstairs corridor just as Maude, dressed in a gown of peacock-blue damask embroidered with golden daisies, came out of her bedchamber.

"Miranda! Where have you been? I haven't told anyone you weren't here. The queen has just arrived and I was going to take your place at dinner . . . I didn't know what else to do."

"You look wonderful." There was no way she could confront the earl at such a moment and Miranda pushed her own concerns aside, examining Maude with new eyes. Maude was looking radiant, vibrant, her eyes glowing. "You must take my place again," Miranda said, knowing that this was right. It wasn't intended, but it was right. "I can't possibly be ready in time."

Maude's own searching look took in her twin's unusual pallor, the shadows in her eyes. "What's going on, Miranda? Did you discover news of your family? Is it bad?"

Miranda shook her head. "I don't know. They've gone to Folkestone." She cocked her head, listening to the voices from below. "Quickly. You must be downstairs to greet the queen."

Maude hesitated. For the last hour, she'd been in a fever of impatience and uncertainty. She hadn't known whether she wanted Miranda to return in time to take her place downstairs, or whether she hoped she would come too late. But now the situation was resolved—it would take Miranda half an hour to get out of her gypsy dress and into a courtier's farthingale. There was no time for the transformation. And Maude realized to her shock that that was what she had really been hoping for.

"You're staying here, though, aren't you? You're not going anywhere?"

"Not tonight . . . Now, *go*, Maude."

Maude gathered up her skirts and hurried away without another word. As long as Miranda wasn't going to disappear again suddenly, Maude could enjoy this wonderful thrill of excitement and apprehension. For whatever reason, she was looking forward to the company of the duke of Roissy. It was only a game, of course. A purely temporary game.

She reached the hall not a moment too soon. The queen, on Lord Harcourt's arm, was entering from the garden doors. Maude dropped into a low curtsy, her heart hammering.

"Ah, Lady Maude." The queen stopped with a benign smile, and extended her hand. Maude kissed the long white fingers and swam upward, for the first time in her life meeting the gaze of her sovereign. She was too dazed for a minute to see more than a diffused sea of faces surrounding the queen, but the duke of Roissy stepped forward from his place on the queen's other side and offered his arm.

"My lady, may I escort you?"

Maude curtsied again but her tongue seemed thick and tied in knots. She laid her hand on the duke's velvet sleeve, and they fell in behind the queen and the earl, progressing to the dining hall between the lines of reverential guests.

Gareth hid his shock, but his mind was in turmoil, as he stood at the queen's chair, waiting for Her Majesty to be seated. Everyone stood until Elizabeth had settled into the carved armchair with its high back and her attendants had arranged her skirts. Then, with a rustle of silks and velvets, the guests took their places on the long benches and servitors bearing laden platters began to move around the tables. The lady of the bedchamber, whose responsibility it was to taste Her Majesty's food, sampled each platter before choice morsels were placed before the queen.

Gareth gestured to the butler to pass the wine flagons and the beautiful goblets of Murano crystal were filled with the rich tawny wine of Burgundy. Gareth struggled to keep his expression untroubled, his demeanor merely attentive to his guests' needs, nodding and smiling as the wine was approved. But beneath the calm exterior, a tempest raged.

Where was Miranda? He hadn't been fooled by the substitution for so much as a second, but he could see no sign that anyone else, including Henry, had noticed anything different in the Lady Maude. And, indeed, physically there was no difference. But there were little differences in mannerism that were obvious to Gareth.

Miranda illustrated her conversation with her hands, they were always moving. Maude's performed only the tasks necessary. Miranda's eyes flashed and glittered when she was animated. Maude's glowed instead, and her features were altogether quieter. And yet it was clear that Gareth's ward was animated. She was holding Henry's attention without difficulty, and indeed the king seemed delighted with his dinner companion.

But where was Miranda?

"My lord Harcourt . . . ?"

He realized that Elizabeth was talking to him but he hadn't the faintest idea what she'd said. "You seem a trifle abstracted, my lord." The queen was displeased. She didn't expect her courtiers to lose interest in her company.

"Not at all, Your Majesty," he said swiftly. "I was thinking that perhaps Your Majesty would like to hear a new composition by a young composer I discovered on my recent journey to France. I think you would be pleased with his work."

Concerns for her entertainment were permissible abstractions. The queen smiled and graciously gave her assent. Gareth summoned his chamberlain, gave him instructions for the musicians, and forced himself to concentrate only on the matter at hand.

It was as much as he could do to keep his seat throughout the interminable meal. He was aware that Lady Mary, seated with others of the queen's attendants halfway down the board, was casting him injured glances where reproach mingled with anxiety. He knew that their discussion that morning had not satisfied her and he was fairly certain it wouldn't be long before she insisted upon renewing it.

But at last the queen signaled that she had sat at table long enough. "We shall dance, my lord Harcourt." She tapped his sleeve with her fan.

Gareth bowed at the royal command and escorted the queen to the great room at the rear of the house where the floor was cleared for dancing, musicians were already playing in the gallery above, and double doors stood open to the garden to catch the cool night breezes.

He led the queen to the floor. Only the length of a courtly dance kept him now from confronting his ward and finding out what in God's name was going on.

Maude was in a dream. She offered no dissent when Henry led her onto the floor after the queen and Lord Harcourt. She had had dancing lessons, but she had never danced in company, and yet it came to her as easily as if she were performing the steps in her sleep. She was light on her feet, her step never faltered, and while she was aware that her partner was no deft figure on the dance floor it didn't detract from her pleasure in the least.

The galliard came to an end at last and the queen, whose energy on the dance floor far exceeded that of her much younger courtiers, demanded that Gareth bring her the duke of Roissy to partner her in the next dance.

It was the excuse he'd been waiting for. Gareth moved away with alacrity to where Maude and Henry stood to one side of the dance floor. Maude was smiling up at Henry, and as Gareth approached, Henry raised her hand to his lips. Gareth watched in astonishment as his ward blushed prettily and fluttered her fan with what seemed a perfectly natural coquetry.

"Gareth . . . Gareth . . . I trust you're not grown too great to acknowledge old friends. Entertaining the queen, no less. And with Roissy as your houseguest."

Gareth turned reluctantly to face Kip Rossiter, who hailed him with a wave, coming quickly across the room toward him, a rather wicked smile on his face.

"I invited you to keep company with our sovereign, didn't I?" Gareth riposted, controlling his impatience. "Risked the reputation of my house by doing so. But never let it be said that I abjure old friends, however great the honors that befall me."

Kip grinned easily, but his eyes were sharp as dagger points. He turned to survey the dancers. "You're up to something deep, Gareth." He had lowered his voice to a bare whisper, his mouth close to Gareth's ear. "A veritable conjurer you are, dear fellow."

Gareth raised an eyebrow, said lightly, "You talk in riddles, dear boy."

"No, man, you produce the riddles." Kip took his arm. "Tell me to mind my own business and I suppose

I'll have to. But I tell you that that Lady Maude"—he gestured to the dancers—"isn't the Lady Maude who's been causing such a sensation at court these last days. So . . . what do you say?" He looked very pleased with himself.

Gareth's expression turned to stone, but he made no attempt to deny Kip's charge. His old friend was far too sharp. "I say, Kip, that it is none of your business and I'd be grateful if you'd keep a still tongue in your head."

Kip chuckled. "Aye, that I will. But I knew I was right. And maybe one day you'll tell me the whole. Eh?"

"Maybe." But Gareth didn't return his friend's conspiratorial smile. His expression was still stony, his eyes hard and flat. He knew from Imogen that Kip had had his suspicions, and he knew that he'd shared them with Brian. Kip could be trusted, but his brother certainly couldn't keep a still tongue in his head. With a numbing sense of inevitability, Gareth saw the whole fragile house of cards falling about his ears.

With a word of farewell, he continued on his way to Maude and Henry.

Henry greeted him with a smile. "Ah, Harcourt. I am anxious to conclude our business. In the morning, we will draw up the betrothal contracts." He clapped Gareth's shoulder heartily. "Your ward assures me she is willing for the union. Is it not so, Lady Maude?"

"Indeed, my lord duke," Maude murmured, dropping her eyes before her guardian's cool appraisal. She had no idea what else to say. In fact, she was in such turmoil she wasn't at all sure what she was saying, or even if she was making any sense.

"I am delighted to hear it," Gareth said evenly. "But I am sent by Her Majesty to bid you partner her in the next dance, sir."

"Oh, Elizabeth will find me a poor partner," Henry said with a laugh. "I doubt she'll be as forgiving as my lady Maude. But I had better not keep Her Majesty waiting, loath though I am to part with you, *ma chère*, even for the length of one *contredanse*."

Maude blushed. She curtsied with a murmured disclaimer, and Henry strode off toward the queen of England, marching across the floor as if it were a parade ground.

"A little fresh air, cousin . . ." Gareth suggested, offering Maude his arm. "Where is Miranda?" His quiet tone masked the seething urgency behind the question as he led Maude toward the garden doors.

"You can tell?" Maude raised her eyes to his face.

"Of course," he said with a snap. "You couldn't possibly expect to deceive me . . . either of you. Now where is she?"

"Abovestairs. She had something to do that took her out of the house today so I played her part with the duke on the river, and then she returned too late to be ready to attend this evening. So . . ."

"So you've been taking her place all day." Through his puzzlement, Gareth felt a relief so intense that only then did he realize quite how desperately anxious he'd been in the last hours. "She's in her chamber?"

Maude nodded.

"Is she well?"

"I don't know," Maude said truthfully. "Her family have left London and I believe she's very distressed and worried about them. It was very sudden, you see."

"Yes," he said grimly. "I see." So he hadn't managed to reassure her. He stood looking out into the garden. The setting sun threw the sundial's long shadow across the lawn and a pair of torchboys were lighting the flambeaux alongside the path to the water steps.

Maude waited beside him. She didn't know what to do or what to say. Her guardian had always intimidated her, but she sensed something about him now that made her uneasy. If pressed she would have said he seemed vulnerable, uncertain, and yet she knew it was absurd to apply such words to the earl of Harcourt.

Back in the great room, Imogen, puzzled, said to her husband, "What are Gareth and the girl talking about? Why would he leave the queen's side?"

"I daresay because he's guessed the truth," Miles returned. "I'm certain he must have seen it the moment he laid eyes on Maude."

"Maude? What are you talking about?"

Miles looked surprised. It hadn't occurred to him that Imogen hadn't seen it. He'd sensed something different about Maude/Miranda that morning, but he hadn't been certain until dinner. Maude was so much more still than Miranda, so much more restrained in her movements. "You haven't seen it yourself, my dear?"

"Seen what?" Imogen demanded, a spot of color showing dangerously against her cheekbone.

"Imogen, does your brother seem a little distrait to you this evening?"Lady Mary's appearance effectively ended the conversation and Miles, with a bow, took himself off to the card room, not sorry to keep his secret to himself for the moment.

"I am truly concerned about Harcourt," Lady Mary continued, her anxious gaze following the earl, who had turned back to the room with Maude. "He was not himself this morning, and he seems so . . . so abstracted. Do you not think?"

"Perhaps," Imogen said, frowning, her mind still on Miles's puzzling remarks. "He has much on his mind at the moment."

"Yes, so he made clear this morning," Mary said tightly. "Apparently, his ward's concerns are so important that he has no time to consider his own wedding."

Imogen, for once, didn't offer reassurance.

"What is it about Maude that so absorbs him?" Mary asked almost fearfully.

"I don't know," Imogen said absently, her eyes following her brother and his ward as he led the girl back to Henry, who had backed off the dance floor leaving his royal partner to a new consort in the dance.

Mary waited for Gareth to come to her, to solicit her hand in the dance, but instead he strode toward the doors to the hall. She hurried across the room to cut him off. "My lord . . . Lord Harcourt."

Gareth stopped, turned to face her, and she quailed at his expression. His eyes seemed to be looking straight through her, and whatever they were looking at was not pleasant. His mouth was grim, his jaw tight. "Madam?" The single word was harsh and uninviting.

"You've barely greeted me this evening, Gareth. I had thought you might spare a little time for your betrothed." Mary laid a hand on his arm.

"Forgive me, Mary . . . I find myself somewhat preoccupied at present," he said, as if she didn't already know that. "There is something I must do immediately . . . forgive me." He swung back toward the door and strode away without a backward glance.

Mary hesitated for a second, then, with set lips and the light of determination in her eye, she followed him.

"Come, my lady, let us take a turn in the garden." Henry tucked Maude's hand beneath his arm. "I find myself overheated with all this dancing. It's far from my favorite exercise." He bore her back to the garden doors without waiting for her consent and it occurred to Maude that this suitor of hers was not accustomed to gaining anyone's consent to anything he chose to do.

Instead of annoying her, she found the idea strangely exciting. Being with the duke was like being adrift on a very strong current that would take you where it willed. The deference he was accorded by his companions had at first surprised her. They were not greatly outranked by the duke, but now it seemed perfectly natural.

In the fragrant garden, the duke led her unerringly to a secluded arbor beyond the fish pond, where a fountain played, the cascade of water catching the last rosy glow of the sunset.

"I came to London expecting to court an eligible maid, but instead I find myself in a fair way to losing my heart," Henry said, sounding both puzzled and amused. He slipped an arm around her waist, turning her toward him.

Maude felt a deep trembling in her belly as she looked into his eyes and saw the keenness of his desire and despite her inexperience read it for what it was.

When he took her face between his hands, she stood very still, feeling the warm press of his body against hers. Instinctively she moved against him and heard his sharp intake of breath, saw the smiling quirk of his mouth as he brought it down upon hers.

Her lips rested pliant beneath his as he kissed her full on the lips, then moved his mouth to the corners of her mouth with a delicate butterfly of a kiss. She didn't know what to do in response, she was too overwhelmed by the sensation. The scent of his skin, the soft prickle of his beard, the hard yet pliable pressure of his mouth.

When he raised his head and smiled down at her, she looked back at him in wondering silence, and then almost thoughtfully touched her mouth with her fingertips. Then, instinctively, she raised the same fingers and touched his mouth. Her eyes were grave and yet questioning.

"Oh, you are a delight," he said softly. "So much so that I could almost tell King Henry and Paris to go to the devil and stay here and woo you forever."

"You must attend to your duty, my lord."

He laughed. "Yes, my dear, I must. And a wife who reminds her husband of his duty is a wife to be prized."

He took her hands in a firm, warm clasp and kissed her again, but lightly this time. "This wife I will prize above all else, I promise you that."

Maude thought of life in a nunnery. Then with a heady surge of defiance that filled her with a delighted bubble of laughter, she thought, *To hell with the nunnery.* Her arms went around his neck, and her mouth against his was insistent with her own demand.

Chapter Twenty-two

MIRANDA ROSE SLOWLY to her feet as Lord Harcourt entered the green bedchamber. Her voice was thin as she said, "I'm glad you're here, milord, for I have something to ask you."

"Aye, and I believe you need to explain why you would disappear for the entire day. Did it not occur to you that the duke might have noticed the substitution?" he demanded, as the hours of anxiety yielded to anger. "Other people have noticed it. It's a damned miracle that the duke doesn't appear to have done so."

Miranda merely shrugged, and the dismissive gesture infuriated him further. He took a step toward her. She took a step back from him and regarded him with a coldness that couldn't disguise the dreadful hurt swimming beneath the surface of her eyes. The hurt that he thought he'd banished that morning.

Her composure alarmed him. There was something so determined, so fixed, in her regard, in her posture, despite the fact that she was clad in a chamber robe, her feet bare, her hair disheveled, as if she'd been running her fingers through it.

"If the duke hasn't noticed it, milord, then I believe you should be grateful for the substitution. You can have no need of me now. Maude grows ever closer to accepting her destiny."

"Miranda—"

"No!" she interrupted fiercely. "No, milord. Answer

me! Did you pay them to leave me? What did you say to make them go? Did you threaten them, first, then bribe them?"

Gareth was so taken aback for a minute he couldn't gather his thoughts for a response.

"Did you pay them, sir?" she repeated, her eyes flaring against her deathly pallor.

Gareth knew with grim resignation that he'd gone as far as he could with this deception. He still felt it was too early for Miranda to hear and accept the truth easily, but his hand was now forced. "Aye," he said quietly, "I paid them the fifty rose nobles I promised you. And for very good reason. Now, if you would just listen to me for a minute, you will understand."

"And they took it . . . they took your blood money," she said bitterly, turning away with a disgusted and defeated gesture.

Gareth grabbed her shoulders and swung her round to face him. "Will you listen to me, Miranda. Just hear me out and don't interrupt until I've finished. Afterward you may say what you wish, and ask whatever questions you wish. But I swear to you it's not as you think. No one has betrayed you."

Miranda heard the words, saw the conviction in his dark eyes, but nothing could stop the deep shudder of foreboding quivering in her belly, lifting the fine hairs on her nape. She looked at him in silence and he was reminded of a prisoner facing the headman. Resolutely he began with the story of Saint Bartholomew's eve . . .

He seemed to have been speaking for hours but when at long last he finished, the only sound in the chamber was Chip's low muttering from the window where he was swinging by one arm from the curtain rod.

When Gareth thought he could bear her silence no longer, Miranda spoke, her voice oddly dispassionate. "How can you be sure that I'm Maude's sister?"

"That little crescent mark on your hairline," he replied, keeping his tone as calm and matter-of-fact as it had been throughout the disclosure. "Maude has it. I have it. Your mother had it. It's a mark of the Harcourts."

Miranda raised her arm to feel beneath her hair. The mark was not raised in any way but she knew it was there, just as she knew that all denial of the earl's revelation was pointless. She and Maude were twins. She knew that truth in her blood, and she knew that Maude would accept it as inevitably as she did.

"Very few people knew of the missing twin," Gareth said. "On that dreadful night, there were so many murders that the loss of a ten-month-old baby became absorbed in the horror."

The grim silence fell again. Gareth grew seriously alarmed by Miranda's extreme pallor, and the strange flicker in her eyes. She wouldn't look at him directly, and when he reached out a hand to catch her chin, to turn her face toward him, she drew back as if he'd struck her.

"Do you understand what this means?" He wondered if she had really taken in what he'd said. He wouldn't be surprised if she hadn't fully absorbed all the implications of this disclosure that he knew to be premature.

"Yes," she said. "I understand that you used me and deceived me. But I already understood that when you sent my family away."

"They are not your family," he said bluntly. "And they left because they knew it was necessary. They made me promise to tell you that they hadn't abandoned you. They knew the truth and they knew that they no longer had a part in your life." Surely that was obvious to her, he thought. How could it not be?

"Who said they no longer have a part in my life?" Fury shot through her like a lightning bolt, setting her eyes on fire, bringing a flush to her pale cheeks. What was obvious to Lord Harcourt was not so self-evident to Miranda.

"*You!* You decided that. They are my family! They have cared for me and they belong to me as I belong to them. I'm not a Harcourt or a d'Albard . . . not in any meaningful way. I am what I've always been and you had no right, *no right at all*, ever to interfere. To ride roughshod over me, buying off my family as if they were . . . were of no more account than commodities you could dispose of at your will. You betrayed me, my trust, my—"

"Sweeting, hush, please." Gareth reached for her, gathering her against him, trying to silence the dreadful outpouring. "Sweeting, listen to me. You're not being reasonable. Once I realized who you are, I couldn't leave you on the streets. You must see that. I had a family obligation to return you to your birthright."

Miranda wrenched her head away from his chest. "No, milord, you saw a way to satisfy your own ambition," she stated flatly. "And you didn't . . . don't . . . care whom you used."

Gareth tried to bring her head back against him, stroking her hair as he said, "I won't deny that ambition was a powerful force. But my ambition is also yours. Think, Miranda. Think what I've been working toward. You would be Queen of France and Navarre."

"And if I don't want that?" she demanded, pulling out of his arms. "If such a prospect merely fills me with revulsion? What then, milord?"

"You were not meant to live on the streets, you know that yourself," he said, trying to sound rational. "I've just opened the door to a new life. I know it's overwhelming at first, but I swear to you that this is where your destiny lies."

Miranda shook her head. "No, it is not," she said bitterly. "There is no place for me here." She regarded him with a pitiless clarity. "Maude will marry for the sake of Harcourt ambition. Not me."

She turned away, nauseated by the deep and dreadful ache of betrayal. Nothing he had said lessened it, indeed, it made it even worse. Never once since he'd met her had he thought of her as anything but the means to his own ends. Not even when he was loving her . . . not even then. Even his revelations had no impact upon her. She was still what she had always been and that couldn't be changed by mere words.

"Miranda, my love—"

"Don't call me that," she snapped. "There have been enough lies between us, milord, let's not add another one. Not once have you cared a groat for me. What were you thinking when you made love to me, milord? That it would sweeten me, that it would—"

He couldn't bear it. He seized her shoulders, swung her into his body, stroking her back, running his fingers up through the glowing auburn hair, caressing the back of her head, desperate to silence the dreadful accusations. "Miranda! Stop! Making love to you had nothing to do with any of this. It was separate from—"

"This morning?" she demanded, twisting away om him with a strength she hadn't known she possessed. "Making love to me this morning had nothing o do with sweetening me, cozening me, bringing ne to heel?" She stared at him with the same pitiless larity. "Can't you bear the truth?" Then her shoulders lumped, the rigidity of anger left her. She said softly, naking it sound like an accusation, "I loved you."

"Miranda, dearest girl—"

"Go away!" she cried, stopping her ears with her ands in a gesture that was as futile as it was desperate.

Her distress was so overwhelming that Gareth couldn't ear to add to it by forcing his presence on her a monent longer. He'd expected difficulty, but nothing as ideous as this. He stood awkwardly, not knowing vhat to say, how to back away without making things even worse. "Later," he said. "We'll talk later."

He went to the door in too much distress of his own o notice that it was not properly closed. He pulled it hut quietly behind him and turned toward the haven of his own bedchamber. But that sanctuary must wait. The queen of England was still his guest.

As he strode away toward the stairs, Lady Mary Abernathy stepped out of a small closet opposite the green bedchamber. She stood still, staring at the closed door opposite, thinking bitterly of the old adage that eavesdroppers rarely heard things to their own advantage.

Making love to me this morning . . . So had spoken the girl who was not Maude. The girl who was Gareth's mistress. He kept his mistress under his own roof. *I loved you* . . . the girl had said.

Mary stroked her throat, trying to swallow the nut of nausea. Harcourt had foisted upon her, upon his sister, upon the queen herself, such a monumental deception, such a betrayal, that she couldn't begin t absorb it. Men had whores, even mistresses. But the kept them apart from their wives, their fiancées, thei family ties. There were no entanglements. Just a simpl business arrangement. But that was not the situatio here. She had never heard Gareth speak in such tones sound so distressed, so *involved,* so at sea. So absolutel enmeshed in a vulgar morass that no true, self-respect ing knight of Her Majesty's empire could ever so muc as contemplate.

She returned downstairs to the gathering as quietl and as unobserved as she had left it.

It was an hour later when Maude peered aroun Miranda's door into the shadowed chamber. The queen and her retinue had finally returned to Whitehall, with the escort of the earl of Harcourt and the duke of Roissy. "Are you in bed, Miranda?"

Miranda was so raw, so adrift in this fearful confusion of loss, where her own identity was somehow disintegrating, all the parameters of her existence destroyed, that she didn't know what to say to Maude. Whether she could share the evening's disclosures with her, or whether to leave her in blissful ignorance.

"No, I'm not in bed."

"Why are you sitting in the dark?" Maude came in, closing the door behind her. Miranda was sitting on the window seat, her feet curled up beneath her, Chip sprawled indolently on his back in her lap.

"I was watching the evening star."

Maude frowned. Miranda's voice didn't sound quite the same as usual. It was scratchy as if she had a cold. Maude came over to the window seat and leaned over o tickle Chip's stomach. Her neck was bare, her hair aught smoothly into a snood of gold thread, and Miranda saw the faint crescent mark against her sister's airline. Her hand went to the back of her own neck.

"So, tell me what happened downstairs?"

"Oh, yes." Maude squeezed onto the window seat beside Miranda, paused to collect her thoughts, then vith a deep breath poured forth her bubbling excitement and confusion.

"He kissed me," she finished. "It felt so strange and, vell . . . well, wonderful. Do you know if that's how it's upposed to feel?"

"I believe so," Miranda said dully.

"What's the matter?" Maude reached for her hands. 'You're so sad, Miranda. What is it?"

Miranda waved her hand in a brusque gesture of lismissal. "Are you prepared to agree to the betrothal now, then?"

Maude shook her head. "I don't know. Everything I believed about myself seems to have turned topsy-turvy."

Miranda almost laughed at the bitter irony. Like sister, like sister. They were both adrift now, because the earl of Harcourt had decided to play God.

"What is it, Miranda?" Maude asked insistently. "I hate it that you're sad. There must be something I can do to help."

Miranda slid off the window seat, still cradling Chip. "I'm going away," she said.

"So soon?" Maude looked aghast. "Is it because I've taken your place with the duke? Because you don't think you're needed anymore?"

"I'm not," Miranda said. "But that's not the only reason I'm going. I have to find my family before they take ship for France. There was a misunderstanding and they thought I wasn't coming back to them. So have to leave at daybreak."

"I don't want you to go," Maude said slowly, almos wonderingly.

"Then come with me." Miranda said it withou thinking but then the impossible idea became possibl and a surge of life renewed her. "One last adventure to-gether," she urged, her voice once more vibrant. "Com with me to Folkestone, Maude. It'll give you time t think about what you really want. Time to be yoursel answering only to yourself. You'll never have tha chance again."

Maude stared at her, saw her own image reflected i Miranda's eyes. Saw Miranda reflected in Miranda' eyes. And she saw her own life, pushed and pulled b forces over which she had no control. Even when sh asserted herself, defied her guardians, she was only re-sponding, she was not initiating, not truly making u her own mind. It was her one chance to see thing clearly . . . see what *she* wanted for her life. Even if i turned out that she couldn't have it, she would at leas have had the opportunity to find out, to get to know herself.

"What will they tell the duke?" she said slowly. "They're to sign the betrothal contracts tomorrow."

"That you're ailing."

Maude nodded. "That won't surprise anyone. But they'll be so angry."

"No, I don't think so," Miranda said. "We'll leave word that you're safe and that you'll return in a week. Milord will understand."

"Why would my guardian understand something so completely incomprehensible?"

"Because he will." Miranda reached for Maude's

hands. "We leave at daybreak. I have no money, but Chip and I can earn it."

"Oh, I have money," Maude said. She gazed at Miranda in dawning wonder. "Why am I doing this?"

"Because I need you," Miranda said. "And because you need to do it for yourself."

And for some strange reason, thc answers made perfect sense to Maude. They seemed to fit with all the neatness of an interlocking jigsaw piece into the picture of herself that she was now creating.

Wearily Gareth moved his rook to king four and wondered how long it would take before the queen finally tired. He contemplated deliberately losing the game to bring this interminable evening to a speedier conclusion but then dismissed the idea. The queen was too good a chess player and far too nimble-witted to be deceived and incurring her displeasure wouldn't get him back to the peace of his bedchamber any quicker.

Elizabeth moved her bishop, her long white beringed fingers still touching the piece until she was certain it was the right move. Then she smiled. "Check, sir."

Gareth surveyed the board. He could play to a draw, or he could resign. He glanced up at his queen and saw a slightly malicious glint of comprehension in her bright black eyes.

"I will accept your resignation, my lord Harcourt," she said. "I fear you have too much on your mind tonight to give me a run for my money."

Gareth toppled his king and smiled ruefully. "Your Majesty sees too much for comfort."

Elizabeth laughed, not displeased by the compliment. She rose from the chess table and Gareth got to his feet immediately. Elizabeth had sent her wilting ladies to bed as soon as they'd reached Whitehall from the Harcourt mansion. The duke of Roissy had been early excused with the consideration owed an honored guest, but a mere subject was expected to dance to Her Majesty's tune. And Elizabeth, who needed little sleep was in the mood for conversation and chess.

"I find the duke of Roissy an interesting man," she commented, opening her fan. "And no fool."

"Indeed not, madam."

"He seems absolutely certain that Henry will prevail in the siege of Paris." The queen raised one plucked eyebrow. "I wish I could be so certain. What think you my lord?"

"He has right on his side, madam."

The queen closed her fan and stood tapping it into the palm of her hand. "I would expect you to believe that, of course. After what happened to your family in the massacre. If Henry succeeds in securing the crown of France, this marriage of your ward's will bring fortune to the Harcourts, will it not?"

Gareth knew it was a rhetorical question so he merely bowed.

"I am not as yet certain how England will benefit from having Henry of Navarre on the throne of France," Elizabeth said consideringly. "The opinions of those close to the French court will always be of great use to me."

"My service and my loyalties lie first and foremost with my queen."

Elizabeth nodded slowly. "I like ambitious men around me, Lord Harcourt. Ambition and power are reliable motives." She smiled with that same hint of malice. "They're unflinching and they lead a man along well-trodden paths." Abruptly, she turned toward the door leading to her bedchamber. "I bid you good night, my lord."

"I trust Your Majesty will sleep well." Gareth bowed and remained in obeisance until the queen had passed from the privy chamber. Then with a soft exhalation of relief, he left himself, acknowledging the salute of the chamberlains at the door with a brief nod. He had gone no more than halfway along the night-quiet corridor when a door opened just ahead of him.

Lady Mary Abernathy stepped directly in front of him, barring his way. She stood beneath a lamp in a wall sconce and Gareth's first thought was that she was unwell or had had some dreadful fright, or perhaps received some hideous news. Her face was a mask—ghostly white, her eyes fixed unmoving in their deep sockets. She stood stock-still in the corridor. She stared at him as if he were some monster emerged from the deeps.

"Mary?" He stopped. "Is something the matter? What has happened?"

"I would have private speech with you, sir." Her voice was a monotone. She stepped back into the small paneled room where she'd been awaiting him. Gareth followed her, puzzled and alarmed.

"What has happened?" he repeated, bending to turn up the wick on a lamp sitting on a small table. He lifted the lamp to see her better, then said with concern, "You look ill, Mary."

"I am sickened," she said in the same flat voice. "You . . . you . . . have had carnal knowledge of that girl." Her voice took on tone and color. "She's not your ward. You have conducted a carnal relationship under your own roof . . . with . . . with . . . what is she?"

Gareth carefully set the lamp back on the tabl They were in a very small antechamber, sparsely fur nished, the wooden paneling unadorned with tapes tries or molding. He had no idea how Mary knew wha she knew, but as he faced his betrothed, he felt a sens of relief. The relief of confession, he supposed wit self-directed cynicism.

"What is she?" Mary demanded again. Two brigh spots of color burned now on her high cheekbones startling against her pallor, and her eyes now flare with righteous anger. "Did you bring her into th house so she could serve you as your mistress?"

Simple truth seemed the only possible road to take "No, not initially. Miranda was traveling with a grou of strolling players when I first met her."

"A vagabond! And a thief, no doubt. You've been con sorting under your own roof with a roadside whore!' Mary choked on her outrage.

"Miranda's not a whore, Mary," Gareth said quietly He was astounded at her passion. This woman whc had never evinced the slightest lack of control, whc never said or did anything that was not carefully considered and perfectly appropriate, was confronting him with all the fierce outrage of a cornered vixen.

"You would defend such a creature? You insult your sister, your honor, *me*!" Her voice caught, but when Gareth prepared to speak, she held up an imperative hand. "That creature talked of *love*? What do you say to that, my lord Harcourt? A roadside harlot talked to you of *love*. I heard every word!"

"Ah," Gareth said, understanding now how his betrothed had come by her information. "There is a little more to this than meets the eye, Mary, but—"

"Oh, you'll be telling me next that you *love* her!"

Mary interrupted, disgust dripping from her voice. "The ultimate vulgarity! People in our position don't *love*."

Gareth regarded her in rueful silence. He ran a hand over the back of his neck, at something of a loss. He hadn't expected to be accused of vulgarity, of all things. But then he supposed he should have expected it from Mary. He couldn't tell exactly what aspect of this whole mess troubled her the most. Was it the sex? The fact that it had taken place under his own roof? The fact that the girl was not what she'd been made out to be? Or the vulgarity of such a word and emotion applied to the relationship?

And just how in the name of the good Christ was he to salvage anything out of this debacle? Mary knew there were two Maudes, although as yet she obviously hadn't taken time to consider the whys and wherefores of that aspect of her betrothed's vulgarity. Kip knew there were two Maudes. How long would it take before Henry knew?

Mary gazed at the man she'd been intending to marry. A man who had lowered himself into the gutter, become entangled with a common thief, a roadside harlot, committed the one unforgivable sin. She belonged to the family of the dukes of Abernathy. Her lineage was as good as any Harcourt's. And she could not swallow such an insult. Not even for a husband.

"You may take it, my lord, that our engagement is broken," she said icily.

Gareth's eyes, almost black, were unreadable as they returned her regard and he spoke the form words, "Your wishes are my command, madam."

Mary didn't move for a minute, but she glared at him with such wrathful disgust that he nearly winced.

Then with a sudden movement she snatched off h betrothal ring. To Gareth's everlasting astonishme she threw it at him . . . hurled it across the room. struck his right temple painfully. Both force and ai had been well judged.

Astounded, Gareth put a hand to his forehead. was sticky with blood where the diamond-encruste setting had broken the skin. For a moment they looke at each other and it was clear that Mary was as shocke by her action as Gareth. Then she turned with a swis of skirts and left him.

Numbly, Gareth bent to pick up the ring from wher it had fallen at his feet. His temple throbbed as he di so. He straightened slowly, rubbing his fingertip ove the wound. He was beginning to wonder if he'd eve really known Mary at all.

The sun was already rising in the eastern sky whe Gareth alighted at the water steps under the rose streaked sky. His step was less brisk than usual as h went up the path and entered the house through th side door. The servants were already up and about busy with setting breakfast in the dining hall, an Gareth turned aside to take the back stairs. He didn' want to meet Henry, a notoriously early riser, unti he'd had a chance to think through his next step.

The door to the green bedchamber stood ajar as he passed it. He stopped and stepped inside, aware that his heart was beating too fast. The bed was rumpled, the linen press and drawers in the armoire were open.

Gareth silently cursed his stupidity. It seemed he was forever underestimating women. Of course Mi-

·anda had gone. He had thought that a night's reflec-·ion would give her some distance, and instead she had ·eft him.

As he stood there, dumbfounded, trying to grapple ·with this new twist, a cry came from Maude's chamber ·behind him. He spun round. Berthe stood in the door-·way, flourishing a sheet of parchment, her face gray, ·her mouth opening and closing like that of a gaffed fish.

"My lord . . ." she managed at last. "Lady Maude . . ."

Gareth strode toward her. He moved her back into the bedchamber and closed the door. One glance around told him all he needed to know. Maude's chamber looked very much like Miranda's. *They had both gone.*

"Calm down, woman." In a state of icy calm himself, he took the parchment from Berthe, who sank with a half sob, half groan onto the settle and buried her face in her apron.

"My pet . . . my pet. What has happened to her? How could she do such a thing?"

Gareth ignored Berthe's moans and ran his eye over the neatly penned missive. His ward informed him succinctly that she had gone away with Miranda to find Miranda's family. There was no reason for alarm. They had money for the journey and she would return in a week. In the meantime, perhaps it would be sensible to explain to the duke of Roissy that she had been taken ill.

The penmanship was Maude's but the composition was Miranda's. That at least was clear as day to Gareth. He thought he understood the rest, but wasn't entirely certain. There was no indication here that Maude knew the truth about her relationship with Miranda, and if she didn't, then why would she run away with her?

"Oh, do stop moaning, woman," he said in exasper ation as Berthe's keening grew ever louder. "I'm tryin to think."

Twins. He supposed that had to be the explanation A bond that Maude acknowledged even if she didn understand why it existed.

"Gareth, the girl has gone!"

"Yes, Imogen." He glanced, unsurprised, toward th door. It would have surprised him if his sister had re mained in ignorance of Miranda's disappearance fo more than another five minutes. Imogen had entered without knocking and now stood gazing around th empty chamber in total astonishment.

"But why? Why did she leave?"

His expression was grim. "She had her reasons, God knows."

"But Maude? Where's Maude?"

"Gone!" Berthe wailed.

"Gone! Gone where?"

"To Dover, or Folkestone . . . possibly Ramsgate," Gareth mused, tapping Maude's letter into the palm o his hand.

"But *why*?" Imogen's voice rose dangerously.

"Let's continue this somewhere else." Gareth couldn't face combined hysterics. "Berthe, you will remain in here, and you will tell anyone who asks that Lady Maude is ailing and is keeping to her bed. I'll talk to you later."

He took his sister's arm and eased her out of the room. The green bedchamber was close enough to be the obvious choice. "In here, sister." He closed the door behind them. "Now, we may discuss this in peace."

Imogen fanned herself and looked pathetically bewildered. "I don't understand. Why are you so calm?

Maude has gone. The other one has gone. And Henry is ready to sign the betrothal contracts this morning. And *there's no bride*!" Her voice rose again.

"A little awkward, I grant you," Gareth said in the tone that Miranda would have recognized, but that merely sent his sister's agitation up several notches.

"Has she taken her away? Has the other one taken Maude away? I know she has. I knew it was a misconceived plan. You have no idea about women, Gareth. You never have had." Imogen paced the room. "Why wouldn't you let me deal with this in my own way, brother?" She threw up her hands in despair.

"All is not lost, Imogen," he said, perching on the end of the bed. "Maude will be back. She's already well on the way to finding Henry agreeable—"

"She's met him?" Imogen stared at him as if he were beside himself. "She's been—"

"Last night . . . yesterday morning on the river . . ."

Imogen's jaw dropped. "So that was what Dufort meant. It was Maude last night, not the other one."

Gareth nodded wearily. "Precisely."

Imogen's expression lit up. "Then everything is perfect. We've got rid of the other one, and Maude will wed Henry, and everything is exactly as it should be."

"Yes," Gareth agreed, standing up. "Everything is exactly as it should be."

Chapter Twenty-three

"THERE." King Henry of France and Navarre affixed his heavy seal to the wax beneath his signature. The crisp parchment crackled. He stepped aside, smiling at the earl of Harcourt, who signed and sealed the document with his signet ring engraved with the Harcourt arms.

"Good. Let us drink to it, my lord." Henry rubbed his hands, beaming with satisfaction. His lords around the table witnessed the signatures that betrothed the Lady Maude d'Albard to the king of France and Navarre, and conferred upon the earl of Harcourt the dukedom of Vesle and the position of French ambassador to the court of Elizabeth the First, to take effect on the day of the wedding.

Gareth poured wine into a double-handled chalice. He handed it to the king, who sipped from one side then handed it back for Gareth's ceremonial sip. The cup was passed around amid congratulations and only Henry noticed that his host was somber, his smiles effortful, his eyes shadowed.

"Does something trouble you, Gareth?"

Gareth shook his head with a quick smile. "Indeed not, sire. Nothing could give me greater pleasure or do greater honor to my family."

"Quite so," Henry replied, but he was still puzzled. The earl's declaration lacked something. And he'd acquired an ugly bruise from somewhere, but politeness forbade inquiry. He picked up his gloves from the tale, slapping them into his palm. "I am indeed sorry hat Lady Maude is obliged to keep to her bed on such momentous day. I'd have liked a kiss from my betrothed to seal the bargain." He regarded the earl hrewdly. " 'Tis nothing serious, I trust?"

"No, indeed, sire. Maude has suffered since early hildhood from occasional fevers. My sister has had he care of her, perhaps you should talk with her. She'll eassure you, I know."

Henry shrugged and took up the wine cup again. 'Women have their trials. But it's a damnable nuisance vhen I have so little time to spend in London." He lrank deeply and then set down the cup, looking ather less disgruntled. "I've been bidden to a hawking arty with Suffolk this morning at Windsor. I had inended to refuse and spend the time with my berothed, but if she's abed, then perhaps I'll accept the luke's invitation. D'ye join us, Harcourt?"

"Forgive me, sire, but business will keep me in London. You'll rest overnight at Windsor, I imagine?"

"Aye, so Suffolk says. He promises a banquet." Henry shrugged, easing his shoulders in his doublet. "I doubt he understands that bread, cheese, and sirloin are banquet enough for me. But I'll do what I can to enjoy it." He pulled a comical face as he extended his hand to Gareth, clasping the other's in a hard grip. "Until tomorrow then, my lord. And I'll hope to see Lady Maude up and about on my return."

Gareth murmured a vague response. He had men scouring the outskirts of the city for information about the troupe and the two girls, but he was far from sanguine that Maude could be retrieved in such a short time. The troupe's movements would be the easier to discover; two girls could blend smoothly into the ceaseless flow of traffic between the capital and the Channel ports. But once he knew where the troupe were headed, he would know where to find the twins.

He escorted his guests outside and waited in the courtyard until the last of the party had passed through the gates, then he turned back to the house. He made his way to his parlor, closing the door, taking up his pipe and the flagon of wine, filling a glass, before picking up the betrothal contract. His eyes ran over it, reading the words that meant the fulfillment of his dearest ambition. So why was he not filled with triumphant satisfaction?

He reread the document, drawing on his pipe, sipping his wine. And an ironical smile twisted his lips. As Imogen had said, everything was perfect. Now that Miranda was gone, out of the picture forever, he didn't need to fear accidental revelations from Kip or from Mary. Once Maude was back, everything would go smoothly.

He tapped the precious document against the edge of the table. If everything was so damned perfect, why was he feeling so god-awful?

Tired. He was tired. He'd had no sleep the previous night and precious little the night before. He was about to lock the document into a small Venetian casket on the table when there was a knock on the door.

Imogen came in at his call. Her eyes were sparkling as they fell on the parchment in his hand. "It's done?" she said.

"Aye, it's done." He held it out to her. She read it avidly. "Duke of Vesle," she whispered. "Ambassador to the court of Elizabeth the First. Oh, Gareth, it's even more than I dared to hope." She looked up at him. "Why, what is that on your forehead?"

"A bruise," he said carelessly. "I knocked my head on he cresset when I was entering the barge last even." Aary would tell Imogen the whole soon enough and mogen's present excitement soon made her forget an ınsightly bruise on her brother's temple.

"Oh, Miles . . . only see this." She turned at her husband's rather timid entrance.

"The door was open . . ." Miles offered. "And I knew hat you'd been with Henry . . ."

"It's done." Imogen flourished the document in triumph. "Read it! The dukedom of Vesle, no less."

Miles obediently read the betrothal contract. Then ıe looked over at his brother-in-law, a question in ıis eye.

"I should have information soon about Maude's whereabouts," Gareth said tiredly. "As soon as I do, I'll go after her. But there's little to be gained in charging all over the countryside before I know her direction."

"No, of course not," Miles said. "But . . . but what of Miranda?"

"She has chosen her own way," Gareth replied, his tone curt. "She was always free to leave when she chose. Now is as good a time as any."

"Oh, yes, most certainly," Imogen agreed fervently. "The girl would be in the way now. She did her part and she's been paid for it. Everything is just as it should be."

"Excuse me." Gareth moved past her to the door. "I have business in town. I'll not be joining you for dinner."

He took his horse, rode over London Bridge, and into the Southwark stews. He had but one intention, to get thoroughly besotted and to lose himself in the arms of a whore . . . or several whores. The drink he found, but the deeper he drank the more unpleasing he found the whores. Drink frequently dulled performance but he couldn't remember it ever before dulling desire.

He rode back across the bridge just before daylight and bribed the watchmen to open the wicket gate for him although it was not yet sunup. He swayed drunkenly in his saddle, vaguely aware that he must present a choice target for street thieves, drunk and exhausted, riding alone, too far gone even to have his hand on his sword hilt.

He had ridden like this before, many a time—back to his house as the cocks began to crow, his spirit dead, his head fogged with mead and wine, his limbs almost too heavy to move, every muscle and joint aching with a fatigue too deep, too central to his whole being, for mere sleep to repair. Thus had he ridden back so many times before to his empty bed, wondering whose sheets his wife was sharing. Wondering if she was rolling in straw in some kennel, or was lying in the gutter with a beggar.

Charlotte. His wife . . . his love. Oh, he had loved Charlotte with his heart and soul. It seemed he had a propensity for vulgarity. Gareth laughed to himself as he half fell off his horse in the mews. A propensity for vulgarity. He rather liked that. Mary would certainly agree. He stumbled toward the house, still laughing to himself, unaware of the groom's sleepy stare, following him as he weaved his way out of the mews.

He staggered up the stairs, not noticing how much noise he made in the still-silent house, and lurched into his bedchamber, kicking the door shut behind him with a loud slam. He didn't bother to undress, merely yanked off his boots against the bootjack, and then fell onto the bed. The thick feather mattress seemed o envelop him and he sank down and down, as the ark wave of sleep rolled over him and Charlotte beck-ned from the abyss.

Imogen sat up in bed at the slam of Gareth's door. he stared into the darkness, listening, but all was now ilent. She'd heard her brother stumbling and lurching lown the corridor and all the old bad memories had esurfaced. How many nights had she sat up waiting hrough the hours of darkness for Gareth to return? Iow many times had she listened to his staggering tep, her heart pounding, her entire being straining oward him in his pain even as her soul was filled with atred for the woman who was destroying him?

But why now? Why would he now be revisiting that ime of horror? Now, when everything was working out so perfectly for them all? Her brother had returned to himself since he'd come back from France. He was once more strong, directed, determined, and Imogen had allowed herself to believe that he was no longer plagued by demons.

But that step in the corridor outside her door, the crash of his own door, filled her with the remembered terror of her helplessness. She cast aside the bedclothes and stepped down onto the footstool beside the bed. Her night-robe lay over the rail and she put it on, automatically reaching up to straighten her nightcap that kept her careful curls from becoming too tangled overnight. Softly she opened her door. The lamp in the wall sconce in the corridor flickered in the breeze from her window and guttered, plunging the long passage into darkness.

But her eyes were accustomed to the dark by now

and she moved stealthily down the corridor. At Gareth's door she stopped. She pressed her ear to the crack and listened. At first she could hear nothing and she began to hope . . . but then she heard it. The tangled mutter of words, the harsh breathing.

She opened his door as she had done so many times before and slipped inside, closing it behind her. Gareth's nightmares were known only to her, they were one of the many secrets they shared.

"Charlotte!!" It was almost a scream. Gareth sat bolt upright in bed, his eyes wide open, staring. Imogen knew he was still asleep. She rushed to the bed. His face ran with sweat as if he were in the grip of a fever, his shirt was transparent.

"Gareth . . . Gareth . . . wake up!" She took his hand, patted it, cradled it against her bosom. "Wake up! You're dreaming!"

Gareth's eyes focused slowly but the dream hell took a long time to fade. "God's mercy!" he murmured, turning his head to look at his sister, still holding his hand, her eyes fixed upon him with the fanatical devotion that had followed his every footstep from the first moment he'd found his feet.

"God's mercy, Imogen," he repeated, falling back against the pillows, gently pulling his hand free. He wiped the palm of his hand down his sweat-drenched face and lay staring upward, gathering himself together. He thought he was probably still drunk, but his head was now as clear as a bell.

He had a propensity for vulgarity. He began to laugh again. Maybe he *was* still drunk, but this glorious laughter was an utterly sober reaction to the truth.

"Gareth, stop!" Imogen bent over him, her face haggard, her eyes filled with anxiety. This strange merriment was something she didn't know how to deal with. "Why are you laughing?"

"Fetch me the brandy, Imogen." He sat up again. "There's no cause for alarm, sister. I'm quite in my senses. In fact," he added with another little chuckle, "I'm probably in my senses for the first time in years."

"I don't know what you mean." Imogen brought him the flagon of brandy. "You were having the nightmare about Charlotte again."

"Yes," Gareth said softly, sliding to the floor. "But I truly believe it was for the last time, Imogen." He set down the brandy flagon untouched.

Imogen regarded him with deep disquiet. She didn't believe him, and the terrifying thought occurred to her that he might have become truly unhinged. She began to speak urgently, trying to force him to acknowledge the facts that would bring him back to reality. "I have always looked after you, always taken care of your interests, Gareth. I knew that something had to be done about Charlotte—"

"Imogen, that's enough!" Gareth's voice cracked like a whip. But his sister didn't hear him.

"It had to be done. I did it for you, brother." Her words tumbled forth heedlessly and Gareth let them come. He had avoided this truth for too long, and now it was time to hear it, to accept it, and to accept his own guilt. Until he did so, he would never be able to rebuild his life.

"She was no good for you. She was always drunk, always opening her legs for anyone who took her fancy. She was laughing at you and that poor young de Vere. She had just destroyed him as she was destroying you. Standing in the window, drunk, swaying. A little push . . . that was all . . . just a little push." She gazed up at him, her eyes flaring wildly. "She was no good fo[r] you. I did it for you, Gareth."

"I know," he said quietly. "I have always known."

"Everything," she said with a sob. "Everything ha[s] always been for you, Gareth."

"I know," he repeated, taking his sister in his arms. "And I love you for it, Imogen. But it has to stop now."

Gareth held his sister until the deep well of her tears had dried, then he took her back to her chamber and helped her to bed. She would suffer for that great outburst of emotion with one of her vicious headaches, but it would relieve her as it always did. He knew his sister rather better than she knew him, he reflected, returning to his own room.

He had no desire to sleep now. No desire for brandy. He felt only the sweetest sense of release. For the first time in a very long time, he knew what was vital for his happiness and he knew that any sacrifice was worth achieving it.

I loved you.

Could the past tense be repealed? Had he injured that open, loving soul beyond reparation? Beyond the willingness to believe that he too *loved*?

Chapter Twenty-four

"Do you remember anything of that night?" Maude leaned back against the tree trunk on the riverbank, taking a large bite out of the very crisp green apple that went by the name of breakfast.

"No." Miranda tossed her apple core into the stream, watching the circle of ripples expand on the brown surface as the core sank. "Do you?"

Maude shook her head. "No. I don't remember anything about France at all. My first memories are all of Imogen and Berthe." She wrinkled her small nose. "Not very auspicious, really."

Miranda chuckled. It was a rare sound these days and Maude sat up, hugging her knees to her chest. She knew that somewhere in the middle of the astounding story Miranda had told her there was something buried that her twin was not confiding. Something that was making her unhappy.

"Are you certain you want to go back with the troupe?"

"Yes, of course." There was the hint of a snap in the rapid response. "They're my family." Miranda picked a daisy from the bank and tossed it into the stream, watching it swirl away on the current's eddy.

"But—"

"But nothing, Maude." Miranda jumped up. "Come on, the sun's high and we want to reach Ashford tonight."

She whistled for Chip, whose small face appeared above them as he pushed aside the leaves of the tree.

Maude scrambled to her feet, holding up a hand to the monkey, who leaned down to take it, then swung with a gleeful gibber to the ground.

"How are we going to get to Ashford?" Maude hurried after Miranda. She was still unaccustomed to the freedom of skirts without farthingales and couldn't keep up with Miranda's long, loping stride even after two days of practice.

"We're not going to walk all the way, are we?" She caught up with her sister, who had stopped at the edge of the field to wait for her.

Miranda seemed to consider the question. She glanced up at the cloudless blue sky. "It's a lovely day for walking."

"But Ashford is *miles* away. We're only just outside Maidstone!" Maude wailed, then caught the glint in Miranda's eye. "It's not fair to tease me," she grumbled.

"You only think that because you're not used to it," Miranda pointed out, clambering over the stile into the lane. "You can tease me as much as you like, I won't mind."

"But I don't have anything to tease you about," Maude stated, joining her in the lane. "I don't know anything about this traveling life and you know everything."

"We'll wait here and get a ride from the next carter's wagon," Miranda said.

"Why can't we go to an inn and hire a gig or something? It would be so much quicker and surer than begging rides from passersby. It isn't as if we don't have money."

Miranda frowned. How to explain to Maude that

she was in no hurry to reach Folkestone? She had enough difficulty admitting it to herself. "I like traveling slowly," she temporized. "It's part of the fun not knowing where the next ride is coming from, or who you might meet on the way."

Maude made no reply, but she cast her sister a quick, appraising glance. "After you've met up with your family and explained things to them, you could always come back to London with me."

"I'm not suited for that kind of life," Miranda replied, stepping into the road to wave vigorously at an approaching hay wagon. "It was all very well for a short time, just as a game. But now you're prepared to marry Henry . . ." She broke off to hail the driver of the wagon. "Can you take us as far as you're going on the Ashford road, sir?"

"Aye, above five miles," the man said amiably, jerking a thumb toward the back. " 'Op in."

"My thanks, sir." Miranda jumped agilely into the back of the wagon and leaned down to give Maude a hand. Chip bounded up beside them. The driver stared at the monkey, then shrugged, shook the reins, and set the horse in motion.

"I didn't say I *was* prepared to marry the king," Maude declared, when they were comfortably ensconced among the hay. "There's still this question of religion, in case you've forgotten."

"It's all the same God," Miranda pointed out. "It seems a lot of nonsense to me."

This was such astounding heresy, even from Miranda, that Maude was silenced. She sank into the cushion of hay, knowing from experience now that she had to let her body roll with the wagon's uneven motion over the rutted lane if she wasn't to end the day aching and bruised in every limb.

"People died for that nonsense," she said soberly. "Our mother died for it." She drew from her pocket the serpentine bracelet where she kept it for safekeeping. It would draw too much unwelcome attention on her wrist while they were traveling in this haphazard fashion. She held it up to catch the sun's rays. "It's so beautiful, yet it's so sinister. Maybe it's because of all the blood and evil it's seen. Do you think that's fanciful?"

"Yes," Miranda said, holding out her hand for the bracelet. Maude dropped it into her open palm. It *was* fanciful, but she couldn't deny that the bracelet gave her the shivers. She traced the shape of the emerald-studded swan with the tip of her finger, thinking of her mother . . . of her mother's violent death and all that had resulted from that murder.

Tears pricked behind her eyes and she blinked them away. If that dreadful night had never happened, she wouldn't now be so completely adrift. She belonged nowhere anymore. She was no longer suited for the life she had always known, and she couldn't enter the one that was her birthright because . . .

Because she had been betrayed by the man she loved. She had offered her heart and her soul and the gift had been swept aside like so much dust by a man who didn't know the meaning of love.

She couldn't go back to London because she couldn't live in the same world as the earl of Harcourt. Her hand closed tightly over the bracelet as she fought back the threatening tears, the great wall of misery that threatened to fall and suffocate her.

Maude laid her hand over Miranda's. It was all she could think of to do until her sister chose to share her pain.

"Good Lord above!" Mama Gertrude flung up her arms in astonishment. A few gull feathers had settled into her piled coiffure, looking strangely at home with the grubby lace cap she wore. Without the gold plumes, she appeared somewhat diminished.

Chip leaped onto her shoulder, wrapping his arms around her neck, and she patted him absently. "Now, just where in the name of tarnation did you two . . . three . . . spring from? That Lord 'Arcourt said as 'ow you'd be stoppin' wi' 'im."

" 'Tis to be 'oped 'is lordship's not goin' to want them fifty rose nobles back."

"Oh, hush yer mouth, Jebediah," Gertrude said, her ruddy complexion darkening. "Don't ye be takin' no notice of Jebediah, m'dear. Lord 'Arcourt said as 'ow it was right fer ye . . . seein' as 'ow . . ." She stopped, nonplussed.

"Seeing as how what?" Maude prompted. She hitched herself onto the seawall of Folkestone quay as if she'd been doing it all her life, and flicked at a burr clinging to her skirt. The last carter's wagon they'd taken from Ashford to Folkestone had previously carried sheep's wool to market and the bales had been full of prickly burrs.

"Seein' as 'ow you an' Miranda are sisters," Luke stated.

"Oh," Maude said. "That." She raised her face to the sun, closing her eyes, letting the warmth beat gently onto her lids, listening to Robbie's excited treble as he hurled himself into Miranda's embrace.

Miranda laughed and Maude instantly opened her eyes. Her sister had been very quiet since the previous day. There had been no more tears, but she hadn't smiled much, either, seemingly lost in her own thoughts. But now she was smiling with genuine pleasure at the grubby child in her arms as she kissed his thin cheek.

"Y'are not goin' away again, M'randa?" Robbie pulled at her hair, curling his legs around her hips. "Y'are not!"

"No, Robbie," she said softly. These were her family. For better or worse, this was where she belonged.

"Well, what about them fifty rose nobles?" Jebediah muttered.

"God's bones, d'ye never sing another tune?" Raoul said disgustedly. "Let's 'ear what the lassies 'ave to say."

"It's quite simple," Miranda began.

"Less than you think." A voice spoke from behind her.

All eyes slowly swiveled toward the earl of Harcourt, who stood holding his horse a few feet away.

"Told ye the man'd want 'is money back," Jebediah said with an air of righteous satisfaction.

"As it happens, money is the last thing on my mind," Gareth said. "I've come to reclaim my wards, before they become too accustomed to the delights of traipsing around the country like a pair of itinerant peddlers."

"My lord?"

"Yes, Maude?" He smiled at the girl, sitting on the wall like a veritable urchin. He noticed the dusting of freckles across the bridge of her nose, the sun-kissed pink of her cheeks. The hem of her petticoat was grubby, and she appeared to have a cluster of burrs clinging to her dimity gown. "Have you enjoyed your journey?"

"Yes, my lord," Maude said. "And . . . and I think—"

"No," he interrupted with a wry chuckle. "Please don't say I've come too late and you're already lost to the wandering life."

"I seem to have more in common with my sister, sir, than you might think." Maude reached for Miranda's hand, drawing her closer to the wall.

"On the contrary, Maude, I've long recognized that fact," Gareth said. "But my business lies with Miranda. Lord Dufort should be arriving at the Red Cockerel on Horn Street within the hour. If Luke would escort you to await him there, I would be much in his debt."

Maude looked at Miranda, whose fingers were tightly clenched around hers. Miranda was very pale, very still. Robbie unhooked his legs from her hips and stood up, and for once she didn't seem to notice his actions.

"I don't believe we have any further business, milord," Miranda said, gently extricating her hand from Maude's and taking a step forward. "I believe I fulfilled my obligations as far as it was possible and the money you paid to my family is only what you promised. I believe it is owed."

"Oh, yes," he said quietly. "It is owed them, and much, much more, for their loving care of a d'Albard. You shall decide what is owed your family, Miranda." He looped his mount's reins over a hitching post and came toward her, his smile rueful.

"But I claim the right to say what is owed you, sweeting." His hands moved to encircle her throat. "I would prefer privacy, but if I must say this here, then so be it." His thumbs pressed lightly against the fast-beating pulse in her throat. "You said you loved me. Could you ever again say that you *love* me, firefly?"

Th ground slipped and slid beneath her feet. Miranda was aware of the silence in the circle surrounding them, of the close silence and yet also of the faraway, noisy bustle of the quay. She was aware of Maude's startled and yet suddenly comprehending gaze, of Robbie's bewilderment, of Luke's puzzled hostility. She swallowed, her throat moving against Gareth's thumb.

It was Maude who broke the silence in a high, clear voice. "Luke, will you escort me to this Red Cockerel, please?" She slid off the wall. "Cousin, I shall wait with Lord Dufort until you and my sister return to the inn."

"Bravo, Maude," Gareth said softly, moving one hand from Miranda's throat to lift his young cousin's fingers to his lips.

"Should I take Chip?" Maude smiled radiantly at Miranda, her confusion now cleared. It seemed extraordinary that Miranda and the earl should love each other, but then so many extraordinary things had been happening lately, what was one more? And it had to mean one vital thing. Miranda was not going to go out of her sister's life.

"Yes, take him." It was Lord Harcourt who answered her, and Gertrude who handed the monkey over, her own expression still rapt at the drama unfolding before them.

"Miranda?" Gareth said, now taking a step away from her, as if to give her room to answer the most important question he had ever asked or would ever ask in his life.

"Everyone will know there are two of us," she said.

"That would ruin everything for you. The king of France can't know that you deceived him."

"I suppose I deserve that you should think it still matters," Gareth replied. "But only one thing is truly important to me now, Miranda. *You.* Can you believe that?"

She wanted to believe it. Oh, how she wanted to believe it. But the hurt still bled. "I don't know," she said helplessly.

Gareth looked around the circle of attentive faces. Every word he said was being weighed against Miranda's happiness.

Then Gertrude stepped forward. "What are you offerin' 'er, m'lord?"

"Goddammit!" Gareth finally lost his patience. "I'm proposing marriage to the Lady Miranda d'Albard."

Maude, some five feet away, stopped in her tracks, suddenly remembering an inconvenience. "I don't see how you can do that honorably, my lord, when you're already betrothed to Lady Mary," she pointed out.

"As it happens, I am not."

"Oh, how did that happen? Not that I thought you would suit in the least."

Gareth turned slowly. There was a mischievous gleam in his young cousin's eye; then with a wave and an astonishing wink, she went off with a skipping step.

Gareth turned back to Miranda. She was smiling. "I didn't think you would suit, either, milord."

Gareth knew that he'd won the hardest battle of his life. "How right you are, my love," he said equably. "And fortunately Lady Mary came to that conclusion herself. Ladies and gentlemen . . . if you'll excuse us." Catching Miranda around the waist, he tossed her up onto his horse, unlooped the reins, and mounted behind her. "Perhaps you would join us for a betrothal dinner at the Red Cockerel in two hours' time."

Maude was sitting with Luke in the taproom of the Red Cockerel when her guardian rode up. She and Luke watched from the taproom doorway as Lord Harcourt dismounted and, sweeping Miranda ahead of him, entered the inn and mounted the stairs.

"Where are they going?" Luke demanded. Suspicion flared in his eyes and he took a step forward. "Has the earl debauched Miranda?"

"I don't know what's happened between them," Maude replied cheerfully, laying a restraining hand on his sleeve. "But it doesn't seem to matter in the least. Miranda knows what she's doing. Chip, do you really think you should go . . . Oh, well, I suppose you should." She gave up the struggle to hold the agitated monkey and let him race after his mistress. Turning back to the taproom, she said, "I would like some more of that mead, I believe, Luke. Do you have coin? If not, I believe I still have a few pennies left."

"My love, can you forgive me?" Gareth took Miranda's hands in a grip so tight she could feel the bones crunching. "Do you think you'll ever be able to trust me again? I have been such a fool."

"I love you," Miranda said simply. "I have always loved you."

Chip gibbered and swung from the bed canopy.

"Aye, and I have loved you since the first moment I met you. I just didn't know it." Gareth stroked her face, racing the line of her jaw, running a thumb over her eyelids, over the soft pliancy of her lips. "Will you be my wife, madam?"

"I must bring Robbie," Miranda said. "I can't leave Robbie behind. There's so much we can do for him. Boots are just the beginning."

"If you wish, we will provide habitation and employment for all your family." Gareth's fingers unlaced her bodice, his hands reaching inside to cup her breasts, run the pads of his thumbs over the nipples, feeling them rise hard and small to his caress.

"No, I don't think they'd wish that," Miranda said earnestly. "They're independent. They wouldn't take charity."

"No, of course they wouldn't." His mouth closed over hers, as he drew her down to the bed. One day he'd get this right. "But *will* you be my wife?"

Miranda moved beneath him, loosening the bunched-up folds of her gown as his hands slid over her thighs, searching for her. "Are you certain you don't still want me to marry Henry of France, milord?"

Gareth didn't reply but his hand moved over her, his fingers opening, nipping at the tight little bud of pleasure. Miranda murmured, her hips lifting as the joy began to bloom deep in her core. And then, just as the flower was about to burst open in glory, he took away his hand.

"Yes," she whispered. "Yes, Gareth."

He smiled and brought his mouth to hers. "Try not to ask silly questions, firefly."

She laughed softly and the last shards of pain and unhappiness drifted from her in the soft glow of renewal.

Chip took up his usual place on the rail at the foot

of the bed and tucked his head under his arm, whispering to himself as the soft sounds of a deep and affirming pleasure filled the chamber.

Miles entered the taproom and his eye fell immediately on Maude. She appeared to be keeping company with a ragged youth at the bar counter, but her own attire was so disheveled that she seemed perfectly suited to her companion. Her hand was circling a pewter tankard with all the familiarity of one who'd begun drinking what it contained with her wet nurse's milk.

Gareth's message, received some hours after the earl had left the Harcourt mansion, had been brief and uninformative. Lord Dufort was to repair to the Red Cockerel in Folkestone and await developments. This, Miles conceded, was an interesting development.

"Maude?"

"Oh, Lord Dufort. Lord Harcourt said you would be arriving soon." Maude smiled merrily. "May I introduce Luke, he's a friend of Miranda's. Would you care for some mead? Or perhaps ale? We seem to be running out of coin, but I expect you have some."

"Ale," Miles said, gesturing to the potboy. He nodded to Luke and took the stool beside Maude. "I daresay I can settle your account." He looked around. "But isn't your guardian here to do so?"

"Yes, but he's abovestairs with Miranda."

"Ah," Miles said, taking up his tankard. "Ah," he said again.

"I believe they're to be wed," Maude informed him, signaling to the potboy for a refill.

"Ah," Lord Dufort repeated. "Precisely."

Maude smiled. "Are you not surprised, sir?"

"Not precisely," Miles said, taking up his tankard. But I'd give my immortal soul to know how he's going explain to the world the sudden appearance of your ouble."

"My twin," Maude said.

Miles looked at her sharply. Then he let out his breath vith a little popping sound. "Ah," he said. "Precisely."

Epilogue

"YOU KNOW WHAT you have to do?"

"Brazen it out," Miranda said.

"Lie," Maude said.

Gareth accepted the sisters' responses with a wry smile. "Words to that effect," he agreed.

"But will it work?" Imogen demanded from the doorway, plying her fan with vigor.

"If it's brazened out, as Miranda said, I don't see how it can fail to work, madam." Her husband bobbed up from behind her. "Let me look at you, my dears." He came into the chamber and Gareth stepped aside, giving way to the expert.

"Oh, what a stir you will cause," Miles declared, rubbing his hands with glee as he walked around the sisters. "It was a brilliant conception to dress you so alike and yet so different."

The idea had been his, but his delight was so unaffected that no one could accuse him of self-congratulation.

"Cor, you don't 'alf look like a princess, M'randa," Robbie observed in awe from the window seat where he was perched with Chip. A very different Robbie: a rounder, shinier, merrier Robbie altogether. "Can I come wi' you?"

"No, you have to stay and look after Chip," Miranda said. "But I'll tell you all about it when I get home."

Robbie appeared satisfied with this and returned

his attention to the dish of raisins he was sharing with Chip.

"Let us take a look at ourselves, Maude." Miranda reached for her twin's hand and stepped up to the mirror. The two stood side by side examining their wavery reflections. Despite the imperfections of the reflection, the effect was stunning. The gowns were of identical design, but Miranda's was of emerald green velvet stitched with gold thread and encrusted with diamonds, while Maude wore turquoise velvet, silver thread, and sapphires. The neckline of the gowns plunged to the bosom, and rose behind the head in a small jeweled ruff. The only other significant difference lay in their hair. Each wore her hair loose, bound with a fillet, silver in Maude's case, gold in Miranda's. No attempt had been made to hide Miranda's short, glowing bob that curved behind her ears and clung to her neck. Maude's rippling auburn-tinted locks curled on her shoulders.

"They won't suspect," Miranda stated. Then she turned to Gareth, her eyes filled with doubt. "Are you sure they won't, milord?"

"Why should they?" he said, smiling. He reached for her hand and brought it to his lips. "The missing d'Albard twin has been miraculously restored to her birthright."

"But if they do suspect," she persisted. "If the queen should . . . or Henry should . . . then you'll be ruined."

"And as I've already told you more times than I can count, love, it wouldn't matter."

Imogen mewed softly, but no words emerged from her tightly compressed lips.

"We should go," Miles said. "The barge awaits and Henry will be impatient."

"Aye, I daresay he's pacing the halls of Greenwich

already," Gareth agreed with a chuckle. "Come, m wards, let us enter the lion's den."

Maude cast Miranda a look that was both nervou and excited before they left the bedchamber. Mirand squeezed her hand.

Chip chittered from Robbie's lap as they went ou then before the boy could react, he leaped onto the si and dropped through the window.

"Oh, Chip! Come back!" Robbie leaned out afte him but the monkey was already clambering down th ivy and merely raised a scrawny arm in farewell. Rob bie, who knew his limitations where Chip was con cerned, withdrew his head and began to contemplat what new delights he could explore in this palace. Th kitchen was as good a place as any to start, and hac proved fruitful already. The cook and one of th housekeepers had taken a fancy to him and they wer baking apple tarts this afternoon . . .

"Don't forget that you're not supposed to know the duke is really Henry," Imogen murmured in a harsh, urgent whisper as they stepped into the barge.

Maude and Miranda merely exchanged a look and Imogen said no more. Something had happened to change the Lady Imogen during the sisters' absence. No one said anything about it and the earl had dismissed all Miranda's tentative probing in such fashion that she'd lost interest in the exercise.

As the barge pulled into midstream, a small creature in a red jacket sprang from the bank to land amidships with a gleeful cry. "Oh, Chip!" Miranda exclaimed. "You're not supposed to come. I told you to stay with

Robbie . . . no, don't jump on me, you'll make me all dirty!"

Chip ignored this and wrapped his arms around her neck, disarranging her ruff. His bright eyes darted around the circle of faces, looking for possible objections to his presence. Gareth sighed and held up a hand to silence Imogen's embryonic protests.

"He'll have to stay on the barge at Greenwich, Miranda. Can you convince him of that?"

"I'll try," she said a shade doubtfully, disentangling Chip's arms from her neck. She held him up away from her and he put his head on one side, such a picture of supplication that she burst out laughing, quite unable to scold him. Chip grinned in response and jumped down. Solemnly, he went around the group, holding out his hand to be shaken. But he didn't attempt to approach Imogen, who had retreated to the rail with an air of resigned disgust.

Henry of Navarre was not waiting in the halls of Greenwich but anxiously pacing the quayside at the palace water steps. He had been staying as a guest of the queen since his betrothed's illness had coincided with his host's absence on urgent family business. Now he eagerly awaited the Lady Maude, newly restored to health and once again able to take her place at court.

And he'd been told to expect a surprise.

When the two young women stepped from the barge flying the Harcourt standard, Henry stared, dumbstruck for the first time in a very eventful life. Which one of them was his? Then he saw the serpent bracelet on the wrist of the girl in turquoise. His eyes flew to the earl of Harcourt, who smiled, took Maude by the hand, and drew her forward.

"You see that the Lady Maude is fully restored to

health, sir . . .oh, and pray allow me to present the re son for my absence—Maude's twin sister, the Lady M randa d'Albard."

Miranda curtsied with a demure smile and Henr still stupefied, bowed over her hand.

"You must be quite astonished, my lord duke," Imc gen declared, her voice strong, her smile confident. "A are we all. My brother discovered that Elena's othe daughter has been living in a convent since that dread ful night when nuns found her, a poor abandone babe and—"

"Indeed, Duke, it is an amazing story," Gareth inter rupted smoothly before Imogen could become en mired in detail. "I had news of Miranda's whereabout some weeks ago, but since I wasn't sure how I woul find her, it seemed best to investigate the situation be fore making the details public."

"Indeed," Henry said, still quite unable to grasp th reality of this glowing pair of young women who ha the identical gleam of mischief in their identical blu eyes. "Her Majesty is unaware of this . . . this surprise?"

"For the moment," Gareth said with something ap proaching a grin. "If you will escort Maude, Duke, I shall escort her sister. The queen is expecting us."

Maude slipped her hand into Henry's arm and smiled up at him, her long lashes fluttering. "I have missed you, my lord," she murmured.

"Not near as much as I have missed you, *ma chère*," Henry responded, his eyes sparkling with pleasure at her admission. "You're quite recovered?"

"Oh, yes, indeed, sir," Maude said blithely. "I've never felt better in my life."

"Curiously, I don't think I've ever seen you looking better," Henry observed, with a slight frown. "You seem o have caught the sun . . . across the bridge of your ıose . . . here." He lightly brushed the feature in question. "I do believe you have a dusting of freckles there. Now, how did you acquire those on a sickbed?"

"I sat in the window, my lord," Maude replied demurely. "I found the sun good for my spirits. I trust you don't find the freckles distasteful?"

"No . . . no . . . not in the least," he said hastily. "Quite delightful . . . just a little surprising," he added in an undertone.

Maude smiled.

The party continued up the tiled pathway to the sweep of lawn in front of the palace. The scene was now familiar to Miranda and held none of the terrors of her first appearance at court, but on this occasion there were other worries. Henry appeared to have accepted the earl's "surprise" but how would others react? The answer came swiftly.

The Rossiter brothers were the first to see them. Brian was rendered mute, his mouth opening and closing, his eyes on stalks, darting between the two identical visions. Kip's smile was that of a man who has been proved right. He bowed over Miranda's hand and cast a quick complicit glance at Gareth, who merely returned it with a bland smile of his own.

"Her Majesty will receive the earl of Harcourt."

Gareth nodded to the chamberlain. "My wards . . ." He offered an arm to each. Henry relinquished Maude with clear reluctance, and his eyes continued to follow them with frowning speculation.

They progressed through the series of antechambers to the queen's privy chamber, apparently oblivious of the stares and whispers that accompanied them. But Gareth was aware of the sisters' tension because he was

so aware of his own. This was the acid test. If the quee
accepted the story then no one would ever question
And for all his protestations, it *did* matter to him. H
ambition was as powerful and driving as ever. It ha
simply taken on another dimension. Miranda.

Elizabeth was rarely startled but when the earl
Harcourt presented the Lady Miranda d'Albard sl
simply stared in silence for what seemed an eternit
Then she rose from her chair and demanded, "Explai
my lord. I do not understand this."

"I have been trying for many years to discover wh
had happened to Maude's twin sister, madam," Garet
said smoothly. "I've had people asking the length an
breadth of France and I've followed various report
but until a few months ago they all proved fruitles
But then I received news of a young woman living wit
the Cistercian nuns in Languedoc. I took the opportu
nity to follow up the report on my recent sojourn i
France. You can imagine my delight when I found Mi
randa." He drew Miranda forward. "You can see
madam, that there can be no doubt that she *is* th
missing d'Albard twin."

The queen examined Miranda closely. She walke
all around her as Miranda remained in a deep curts
praying that this time she'd be able to recover withou
awkwardness. "Well, I must congratulate you, Lord Harcourt," Her Majesty pronounced eventually. "The resemblance is quite extraordinary. But you must have
been amazingly vigilant in your pursuit of the mystery.
wonder why I had no idea that the girl existed?" He
plucked eyebrows rose and her vibrant eyes flashed. He
Majesty was not best pleased. She didn't like surprises.

Gareth bowed and humbly apologized. "An over-
sight, madam. The search was something of a hobby of

mine. I never expected it to succeed. I assumed as did her father that Miranda had been murdered with her mother and her body had somehow disappeared."

"I see." Her Majesty continued to examine Miranda with a frown. Maude stood silent and unregarded. Miranda wondered desperately how long she would have to remain in a curtsy. The position was growing increasingly uncomfortable, even for an acrobat. Finally, the queen turned away from her and she was able to rise. She glanced sideways at Maude, who grimaced sympathetically. The queen had not acknowledged Miranda's presentation; she might just as well have been inanimate.

"So you'll be making another advantageous connection for the d'Albards," the queen said. "Do you have an alliance in mind, my lord?"

"Not as yet, madam. Lady Miranda is still very new to the world outside the convent. I had thought to give her some time to become accustomed to her new life before looking for a suitable husband."

"I see." Elizabeth's mouth was very small, her eyes still flashing displeasure. "And on that subject, I understand from Lady Mary Abernathy that your engagement is broken."

Gareth bowed again. "To my regret, madam. But Lady Mary felt that we would not suit."

"I see," Elizabeth said again. "I find that passing strange, my lord. Such an advantageous connection will not come her way again."

Gareth said nothing. Miranda held her breath, aware that Maude was doing the same. Then the queen said, "Well, I'll have to see if I can't find someone for her. She's been languishing at court for too long." She waved a hand in irritable dismissal and Gareth backed to the door. Miranda and Maude needed no encou agement to follow suit and finally they were safely c the far side of the door.

Gareth exhaled slowly. "Christ and his saints! May never go through anything like that again."

"But it was all right?" Miranda asked. "She did a cept the story."

Gareth smiled down at her and brushed the curve o her cheek with his knuckles. "Yes, she did, love. Bu what she will do when she hears that you and I are t be wed, I daren't imagine."

"I doubt it'll be as bad as when she discovers that th duke of Roissy is really Henry of France," Maude said.

"Oh, she'll get over that," Gareth said definitely. "He Majesty is a very pragmatic sovereign. The advantage to herself in such a connection will soon outweigh an annoyance she may feel at being deceived. And yo may be assured she'll understand absolutely why Henr felt it necessary to disguise his presence in England . . Come, let's return to the garden, I find this atmospher a trifle oppressive." He laughed and he didn't sound i the least oppressed as he swept them ahead of hin back outside to where Henry was waiting for them.

"You seem a trifle abstracted, my lord duke," Mi randa observed as they rejoined Henry.

He shook his head in disclaimer, but his eyes wer still speculative as he looked between the two sisters. " am just wondering," he said slowly, "if I have ever me you before, Lady Miranda."

This king of France was far too sharp for anyone's good, Miranda thought, even as she smiled and said, "I assure you, sir, that if you have, it was without my knowledge."

"Mmm." He sounded unconvinced. "Maude, let us

ake a walk." He took her hand abruptly and marched away with her, Maude having to skip to keep up with his long stride.

In the seclusion of a quiet arbor, dominated by an ancient oak tree, Henry stopped. He turned Maude to face him and looked gravely into her eyes. "Now, tell me the truth. Has it always been you?"

Maude's cerulean blue gaze met his steadily. "Always, my lord. How could you doubt it?"

"I require convincing," Henry said, and pinpricks of light began to flicker behind the gravity in his black eyes.

"In this fashion, my lord duke?" Maude inquired as she reached up to hold his face between her hands and then stood on tiptoe to kiss him. She had intended a light, brushing kiss but Henry gathered her to him, crushing her against his broad chest, his tongue against her lips demanding entrance, and Maude opened her mouth to him with a little sigh of pleasure. This kiss was like none that had gone before. Henry was demanding something from her, a commitment, a promise, a declaration of her own passion. For a fleeting moment, Maude thought of the Benedictine convent. It was the last time she ever gave the religious life a second thought.

Henry drew her down onto a stone bench, pulling her onto his lap with hands both rough and yet curiously tender. Maude nuzzled his beard, inhaling the earthy scent of his hair and skin. She thought of Miranda—Miranda who knew all about this business of loving and clearly found it good. With a little sigh, she yielded to arousal, moving her body against Henry's, aware of the hard ridge of flesh growing beneath her thighs, aware of the heat of his skin, the urgency of his touch, as his hands slipped inside her bodice. Her breasts tingled with delight at the caress of his warm palms, her nipples hardening beneath his fingers. Maude's last coherent thought was that her sister had been keeping these delights to herself for all too long.

Henry made a valiant effort to rein himself in, but Maude's passionate response was too much for control. She fitted her body to his as easily and readily as if it was meant to be, thrusting aside her skirts with careless haste. Amid the heated tangle of limbs and skirts and petticoats their bodies fused and Maude's initial cry was more of surprise than pain. Neither of them noticed when the clasp on the serpentine bracelet broke open, as Maude rose and fell with the wondrous rhythm of loving.

"Do you think Henry knows?" Miranda asked as her sister was borne off by the king of France toward the seclusion of the arbor.

"Maybe," Gareth replied. "But at the moment, I couldn't give a damn. Come, we're going home."

"Just leaving, milord!" Miranda exclaimed in mock horror. "Just like that!"

"Just like that," Gareth said firmly. "We'll take a wherry and leave the barge for the others."

"But what of Chip? He's waiting in the barge."

"You don't really believe he won't find us?" Gareth's eyebrows rose in mock astonishment. "As it happens, I'm perfectly resigned to his company." He took her hand and taking a leaf from Henry's book began to walk swiftly toward the river.

"Fortunately, Chip seems perfectly resigned to you, milord," Miranda said sweetly, hanging back with a mischievous gleam in her eye.

"Oh, believe me, I'm aware of how fortunate that is. Now, *march*! I grow impatient."

Miranda chuckled and marched.

A shaft of moonlight piercing the interwoven leaves of the ancient oak in the now-deserted arbor caught the glow of pearl, the glitter of gold, the luster of emerald, amid the oak's moss-encrusted roots.

In the Beginning . . .

THE ALCHEMIST watched the liquefied gold swirl like mercury in the flat iron skillet. He tilted the pan over the flames of the hearth and the precious metal rolled in on itself to form a tube. He drew the pan off the fire and plunged it into the tub of water beside his stool. The water hissed and boiled as if it would spit out the thing that it had engulfed. When the alchemist raised the pan the gold was solidifying.

He took the pan to the table and dropped the gold onto its surface. A ray of sunlight fell through the chimney hole in the roof of the wattle-and-daub hut and the gold glittered. The alchemist took up his tools: the fine needle, sharp as a dagger point, the flat file. He began to shape the gold, using his fingers to begin with, and the serpentine coils appeared in rough form. Then with needle and file he created the serpent. Within each sinuous curve he embedded a pearl and the living gold took the gem into itself, hardening around it, enclosing it with its shape.

The serpent's head, its mouth, took form beneath the alchemist's tools. He worked deftly but quickly, before the gold could harden. And when the head was formed to his satisfaction, he took the one pearl that was left . . . a great, glowing, translucent, living gem . . . and inserted it into the serpent's mouth.

Then the alchemist surveyed his work. Day had given way to night and the light of the evening star ow filled the chimney hole. He held the bracelet in ıe palm of his hand. It was a gift of love. A gift worthy f Eve. A gift to bind a woman for eternity.

So enraptured was he, he didn't hear the shouts om beyond the hut, the screams from the beach. He as aware of nothing until the first burning brands ere thrown through the doorway. He ran from the onflagration. The Norsemen surrounded the village, ıeir longboats pulled up on the sand. Flames leaped ıto the sky. The screams of women, the weeping of abies, the moans of the dying, filled his ears before the x brought his own death.

The Norsemen left the village at daybreak, taking with hem the spoils of their raid. Women, a few children, vhat material goods they had found in this isolated village in Anglia. As they rowed away from devastation, the lames subsided, the village smoldered. Nothing lived in he ashes but the dull glimmer of gold, the glow of pearl.

The serpentine bracelet emerged untouched from he flames of destruction.

About the Author

Jane Feather is the nationally bestselling, award-winning author of *The Silver Rose, The Diamond Slipper, Vanity, Vice, Violet*, and many more historical romances. She was born in Cairo, Egypt, and grew up in the New Forest, in the south of England. She began her writing career after she and her family moved to Washington, D.C., in 1981. She now has over two million books in print.

Coming next . . .

In Jane Feather's stunning new "Brides" trilogy, three unconventional young women vow never to get married . . . only to be overtaken by destiny. The trilogy begins with *The Hostage Bride*, on sale in June 1998. Here is a sneak preview of this passionate romance. . . .

EDINBURGH · SCOTLAND · DECEMBER · 1643

ACRID SMOKE billowed around the windowless room from the peat fire smoldering sullenly in the hearth. The old crone stirring a pot over the fire coughed intermittently, the harsh racking the only sound. Outside, the snow lay thick on a dead white world, heavy flakes drifting steadily from the iron-gray sky.

A bundle of rags, huddled beneath a moth-eaten blanket, groaned, shifted with a rustle of the straw beneath the sticklike frame. "Brandy, woman!"

The crone glanced over her shoulder at the hump in the corner, then she spat into the fire. The spittle sizzled on the peat. "Girl's gone fer it. Altho' what she's usin' to pay fer it, the good Lord knows."

The bundle groaned again. A wasted arm pushed feebly at the blanket and Jack Worth struggled onto his elbow. He peered through slitted eyes into the smoke-shrouded room. Nothing had improved since he'd last looked, and he sank back into the straw again. The earth floor was hard and cold beneath the thin and foul-smelling straw, pressing painfully into his emaciated body.

Jack wanted to die, but the flicker of life was persistent. And if he couldn't die, he wanted brandy. Portia had gone for brandy. His enfeebled brain could hold that thought. But where in the name of Lucifer was she? He couldn't remember what time she'd gone out into the storm. The blizzard obliterated all signs of time passing and it could as well be midnight as dawn.

His pain-racked limbs were on fire, his eyes burned

in their sockets, every inch of his skin ached, and the dreadful craving consumed him so that he cried out, a sound so feeble that the crone didn't even turn from the fire.

The door opened. Frigid air blasted the fug and the smoke swirled like dervishes. The girl who kicked the door shut behind her was wire thin yet exuded a nervous energy that somehow enlivened the reeking squalor of the hovel.

"Brandy, Jack." She came to the mattress and knelt, drawing a small leather flask from inside her threadbare cloak. Her nose wrinkled at the sour stench of old brandy and decaying flesh exuding from the man and his sickbed, but she pushed an arm beneath his scrawny neck and lifted him, pulling off the stopper of the flagon with her teeth. Her father was shaking so hard she could barely manage to hold the flask to his lips. His teeth rattled, his lifeless eyes stared up at her from his gaunt face, where the bones of his skull were clearly defined.

He managed to swallow a mouthful of the fiery spirit and as it slid down his gullet his aches diminished a little, the shivers died, and he was able to hold the flask in one clawlike hand and keep it to his lips himself until the last drop was gone.

"Goddamn it, but it's never enough!" he cursed. "Why d'ye not bring enough, girl!"

Portia sat back on her heels, regarding her father with a mixture of distaste and pity. "It's all I could afford. It's been a long time, in case you've forgotten, since you contributed to the family coffers."

"Insolence!" he growled, but his eyes closed and he became so still that for a moment Portia thought that finally death would bring him peace, but after a minute his eyes flickered open. Saliva flecked his lips amid his thick uncombed gray beard, sweat stood out against the greenish waxen pallor of his forehead and trickled down his sunken cheeks.

Portia wiped his face with the corner of her cloak. Her stomach was so empty it was cleaving to her backbone and the familiar nausea of hunger made her dizzy. She stood up and went over to the noisome fire. "Is that porridge?"

"Aye. What else'd it be?"

"What else, indeed," she said, squatting on the floor beside the cauldron. She had learned early the lesson that beggars could not be choosers, and ladled the watery gruel into a wooden bowl with as much enthusiasm as if it were the finest delicacy from the king's table.

But it was a thin ungrateful pap and left her hunger barely appeased. Images of bread and cheese danced tantalizingly before her internal vision, making her juices run, but what little she could earn in the taproom of the Rising Sun, drawing ale, answering ribaldry with its kind, and turning a blind eye to the groping hands on her body so long as they pushed a coin into her meager bosom, went for brandy to still her father's all-consuming addiction. The addiction that was killing him by inches.

"Port . . . *Portia*!" He gasped out her name and she came quickly over to him. "In my box . . . a letter . . . find it . . . quickly." Every word was wrenched from him as if with red-hot pincers.

She went to the small leather box, the only possession they had apart from the rags on their backs. She brought it over, opening it without much curiosity. She knew the contents by heart. Anything of worth had been sold off long ago to pay for brandy.

"At the back . . . behind the silk."

She slipped her fingers behind the shabby lining, en-ountering the crackling crispness of parchment. She ulled it out, handing it to her father.

"When I'm gone, you're to s . . . se . . ." A violent oughing fit interrupted him and when it subsided he ay back too exhausted to continue. But after a minute, s Portia watched his agonizing efforts, he began again. 'Send it to Lammermuir, to Castle Granville. Read the irection."

Portia turned the sealed parchment over in her and. "What is it? What does it say?"

"Read the direction!"

"Castle Granville, Lammermuir, Yorkshire."

"Send it by the mail. When I'm gone." His voice faded, but his hand reached for her and she gave him her own. "It's all I can do for you now, Portia," he said, his fingers squeezing hers with a strength she hadn't known he still possessed, then, as if defeated by the effort, his hand opened and fell from hers.

An hour later, Jack Worth, half brother to Cato, Marquis of Granville, died much as he had lived, in a brandy stupor and without a penny to his name.

Portia closed her father's eyes. "I must bury him."

"Ground's iron-hard," the crone declared unhelpfully.

Portia's lips thinned. "I'll manage."

"Ye've no money for a burial."

"I'll dig the grave and bury him myself."

The old woman shrugged. The man and his daughter had been lodging in her cottage for close on a month and she'd formed a pretty good idea of the girl's character. Not one to be easily defeated.

Portia turned the sealed parchment over in her hand. She had no money for postage, knew no one who could frank it for her. She didn't even know if th mail services still operated between Edinburgh ar York now that civil war raged across the norther lands beyond the Scottish border. But she could not ig nore her father's dying instructions. He wanted the le ter delivered to his half brother and she must find way to do so.

And then what was she to do? She looked aroun the bleak hovel. She could stay here throughout th winter. There was a living of sorts to be made in th tavern and the old woman wouldn't throw her out s long as she could pay for the straw palliase and a dai bowl of gruel. And without Jack's addiction to suppl she might be able to save a little. In the spring, sh would move on . . . somewhere.

But first she had to bury her father.

Portia pulled the hood of her cloak tighter aroun her face against the sleet-laden wind whipping dow through the Lammermuir Hills. Her horse blew throug his nostrils in disgust and dropped his head against th freezing blasts. It was late morning and they would pre sumably stop for dinner soon, but there were no signs o comforting habitation on this stretch of the Edinburgh road and Portia's companions, the dour but not ill-disposed Giles Crampton and his four men, continued tc ride into the teeth of the wind with the steadfast endurance she'd come to expect of these Yorkshiremen.

It had been a week since Sergeant Crampton, as he called himself, came to the Rising Sun. She'd been drawing ale and dodging the wandering hands of the taproom's patrons when this burly Yorkshireman had pushed open the door, letting in a flurry of snow and arning the grumbling curses of those huddled around he sullen smolder of the peat fire. . . .

“Mistress Worth?”

“Who wants her?” Portia pushed the filled tankard cross to the waiting customer and leaned her elbows n the bar counter. Her green eyes assessed the new-omer, taking in his thick comfortable garments, his eavy boots, the rugged countenance of a man accus-omed to the outdoors. A well-to-do farmer or crafts-nan, she guessed. But not a man to tangle with, udging by the large square hands with their corded eins, the massive shoulders, thick muscled thighs, and he uncompromising stare of his sharp brown eyes.

“Crampton, Sergeant Crampton.” Giles thrust his nands into his britches’ pockets, pushing aside his cloak to reveal the bone-handled pistols at his belt, the plain sheathed sword.

Of course, Portia thought. A soldier. Talk of England’s civil war was on every Scot’s tongue, but the fighting was across the border.

“What d’ye want with me, sergeant?” She rested her chin in her elbow-propped hand and regarded him curiously. “Ale, perhaps?”

“Drawing ale is no work for Lord Granville’s niece,” Giles stated gruffly. “I’d count it a favor if ye’d leave this place and accompany me, Mistress Worth. I’ve a letter from your uncle.” He drew a rolled parchment from his breast and laid it on the counter.

Portia was conscious of a quickening of her blood, a lifting of her skin. She had had no idea what Jack had written to his half brother, but it had clearly concerned her. She unrolled the parchment and scanned the bold black script.

Giles watched her. A lettered tavern wench was unusual indeed, but this one, for all that she looked th part to perfection with her chapped hands, ragged ar none too clean shift beneath her holland gown, ar untidy crop of red curls springing around a thin pa face liberally sprinkled with freckles, seemed to ha no trouble ciphering.

Portia remembered Cato Granville from that h afternoon in London when they'd beheaded the earl Strafford. She remembered the boathouse, the tw girls: Phoebe, the bride's sister; and Portia's own ha cousin, Olivia. The pale solemn child with the pro nounced stammer. They'd played some silly game mixing blood and promising eternal friendship. She' even made braided rings of their hair.

Portia almost laughed aloud at the absurdity of tha childish game. She'd still had the ability to play th child three years ago. But no longer.

Her uncle was offering her a home. There didn' seem to be any conditions attached to the offer, bu Portia knew kindness never came without strings. Bu what could the illegitimate daughter of the marquis' wastrel half brother do for Lord Granville? She couldn' marry for him, bringing the family powerful alliance and grand estates in her marriage contracts. No on would wed a penniless bastard. He couldn't nee another servant, he must have plenty.

So why?

"Lady Olivia asked me to give you this." Sergean Crampton interrupted her puzzled thoughts. He laid a wafer-sealed paper on the counter.

Portia opened it. A tricolored ring of braided hai fell out. A black lock entwined with a fair and a red.

Please come. They were the only two words on the paper that had contained the ring.

This time Portia did laugh aloud at the childish whimsy of it all. What did games in a boatshed have to do with her own grim struggle for survival?

"If I thank Lord Granville for his offer but would prefer to remain as I am . . . ?" She raised an eyebrow.

"Then, 'tis your choice, mistress." He glanced pointedly around the taproom. "But seems to me there's no choice for a body with half a wit."

Portia scooped the ring back into the paper and screwed it tight, dropping it into her bosom. "No, you're right, sergeant. Better the devil I don't know to the one I do . . ."

So here she was three days' ride out of Edinburgh, serviceably if not elegantly clad in good boots and a thick riding cloak over a gown of dark wool and several very clean woolen petticoats discreetly covering a pair of soft leather britches so she could ride comfortably astride. Midwinter journeys on the rough tracks of the Scottish border were not for side-saddle riders.

Sergeant Crampton had given her money without explanation or instruction, for which Portia had been grateful. She didn't like taking charity but the sergeant's matter-of-fact attitude had saved her embarrassment. And common sense had dictated that she accept the offering. She certainly couldn't have journeyed any distance in the clothes she had on her back.

Despite the bitter cold and the constant freezing damp that trickled down her neck whenever she shook off her hood, Portia was pleasantly exhilarated. It had been several years since she'd had a decent horse to ride. Jack had been very particular about horseflesh, refusing to provide either himself or his daughter with anything but prime cattle, until the drink had ended both his physical ability to ride and his ability to keep them from total penury with his skill at the gaming tables.

"Y'are doin' all right, mistress?" The sergeant brought his mount alongside Portia's. His eyes roamed the bleak landscape even as he spoke to her and she sensed an unusual tension in the man, who was generally phlegmatic to the point of apparent sleepiness.

"I'm fine, sergeant," Portia replied. "This is a miserable part of the world, though."

"Aye," he agreed. "But another four hours should see us home. I'd not wish to stop before, if ye can manage it."

"Without difficulty," Portia said easily. She was far too accustomed to hunger to find a delayed dinner a problem. "Is there danger here?"

"It's Decatur land. Goddamned moss troopers." Giles spat in disgust.

"Moss troopers! But I thought they'd been run out of the hills thirty years ago."

"Aye, all but the Decaturs. They're holed up in the Cheviots where they prey on Granville land and cattle. Murdering, thieving bastards!"

Portia remembered what Jack had told her of the feud between the house of Rothbury and the house of Granville . . . of how it had all begun because William Decatur, Earl of Rothbury, believed that George, Marquis of Granville, had betrayed him to the civil authorities, forcing him either to take the oath of allegiance and forswear his religion, or accept the consequences of standing firm to his conscience.

"But my grandfather didn't betray the Decaturs," she said after a minute. She supposed it was reasonable to refer to the late marquis as her grandfather, even though she was his son's bastard.

"Try telling that to the cattle-thieving murderers."

Giles spat again. "Besides, it doesn't matter what started it now. There's two generations' worth of crimes to pay for and the Granvilles sworn to avenge."

Portia shivered. In a world at war, such powerful personal enmity seemed superfluous. "Is Lord Granville for the king?"

Giles cast her a sharp look. "What's it to you?"

"A matter of interest." She looked sideways at him. "Is he?"

"Happen so" was the short response, and the sergeant urged his mount forward to join the two men who rode a little ahead of Portia. The other two brought up the rear, giving her the feeling of being hemmed in. She was not accustomed to being the center of protective attention, but it seemed to imply that her father's half brother considered her worthy of the protection he would accord a member of his own family. And that in itself augured well for her reception at Castle Granville.

She slipped her gloved hand into the pocket of her jacket beneath her cloak. Olivia's braided ring was still wrapped in the screw of paper and Portia had found her own in the small box where she kept the very few personal possessions that had some sentimental value—her father's signet ring; a silver coin with a hole in it that had been given her as a child and she had believed had magic powers; a pressed violet that she vaguely thought her mother had given to her, except that she had no image of the woman who had died before Portia's second birthday; an ivory comb with several teeth missing; and a small porcelain broach in the shape of a daisy that Jack had told her had belonged to her mother. The box and its contents were all she had brought with her from Edinburgh.

What was Olivia like now? She had been such a serious creature . . . unhappy, Portia had thought at the time, although it was hard to understand how someone who had never known want could have reason for unhappiness. She had had reservations about her new stepmother, of course. Had they been justified? Phoebe had certainly had a very poor opinion of her elder sister. Was there any significance in Olivia's personal appeal? From what Portia could remember, Olivia had been very scornful of Phoebe's romantic notion that the braided rings could be used to summon help. So what had changed? Had she perhaps persuaded her father to extend the invitation? Did she need help, support, comfort? And if so, did she really think Portia could supply such things? Portia, who had enough trouble keeping her own body and soul together and her spirits reasonably buoyant.

It was going to be very interesting to see how things had turned out for Olivia, and even more interesting to see what the Granvilles had in mind for their disreputable and penurious relative. Not that Portia was particularly optimistic about her immediate future. There was always a price to pay for seemingly random acts of kindness.

Her stomach rumbled loudly and she huddled closer into her cloak. A week of regular and substantial meals had lessened her tolerance for an empty belly, she reflected.

A shout, the thudding of hooves, the crack of a musket, drove all thoughts of hunger from her mind. Her horse reared in panic and she fought to keep him from bolting, while around her men seemed to swarm, horses whinnying, muskets cracking. She heard Sergeant Crampton yelling at his men to close up, but ere were only four of them against eight armed rid-s, who quickly surrounded the party, separating the ranville men from each other, crowding them toward stand of bare trees.

"Now just who do we have here?"

Portia drew the reins tight. The quivering horse raised head and neighed in protest, pawing the ground. Por-a looked up and into a pair of vivid blue eyes glinting ith an amusement to match the voice.

"And who are you?" she demanded. "And why have ou taken those men prisoner?"

Her hood had fallen back in her struggles with e horse and Rufus found himself the object of a erce green-eyed scrutiny from beneath an unruly tan-le of hair as orange-red as a burning brazier. Her omplexion was white as milk, but not from fear, he ecided; she looked far too annoyed for alarm.

"Rufus Decatur, Lord Rothbury, at your service," he aid solemnly, removing his plumed hat with a flourish s he offered a mock bow from atop his great chestnut tallion. "And who is it who travels under the Granville tandard? If you please . . ." He raised a bushy red yebrow.

Portia didn't answer the question. "Are you abduct-ng us? Or is it murder you have in mind?"

"Tell you what," Rufus said amiably, leaning over to atch her mount's bridle just below the bit. "I'll trade a question for a question. But let us continue this fasci-nating but so far uninformative exchange somewhere a little less exposed to this ball-breaking cold."

Portia reacted without thought. Her whip hand rose and she slashed at Decatur's wrist, using all her force so that the blow cut through the leather gauntlet. He gave

a shout of surprise, his hand falling from the bridl
and Portia had gathered the reins, kicked at the an
mal's flanks, and was racing down the track, neith
knowing nor caring in which direction, before Rufu
fully realized what had happened.

Portia heard him behind her, the chestnut's pounc
ing hooves cracking the thin ice that had formed ove
the wet mud between the ridges on the track. Sh
urged her horse to greater speed and the animal, sti
panicked from the earlier melee, threw up his head an
plunged forward. If she had given him his head h
would have bolted but she hung on, maintaining som
semblance of control, crouched low over his neck, hal
expecting a musket shot from behind.

But she knew this was a race she wasn't going t
win. Her horse was a neat, sprightly young gelding, bu
he hadn't the stride or the deep chest of the pursuin
animal. Unless Rufus Decatur decided for some reasor
to give up the chase, she was going to be overtaker
within minutes. And then she realized that her pursuer
was not overtaking her, he was keeping an even distance between them, and for some reason this infuriated Portia. It was as if he was playing with her, cat with mouse, allowing her to think she was escaping even as he waited to pounce in his own good time.

She slipped her hand into her boot, her fingers closing over the hilt of the wickedly sharp dagger Jack had insisted she carry from the moment he had judged her mature enough to attract unwelcome attention. By degrees, she drew back on the reins, slowing the horse's mad progress even as she straightened in the saddle. The hooves behind her were closer now. She waited, wanting him to be too close to stop easily. Her mind ıs cold and clear, her heart steady, her breathing easy. ıt she was ready to do murder.

With a swift jerk, she pulled up her horse, swinging ›und in the saddle in the same moment, the dagger in :r hand, the weight of the hilt balanced between her .dex and forefingers, steadied by her thumb.

Rufus Decatur was good and close and as she'd ›ped his horse was going fast enough to carry him ght past her before he could pull it up. She saw his artled expression as for a minute he was facing her :ad-on. She threw the dagger, straight for his heart.

It lodged in his chest, piercing his thick cloak. The ilt quivered. Portia, mesmerized, stared at it, for the ıoment unable to kick her horse into motion again. he had never killed a man before.

"Jesus, Mary, and sainted Joseph!" Rufus Decatur xclaimed in a voice far too vigorous for that of a dead nan. He pulled the dagger free and looked down at it n astonishment. "Mother of God!" He regarded the ;irl on her horse in astonishment. "You were trying to ;tab me!"

Portia was as astonished as he was, but for rather lifferent reasons. She could see no blood on the blade. And then the mystery was explained. Her intended victim moved aside his cloak to reveal a thickly padded buff coat of the kind soldier's wore. It was fair protection against knives and arrows, if not musket balls.

"You were chasing me," she said, feeling no need to apologize for her murderous intent. Indeed, she sounded as cross as she felt. "You abducted my escort and you were chasing me. Of course I wanted to stop you."

"Yes, I suppose so," Rufus agreed, pushing up his hat to scratch his forehead. "I suppose I should have

guessed that a lass with that hair would have a temp
to match."

"As it happens, I don't," Portia said. "I'm a very cal
and easygoing person in general. Except when som
one's chasing me with obviously malicious intent."

"Well, I have to confess I do have the temper t
match," Rufus declared with a sudden laugh as h
swept off his hat to reveal his own brightly burnishe
locks. "And as it happens, I intend you no harm. But
want to know who you are. Why you're riding unde
Granville protection."

"And what business is it of yours?" Portia demanded

"Well . . . you see, anything to do with the Granvilles i
my business," Rufus explained almost apologetically. "Sc
I really do need to have the answer to my questions."

"What are you doing with Sergeant Crampton an
his men?"

"Oh, just a little sport," he said with a careless flourish of his hat. "They'll come to no real harm, althoug
they might get a little chilly."

Portia looked over her shoulder down the narrow
lane. She could see no sign of either the sergeant and
his men or Rufus Decatur's men. "Why didn't you
overtake me?" She turned back to him, her eyes narrowed. "You could have done so any time you chose."

"You were going in the right direction so I saw no need," he explained reasonably. "Shall we continue on our way?"

The right direction for what? Portia was beginning to feel very confused, her indignation abating although she could see no reason why it shouldn't be increasing. In an attempt to encourage the latter, she stated, "You're abducting me."

(see next page)

THE EMERALD SWAN Sweepstakes

OFFICIAL ENTRY RULES

1. No purchase is necessary. Enter the sweepstakes by completing THE EMERALD SWAN Sweepstakes entry form on the previous page, the coupon found on THE EMERALD SWAN point-of-sale riser, OR by clearly printing your name, address, daytime phone number, and the answer to the question "What is the royal title of the hero of THE EMERALD SWAN?" on a 3" x 5" card and mailing the entry form, coupon, or card to:

   THE EMERALD SWAN Sweepstakes,
   BANTAM BOOKS, DEPT. CW,
   1540 BROADWAY, NEW YORK, NY 10036.

2. One (1) Grand Prize: An elegant custom-made 10-carat gold emerald swan charm encrusted with emerald chips totaling 1-carat. Approximate retail value: $1,650.00.
3. Ten (10) First Prizes: seven paperback books written by Jane Feather. Approximate retail value: $41 (U.S.); $55 (Canada).
4. All entrants must be 18 or older. Entries limited to one per person. No mechanically produced entries allowed. Entries must be postmarked and received by Bantam no later than FEBRUARY 26, 1998. The correct answer to the question is found on the back cover of THE EMERALD SWAN and winners will be chosen in a random drawing by the Bantam Marketing Department from all completed entries containing the correct answer. The winners will be notified by phone on or about MARCH 15, 1998. Bantam's decision is final. The winners have thirty days from the date of notice in which to accept their awards or an alternate winner will be chosen. Odds of winning depend upon the number of entries received containing the correct answer. No prize substitution or transfer allowed. Bantam is not responsible for lost, misdirected, or incomplete entries.
5. The Grand Prize winner will be required to sign an affidavit of eligibility and promotional release supplied by Bantam. Entering the sweepstakes constitutes permission for use of the winners' names, likenesses, and biographical data for publicity and promotional purposes, with no additional compensation.
6. Employees of Bantam Books, Bantam Doubleday Dell Publishing Group, Inc., their subsidiaries and affiliates, and their immediate family members are not eligible to enter the sweepstakes. This sweepstakes is open to residents of the U.S. and Canada, excluding the Province of Quebec. A Canadian winner would be required to correctly answer an arithmetical skill testing question in order to receive the prize. Void where prohibited or restricted by law. All federal, state, and local regulations apply. Taxes, if any, are the winner's sole responsibility.
7. For the names of the prize winners, available after APRIL 16, 1998, send a stamped, self-addressed envelope entirely separate from your entry to THE EMERALD SWAN Sweepstakes Winners, BANTAM BOOKS, 1540 BROADWAY, DEPT. DS, NEW YORK, NY 10036.